国家出版基金项目
NATIONAL PUBLICATION FOUNDATION

THE LOGIC OF WESTERN SOCIOLOGICAL THEORIES

第四卷 复构论社会学理论

谢立中 著

西方社会学理论的逻辑

北京大学出版社
PEKING UNIVERSITY PRESS

第四卷

目 录

导　言……………………………………………………………001

上编　后实证主义科学哲学

引　言……………………………………………………………009

第一章　波普尔的批判理性主义或证伪主义……………013
一、理论是大胆的猜测……………………………………013
二、证伪主义………………………………………………019
三、科学知识增长的模式…………………………………026
结　语………………………………………………………030

第二章　库恩：科学革命的结构……………………………032
一、科学共同体与"范式"…………………………………032
二、"范式"的形成与"常规科学"…………………………037
三、科学发展过程中的反常、危机与革命………………042
四、科学发展的基本模式…………………………………047
结　语………………………………………………………051

第三章　拉卡托斯的科学研究纲领方法论……053
- 一、科学研究纲领：科学研究活动的基本单位……054
- 二、证伪的复杂性……057
- 三、新的划界标准："进步的问题转换"与"退化的问题转换"……063
- 结　语……067

第四章　费耶阿本德：认识论的无政府主义……070
- 一、对拉卡托斯理论的认同与批评……070
- 二、认识论的无政府主义……073
- 三、重新审视科学与神话、宗教、巫术、魔法之间的关系……080
- 结　语……084

本编小结……086

附录　罗蒂的新实用主义理论……091
- 一、摧毁作为"自然之镜"的"心灵"……091
- 二、摧毁作为"再现表象"的知识观……097
- 三、摧毁作为知识基础的"系统哲学"……104
- 四、"新实用主义"……110
- 结　语……117

中编　后现代主义诠释理论

引　言……121

第五章　加达默尔的哲学诠释学……125
- 一、理解是一个事关人类存在的核心问题……125
- 二、艺术作品中的理解问题……131
- 三、精神科学中的理解问题……137

四、理解和语言:"能被理解的存在就是语言" ················ 144
　　结　语 ·· 148

第六章　德里达的解构主义理论 ································ 150
　　一、言语和文字:反"逻各斯中心主义" ····················· 150
　　二、符号的意义:"后结构主义" ··························· 155
　　三、解构主义:瓦解"逻各斯中心主义"的理论策略 ··········· 159
　　结　语 ·· 166

第七章　罗兰·巴特的后结构主义诠释学 ······················ 168
　　一、巴特与结构主义符号学理论 ··························· 168
　　二、巴特与后结构主义文本诠释理论 ······················· 177
　　结　语 ·· 188

第八章　拉康的后结构主义精神分析学说 ······················ 190
　　一、想象界与"自我"的建构 ····························· 191
　　二、符号界与"主体"的建构 ····························· 196
　　三、真实界及其不可及性 ································· 207
　　结　语 ·· 213

本编小结 ·· 215

下编　后现代社会理论

引　言 ·· 221

第九章　福柯的权力—话语分析理论 ·························· 224
　　一、福柯早期的知识考古学实践 ··························· 225
　　二、知识考古学:话语分析的理论与方法 ··················· 242

三、福柯中期的话语分析：权力谱系学 ······················ 252
　　四、福柯晚期的话语分析：主体的构成 ······················ 268
　　结　语 ·· 281

第十章　德勒兹和加塔利的精神分裂分析理论 ················ 285
　　一、为欲望正名 ·· 286
　　二、对压抑欲望的各种话语、符码及其制度的批判性分析 ······ 289
　　三、精神分析、精神分裂分析与人类解放 ···················· 299
　　结　语 ·· 306

第十一章　鲍德里亚与后现代社会理论 ························ 310
　　一、对消费社会的结构主义分析 ····························· 311
　　二、从政治经济学到符号政治经济学 ························ 321
　　三、"拟像秩序"与后现代社会 ······························ 333
　　结　语 ·· 351

第十二章　利奥塔的后现代状况理论 ·························· 358
　　一、合法化及其不同类型 ···································· 358
　　二、宏大叙事的衰落与现代社会的合法性危机 ················ 366
　　三、后现代状况下知识和行动规范的合法化机制 ·············· 373
　　四、语言游戏、多元公正与异教主义政治 ···················· 380
　　结　语 ·· 387

第十三章　拉克劳和墨菲的后马克思主义 ···················· 389
　　一、"正统"马克思主义面临的危机及其回应 ················· 390
　　二、超越社会的实证性 ······································ 400
　　三、领导权与激进民主 ······································ 408
　　结　语 ·· 415

第十四章　面对后现代主义挑战的社会学理论 ……………… 418
　一、后现代主义思潮的拒斥者 ……………………………… 419
　二、后现代主义思潮的部分接受者 ………………………… 423
　三、社会学理论的后现代转向 ……………………………… 431
　　结　语 ……………………………………………………… 443

本编小结 …………………………………………………………… 445

本卷小结 …………………………………………………………… 448

结束语 ……………………………………………………………… 451

参考文献 …………………………………………………………… 459

主要人名译名对照表 ……………………………………………… 481

导　言

在前面三卷中,我们分别对结构论社会学理论、建构论社会学理论和互构论社会学理论的主要内容进行了梳理、分析和比较。通过梳理、分析和比较,我们可以看到,这些不同的社会学理论之所以构成不同的社会学理论类型,确实是由于它们在宏观/社会/结构与微观/个人/行动两者之间的关系这一社会学基本问题上的看法方面存在着一些根本性的差异。这个根本性的差异就是:在宏观/社会/结构与微观/个人/行动两者之间的关系问题上,结构论社会学理论家认为,只有宏观/社会/结构才是真正独立的实在,是社会生活之本,社会学的任务就是用宏观/社会/结构因素去解释各种社会现象;建构论社会学家认为,只有微观/个人/行动才是社会生活中唯一真正独立的实在,是社会生活之本,社会学的任务就是用微观/个人/行动因素去解释各种社会现象;互构论社会学理论家则认为,宏观/社会/结构与微观/个人/行动两者都是各自相对独立的实在,社会现实实际上是由这两者之间的相互作用决定,社会学研究的任务就是用这两者之间的相互作用去解释各种社会现象。

然而,仔细考察它们之间的关系,我们还是可以发现,尽管它们在宏观/社会/结构与微观/个人/行动两者之间的关系问题上的看法存在着根本性差异,它们之间归根结底还是存在着一些基本的共同点。它们都承认,作为社会学研究对象的那个"社会",不管它是像在结构论社会学家那里被视为一种外在于社会成员个人主观意识，有着自己独立的结构、机制和规律的存在也好，还是像在建构论社会学家那里被视为一种由无数个人有意识的行动（或实践）不断建构出来的存在也好，或者是像在互构论社会学家那里被视为一种由宏观/社会/结构与微观/个人/行动两个相对独立的层次通过相互作用共同构成的存在也好，具有以下特点：

第一，无一例外地应该被看作一种外在于/独立于对其进行观察、理解或研究的人员所属符号/话语/理论体系的一种纯粹给定性的存在（给定实在论）；

第二，社会学研究的主要任务就是尽可能准确地把握或再现这样一种不以我们的意志为转移的纯粹给定的客观实在（表现论）；

第三，只有准确地再现了这一实在的观察、理解或研究结果才能被认为是正确的、真实的、可以被接受的，反之则是错误的、虚假的、应该被拒斥的，且这种被认为是正确的、真实的、可以被接受的观察、理解或研究结果只能有一个，不能同时有多个（相符真理论）。

我们把由上述"给定实在论""表现论""相符真理论"这三个基本论断构成的这一整套基本理论预设称为"传统实在论"。这套基本理论预设就是为结构论社会学理论、建构论社会学理论和互构论社会学理论三种类型的社会学理论所共有的、在它们的背后起着支撑作用的基本理论预设。

当然，对于上述宣称，我们或许需要多作一些说明。

说结构论社会学理论是一套建立在上述传统实在论基础之上的社会学理论，可能不会引起太大的异议。所有的结构论社会学家，无论是非马克思主义阵营里的那些学者，还是马克思主义阵营里的那些理论家，也无论是孔德和涂尔干这类实证主义者，还是帕森斯一类的结构功能主义者和列维-斯特劳斯一类的结构主义者，或者马克思、恩格斯等早期历史唯物主义者，抑或阿尔都塞一类结构主义的马克思主义者、柯亨等功能分析的马克思主义者，都是比较典型的给定实在论者，都把作为自己研究对象的"社会现象"看作一种与自然现象类似、在我们的思想和言语之外独立存在、由一些具有外在性和强制性的规律所支配的给定性实在，认为对社会现象加以认识的主要任务就是尽可能准确地去再现这一给定性实在,只有相对而言能够更好地与所再现的实在相符合的认识结果才能作为正确的认识被接受,而能够符合这一要求的认识结果最终只能有一个而不能有很多等,对此似乎不必再多加说明。

然而,说建构论社会学理论也是一套以传统实在论为基础建立起来的社会学理论,似乎会令许多人感到难以理解,感到困惑。因为,如我们在第二卷中看到的那样,建构论社会学家在不同程度上对结构论社会学理论的基本理论预设表示了反对,认为各种社会现象本质上都不过是人们有意识的行动(实践)或互动的产物而已,而不是外在于人们、有着自己独立结构和机制的给定性实在,因此,要确切地把握社会现象就必须借助理解等方法进入行动者的主观世界,把握住通过自己的行动参与了这些现象之建构的那些行动者在建构它们时赋予其行动的主观意义。就此而言,作为认识对象的社会世界不是一个外在于/独立于社会成员个人主观意识的自然世界,而正是一个依赖甚至内在于人们主观意识的意义世界。如此说来,怎么能够说建构论社会学和结构论社会学一样,也是建立在传统实在论的基础之上的呢?

其实,上述困惑的产生只是由于我们在对建构论社会学进行理解时受到了"主观意义"这个词语的迷惑而已。事实上,稍加思索我们就会意识到,尽管和结构论社会学有着上述差异和对立,但和结构论社会学相似的是,在建构论社会学家看来,作为其理解对象的"行动意向",对于作为被理解者的行动者本人来说虽然是主观的,但对于每个理解者(无论是日常生活中的普通认知者,还是科学研究过程中的研究人员)而言,其实同样是一种先于其主观意识及所使用的符号系统而存在、独立于其主观意识及符号系统、不依赖其主观意识及符号系统、有待其去理解和诠释的给定性"客观实在"。因此,和结构论社会学家一样,对于信奉建构论社会学的人来说,社会认识的任务也是要尽可能准确地去再现自己的认识对象,区别只在于这里的认识对象不是一种外在于社会成员个人主观意识的存在,而正是内在于社会成员个人主观意识的存在;并且,同样也只有准确地再现了他人主观意向的认识结果才是正确的、可以被接受的认识结果。正因为如此，我们才可以在韦伯、舒茨、布鲁默等建构论社会学家那里看到一种我们在孔德、涂尔干、帕森斯、马克思、恩格斯等结构论社会学家那里看到的完全相同的情况，即对社会认知之客观性的明确强调。

由上可见，我们关于传统实在论是结构论社会学理论、建构论社会学理论和互构论社会学理论三者共同的理论基础这一判断是可以成立的。基于这一共同点，我们就可以在依据它们之间的差异将它们看成三种不同的社会学理论类型之后，又反过来对它们作出更高一层的概括，将它们合并入一个更大的分类范畴，这个更大的分类范畴就是"现代主义社会学"理论。

现在，我们可以意识到，我们在本书前三卷中所完成的仅仅是"现代主义社会学"理论的梳理工作而已。然而，正如我们在本书导论部分预先指出的那样，西方社会学理论并不等于西方"现代主义社会学"理论。20世纪中后期，大致在各种互构论社会学理论形成的同时，在西方思想界出现了一股向包括上述现代主义社会学理论在内的所有"现代主义"哲学和科学思潮发起挑战的新思潮，这股新思潮被后人称为"后现代主义"。这一思潮的基本特征就是对"传统实在论"这一贯穿包括现代主义社会学在内的整个西方现代哲学、科学和文化思潮的基本理论预设加以拒斥，否认我们的认识对象是一种完全外在于/独立于我们的理论、符号或话语体系的纯自然的客观实在，认为所有的认识对象都是我们在特定理论、符号或话语体系的引导和约束下建构出来的一种"话语性实在"，认识过程其实不过是我们在特定理论、符号或话语体系的引导和约束下对现实加以建构的过程，不同的理论、符号或话语体系将会引导和约束我们建构起不同的客观实在，因此认识结果或"真理"也必将呈现出多元性。在这股被称为"后现代主义"的思潮的影响下，西方社会学理论领域也出现了一些带有强烈后现代主义倾向的理论立场，致使一种新的、在社会本体论/认识论或方法论的基本理论预设方面与前面我们梳理的三种现代主义社会学理论类型完全不同的社会/社会学理论类型逐渐形成和发展起来。这种理论类型，我们就称之为"后现代主义社会学理论"。在本卷中，我们就来对这一理论类型作一概要性梳理。

不过，和我们在前三卷中梳理的那些"现代主义社会学"理论相比，后现代主义社会学理论的发展尚处于初级阶段，不仅理论类型不够丰富，而且多数还不是由地道的社会学家所构建的，对社会学研究的影响也还不够大。导致这种状况的原因可能很多，但笔者认为一定程度上也应该是和广大社会研究者对后现代主义思潮了解不够、理解有偏有一定的关系。鉴于这一认识，笔者希望在对那些可以被归入"后现代主义"范畴的社会/社会学理论进行梳理之前，对来自社会/社会学理论领域之外但实际上以直接或间接方式为后者提供了其形成和发展所必需的基本理论预设，因而可被视为后者的形成和发展之直接逻辑前提的那些后现代主义理论作一个概要的交代，以便读者能够对在后现代主义社会（学）理论背后起着支撑作用的那些基本理论预设有更好的理解。因此，和前三卷的内容有所不同的是，在本卷中，我们梳理的对象将会在一定程度上超出单纯社会学理论的范围。

在本卷中，我们将以其所挑战和拒斥的对象为依据，将那些来自社会/社会学理论领域之外的后现代主义理论划分为两组。其中一组理论所挑战和拒斥的对象主要是作为结构论社会学存在之根基的那些基本理论预设，另一组理论所挑战和拒斥的对象主要是作为建构论社会学存在之根基的那些基本理论预设。因此，本卷将分为上、中、下三编，前两编用于梳理这两组来自社会/社会学理论领域之外的后现代主义理论，最后一编则用来梳理在后现代主义思潮的影响下萌发的那些社会（学）理论。

上编
后实证主义科学哲学

引 言

所谓"后实证主义",主要指的是 20 世纪前期首先在科学哲学领域形成和发展起来的一股理论思潮。这股理论思潮的主要代表人物是英国科学哲学家卡尔·波普尔、伊姆雷·拉卡托斯和美国科学哲学家托马斯·库恩、保罗·费耶阿本德等。"后实证主义"这个名称意味着:第一,它是一种在"实证主义"之后形成和发展起来的科学哲学理论;第二,从理论立场上看,它是一种与实证主义必然有着某种不同甚至对立的科学哲学,否则就没有必要用一个"后"字来将其与实证主义区分开来。从其直接内容来看,后实证主义似乎只是一种以实证主义为批评和挑战对象的科学哲学理论,但就本书所关注的话题而言,后实证主义所批评和挑战的其实是包括实证主义在内的、本书所称结构论社会学范畴内的所有社会学理论赖以成立的基本理论预设。

如我们在第一卷中所述,实证主义哲学的基本理论预设可以简要地概括为以下几点:

首先,人类所面对的现实世界是一种先于和外在于我们对它的认知过程及结果,完全按照自己的规律独自存在和演变的给定性客观实在;换言之,在作为认识对象的现实世界和对它的认识过程及结果两者之间,是先有现实世界,后有对现实世界的认识。在科学哲学中,现实世界与对它的认识之间的这种单向依赖关系通常被表述为经验事实与解释经验事实的相关理论认识之间的单向依赖关系：经验事实可以独立于解释它的理论认识而存在，而作为对经验事实的反映或再现，理论认识则必须以经验事实为转移，随经验事实的变化而变化。我们把这条理论预设称为"给定实在论预设"。

其次，对于这样一个给定性的客观世界，生活于其中的人们只有遵循其存在和演变的规律去行动，其行动才有可能获得成功，反之则不然。而自己的行动符合世界规律的前提就是要尽可能准确地发现和把握这些规律。发现和把握世界规律的过程就是人们的认识过程，因此，认识的任务就是尽可能准确地去再现先于和外在于我们认识过程的给定性客观实在；只有准确地、真实地把握或再现了客观实在的认识结果才能成为我们行动的可靠指南，因而才可以被我们接受。我们把这条理论预设称为"表现主义预设"。[1]

再次，能够帮助我们去准确、真实地把握或再现给定性客观现实的唯一有效方法就是实证科学方法。实证科学方法的基本原理就是：要将我们有关研究对象的解释性命题建立在对可以直接和客观观察到的经验事实所进行的归纳或概括基础之上。这里所谓的"直接"观察，既可以是我们以自身感觉器官，也可以是以自身感觉器官为主再辅之以相关观察工具所进行的观察；所谓的"客观"观察，则是指不同的观察者在相同情境条件下对同一对象反复进行观察时都能得到相同结果的观察。我们把这条理论预设称为"实证主义预设"。

由于实证科学的研究方法首先是在自然科学领域中形成和发展起来的，要像实证主义者那样将实证科学作为"科学"研究的唯一范式并扩展应用到社会科学研究领域，还必须像我们在孔德、涂尔干等实证主义社会学家那里看到的那样，以或明或暗的方式在上述实证主义的基本理论预设之外增加一条补充或辅助性质的理论预设，即认为社会现象与自然现象以及社会科学与自然科学存在着本质上的统一性（可称为"统一世界观"及

---

[1] 这一理论预设也可以进一步分解为"表现主义"（或表现论）和"相符真理论"两条预设（见本书作者在其他地方的表述）。此处出于表述简洁的目的将它们合二为一。

"统一科学观"预设)。否则,将在自然科学领域中形成和发展起来的实证科学方法应用于社会科学领域的做法就可能遭到人们的质疑,就像我们在大多数建构论社会学家那里看到的那样。

从上述基本理论预设中会派生出一些可用来指导科学研究活动的具体方法论原理。简言之,由于作为科学研究对象的现实世界是独立于人们对它的认识过程而存在的,认识过程不过是对这一独立于人们认识过程及结果的现实世界进行再现的过程,而只有实证科学方法才能帮助我们准确地再现现实世界,因此:

(1)在科学理论的发现这一问题上,典型的实证主义者认为,用来解释研究对象的科学理论只能来自对由直接和客观观察研究对象得来的经验资料进行归纳的过程。这一原理通常被称为"归纳主义"的科学发现观。

(2)在科学理论的检验这一问题上,实证主义者通常认为,用来检验和判断一项科学理论是否正确的方法,就是将它与后续同样经直接和客观观察得到的经验事实进行对照,看它是否与相关的经验事实相符合:若相符合,我们就视之为得到了经验事实的证实,并称其为真理;反之,则视之为没有得到证实,并称之为谬误。这一原理通常被称为"证实主义"的科学检验观。

(3)在科学理论的发展问题上,实证主义者认为通过上述两个环节的持续循环,我们就不仅可以获得有关某一对象的真理性认识,而且可以通过把越来越多的现实领域纳入我们的认识范围,而逐渐获得对现实世界更大范围的真理性认识,使我们对现实世界的认识不断扩展和深化。换言之,我们有关现实世界的真理性知识可以通过真理颗粒的积累这种方式而不断取得进步或增长。这一原理通常被称为"进步主义"的科学发展观。

在科学哲学或科学方法论研究领域,人们通常将上述从实证主义基本理论预设中派生出来的三条原理称为"实证主义"的科学哲学或科学方法论。后实证主义的科学哲学家在自己的著述中直接加以批评和反驳的,通常就是被归于实证主义科学哲学或方法论的这三条基本原理。后实证主义的科学哲学就是建立在对实证主义科学哲学或科学方法论这三大原理直接进行批评和反驳的基础之上的。而对我们来说，后实证主义科学哲学对实证主义科学哲学三大方法论原理的反驳，实质上就是对经验事实可以脱离相关的理论话语而独立存在这一实证主义哲学基本信条的反驳，从而也就是对整个结构论社会学理论所信奉的"朴素实在论"信条的反驳。以下我们就先来对前面列举的四位后实证主义代表性人物的科学哲学理论作一简要梳理。

第一章　波普尔的批判理性主义或证伪主义

在现代科学哲学中，实证主义的科学哲学模式首先是在波普尔那里受到了系统的批评和反驳。波普尔关于所谓"批判理性主义"或"证伪主义"的阐述成为现代科学哲学中"后实证主义"理论的最初模式之一。概括起来，波普尔的"证伪主义"或"批判理性主义"包括以下几个基本观点。

一、理论是大胆的猜测

按照波普尔的自述，他是从对科学和伪科学之间的划界问题，即对区分科学和伪科学的标志这一问题的思考开始自己的科学哲学研究历程的。在波普尔开始从事科学哲学的那个年代，科学界对于这个问题的流行答案源自实证主义。根据实证主义，区别科学和伪科学的主要标准就是所谓的"经验归纳主义"标准，即判断一项理论命题到底是不是真正的科学命题，唯一的标准就是看它是不是建立在对通过客观观察得到的经验事实所进行的归纳基础之上。这个标准并不能让波普尔感到满意，因为他发现，这一观点既不符合科学研究的实践，也经不起对科学研究活动所作的逻辑分析。

实证主义的上述经验归纳主义科学划界标准可以用两种不同的方式表现出来：一种方式是认为科学命题必须来源于对客观经验事实所进行的归纳；另一种方式是认为科学命题或许可以不来源于对经验事实所进行的归纳，而是来源于对某种已经获得人们公认的理论或公理的演绎，或者以其他方式形成的假说等，但它也必须经得起客观观察到的经验事实的验证。这两种观点本质上都是实证主义的经验归纳主义逻辑的不同形式，前一种可以称为"前归纳主义"（在命题之前进行归纳），后一种可以称为"后归纳主义"（在命题形成之后进行归纳）。波普尔对这两种不同形式的经验归纳主义都作出了批评。在这一部分我们先来叙述波普尔对"前归纳主义"的观点——认为科学命题必须来自对经验事实的归纳过程这一观点所作的批评。

波普尔明确表示，逻辑实证主义等实证主义者关于科学研究活动始于客观观察，科学理论只有通过对由客观观察得来的经验资料所进行的归纳过程才能形成的看法，是一种错误的看法。波普尔以科学史上的大量事实为依据指出，在实际的科学研究过程中，纯粹客观的观察活动并不存在，理论总是先于观察，观察总是渗透着理论；科学研究活动并非始于客观观察，而是始于各种问题；理论只是对某个特定问题的解答，而这些答案则来源于科学家的大胆猜测。

波普尔首先主张，根本不存在什么纯粹客观的经验观察，任何观察都渗透着理论。他反复说："一切观察都包含按我们的理论知识所作的解释，或者说，未掺杂理论的纯粹观察知识（如果可能的话）将是极其贫乏和毫无用处的。"[1] "认为我们能够单纯从纯观察出发而不带有一点点理论性的东西，是荒谬的。"[2] 主要原因在于：

第一，任何人都只有在特定理论的指导之下才能够知道要观察什么。"观察总是有选择的。它需要选定的对象、确定的任务、兴趣、观点和问题。它的描述必须有一种拥有专门词语的描述语言；它还需要以相似和分

---

[1] 波普尔：《猜想与反驳》，傅季重等译，上海译文出版社，1986年，第32页。
[2] 同上书，第66页。

类为前提，分类又以兴趣、观点和问题为前提。""对于科学家来说，规定他的着眼点的，则是他的理论兴趣、特定的研究问题、他的猜想和预期以及他作为一种背景即参照系、'期望水平'来接受的那些理论。"[1] 笼统地命令人们"仔细观察，写下你们观察到的东西"，人们将会茫然不知所措。或者，如果有人将其所观察到的东西全部记下来，这些东西我们也会不知道到底有什么用处。事实上，"在科学发展的每一个阶段中，我们都是从性质上属于理论的某种东西入手的，……它们以某种方式指导我们的观察，帮助我们从无数的观察对象中选择出感兴趣的对象"[2]。

第二，理论对于观察的功能并不仅限于指导观察者确定观察对象和任务，而是必须贯穿或者渗透观察过程的始终。不借助某种特定的理论，我们根本无法进行任何具体的观察。"观察总是借助于理论的观察。"[3] 这是因为，我们对于任何现象所作的经验观察以及对观察结果所作的陈述总要借助特定的语言来进行。我们的经验观察结果并非只是一堆感觉材料的集合，而是必然超越感觉材料的一种事件。例如，当我们说我们观察到一只"白天鹅"时，我们就已经远远地超越了既有的感觉材料："因为我们把某种事物叫作'天鹅'，是赋予这事物某些属性的过程。"这种赋予一事物某些属性的过程就是一个超越既有感觉材料的理论抽象过程，因为被赋予的属性本身被界定为这种事物普遍具有的，但事实上我们在任何时候通过"观察"所能够得到的有关这种事物的感觉材料却永远是有限的。因此，以某种理论概念或术语赋予某种事物某种特性的过程，也永远是一个从有限的感觉材料向普遍的理论抽象跳跃的过程，而非简单归纳的过程。而由于我们必须借助特定的理论概念或术语来对个别事物进行经验观察和陈述，因此任何经验观察及相关陈述都不可避免地打上了特定理论的烙印，而不再是纯粹感觉材料的集合或者记录。可见，"就连最普通的简单陈述也超越了经验。因为普通

---

[1] 波普尔：《猜想与反驳》，第66页。
[2] 波普（波普尔）：《历史决定论的贫困》，杜汝楫、邱仁宗译，华夏出版社，1987年，第107页。
[3] 波普尔：《科学发现的逻辑》，查汝强等译，中国美术学院出版社，2008年，第35页注释1。

的简单陈述总是根据理论对'事实'的解释"。[1] 同样,当我们观察到"这里有一玻璃杯的水"的时候,情况也是如此:无论是我们所看到的"玻璃杯"还是"水",都不能还原为一堆感觉材料的集合,而是我们借助"玻璃杯"和"水"这样一些高度抽象的理论概念或术语对相关感觉材料进行整理综合的结果。如果不借助这样一些高度抽象的理论概念或术语,单纯依赖映在我们视网膜上的那些感觉印象,我们并不能"观察"到任何对我们有意义的东西,更无法将我们所观察到的东西陈述出来。

既然不存在任何纯粹客观的观察,任何观察总是渗透着理论,那就意味着,在观察发生之前必然已经有一定的理论存在,因而,理论不可能是对观察客观事实所得到的经验材料加以归纳的结果。波普尔以牛顿物理学理论为例对此作了进一步说明。包括牛顿在内的许多人都宣称牛顿物理学的各个基本原理是牛顿从大量的经验材料中归纳得到的。波普尔认为,可以从三个方面来论证这一"论断"的错误:

第一,这一论断从直观上看就是不可信的,特别是当我们把牛顿理论的性质和观察陈述的性质加以比较时,就能看到这一点:首先,观察总是不精确的,而理论却必须是精确的,精确的理论难以从不精确的观察中推出来;其次,观察总是发生在一些特定的、有限的情境中,然而理论却要求适用于任何可能的情境,如上所述,这种从有限情境向任何可能情境的跳跃,也意味着理论不是来自对经验材料的归纳;再次,牛顿理论中还有一些重要对象,比如"力"这样的东西,是我们从经验中永远不可能观察到的,因而更不可能是经验归纳的结果(虽然我们可以对"力"进行测量,但这正是以我们对牛顿力学的认可为前提的,而非相反)。

第二,这一论断从历史事实上看也是错误的。从历史事实来看,牛顿物理学是从哥白尼、布拉赫和开普勒等人的理论中发展而来,而前面三人的理论也都不是由经验材料归纳而来的。哥白尼的"日心说"就不是对

---

[1] 波普尔:《科学发现的逻辑》,第 404 页。

新观察到的经验材料进行归纳的结果，而是按照柏拉图《理想国》一书中关于太阳在可见世界里居于最高地位这一学说来对旧的经验事实重新加以解释的结果。在这里，是"观念先产生，并且它对于解释观察来说是不可或缺的：这些观察必须根据这观念解释"[1]。布拉赫拥有大量未发表的新天文观察资料，但他没有作出什么理论归纳，并把这些资料留给了自己的学生开普勒。开普勒是哥白尼学说的信奉者，他希望以老师留下的资料为基础来进一步发展哥白尼的学说。他先是提出了"火星匀速地沿圆形轨道绕太阳旋转"的理论，但没有从这些资料中得到证实，在做了各种其他尝试后，他偶然地产生了一个新想法，即"火星可能是沿着椭圆形轨道绕太阳旋转"，结果发现在继续改变一个假设——火星不是匀速运行的条件下，这些资料可以同这个新假说相吻合。因此，开普勒的理论也不是从观察资料中归纳出来的。牛顿的理论则是从开普勒的理论中进一步发展而来的。

第三，这种论断在逻辑上是错误的，是一种逻辑上不可能成立的论断。休谟早已指出了这一点。波普尔把休谟的思想概述如下：设定一个由任意多的过去观察到的经验事实所组成的类 K，再假定某个将来逻辑上可能观察到的同类经验事实 B；如果牛顿的理论是从所有过去观察到的经验事实中归纳推导出来的，那么，任何将来观察到的同类事实 B 都不可能同牛顿的理论以及经验事实 K 相矛盾。但是，波普尔指出，这从逻辑上说是不可能的：牛顿的理论和经验事实 K 并不能从逻辑上确认将来可能观察到的事实 B 不与其相矛盾。波普尔说，由此可知，假定牛顿的理论能从观察中推出是不可能的。

总之，"牛顿力学本质上超出了全部观察。它是普遍的、精确的和抽象的；历史上，它来源于神话；我们可用纯逻辑手段表明，牛顿理论不可能从观察陈述推导出来"[2]。

那么，科学理论到底是如何形成的呢？波普尔认为，在科学理论的形成问题上，并无绝对正确的唯一方法或路径。人们可以通过各种方法或路

---

[1] 波普尔：《猜想与反驳》，第 268 页。
[2] 同上书，第 272 页。

径来形成关于一个现象的科学理论。"设想或创立一个理论,既不要求逻辑的分析,也不接受逻辑的分析。一个人如何产生一个新的思想,这个问题对于经验的心理学来说,是很重要的,但是对于科学知识的逻辑分析来说,是无关的。"[1] "并没有什么得出新思想的逻辑方法,……每一个科学发现都包含'非理性因素',或者在柏格森意义上的'创造性直觉'。"[2]在某种程度上,可以说,理论其实是人们大胆猜想的结果。他明确地说:"科学理论并不是观察的汇总,而是我们的发明——大胆提出来准备加以试探的猜想,如果和观察不合就清除掉;而观察很少是随便的观察,通常按一定目的进行,旨在尽可能获得明确的反驳根据以检验理论。"[3]

在否认我们的知识来源于通过观察得到的经验材料这一点上,波普尔走得其实比上述立场还要远。他不仅认为我们的理论知识不是来源于直接观察得到的经验材料,而且认为我们的几乎所有知识,如果单从来源这一点上说,都不是或不必以直接观察到的经验事实为依据。实证主义或者任何一种经验主义都相信,观察是我们一切知识的终极源泉。当我们就某件事情问一个人"你是怎么知道的"这个问题时,他可能回答"从报纸上看到的"。而一个经验主义者则会进一步追问:"报纸又是怎么知道这件事情的呢?"他们认为一定要追问到一个亲见者的报告才能告终。但是,波普尔指出,按照经验主义者的逻辑,其实还可以进一步追问那个亲见者:你是怎样看到的?你看清楚了吗?你会不会是看错了?等等。原因是:"每个证人在报道时总是充分运用他有关人物、地点、事情、语言惯用法、社会习俗等等的知识。他不可能仅仅依据他的耳目,……这一事实当然总是引起新的问题,即关于他知识的那些不可直接观察的因素的源泉的问题。因此,追溯一切知识的终极观察源泉的纲领在逻辑上是不可能贯彻到底的:它导致无限倒退。"[4] 事实上,在日常生活中,人们一般在听到"从报

---

[1] 波普尔:《科学发现的逻辑》,第 7 页。
[2] 同上书,第 8 页。
[3] 波普尔:《猜想与反驳》,第 65 页。
[4] 同上书,第 32 页。

纸上看到的"这一回答时就觉得足够了，不会去无止境地追问信息的终极来源。人们关心的更可能是信息的可靠性而非其来源。波普尔认为，这也应该是我们对待一切知识问题的正确态度，即不要去问知识的可靠源泉是什么。知识可以有各种各样的源泉，但没有一样是权威的。我们要问的应该是：怎样才能发现和清除错误？换言之，在科学研究活动中，我们应该把科学理论的发现问题和检验问题区分开来。需要认真加以思考的问题不是如何发现一个新的科学理论，而是如何对一个被提出来的新理论的合理性或可靠性进行检验。波普尔说："科学方法就是大胆地猜想并巧妙而严格地尝试反驳这些猜想的方法。"[1]在科学知识的探索领域，这种态度似乎可以用当年胡适的一句话来加以表述，这就是：大胆假设，小心求证。尽管胡适试图以这句话来加以表达的哲学立场与波普尔的哲学立场并不完全相同。

那么，在"大胆假设"——用波普尔的话来说则是"大胆猜测"之后，我们应该怎样来"小心求证"呢？在这个问题上，波普尔也提出了一种与流行的"证实主义"不同的理论观点，即"证伪主义"观点。

二、证伪主义

如前所述，有些实证主义者也会同意，科学发现或许不必来自对客观观察到的经验事实所作的归纳，而是可以来自各种各样的方式或途径，但取得科学发现之后还是必须通过与观察到的经验事实进行对照的方法来对它的真实性加以检验。如果一个科学陈述与观察到的足够数量的经验事实相符合，我们就有理由宣称它得到了经验事实的证实，从而确认它是一个"真实""可靠"的陈述或命题。这一观点被称为"证实主义"。在科学命题的检验这一问题上，波普尔同样质疑实证主义者关于理论可以通过证实来加以检验和判断的说法，提出理论不可能被证实而只能被证伪的新观

---

[1] 波普尔：《客观的知识：一个进化论的研究》，舒炜光等译，中国美术学院出版社，2003年，第83页。

点。波普尔对证实论的质疑主要建立在他对证实论的逻辑理论基础——归纳主义逻辑所作的批评之上。

如前所述,"证实主义"观点其实不过是实证主义的"经验归纳主义"观点在科学检验问题上的翻版。它的逻辑依据依然是,科学陈述是对某种经验事实形成和发展之规律的描述,因此必须建立在对通过客观观察得到的大量经验材料的归纳之上。如果一个科学陈述在其提出之时并非来自对经验事实的这种归纳过程,或者所依据的经验事实数量不足,那么,它就需要在形成之后与观察到的经验事实进行对照,看它是否与相当数量或质量的经验事实相符合。只有在与足够数量的经验事实相符合的情况下,我们才能最终确认它的真实性。波普尔认为,这种观点是无法成立的,从逻辑分析就可以证明,任何一个科学陈述都不可能通过这种经验归纳的方法来加以"证实"。

之所以任何科学陈述都不能通过经验归纳的方法来加以证实,其主要原因在于:任何科学陈述都是一种全称陈述,而经验陈述则只能是单称陈述,它在数量上总是有限的而非无限的,从有限的经验陈述中不可能推出可以适用于任何时间与空间条件的全称陈述。而之所以从数量有限的经验陈述中不可能推出广泛适用于任何时间与空间条件的全称陈述,又是因为自然界及其规律在时间和空间方面的非均一性,即无论是在时间上还是在空间上,自然界以及自然规律都不是完全同质的、不变的,而是异质的、可变的。[1] 从时间上看,无论我们观察到和收集了多少已经成为过去的某种经验事实,并通过对这些经验事实进行归纳得到了某个或某些关于这种经验事实之规律性的全称陈述,我们都不能保证这一陈述在未来依然适用。从空间上看,情况也是如此:无论我们观察到和收集了多大空间范围内的某种经验事实,并通过对这些经验事实进行归纳得到了某个或某些关于这种经验事实之规律性的全称陈述,我们都不能保证这一陈述在更大的空间范围内依然适用。波普尔说:"从逻辑的观点来看,显然不能证明从

---

[1] 参见波普尔在《科学发现的逻辑》一书第 79 小节"关于假说的所谓证实"中的相关论述。

单称陈述（不管它们有多少）中推论出全称陈述是正确的，因为用这种方法得出的结论总是可以成为错误的。不管我们已经观察到多少只白天鹅，也不能证明这样的结论：所有的天鹅都是白的。"[1] 波普尔明确指出，由于"不存在什么归纳。因此，从'为经验所证实的'单称陈述推论出理论，这在逻辑上是不允许的。所以，理论在经验上是决不可证实的"[2]。

科学陈述不能通过经验归纳的方法来加以证实，但经验科学又不能没有一个用来判断真伪是非的标准，因为只有在一个理论系统能为经验所检验的条件下，它才会被承认是经验科学的理论。因此，波普尔提出，"我们就必须选择一个[新的]标准，它允许我们把即使不能证实的陈述也纳入经验科学的范围"[3]。波普尔指出，虽然科学理论不能通过与有限数量的经验命题的对照来加以证实，但却可以通过与有限数量的经验命题的对照来加以证伪。例如，"凡天鹅皆白"这个命题，由于其涵盖的经验命题在时间和空间范围上是无限的，因此无论我们观察到多少与其相一致的白天鹅，都无法最终证实这一命题。但是，只要我们发现一例与其相反的现象（黑天鹅），它就可以被证伪。波普尔认为，根据证实和证伪这两种活动对经验陈述数量要求方面的这种不对称性，我们就可以设想出一种与证实主义所倡导的"证实"标准不同的科学理论检验标准，这个标准就是"验证"。

和证实标准所遵循的归纳逻辑不同，验证标准所遵循的是演绎逻辑。按照波普尔的观点，这种演绎逻辑可以表述如下：我们预先拥有某个理论，然后"从理论中演绎出某些单称陈述，我们称作'预见'，特别是那种易检验或易应用的预见。……然后我们将它们与实际应用和实验的结果相比较，对这些（以及其他）推导出的陈述作出判决。假如这判决是肯定的，就是说，假如这些单称结论证明是可接受或被证实，那么，这理论眼下通过了检验，我们没有发现舍弃它的理由。但是，假如这判决是否定的，换句话说，假如这结论被证伪，那么它们之被证伪也就证伪了它们从

---

[1] 波普尔：《科学发现的逻辑》，第3页。
[2] 同上书，第16—17页。
[3] 同上书，第17页。

之合乎逻辑地演绎出来的那个理论。应该注意，肯定的判决只能暂时支持这理论，因为随后的否定判决常会推翻它。只要一个理论经受住详细而严格的检验，在科学进步的过程中未被另一个理论取代，我们就可以说它已'证明它的品质'，或说它已得到'验证'"。波普尔评论说："在此概述的程序中，未出现任何类似归纳逻辑的东西。我从不认为我们能从单称陈述的真理性论证理论的真理性。我从不认为理论能借'已证实'的结论的力量被确定为'真的'，即使仅仅是'概然的'。"[1]

科学理论不能被经验所证实但却可以被经验所证伪，这一认识首先有助于我们确定一个划分科学和非科学知识的新标准。在科学和非科学知识的区别问题上，实证主义认为，只有在逻辑上存在着被证实之可能性的理论命题才是科学的，否则即是不科学的。然而，由于我们已经认识到凡是属于普遍概括性质的科学理论命题原则上都是无法最终加以证实的，因此，按照实证主义的这一标准来划定科学与非科学之间的界限也就成了无法实现的空话。按照上述"理论不能被证实，而只能被证伪"的新看法，波普尔对科学与非科学之间的划界标准重新进行了界定。波普尔认为，一切科学理论命题，只有在逻辑上存在着被证伪之可能性的才是科学的，否则就是非科学的。"可以作为划界标准的不是可证实性而是可证伪性。换句话说，我并不要求科学系统能在肯定的意义上被一劳永逸地挑选出来；我要求它具有这样的逻辑形式：它能在否定的意义上借助经验检验的方法被挑选出来；经验的科学的系统必须有可能被经验反驳。"[2]而判断一个科学理论是否具有可证伪性的具体方法则可以大致表述如下："如果一个理论把所有可能的基础陈述类明确地分作下面两个非空的子类，它应该被称作'经验的'或'可证伪的'。第一，所有那些和理论不一致的（或理论排除的、禁止的）基础陈述组成一类，我们称这类为这个理论的潜在证伪者类；第二，那些和理论不矛盾的（或理论'允许'的）基础陈述组成一类。我们可以更简短地说，如果一个理论的潜在证伪者类不是空的，那么

---

[1] 波普尔：《科学发现的逻辑》，第9页。
[2] 同上书，第17页。

它是可证伪的。"[1] 当然,这里必须补充一点:正如"可证实性"不等于"证实"一样,"可证伪性"也不等于"证伪"。"可证伪性"只是意味着可能存在一些可以用来否定一个理论的基础陈述,而只有当这些基础陈述被发现且被我们所接受时,我们才能说这个理论被证伪了。[2]

按照这一标准,以下几类命题就属于非科学的命题:

(1)重言式命题。如"单身汉是没结婚的男人"。

(2)分析性命题。如"明天可能会下雨,也可能不下雨"。

(3)数学命题。如:$1+1=2$,$2\times 2=4$,等等。

(4)形而上学命题。如"物质第一性,精神第二性"及与其相反的命题,这些命题由于无法用经验来对它们进行证伪,所以也属于非科学命题。

(5)宗教和神话命题。由于与形而上学命题一样具有无法为经验所证伪的性质,故也属于非科学命题。

(6)伪科学命题。如占星术、相面术、弗洛伊德的心理分析学中的那些命题,因为其词义模糊、论断不清,也无法被经验所证伪,属于永远都有理的那样一类命题即非科学命题。[3]

当然,需要注意:第一,非科学命题仅仅是属于"非科学"的命题,而不是属于"无意义"的命题。波普尔在自己的著述中反复强调,他对"证实"和"证伪"这两个检验标准所作的讨论涉及的只是科学和非科学知识之间的划界问题,而非所谓的"意义"问题。"非科学"同样有自身的意义和价值。[4] 第二,"非科学"和"科学"命题在一定条件下是可以相

---

[1] 波普尔:《科学发现的逻辑》,第61—62页。
[2] 在波普尔的著述中,所谓的"基础陈述"指的是,"断言在空间和时间的一定的个别区域里一个可观察事件正在发生的陈述"。具体而言,它需要符合内容和形式方面各两项要求:在内容方面,第一,它是一种单称存在陈述,如"在时空区域 k 有一只渡鸦"(而不能是"在时空区域 k 没有一只渡鸦",这是一种单称非存在陈述);第二,它告诉我们一件可以由不同的主体反复观察的方式来加以检验的"可观察事件";在形式方面,第三,它不能从没有初始条件的全称陈述中演绎出来;第四,它和需要检验的全称陈述之间可能互相矛盾。详见波普尔《科学发现的逻辑》一书第28小节"基础陈述"中的论述。
[3] 以上这些非科学知识类型散见于波普尔的著作中。此处归纳转引自夏基松:《现代西方哲学教程》,上海人民出版社,1985年,第462页。
[4] 参见波普尔:《科学发现的逻辑》,第17页注释3。

互转化的。如前所述，哥白尼的"日心说"就是从柏拉图的哲学观点转换而来的。

当关于某个研究对象存在着一些不同的科学理论时，可证伪性标准也可以帮助我们在不同科学理论之间进行选择。波普尔指出，在所有那些原则上可以被证伪的理论命题即科学理论命题之间，存在着"可证伪度"上的差别。从理论上说，一个理论的"可证伪度"可以用可能用来证伪它的那些基础陈述在其所有可能的基础陈述中所占比例的大小来加以衡量。假如在两个理论各自所有可能的基础陈述当中，一个理论的"潜在证伪者类"所占比例比另一个理论要大，那么，我们就可以说，这个理论有更多的机会为经验所反驳。因此，和另一个理论相比，它具有更高的"可证伪度"。

一个理论的可证伪度主要取决于它的经验内容，即它对于经验世界所说的内容要比其他理论说的更多。"可以说，一个理论传达的经验信息量，或者它的经验内容，随着它的可证伪度的增加而增加。"[1]因此，我们可以"把对两个陈述的经验内容所作的比较，看作等同于对它们的可证伪度所作的比较。这就是使得我们的方法论规则，即应该选择那些能经受最严格的检验的理论，等同于这样的规则：选择具有最大可能的经验内容的理论"[2]。具体说来，最大可能的经验内容又主要取决于以下两个方面的情况：

（1）理论陈述内容的普遍性。理论陈述的内容越具有普遍性，可证伪度就越高；反之则越低。

（2）理论陈述内容的精确性。理论陈述的内容越精确，可证伪度就越高；反之就越低。

例如下面两组命题：

命题 A：所有在封闭轨道中运行的天体其运行轨道是圆形的。

命题 B：所有在封闭轨道中运行的行星其运行轨道是圆形的。

---

[1] 波普尔：《科学发现的逻辑》，第 90 页。
[2] 同上书，第 98 页。

命题 C：所有在封闭轨道中运行的天体其运行轨道是椭圆形的。

命题 D：所有在封闭轨道中运行的行星其运行轨道是椭圆形的。

其中：

命题 A 与命题 B 相比，命题 A 在内容上比命题 B 的普遍程度更高，因而其可证伪度相应也就越高。因为"天体"包括行星、恒星、卫星、彗星等。只要这些类型的天体当中有一种类型的运行轨道被发现不是圆形的，那么命题 A 就被证伪了；而命题 B 则只有在行星这种类型的天体的运行轨道被发现不是圆形时，才会被证伪。命题 C 和命题 D 之间的关系也是如此。

而命题 A 与命题 C 相比，命题 A 的陈述在精确度上要低于命题 C，故命题 A 的可证伪度也要低于命题 C：对于命题 A 来说，只有当发现它的运行轨道是非圆形（直线、曲线、三角形等）时，它才会被证伪；而对于命题 C 来说，只要发现它的运行轨道不是椭圆形的（哪怕依然是圆形的），它就被证伪了。[1] 命题 B 和命题 D 之间的关系也是如此。

在上述四个命题当中，命题 C 的陈述在普遍性和精确性方面都是最高的，因而与其他命题相比，它的可证伪度也就是最高的。命题 B 的陈述在普遍性和精确性方面都是最低的，因而和其他命题相比，它的可证伪度也就是最低的。

显然，按照上述分析，当我们在某个研究领域当中面对两个或更多不同的、相互竞争的理论陈述时，我们应该选择其中在陈述内容方面普遍性和精确性程度相对更高，即可证伪度相对更高的那种理论陈述。

因此，我们可以进一步用上述分析结果来对科学研究当中出现的进步状况进行判断。依据上面的论述，波普尔提出，判断科学理论进步的标准应该包括以下两个方面：（1）理论所具有的可证伪度有了提高，即理论

---

[1] 波普尔在《科学发现的逻辑》一书中的分析似乎与此有所不同。他在比较命题 A 和命题 C 时，认为命题 A 的精确性比命题 C 要小，因为他认为"圆是椭圆的真子类"，如果命题 C 被证伪，命题 A 也会被证伪（参见波普尔：《科学发现的逻辑》，第 99 页）。我对他的分析，包括用来进行分析的依据"圆是椭圆的真子类"的说法感到困惑，故此处未引用他的分析，而是按我自己的理解展开分析。但我认为我的分析是符合波普尔在此处要表达的基本思想的。笔者愿就此接受方家的指教。

在内容上更具普遍性，在表述上更具精确性，从而比之前的同类理论包含了更多的经验内容；（2）经过检验后理论所包含的那些新的经验内容得到了"确证"。前者为理论的进步提供了可能性，后者则使理论的进步成为现实。

所谓"确证"，在形式上和实证主义讲的"证实"是相同的，即将理论作出的预测与相应的经验命题相对照后，发现二者之间存在着一致性。但在含义上，"确证"却与"证实"有着本质的不同。"确证"（Corroboration）不等于"证实"（Verification）。"证实"指的是：第一，理论经过检验后被证明与其所试图再现的实在本身相一致，因为我们是通过将理论陈述与直接源自实在本身的大量经验事实相对照来对理论进行检验的；因此，第二，理论一旦经过检验就应该被视为最终被证明为"真实地"再现了研究对象的科学理论，即"真理"。而"确证"指的是：第一，通过了检验的理论仅仅是被证明与我们所接受的基础陈述而非实在本身相一致，因为我们是通过将理论陈述与我们所接受的基础陈述而非实在本身相对照来对理论进行检验的；因此，第二，对于暂时通过了检验的理论，我们无法断定它是一种真实再现了实在本身的"真理"（它也许是，也许不是；是还是不是，我们无法知道）；我们知道的只是，该理论到今天还没有被证伪，但依然存在着被证伪的可能性。因此，波普尔认为，没有任何理论命题可以被最终证实或宣布为真理。

三、科学知识增长的模式

根据以上论述，波普尔提出了一个与实证主义有所不同的有关科学知识增长的模式。按照实证主义的科学哲学，科学研究起始于我们对客观世界的经验观察。"我们从收集和整理我们的经验开始，就这样沿着科学的梯子上升。"[1]我们在客观世界中观察到了一些经验事实，我们试图理解或解释它们。因此，我们便开始对我们在特定时空范围内观察到的某种经验

---

[1]　波普尔：《科学发现的逻辑》，第82页。

事实进行收集和整理，在此基础上对它们进行分析、比较和归纳，得到一些能够解释它们的科学命题或理论体系；然后，我们将从这些命题或理论中推演出的经验预测与我们在更大时空范围内进一步观察到的同类经验事实相对照，来对它们在更大时空范围内的真实性或实用性加以检验；如果从既有命题或理论中推演出的经验预测与新观察到的经验事实相一致，我们就认为既有的命题或理论得到了证实；反之，我们则需要对命题或理论进行一些修正或调整，使之能够与新观察到的经验事实相协调。如此循环往复，我们为理解或解释这种经验事实所提出的科学理论就会越来越具有普适性，我们能够对这种经验事实加以正确理解或解释的时空范围也就越来越大。我们可以用同样的方法去对我们在客观世界中观察到的其他种类的经验事实进行研究，从而使我们对客观世界的正确理解或解释不仅在时空范围方面逐渐扩大，而且在存在领域方面逐渐拓展。一句话，科学知识就是这样通过我们对经验事实的正确认知即"真理"在时空和领域方面的积累或扩展而逐步增长或进步的。与此不同，波普尔提出的科学知识增长或进步模式可以用图式表示如下：

$$P_1 \longrightarrow TT \longrightarrow EE \longrightarrow P_2$$

也可以用一个更复杂的图形表示如下：

$$\begin{array}{c} TS_1 \\ P_1 \longrightarrow TS_2 \longrightarrow EE \longrightarrow P_2 \\ TS_3 \end{array}$$

图式中的 P_1 表示科学家遇到的第一个问题，TT 表示试探性理论（也可以把 TT 换成 TS 即"试探性解决"），EE 表示清除错误，P_2 表示新问题。

按照这个图式，科学研究并非起始于对客观实在或研究对象的经验观察，而是起始于问题。波普尔明确地说："科学开始于问题，而不是开始于观察；尽管观察可以引出问题来，不期而然的观察，也即同我们的预期或理论发生冲突的观察尤其是这样。"[1]但科学家自觉展开的工作却总是为了解决一个问题。科学研究的实际过程是这样的：首先是科学家遇到了一个按照既有的理论知识无法解决的新问题（P_1）；为了解决这个新问题，科学家便尝试以不同的方式构建出一个能够比既有的理论更好地解决它的新的试探性理论（TT_1）；在构建出来这样一个新的试探性理论之后，科学家便通过将其与相关基础陈述进行对照的方法来对其进行验证；如果该理论通过了验证，科学家便暂时将它接受下来，用它来解决相关的科学问题；如果没有通过验证，科学家便要么尝试对其进行修改、调整，清除其中的错误，使之成为一个新的试探性理论（TT_2）或一些新的试探性理论（TT_2, TT_3, …），直至其能够通过验证；要么放弃它，重新构建一个新的试探性理论（TT_2）或一些新的试探性理论（TT_2, TT_3, …），直至其能够通过验证；之后科学家又遇到了新的问题（P_2）……如此循环往复。波普尔说："一种科学理论，一种解释性理论，只不过是解决一个科学问题的一种尝试，也就是解决一个与发现一种解释有关或有联系的问题。"[2]而每一个有价值的新理论又会引发一些新的问题，一些与已经得到解决的旧问题有所不同的、在旧问题解决后形成的新情境中产生的新问题。例如，假如最初的问题是生存问题，新问题可能就是在生存这个旧问题解决之后的新情境中产生的问题：在子代开始不仅妨碍亲代的发展而且使同代的发展受到威胁的情境下，是应该继续延续后代还是停止延续后代。由于新问题一般是在我们通过猜想和反驳的过程，获得能够用来解决旧问题的理论之后，在新的情境中发生的，因此，新问题的产生也就意味着我们在科学知识的增长方面取得了一定的进步。在这种意义上，"我们可以说，我们能够通过比较 P_1 与我们后来的新问题（比如 P_n）来衡量我们取得的进展"。[3]我们还可以说："一种理论对科学知识增长所能作出的最持久的贡献，就是它所提出的新问题，这使我们又回到了这一观点：科学和知识的

---

[1] 波普尔：《猜想与反驳》，第318页。
[2] 同上书，第317页。
[3] 参见波普尔：《客观的知识：一个进化论的研究》，第167—169页。

增长永远始于问题,终于问题——愈来愈深化的问题,愈来愈能启发新问题的问题。"[1]

科学家所关注的问题当然是需要通过科学研究来加以解决的问题。按照波普尔的归纳,这些问题有三种来源:(1)理论内部的不协调;(2)两种不同理论之间的对立或冲突;(3)理论与观察、实验之间的冲突。限于篇幅,兹不赘述。

波普尔认为,在上述这样一个科学知识增长的过程中,通过验证和清除错误来对既有的知识进行修正的过程具有关键的意义。他指出,正如科学研究不是开始于对经验事实的观察,而是开始于一个有待解决的问题一样,科学知识增长的形式也不是体现为经验事实的积累,而是体现为对既有知识持续不断的修正。"所有知识的增长都在于修改以前的知识——或者是改造它,或者是大规模地抛弃它。知识绝不能始于虚无,它总是起源于某些背景知识——即在当时被认为是理所当然的知识——和某些困难以及某些问题。"[2]在某种程度上,科学知识的增长是通过对既有的知识持续不断地进行修改使之越来越经得起验证的方式来实现的。就上述科学知识增长图式中的试探性理论(无论是第一个图式中的TT,或第二个图式中的各个试探性理论TT_1、TT_2等)而言,它们的形成都应该是来自对既有的(科学的或非科学的)知识的继承和修改。当然,对既有知识或理论进行修改而形成的新理论应该要比先前的旧知识或理论更加"进步",更加接近客观实在的"真实"状况,尽管我们永远不能宣称一个理论是"真理"。为了说明这一点,波普尔提出了"逼真度"这一概念。

波普尔认为,尽管如前所述,我们不能谈论哪个理论命题属于真理、哪个理论命题不属于真理,但我们还是可以谈论不同理论命题逼近真理的程度即理论命题的"逼真度"。所谓逼真度,顾名思义,指的是一个理论命题逼近"真理"的程度。波普尔用以下这个公式来表示理论命题的逼真度:[3]

---

[1] 波普尔:《猜想与反驳》,第318页。
[2] 波普尔:《客观的知识:一个进化论的研究》,第73页。
[3] 波普尔:《猜想与反驳》,第334页。

$$V_S(a) = Ct_T(a) - Ct_F(a)$$

式中的 $Ct_T(a)$ 是一个陈述或理论 a 所包含的真实内容的量度，$Ct_F(a)$ 是陈述或理论 a 所包含的虚假内容的量度。此公式的含义为，陈述或理论 a 的逼真度等于其具有的真实内容含量减去其所具有的虚假内容含量。

不同的理论命题可能具有不同的逼真度。因此，我们可以通过对科学知识演变过程中前后出现的两种或更多的理论在逼真度上的比较，来判断这一演变是否推动了科学知识的进步，但前提是这两种或多种理论的真实内容和虚假内容具有可比性。例如，两种理论 t_1 和 t_2 的真实内容和虚假内容具有可比性，且 t_2 的真实内容超过 t_1 的真实内容，t_1 的虚假内容超过 t_2 的虚假内容时，我们就可以说理论 t_2 比 t_1 具有更高的逼真度。如果理论 t_2 是在对理论 t_1 进行批判性反思和修正的基础上演变而来的，那我们就可以说，通过对理论 t_1 所作的批判性反思和修正，我们在科学知识的增长方面取得了进步。在任何一个领域内，一般的趋势应该是，随着科学研究活动的不断展开，科学理论的逼真度也会逐渐提高。在这个意义上，我们可以说，科学知识是一个甚至是人类各种活动当中唯一存在着进步现象的领域。不过，波普尔还是明确地指出，尽管在原则上我们可以说一个理论命题可经由持续性地修改来不断提高逼真度，但这种逼真度无论如何提高也永远不可能达到百分之百的程度，最大或百分之百的逼真度是一个遥远而不可能达到的理想。

结　语

综上所述，我们可以看到，概括起来，波普尔通过自己的科学哲学研究彻底地否定了前述实证主义科学哲学三大教条中的前两个教条（"理论来自对由客观观察得来的经验资料所进行的归纳过程"和"科学的理论命题就是经过检验得到了证实的命题"），但只是部分地否定了第三个教条（"科学知识是通过累积性进化的方式增长的"）。不过，尽管在自己的理论中保留了实证主义科学哲学的一些残余观念，我们还是可以说，波普尔的科学哲学已经在很大程度上对实证主义科学哲学提出了质疑和挑战，并以此开启了科学哲学中"实证主义"和"后实证主义"两种立场之间的大论辩。后实证主义的科学哲学，正是通过这样一些论辩而逐渐发展起来的。

第二章　库恩：科学革命的结构

实证主义的科学哲学观在美国科学哲学家库恩那里遭到了更为激烈的批评。库恩不仅同意波普尔对实证主义科学观所作的上述批评，还以一种更为激进的方式将波普尔的观点加以推进。波普尔虽然全面攻击实证主义的科学哲学，但在他那里，科学知识的发展过程在一定程度上还是被理解为一个通过对理论的检验和修改不断逼近真理的连续性进步的过程（尽管这一过程永远不会完结）。这一看法在库恩那里遭到否定。库恩认为，科学知识的发展是一个"常规科学"和"科学革命"两种过程交替的过程。科学革命在形式上是通过指导科学研究的"范式"更新来完成的，由于在科学革命中产生的新范式与其所推翻或替代的旧范式两者本质上具有不可通约性，因此我们难以确认新旧范式的更替是否造成了科学知识探索方面的一种进步。因此，实证主义关于科学研究是一种通过真理的积累而不断进步的事业这一宣称在原有的意义上也是不能成立的。以下我们对库恩的相关思想作一概要叙述。

一、科学共同体与"范式"

1962年，库恩出版了《科学革命的结构》一书。"范式"（paradigm）是该书中一个非常重要的概念。在该书绪论后的正文起首，库恩就提出，在科学研究过程中，有一些科学研究的成就具备了以下两个特征：它空前地吸引了一批坚定的拥护者，使他们脱离科学活动的其他竞争模式；同时这些成就又足以无限制地为重新组成的一批科学实践者留下有待解决的种种问题。库恩认为，凡是具有这两个特征的科学成就，就可以（在定律、理论、应用和仪器设备等方面）为特定的连贯的科学研究活动提供一种公认的范例或模型。这种公认的科学研究活动的范例或模型（譬如西方科学史上出现过的"托勒密天文学""哥白尼天文学""牛顿力学""波动光学""微粒光学"等），库恩就将其称为"范式"。[1]

不过，上述说法并非对范式概念所作的唯一界定。库恩在该书中并未对范式概念下过一个统一的、明确的定义。有人曾经从这本书中归纳出"范式"一词的21种用法或含义。这给读者理解范式一词的含义乃至库恩在这本书中所阐述的科学哲学理论都带来了一定的困难。为了消除这一问题，在为出席1969年3月举行的一次研讨会提交的论文《对范式的再思考》中，库恩对范式概念进行了专门的讨论。

库恩指出，科学研究从来都不是一项由科学家各自单独进行的活动，而是由许多科学家在各种不同的科学共同体中共同承担的一项集体事业，所谓"范式"就是将一群科学家联结在一起组成一个科学共同体的主要纽带。在这篇文章中，库恩说："一种范式是，也仅仅是一个科学共同体成员所共有的东西。反过来说，也正由于他们掌握了共有的范式才组成了这个科学共同体，尽管这些成员在其他方面也是各不相同的。"[2]因此，要把"范式"这个词的含义说清，就先得把"科学共同体"说清楚。那么，什么是"科学共同体"呢？库恩说："直观地看，科学共同体是由一些科学专业的实际工作者所组成。他们由他们所受教育和见习训练中的共同因素结合一起，他们自认为，也被人认为专门探索一些共同的目标，也包括培养自己的接班人。这种共同体具有这样一些特点：内部交流比较充分，专

---

[1] 库恩：《科学革命的结构》，金吾伦、胡新和译，北京大学出版社，2003年，第9页。
[2] 库恩：《对范式的再思考》，载库恩：《必要的张力》，范岱年、纪树立等译，北京大学出版社，2004年，第288页。

业方面的看法也比较一致。同一共同体成员很大程度上吸收同样的文献，引出类似的教训。不同的共同体总是注意不同的问题，所以超出群体界线进行专业交流就很困难，常常引起误会，勉强进行还会造成严重分歧。"[1]

库恩认为，这种通过教育和训练而获得的、能够将一些科学研究人员联结起来形成上述这样一种"科学共同体"的"共同因素"，就是他在《科学革命的结构》一书中所说的"范式"。它主要有广狭两个方面的含义。广义上讲，它指的是一群科学家在科学活动宗旨方面共有的某些承诺，库恩又将这些共有承诺称为"专业基质"（disciplinary matrix）。它们主要包括三个方面的成分，即符号概括、模型和范例。"符号概括"，即群体成员共同认可的以特定符号体系来加以表述的关于学科对象等观念的概括，这些概括有的是以高度形式化的符号来表述，如 F = ma，有的则以普通文字符号表述，如"作用等于反作用""化学化合物各成分的重量比是固定的"等。"模型"，即群体成员共同喜爱的、以类比的方式出现、具有启发功能和本体论意义的承诺，例如用微型台球的随机运动来模拟气体运动。"范例"，则是群体成员在解决具体科学问题时共同参考或模仿的一些解题实例，正是依靠这样一些解题实例，初学者才逐渐掌握了该群体的那些符号概括和模型。要想弄清楚一个科学共同体是如何运作的，就必须对其"专业基质"这三个方面的情况加以了解，这三种成分中任何一种的变化都会引起科学共同体的变化。不过，库恩指出，由于符号概括的抽象性，科学共同体的成员其实更多的是靠对"范例"的学习和运用才掌握到共同体的那些共同之处的。因此，单是这些"范例"就可以构成将某些科学家联结在一起的基本纽带，即构成一个"范式"。这种"范例"意义上的"范式"就是狭义的范式概念。库恩说，这种狭义的"范式"概念其实正是他选择"范式"一词时心中赋予该词的主要意涵。

在稍后为《科学革命的结构》一书日文版撰写的后记中，库恩重申了上述关于"范式"概念两种不同含义的说法，指出"范式"一词一是用

---

[1] 库恩：《对范式的再思考》，载库恩：《必要的张力》，第288—289页。

来指"一个特定共同体的成员所共有的信念、价值、技术等等构成的整体",二是仅指这个整体中的一种成分,即被共同体成员当作模型和范例的那些具体的题解,这些题解"可以取代明确的规则以作为常规科学中其他谜题解答的基础"。[1]

科学共同体的范围或领域有大有小,因此可以分为不同的层级。库恩说:"共同体显然可以分许多级。全体自然科学家可成为一个共同体。低一级是各个主要科学专业群体这样重要的共同体,如物理学家、化学家、天文学家、动物学家等的共同体。这些重要的共同体的成员,除边缘上的外,都很容易确定。只要根据它的最高学位成员的研究课题、专业学会的会员情况和所读期刊,一般就够了。用同样方法还可以抽出一些重要的子群体:有机化学家或者其中的蛋白质化学家、固态物理学家和高能物理学家、射电天文学家等等。"当然,还可以再分下去,但可能会出现一些困难,比如,一个专门研究抗生素的专家团体,在它还没有正式宣布成立之前局外人怎么分辨它的存在呢?库恩认为,"要做到这一点,就必须求助于参加暑期讲习班和专业会议的情况,预印本分发名单",以及"正式和非正式的交流网,包括引证链"等。[2] 通过这样一些方式,还是可以分辨出这种小型的科学共同体。显然,由于科学共同体存在不同层级,作为将科学家联结成共同体之基础的"范式"在适用范围或领域上当然也就有大小之分或层级之分。因此,并非物理学、化学、生物学这种较广泛的研究领域才有自己的"范式",在更小的研究领域如固态物理学、有机化学,以及在更大的研究领域,如自然科学甚至包括自然科学和社会科学在内的全部科学领域等,都可以有自己的"范式"。一个适用范围很小的范式也许涉及 25 人,而一些适用范围较大的范式则可能涉及所有科学家。从科学发展的历史来看,范式支配的是科学家群体而非既定的学科领域。不仅如此,学科领域的划分同样是随着科学家群体,因而也是随着范式的变化而变化的:"例如,在 19 世纪中叶之前,并没有物理学共同体存在,它是后来由两个以前独立的共同体(数学和自然哲

---

[1] 库恩:《科学革命的结构》,第 157 页。
[2] 库恩:《对范式的再思考》,载库恩:《必要的张力》,第 289 页。

学）的一部分结合而形成的。在今天它已是一个单一广大的共同体的学科领域，而过去则以不同方式分布在不同共同体的领域中。"[1]因此，对任何科学研究活动所作的研究都必须从确定从事这种研究的团体入手。

不过，到了20世纪80年代，库恩对将科学研究人员联结成科学共同体之"共同因素"的提法有了比较明显的变化。一方面，他对"范式"一词的使用次数明显减少了。有人统计，在20世纪80年代以后的著作中，没有找到"范式"一词，只有两处使用了该词的形容词（Paradigmatic）。[2]在提到使科学共同体得以形成的主要因素时，库恩更多采用的词是"分类学"和"词典"，或者用一个更通俗明了的词来表达，就是"语言"，即科学家在科学研究过程中所共同使用的一套专门语言。另一方面，库恩对使科学共同体得以形成之主要因素的侧重也发生了一些微妙的变化。如果说共同的科学语言大致相当于之前广义"范式"概念中的"符号概括"，那么，如前所述，在70年代库恩更偏爱狭义的"范式"概念，即从"范例"的意义上来使用"范式"一词。但在80年代之后，虽然库恩仍然认为科学家是通过大量"范例"来掌握科学共同体的通用语言的，但他开始把这种通用语言的形成和变化视为科学共同体形成或变化的主要因素。笔者认为，由于正如库恩自己后来所说的那样，他只是改变了自己关注的问题而不是自己的基本观点，[3]加之"范式"一词对于库恩来说所具有的那种标志性意义，我们仍可以使用"范式"一词来称呼库恩所说的作为科学共同体之基础的"分类学""词典"或科学语言，只要我们注意到库恩所关注的问题有所变化即可。

在《科学革命的结构》一书中，库恩提出，在几乎所有的科学研究领域，都存在过一个所谓的"前科学"时期。那时，在同一个研究领域中存在着许多相互竞争的不同研究模式，各种模式各有自己的概念框架、理

---

[1] 库恩：《科学革命的结构》，第161页。
[2] 金吾伦：《库恩》，载涂纪亮、罗嘉昌编：《当代西方著名哲学家评传（第三卷 科学哲学）》，山东人民出版社，1996年，第201页。
[3] 参见金吾伦的"译后记"，载库恩：《科学革命的结构》，第200页。

论观点和研究方法。对于相同的问题，各种理论相互争论，莫衷一是。但经过一段长时间的争论之后，人们逐渐接受某一个研究模式的指导，从而形成了一个统一的科学共同体。这个由科学共同体的成员共同接受的研究模式也就成了所谓的"范式"。库恩说："取得了一个范式，取得了范式所容许的那类更深奥的研究，是任何一个科学领域在发展中达到成熟的标志。"[1] 以光学为例："任何人要是对牛顿以前的物理光学做一通盘的考察，就会得出这样的结论：尽管该领域的实践者们都是科学家，但他们活动的最后结果却并不那么科学。由于没有采取共同的信念作保证，所以，每一位物理光学的著作家都被迫重新为这个领域建造基础。在这样做的时候，他可以相对自由地选择支持其理论的观察和实验，因为并不存在一套每位作者都必须被迫使用的标准方法或被迫解释的标准现象。在这些情况下，所写的著作不只是与大自然对话，而且往往更多的是与其他学派的成员们直接对话。这种模式在今日许多有创造性的领域中并不陌生，也与重要的发现和发明相容。然而，这不是牛顿以后物理光学所具有的发展模式，也不是今天所熟悉的其他自然科学所采取的发展模式。"[2] 牛顿以后的物理光学所具有的发展模式，正是库恩称之为"科学革命"的发展模式，即一种被称为"范式"的主导研究模式为一种新范式所取代的发展模式，例如，牛顿的"光粒说"范式被"光波说"范式所取代，后者又被认为光同时具有波粒二象性的"光子说"范式所取代这样一种发展模式，而非多种不同研究模式并存发展的模式。而一个科学研究领域中发展模式转变的前提，就是一个被所有科学家共同接受的研究范式的形成。

二、"范式"的形成与"常规科学"

如上所述，库恩认为，只有当或者也可以说只要当一个研究领域内出现了一个为所有研究人员共同认可的研究范式，这个研究领域就可以说

---

[1] 库恩：《科学革命的结构》，第10页。
[2] 同上书，第12页。

是发展到了成熟阶段。从此开始，这个领域中的研究活动就走出了"前科学"时期，而进入了"常规科学"时期。范式的取得是科学研究进入"常规科学"的基础。

1. 范式的作用

库恩认为，范式的形成对科学家的研究活动具有重要的影响。

首先，范式为某一领域内的科学家提供了一个明确的、共同的研究方向以及相应的研究程序和规则，减少了该领域内科学研究活动的随意性和歧异性，使该领域内的科学家能够结合起来使用共同的概念框架、以共同的方法和标准去探讨某些共同认定的问题，"搜集事实和阐明理论都成为具有高度指导性的活动"[1]，从而大大提高了科学研究工作的质量和效率。

其次，范式的形成将该领域的科学家与其他人隔离开来，使他们成为一个高度专业化的特殊团体。在一个共同范式的引导之下，"一个科学家的主要目标就是消除思想或仪器方面的困难的疑难。对他的成功的报偿，就是也只能是他的专业群体其他成员的承认。而他所提供的解法有什么实际的长处，充其量也只有次要价值；至于专家群体以外的人的赞赏，则只有反面价值，或者毫无价值"[2]。处于同一个范式下的科学家建立专门的学会，发行专门的刊物，撰写专业的教材，在大学中设立专业的课程，以及使用高度专业化的语言发表论文、交流成果。

再次，范式使该领域内的科学家所从事的研究工作具有时间上和逻辑上的内在联系，将他们的研究活动联结成为一个整体，使该领域内的研究成果具有高度的累积性，从而为科学的不断"进步"提供了可能。有了一个共同接受的范式之后，个别科学家的研究工作就不必从基本概念和基本原理的探讨和选择开始。最初建立范式的科学家已经做过这些工作并将其概括在教科书里了。他只需要读完教科书，然后从教科书中未深入探讨的地方开始他的研究工作，因而可以将自己的研究集中在本领域中最深奥和最微妙的那些方面，以期取得前人所未取得的新成果。如此代代相继，科

---

[1] 库恩：《科学革命的结构》，第17页。
[2] 库恩：《发现的逻辑还是研究的心理学》，载库恩：《必要的张力》，第280页。

学家对该领域的研究就日益丰富和精确起来。

库恩指出，上述作用的综合效果是使科研活动变成一种常规性的活动或"常规科学"。"'常规科学'是指坚实地建立在一种或多种过去科学成就基础上的研究，这些科学成就为某个科学共同体在一段时期内公认为是进一步实践的基础。"[1]取得一个占主导地位的范式，是任何一个科学研究领域在发展中达到成熟的标志。以此为标准，从历史上看，最先进入科学时期的是天文学，然后是力学、化学等自然科学。至于各门社会科学，虽然被称为"科学"，但由于迄今为止大都没有形成一个统一的范式，因此严格来讲都还不是真正的科学，没有真正完成从前科学到科学的转变。[2]

2. 常规科学的实质和内容

库恩认为，一个研究模式之所以能够在众多竞争对手中脱颖而出获得主导性地位，是因为它向研究人员提供了一种预示，使人们相信它能比其他竞争对手更成功地解决被研究人员认为最重要的一些问题。"常规科学就在于实现这种预示，其方法是扩展那些范式所展示出来的特别有启发性的事实，增进这些事实与范式预测之间的吻合程度，并且力图使范式本身更加明晰。"常规科学的研究范围非常狭小，研究内容缺乏新意，其视野也受到严格限制。事实上，在一门常规科学内，关于研究对象的基本定义及基本原理在其形成之时就已经大致完成，留给常规科学家去做的只是大量的"扫尾工作"而已。"常规科学研究乃在于澄清范式所已经提供的那些现象与理论。"这些限制虽然束缚了科学家的创造性，但却是科学发展所必不可少的，它们"迫使科学家把自然界的某个部分研究得更细致更深入"。[3]

具体说来，常规科学的任务包括事实研究和理论研究两个方面：

（1）关于事实的科学研究。库恩指出，常规科学中关于事实的科学研究通常只有三个焦点。这三个焦点既不是经常也非永远泾渭分明的。这三

---

[1] 库恩：《科学革命的结构》，第9页。
[2] 库恩这种认为一个研究领域只有取得了一个公认的范式才算达到科学研究的成熟阶段，因此社会科学多数都还没有达到这一阶段的看法，后来有所软化。
[3] 库恩：《科学革命的结构》，第22页。

个焦点是：

第一，搜集和研究范式所表明的特别能揭示事物之本质的那样一些事实。"通过运用这些事实解决问题，范式就能使这些事实以更大的精确性和在更多样的情况下得以确定。"[1]例如，天文学中有关星球位置和大小、双星的蚀周期和行星周期方面的事实，物理学中有关物质比重和可压缩性、波长和光谱强度、电导性和接触电位方面的事实，化学中有关化学组成和化合量、溶液的沸点和酸性方面的事实等。力求增进这些事实的准确性，扩大其范围，在实验科学与观察科学的文献中占有重要比重。

第二，对这样一类事实进行挖掘和判定，这类事实虽然自身往往没有多大的内在意义，但由于可以与范式理论的预测直接进行比较，从而对于范式的检验和改进具有特别的意义。例如，运用特殊望远镜观察到的天体运动资料对于哥白尼日心说、运用阿特伍德机得到的测量结果对于牛顿第二定律都具有非常重要的价值。

第三，在库恩看来，常规科学中最重要的一类事实搜集工作，是"从事阐明范式理论的经验工作，解决范式理论中某些残剩的含糊性，以及容许解决那些先前只是注意到但尚未解决的问题"[2]。如为确定各种物理常数（万有引力常数、焦耳系数等）而进行的大量观察或实验，为确立各种定量定律所作的大量观察和实验，以及为开拓范式应用的领域和探寻范式应用的最适当形式而进行的各种观察与实验，等等。

（2）关于理论的科学研究。常规科学中的理论研究工作也大体包括三个大类。

第一，是用现存的理论去预测具有内在价值的事实信息，目的是展示范式的新应用，或者是提高已有应用的精确性。像天文历书的制作、透镜特性的计算，以及无线电传播曲线的绘制等，都是这类问题的事例。虽然这些工作都是由工程师或技师去具体承担的，但科学家却常常进行大量有关这些问题的理论讨论。

---

[1] 库恩：《科学革命的结构》，第23页。
[2] 同上书，第25页。

第二，修改理论使之尽可能与事实（经验观察）相一致。任何理论和经验观察之间都会存在或大或小的差距，那些新形成的理论就更是如此。然而，正是这些理论和经验观察之间的差距为接受这一理论的科学家留下了许多迷人的理论问题。许多科学家都将自己的精力贡献给了改进自己所接受的理论范式以使其与经验观察更加相符这样一类理论研究工作。

第三，重新阐释理论，使其表达得更加准确，逻辑上更加严密。有许多科学理论起初的表述总是比较粗糙和含糊不清，从而影响了它的应用和发展。对这一理论中概念的含义加以澄清、命题的表达形式加以改进，消除范式中的模棱两可之处，也就成为常规科学中一项重要的理论研究工作。不过，这类工作其实常常是和事实研究工作结合在一起的。"在许多科学中，大多数常规研究都属于这一类。"[1]

库恩说，常规科学活动本质上是一种猜谜过程。第一，就像猜谜一样，虽然常规科学的结果因已隐含在范式中而可以预期，但获得结果的方式却仍然很成问题。"成功的人，证明自己是一位解谜专家（Puzzle-Solver），而谜所提出的挑战正是驱使他前进的重要力量"；谜"是特殊的问题范畴，它可以用来检验解谜者的创造力或技巧"。[2] 第二，就像一个解谜者一样，常规科学家必须严格遵守一定的规则而不能逾越或挑战它们。"就一个从事常规科学的人而言，研究者是一个谜题的解答者，而不是一个范式的检验者。在寻找一个特定谜题的解答时，虽然他会尝试许多不同的途径，放弃那些没有产生所要求的结果的途径，但他这么做时并不是为了检验范式。毋宁说他像个弈棋者，面对一个棋局，他尝试各种不同的弈法以求解此局。这些尝试，无论是对弈者或对科学家，都只是试验他们自己的能力，而不是试验比赛规则。"[3]

---

[1] 库恩：《科学革命的结构》，第31页。
[2] 同上书，第33页。
[3] 同上书，第130页。

三、科学发展过程中的反常、危机与革命

对于已经达到成熟阶段的科学研究活动来说，绝大多数的科学研究活动都是一种在既定范式指引下进行的"常规科学"活动。这种在既定范式指引下进行的常规科学活动可以持续很长时间，尽管如此，它也不可能永远持续下去。总有一天，既定的研究范式会开始面临一些特异甚至致命的反常现象，从而陷入危机状态，进而导致科学革命的发生。

1. 科学危机：遭遇致命反常

常规科学活动本身没有什么新颖性可言，尽管如此，在常规科学研究过程中却存在着不断发现各种始料不及的新现象、新困难的可能性。这些新现象、新困难如果始终不能被现有的范式所接受，那么对于现有的理论范式来说，就构成了一个反常现象，或者说一个反例。

按照波普尔的理论，一个科学理论一旦遭遇了反常现象，也就意味着这个理论面临着被证伪的危险。科学家将不得不考虑放弃这个理论。但在库恩看来，科学家的反应并非真的如此。库恩指出，根据对科学史的实际考察，我们可以看到的事实是，对于反常现象，即现有科学理论与自然界之间的不一致，科学家通常不会太介意。"即使这种不一致比在理论的其他应用中所经历的不一致大到无以说明的地步，也不一定会导致任何深刻的反应。"因为，在这些科学家看来，"总会有不一致存在。甚至最难解决的不一致通常都会在常规实践中最终获得解决"。因此，"通常的情况是，科学家愿意等待，尤其当该领域的其他部分还有许多问题存在时更是如此"。[1] 但是，当反常现象日益增多，或者当某个或某些反常"变得似乎不只是常规科学的另一个谜时，向危机和向非常科学的转变就开始了。这时反常本身就更普遍地为专业人士所承认。该领域的越来越多的杰出人物越来越注意于反常。如果它仍然继续阻碍（通常并不阻碍）问题的解决，那么，这些杰出人物中的许多人就会把求解这个问题看作是他们这

---

[1] 库恩：《科学革命的结构》，第74页。

个学科的主题"。在开始的时候，对反常现象的进攻"都还能相当密切地遵循范式规则。但由于阻碍继续存在，越来越多的进攻就会包含着对范式做某些小的或者不那么小的修改，这些修改各不相同，各显其能，但没有一个会成功到足以让团体当作范式来接受。随着这种发散的修改增多，常规科学的规则也就越来越模糊，虽则范式依然存在，但很少有实践者能同意别人对它的诠释。甚至以前已经解决了的问题的标准解答也开始受怀疑了"。[1] 这时，科学就开始陷入危机。"危机时期的研究非常类似于前范式时期的研究，只是前者差异集中在明确而较小的范围内。"[2]

库恩指出，所有的危机都始于上述"范式变得模糊，随之而使常规科学研究的规则松弛"之时，而所有的危机最终都将以如下三种方式之一来结束：一是最终还是在现有范式之内处理了导致危机的反常问题；二是尽管在范式之内始终不能解决这一问题，但科学家并不打算放弃现有范式，而是决定将问题搁置一旁，留待后人去解决；三是由于问题始终不能在现有范式之内解决，随着一个新竞争范式的突现，科学家（或部分科学家）最终决定放弃旧范式、采纳新范式。当科学危机以第三种方式结束时，科学便经历了一个革命性的转变过程。

2. 科学革命：范式的转换

按照库恩的说法，所谓"科学革命"，是指"科学发展中的非累积性事件，其中旧范式全部或部分地为一个与其完全不能并立的崭新范式所取代"[3]。之所以把范式的转变称为"科学革命"，是因为范式的转变与政治革命之间存在着大量的相似性。例如，政治革命是由政治共同体中某些人感到现存制度已无法有效应付当时环境中的问题引发的，科学演变中的范式转变也是起源于科学共同体中部分人感觉到无法再利用现存范式有效地探究自然界的某一方面；政治革命是以新旧制度的更替为目标，它必须通过各党派之间的激烈斗争来实现，科学演变过程中的范式转变也是以新旧

---

[1] 库恩：《科学革命的结构》，第76页。
[2] 同上书，第77—78页。
[3] 同上书，第85页。

规范的更替为目标，它也必须通过不同派别之间的激烈斗争而实现；等等。"在相互竞争的范式之间做出选择，就等于在不相容的社会生活方式间做选择。"[1] 所以，把科学发展过程中的范式转变称为"革命"是完全适当的。

从科学发展的长远过程来看，科学革命具有一种必然性。因为，正如在社会发展过程中，不摧毁旧的政治制度就无法使社会重新获得适应能力一样，在科学发展过程中，不摧毁旧范式也就无法将致命的反常现象消融为可理解的正常现象，从而使科学研究活动继续正常进行。

科学革命的发生必须以新范式的产生为前提。库恩认为，新范式的产生不是理性思维的结果，而是科学家直觉、灵感的产物。在某些时候，新范式的形式在科学危机时期非常规研究对反常所作的探讨中就已经预示出来了。但更常见的情况是，这种预示没有被自觉地看出来。相反，新范式"是一下子突现出来的，有时是在午夜里，有时是在一个深为危机所烦恼的人的头脑里"[2]。个人究竟是如何发明了一个新范式，这必定是一个永恒的难解之谜。不过，我们可以注意到的一个事实是，新范式往往是由一些比较年轻的科学家提出来的。这些年轻的科学家受常规科学规则的束缚较少，因而比较容易看出哪些规则已经不太适用，进而去设计出另一套规则来代替它们。

库恩指出，从本质上说，新旧或竞争的范式之间具有不可通约性（不完全可比性），一个范式中的概念和陈述不可能被精确地翻译成另一个范式中的概念和陈述。这是因为：第一，由于不同范式的支持者有关科学的标准和定义不同，因此他们对于一个范式所应解决的问题清单的看法也就不同。例如，亚里士多德力学和牛顿力学的问题域就有所不同。第二，虽然从表面上看新旧范式在所使用的词汇、概念和仪器等方面会有所重叠，但由于它们处于完全不同的概念和命题网络之中，因此其含义实际上是相当不同的。例如，空间、时间、力等表面看上去相同的概念在牛顿力学和爱因斯坦相对论中的含义就是完全不同的。第三，也是最基本的一点：不

---

[1] 库恩：《科学革命的结构》，第86页。
[2] 同上书，第83页。

同范式的支持者实际上是在不同的语言世界里工作，他们从同一点注视同一方向时，看到的却是相当不同的东西。例如，一块吊在绳索上来回摆动的石头，支持亚里士多德范式的物理学家看到的是一块缓缓下降的受制约的石头，而支持伽利略范式的物理学家看到的则是一个重复自身运动的单摆。[1] 和波普尔一样，库恩否认有完全独立于科学理论的中性观察，认为任何观察都必然渗透着特定的理论。在库恩这里，所谓特定的理论主要是指"范式"或"科学语言"。正是范式或科学语言引导和约束着科学家对外部世界的感受或观察，决定了经验事实的领域和意义，"不同的语言赋予世界以不同的结构"[2]。因而对于同一类对象，在不同范式下工作的科学家会有不同的感受或观察结果。"不同的词典，给了我们进入不同可能世界的通道"[3]；"同一个实验操作，当通过不同的范式与自然界相关联时，能成为自然规律的不同方式的标志"[4]。

因此，对于科学家来说，科学革命同时也是世界观的转变。范式的转换不仅意味着科学家借以开展科学研究的概念框架、程序和方法发生了质的改变，而且意味着科学家所面对的世界发生了根本的变化。对于科学家来说，"范式一改变，这世界本身也随之改变了。科学家由一个新范式指引，去采用新工具，注意新领域。甚至更为重要的是，在革命过程中科学家用熟悉的工具去注意以前注意过的地方时，他们会看到新的不同的东西。这就好像整个专业共同体突然被载运到另一个行星上去，在那儿他们过去所熟悉的物体显现在一种不同的光线中，并与他们不熟悉的物体结合在一起。……范式改变的确使科学家对他们研究所及的世界的看法变了。只要他们与哪个世界的沟通是透过他们所看的和所干的，我们就可以说：在革命之后，科学家们所面对的是一个不同的世界"[5]。

---

[1] 库恩：《科学革命的结构》，第 133—136 页。
[2] 库恩：《可通约性、可比较性、可交流性》，载库恩：《结构之后的路》，邱慧译，北京大学出版社，2012 年，第 43 页。
[3] 同上书，第 53 页。
[4] 库恩：《科学革命的结构》，第 117—118 页。
[5] 同上书，第 101 页。

由此还可以意识到，新旧范式之间的转换主要不是逻辑比较的结果，而是科学家信念转变的结果。"改换所效忠的范式是一种不能被迫的改宗经历。"[1] 由于新旧范式之间的不可通约性，单纯从解题能力上对它们进行逻辑比较是不会有公认的结果的。虽然这种比较可能展示出新范式相对旧范式所具有的一些优越性（例如，能够解决让旧范式陷入危机的那些问题、在定量方面可能比旧范式更加精确、能够预言旧范式完全没有料到的现象等），但反过来，它也能够展示出旧范式相对新范式所具有的一些优越性（例如，能够提出和解决一些新范式所不能够提出和解决的问题等）。因此，单从解题能力方面来对新旧范式进行逻辑比较，新旧范式之间的选择就难以进行，科学中甚至都不会有什么革命发生。但实际上，科学家在围绕新旧范式进行辩论和选择时主要考虑的问题是：哪一个范式能够更好地指导未来的科学研究？因此，在这种情况下，对范式的选择必然取决于对范式未来前景而非过去和现在成就的评价。一个准备选择新范式的人，"必须对新范式有信心，相信它将会成功地解决它所面临的许多大问题……做出这种选择，只能基于信念"[2]。

也正因为如此，对于许多科学家来说，从旧范式向新范式的转变是一个极其艰难的过程。许多科学家终生抗拒这种转变。库恩认为，这种终生抗拒"并不是对科学标准的违背，而正是科学研究自身本性的一种标志。……正是这种信念才使常规科学或解决谜题的科学成为可能。而只有通过常规科学，专业的科学共同体才能成功地首先开发旧范式潜在的应用范围和精确度，然后分离出其困难，而新范式则有可能通过研究它们而突现"[3]。尽管如此，大部分科学家最终总会由于这样或那样一些非理性的原因（譬如宗教信仰、个人特有的经历和个性、新范式提倡者的声望甚至国籍、导师的影响、感觉新范式比旧范式"更灵巧""更简洁"等）而陆续改变自己的信仰，直至最后抗拒者全部消失，整个专业团体中的成员

---

[1] 库恩：《科学革命的结构》，第137页。
[2] 同上书，第142页。
[3] 同上书，第137页。

完全转变为新范式的拥护者。当然，这可能会是一个比较长的过程。"起初，新的范式候选者可能只有少数支持者，有时这些支持者的动机也是可疑的。然而，如果他们真有能力，他们将会改进它，探索它的可能性，并且表明：在它指导下共同体将有什么样的状况。照此发展下去，如果这个范式注定会获胜，支持它的论据的数量和说服力将会增加。于是就会有更多的科学家发生转变，对新范式的探索也会继续。逐渐地，基于这个范式的实验、仪器、论文、著作的数量都会倍增。再后来，更多的人会信服新观点的丰富性，采用这种从事常规科学的新模式，直到最后只剩下一些年长的死硬派未被转变。而即使是他们，我们也不能说他们错了。……（我们）最多只能说：在整个专业共同体都已改宗后，那些继续抗拒下去的人事实上已不再是科学家了。"[1]

四、科学发展的基本模式

概而言之，对库恩来说，从前科学发展到常规科学，然后在反常和危机的作用下，又借助科学革命即新旧范式的更替而不断地、循环往复地从一种旧的常规科学转变为一种新的常规科学，这就是科学发展的基本模式。这一模式通常被人们总结表示如下：

前科学时期—常规科学时期—反常与危机—科学革命—新的常规科学时期……

那么，这样一种通过科学革命即范式更替的模式不断演变发展的过程，是不是一种像实证主义者所说的那样通过确定可靠的知识即真理的积累而不断进步的过程呢？

对于这个问题，库恩从两个方面来加以回答。一个方面是：在一个研究领域达到了成熟阶段，即获得了一个为所有科学家共同认可的范式之后，在每个既定的范式内部，是否存在"正确"知识的积累？对于这个问题，库恩的回答是肯定的。事实上，在任何科学甚至宗教、艺术共同体内

---

[1] 库恩：《科学革命的结构》，第143页。

部,由于共同体成员共享问题领域、解题范例等,他们会有对事业成就的共同追求和评价标准,同时无须不断重新去考察第一原理一类的基础性知识,由此可以全神贯注于他们所关心的现象的细微隐秘之处,提高活动效率,其事业必然处于不断进步(符合其评价标准的事业成就得以不断积累)的过程中。因此,即使在前科学时期,相互竞争的各个学派按照自身内部的标准,也是处在不断进步的过程中的。这在宗教、哲学等非科学领域也是如此:"精练教义的神学家或推敲康德道德哲学的哲学家也有助于进步,当然这种进步仅对与他们共有前提的群体而言。"[1]但从由相互竞争的不同学派所组成的科学、宗教、哲学或艺术等领域来看,人们觉得难以判断是否有总体上的进步,原因就在于这些相互竞争着的学派一方面自身内部在不断进步,但同时又在不断地质问其他学派的基础。而这种情况在常规科学时期就消失了。在常规科学时期,一个领域只有一个为所有科学家共同认可的范式。一方面所有科学家都将按照共同的问题领域、解题思路和评价标准去从事研究活动,所有的研究成果都将具有可比性、可积累性,由此可以对整个领域内的进步作出判断;另一方面每个科学家都既无须去思考第一原理一类的东西,也无须去思考其他团体或学会的人会怎么想,从而集中精力去解决自己认为需要和能够解决的问题,由此也提升了活动的效率。所以,可以确定,在每个常规科学时期,科学是可以像实证主义者所说的那样通过符合常规科学目的和标准的"正确"知识即真理的积累来不断取得进步的。在1980年底所做的一个讲座中,库恩明确表示,绝大多数科学进步都是在常规科学中通过这种累积方式取得的。[2]

上述问题的另一个方面是:把一个科学研究领域内截至任一时点的由各种新旧范式的更替所构成的发展进程当作一个总体来看,这种由不同范式前后更替所构成的发展过程,是否也是一个"正确"知识不断积累的过程?库恩对这个问题的回答则是否定的。库恩并没有完全放弃用"进步"

---

[1] 库恩:《科学革命的结构》,第146页。
[2] 库恩:《什么是科学革命》,载库恩:《结构之后的路》,第2—3页。

或"进化"一类的词来描述作为一个总体的科学发展历程，无论是在《科学革命的结构》一书中，还是后来的一些作品中，库恩都没有完全否认作为一个总体的科学也是一种能够不断取得进步的事业，甚至是人类文化领域唯一具备这种进步特征的事业，但是，他认为，这并不意味着我们必须从传统的实证主义的角度来理解这种进步，即将作为一个总体的科学进步也理解为我们关于客观实在的可靠知识即真理的持续积累。毫无疑问，在取代了旧范式的那些新范式的认同者看来，从旧范式向新范式的革命性转变带来的肯定是科学事业的进步，否则，科学革命有什么意义呢？"革命以两个对立阵营之一的全面胜利而告终，这个团体会说它胜利的结果是不进步的吗？那样说简直就是承认自己错了，而对方是对的。至少对于他们来说，革命的结果必须是进步，而且他们处于优越的地位，可以使其共同体的未来成员以同样的方式去看待过去的历史。"[1] 但是，从长远的发展历程来看，科学并不像实证主义者所说的那样是一个累积性的进步过程，甚至也不像波普尔所说的那样是一个不断逼近真理的过程。累积性的科学进步过程只能发生在每个范式内部，而就科学总体的发展过程而言，由于前后继替的范式之间的不可通约性，它本质上只是一个非连续的过程。如果一定要使用"进化"或"进步"这种词语的话，那我们只能说，由于在每一次的科学革命中，新范式不仅要具备解决旧范式所能解决的多数（不必是所有）问题的能力，而且还要能够解决旧范式所不能解决的一些新问题，因此，随着科学的不断发展，科学所解决的问题的数量和这种问题解答的精确度将不断增长，但它既没有也不能使我们越来越逼近某个预先设定的目标，也不会增加我们关于自然事实的"正确"知识即"真理"的数量。因为，在科学发展的每一个时代，随着范式的转化，用来判断"正确"知识的标准都是变化的。就此而言，科学从总体上说不是一项帮助我们通过可靠事实和真理的积累而不断走向进步的事业。在一次由波普尔主持的讲座中，库恩当着波普尔的面明确声称："科学家并没有发现自然界

---

[1] 库恩：《科学革命的结构》，第150页。

的真理，他们也没有愈来愈接近于真理。"[1]因为根本就没有这种用来衡量科学家在科学发展的一切时代、一切范式当中的知识是不是"真理"的统一的、不变的标准。与过往相比，现代科学可能在研究的具体领域方面越来越细化、越来越多（其表现形式就是科学研究的专业领域越来越细、越来越多），但这并不意味着我们对于客观实在的认识比前现代的科学家更加可靠、更加真实。库恩甚至进一步质疑科学家对世界的认知在数量上随着时间的推移、范式的更替而不断增长的可能性，他说："当代科学家对他们的世界的了解会比18世纪科学家对他们的世界的了解还少，这难道不可能吗？或许甚至有可能如此。必须记住：科学理论之附着于自然界，只是这里一点，那里一点。这些附着点之间的空隙，难道现在不是比过去任何时候更大、更多吗？"[2]

理解库恩这一立场的关键之处在于理解他关于范式之间具有"不可通约性"的观点，而范式之间不可通约的根本原因就在于不同的范式拥有非常不同的话语体系，用库恩早期的术语来说就是不同的"符号概括"，用其晚年的术语来说就是不同的"分类学"、不同的"词典"，或者说不同的"科学语言"。有人曾经将"不可通约性"解释为"不可比较性"，库恩明确拒斥这种解释。库恩指出，"不可通约性"这个术语借用自几何学，意指两个量之间不存在公约数，如"等腰直角三角形的斜边与直角边不可通约，圆的周长与半径不可通约"等，这并非指两者不可比较。用这个术语来描述两个范式之间的关系，也主要是指两个范式之间在基本词汇方面的"不可翻译性"，准确地说，是不可将两个范式中的基本词汇一一对应地进行翻译。"说两个理论不可通约，也就是说不存在这样一种语言，不管中立与否，两个由一系列语句构成的理论可以毫无保留或毫无损失地翻译成这种语言。""不可通约性不论在隐喻形式上还是在字面形式上，都没有不可比较性的含义。"[3]两个范式之间在基本词汇上不可一一对

---

[1] 库恩：《发现的逻辑还是研究的心理学》，载库恩：《必要的张力》，第279页。
[2] 同上书，第280页。
[3] 库恩：《可通约性、可比较性、可交流性》，载库恩：《结构之后的路》，第26页。

译,并不意味着两个范式完全不可比较,也不意味着我们无法通过学习来掌握另一种范式。我们可以通过学习来掌握另一个与我们所认同的范式不同的范式,并且对这两个范式进行比较,找出它们的基本词汇在含义方面的异同,及其所展现的世界在精细程度等方面的异同等。尽管如此,我们还是难以判断两个范式,比如一个通过科学革命产生的新范式和其所取代的旧范式,哪一个更为真实地表现了研究对象本身,因为它们是在用不同的分类学、词典或语言来把握这个世界,这使得两者在所谓的"真实性"或"逼真性"方面仍然具有无法加以比较和判断的性质。

结　语

库恩的科学哲学理论与波普尔的理论之间既有共同之处,也有不同之处。共同之处主要在于:第一,在经验事实和科学理论的关系问题上,两人都反对传统实证主义在科学发现问题上的经验主义立场,主张不存在完全独立于理论的中性的经验观察或者可以用来陈述观察结构的"语言",任何观察都渗透着理论,都是在特定的理论或者范式或者"科学语言"的引导和约束下进行的;因此,第二,在科学理论的来源问题上,两人都认为科学理论不是由对所谓客观经验事实的归纳而来,而是通过各种难以简单概括的途径(从有限的经验材料中通过跳跃式的想象,从既有的特定理论中加以演绎,从道听途说得到的相关信息、直觉、灵感等)得来的;等等。[1] 两人的不同之处则主要在于:第一,波普尔认为理论一旦遇到反例即可宣称被证伪了,库恩则反对这种说法,认为科学家从来不会因为仅仅

---

[1] 库恩曾经对自己的理论与波普尔理论之间的共同之处作过如下描述:"我们都关心获得科学知识的动态过程,更甚于关心科学成品的逻辑结构。由此我们都强调只有实际的科学生活的事实和精神才是合法材料,因而我们都常常转到历史中去找材料。从这个共有的材料库中,我们得出许多共同的结论。我们都反对科学通过累加而进步的观点,都强调新理论抛弃并取代了与之不相容的旧理论的革命过程,都特别注意在这个过程中旧理论在面对逻辑、实验、观察的挑战时偶尔的失败所起的作用。最后,卡尔爵士和我还一起反对经典实证主义的一些最特征性的命题。例如,我们都强调科学观察难免同科学理论相互纠结,因而都对创造什么中性观察语言的努力表示怀疑,都坚信科学家完全可以指望发明理论以说明观察现象,而用的也是实在客体的语言,不管实在客体是指什么。"(库恩:《发现的逻辑还是研究的心理学》,载库恩:《必要的张力》,第 262—263 页。)

遇到个别甚至少数反例（或"反常现象"）就放弃既有的理论范式，因为没有任何理论能够解释一切相关现象，从不遇到任何反例。相反，虽然我们可以对不同范式进行比较，但我们并不能单纯以这种比较的结果为依据来对它们进行选择。因此，实际上，对于许多科学家来说，在遭遇反常现象时，会一如既往地甚至始终固守既有的范式。库恩认为，这是科学发展过程中一种正常的、合理的现象，否则科学研究活动就将处于不断抛弃旧理论、产生新理论的过程之中，难以有任何相对稳定的学术环境和时期来形成带有积累性质的科学成就，这与科学史的事实不符。库恩表示，波普尔实际上"是把科学事业中的非经常性的革命部分的特点赋予了整个科学事业"[1]，完全忽略了常规科学的存在。第二，虽然波普尔也意识到我们无法通过科学研究活动得到关于客观世界的确切真理，但他认为，通过不断地试错，不断地提高理论的逼真度，我们还是可以不断地逼近这种真理。库恩则怀疑逼真度这个概念的适用性，因为按照波普尔的说法，对逼真度的度量"要求我们先要提出这一理论的所有逻辑推论有多少类，再借助于背景知识从中选出所有真推论类和所有伪推论类。……但是实际上任何科学理论都满足不了这些严格要求，许多人也都论证过，一种理论要真是这样，在研究中也就毫无用处了"[2]。此外，从库恩的立场来看，由于新旧范式之间的不可通约性，即使最终能够找到一种准确测量逼真度的实用方法，这种不断向真理逼近的状况顶多只是存在于每个范式内部，存在于常规科学时期，而从作为一个总体的科学发展历程来说，这种不断逼近的说法则是不适用的。总而言之，库恩不仅否定了传统实证主义科学哲学中归纳主义的科学发现观、证实主义的科学经验观，最终也否认了科学是通过真理的积累来取得进步的科学发展观，从而将由波普尔开启的后实证主义向前推进了一步。

---

[1] 库恩：《发现的逻辑还是研究的心理学》，载库恩：《必要的张力》，第266页。
[2] 同上书，第276页。

第三章　拉卡托斯的科学研究纲领方法论

波普尔认为科学与伪科学之间的界限是"可证伪性",且理论一旦被证伪就将被放弃。库恩反驳了这种说法,提出科学理论具有一定程度的韧性,在大多数时期,科学家并不会因为事实与理论之间的矛盾而放弃理论,他们会将这种矛盾看作"反常"而继续坚持理论。理论范式的坚守和转变更多的是一种信念的坚守和转变,而非逻辑结论的坚守和转变。在许多人看来,库恩的这种说法似乎意味着科学进步的客观标准不存在了,科学活动完全成了一种主要由心理和社会因素决定的非理性活动。[1] 这引发了许多人对库恩理论的批评,拉卡托斯就是这些批评者当中的一个。拉卡托斯既认为库恩对波普尔的批评有一定的合理性,认同波普尔的证伪理论确实过于简单,但又反对库恩将科学活动描述成一种非理性事业的做法。和波普尔与库恩类似,在广泛考察科学史实和吸收他人思想的基础上,拉卡托斯提出了自己的"科学研究纲领论"。

---

[1]　对于这种认为库恩将科学活动描述为一种非理性事业的批评,库恩并不接受。在一篇题为《回应我的批评者》的文章中,库恩对这种批评作出了回应。见库恩:《结构之后的路》,邱慧译,北京大学出版社,2012年,第150—157页。

一、科学研究纲领：科学研究活动的基本单位

拉卡托斯指出，在科学研究活动中，对研究成果进行检验和评价的基本单位不应该是单个的理论，也不是什么"科学共同体"，而应该是由在逻辑上具有内在联系的、前后相继的若干理论组成的理论系列。拉卡托斯把这样一种先后相继、具逻辑联系的理论系列称为"科学研究纲领"。他说："我主张典型的描述重大科学成就的单位不是孤立的假说，而是一个研究纲领"[1]；"精致证伪主义的关键特点之一是它以理论系列的概念取代了理论的概念来作为发现逻辑的基本概念。只有理论系列而非一个给定的理论才能被评价为科学的或伪科学的"，"这种理论系列中的成员通常被明显的连续性联系在一起，这一连续性把它们结合成研究纲领"[2]。

科学研究纲领是一个有结构的整体。不过，对于科学研究纲领的结构，拉卡托斯在不同的地方却有不太相同的说法。在《证伪与科学研究纲领方法论》一文中，它被说成是主要"由一些方法论规则构成"，其中一些规则告诉我们要避免哪些研究道路，这些规则被称为"反面启发法"，另一些规则则告诉我们要寻找哪些研究道路，这些规则被称为"正面启发法"。他进一步认为，由于"反面启发法"规定了科学研究纲领中的哪些东西是不可反驳的，这些不可反驳的东西也就构成了纲领的"硬核"；"正面启发法"则指示人们如何去提出一些附加的辅助性假设来对研究纲领进行修改、完善，使之不被反驳，这些辅助性假设就构成了纲领的"保护带"。然而，在另一篇题为《为什么哥白尼的研究纲领取代了托勒密的研究纲领》的文章中，拉卡托斯似乎又认为一个科学研究纲领在结构上由三部分组成：首先，它"有一个像牛顿研究纲领中的运动三定律和万有引力定律那样的坚韧的硬核"；其次，"它还有一个启发法，启发法包括一套解题的方法"（在牛顿的研究纲领中，这一启发法由纲领的数学工具组成，

---

[1] 拉卡托斯：《科学研究纲领方法论》，兰征译，上海译文出版社，1986 年，第 5 页。
[2] 同上书，第 65 页。

包括微分学、收敛论、微分方程和积分方程）；最后，研究纲领还"有一个广阔的辅助假说保护带"（如牛顿纲领中的几何光学、大气折射理论等），它保护研究纲领的硬核，使其不受反驳。[1]

综合这些说法，我们大体上可以认为，拉卡托斯所说的科学研究纲领在结构上主要由三部分构成，即由一个"硬核"、一条"保护带"及伴随两者的若干方法论规则构成。

"硬核"是指研究纲领中那些最基本的理论命题或假说，它构成了纲领的基本特征。一切科学研究纲领都在其硬核上有明显差别，并且首先通过硬核之间的差别来相互区别。"保护带"则是由与硬核同时或在其之后逐渐形成的一系列对硬核起补充或辅助说明的假说所构成，其作用主要是保护硬核，使之尽量不被证伪。因此，从形式上看，一个科学研究纲领也表现为一个由先后相继的科学理论构成的系列。这些前后相继的理论既有一些始终不改变因而为所有理论共有的内容，这就是作为纲领硬核的那些基本命题或假说；也有一些可以改变因而互不相同的东西，这就是作为保护带的那些辅助假设。

伴随"硬核"和"保护带"两者而来的方法论规则大体上包括两类：一类是伴随"硬核"而来的，如上所述，它告诉我们要避免哪些道路，这些被称为"反面启发法"的规则禁止我们将否定后件式对准纲领的硬核，只允许我们将否定后件式转向保护带中的各种辅助假说，只有保护带中的各种辅助假说，才允许也必须在检验中首先接受调整、再调整甚至全部被转换的考验。例如，"在牛顿纲领中，反面启发法禁止我们把否定后件式指向牛顿动力学的三定律和万有引力定律。根据其支持者的方法论决定，这一'内核'是'不可反驳的'：反常必须只在辅助、'观察'假说和初始条件构成的'保护'带中引起变化"。事实上，当牛顿的万有引力理论最初产生时，是被淹没在无数的"反常"事例之中的，但是牛顿的支持者并没有因此而丧失对牛顿理论的信心，而是通过推翻那些"反常"事例据以

---

[1] 参见拉卡托斯《科学研究纲领方法论》第一章和第四章。

确立的观察理论，十分顽强而又巧妙地将一个又一个反常事例变成了可以用来支持牛顿理论的证据，从而"把每一个新的困难都变成了他们纲领的新胜利"。[1]

另一类规则则是伴随"保护带"而来的，它告诉我们要寻求哪些道路，这些被称为"正面启发法"的规则"包括了一组部分明确表达出来的建议或暗示，以说明如何改变、发展研究纲领的'可反驳的变体'，如何更改、完善'可反驳的'保护带"[2]。任何一个研究纲领总是会面临许多反常或"反证据"，"纲领的正面启发法使科学家不被大量的反常所迷惑。正面启发法规划出一个纲领，这一纲领开列出一连串越来越复杂的模拟实在的模型：科学家的注意力专注于按其纲领正面部分规定的指示来建立他的模型。他不管实际的反例，即可资利用的'材料'"[3]。仍以牛顿关于行星系的研究纲领的形成和发展情况为例。牛顿在刚开始提出一个关于行星系的研究纲领时，就遇到了一系列的难题：牛顿最初制定了由一个固定的点状太阳和一个点状的行星构成的行星系模型，"正是在这一模型中，他为开普勒的椭圆导出了反平方定律。但牛顿自己的动力学第三定律是禁止这一模型的"[4]。为了克服这一困难，牛顿对这个初始模型进行了修改，提出了一个新的太阳和行星都围绕它们共同的引力中心旋转的模型来取而代之。随后他又对自己的模型进行了一系列改动，使之变得更加完善。拉卡托斯认为，推动牛顿先后做出这些修改和调整的并非有关某种反常的观察资料，而是最初的模型所包含的那些理论难题。"这一事实最明显不过地表明了存在着研究纲领的正面启发法：这就是人们谈论研究纲领中的'模型'的原因。一个'模型'是一组初始条件（可能还有一些观察理论），人们知道在纲领进一步发展的过程中，这一组初始条件必定要被取代，甚至或多或少地知道怎样被取代。"[5]这也表明对研究纲领中任一特定理论变

---

[1] 拉卡托斯：《科学研究纲领方法论》，第67页。
[2] 同上书，第69页。
[3] 同上书，第69—70页。
[4] 同上书，第70页。
[5] 同上书，第71页。

体进行反驳无关纲领本身，这些反驳的存在完全是意料之中的事情，正面启发法就是用来预见和消化这些反驳的策略。

拉卡托斯指出，上述对"科学研究纲领"的结构所作的分析可以很好地说明科学理论本身具有相对的自主性：它既不简单地随经验观察结果的变化而变化，也不由科学共同体的共识所决定，而是由自身内在的理论逻辑所决定。尤其是正面启发法的存在使研究纲领在前进时完全不顾及对它的反驳。"在有力的研究纲领内进行研究的科学家合理地选择哪些问题，是由纲领的正面启发法决定的，而不是由心理上使人发愁（或技术上急迫）的反常决定的。"[1]这样的科学家总是将反常列举出来搁在一边不管它们，期待到了一定的时候它们就会变成对纲领有利的证据。

拉卡托斯认为，"科学研究纲领"这一概念本身即有重要的启发性，它可以帮助我们去解决波普尔和库恩的科学哲学理论所未能很好解决的一些理论问题，其中包括"科学"与"伪科学"理论之间的划界问题，或者说科学理论的选择问题。

二、证伪的复杂性

拉卡托斯同意波普尔对传统科学哲学观念的批判。拉卡托斯称这些传统科学哲学观念的拥护者为"辩护主义者"，他们在确定科学命题真实性的方法方面有着不同的看法，并因此而被区分为理性主义者和经验主义者两个类别。但不管属于哪个类别，他们都一致认为"科学知识是由业经证明的命题构成的"[2]。但是，无论是理性主义者还是经验主义者，都逐渐意识到在"证实"和"证伪"一个普遍理论方面的不对称性：证伪一个普遍理论只需要一个"确凿无疑"的事实就够了，但证实一个普遍理论却需要大量的甚至无限的事实。对最后这一点的认识其实已经意味着任何普遍性的理论最终都是无法证实的，尽管如此，这些"辩护主义者"依然坚守

---

[1] 拉卡托斯：《科学研究纲领方法论》，第72页。
[2] 同上书，第14页。

传统的科学哲学观念而不愿意改变，因为他们担心一旦"承认理论科学是无法证明的，他们就不得不做出结论说理论科学是诡辩和幻觉，是不名誉的欺骗"[1]。有些人因此提出了一种被称为"概率主义"的科学哲学来维护传统的"辩护主义"观念。这种概率主义认为，尽管科学理论最终都是无法证实的，但它们从经验事实那里所获得的支持数量在概率上可能是有差别的。这样，我们便可以将科学理论在经验事实方面所获得的支持概率来作为评价和选择它们的依据。但波普尔等人却又证明了："在非常一般的条件下，不论证据是什么，一切理论的概率都是零；一切理论，不仅是同样无法证明的，而且是同样无概率可言的。"[2] 在这样一种情境下，为了使科学事业不至于被说成是"诡辩或幻觉"，借助科学史方面的案例和逻辑分析，波普尔等人提出了"证伪主义"的科学哲学观。按照这种观点，区分"科学"与"伪科学"理论的主要标准只能是理论的"可证伪性"。证伪主义者的这个标准真的解决了科学与伪科学之间的分界问题吗？拉卡托斯认为答案是否定的。"因为波普尔的标准忽视了科学理论明显的坚韧性。科学家的脸皮很厚，他们不会只因为事实与理论相矛盾就放弃理论。……科学史充满了理论如何被所谓的判决性实验所扼杀的说法。但这些说法是理论被放弃之后很久才杜撰出来的。"[3]

拉卡托斯指出，科学理论的证伪实际上是一个高度复杂的过程，经验观察并不能像波普尔所说的那样确凿无疑地证伪一个科学理论。这是因为：

（1）观察命题和理论命题之间不存在自然的界限。和证实主义一样，证伪主义同样隐含了存在着纯粹客观的经验观察这样一个预设。它假设"以理论的或推测的命题为一方，事实的或观察的命题为另一方，这两者之间有着自然的、心理学的界限"[4]；"一切承认感官为知识源泉（不论是

---

[1] 拉卡托斯：《科学研究纲领方法论》，第 15 页。
[2] 同上书，第 16 页。
[3] 同上书，第 5 页。
[4] 同上书，第 19 页。

源泉之一,还是唯一源泉)的辩护主义的知识论派别都必然包含一种观察心理学。这类观察心理学对'正确的'、'正常的'、'健康的'、'无偏见的'、'细致的'或'科学的'感官状况作出规定,或者说对整个心理状况作出规定,以便他们在这种状况下实事求是地观察真理"[1]。但实际上这些预设是有问题的。"人们从康德和波普尔以及受这两个人影响的心理学家的工作中知道……没有、也不可能有任何不包含预期的感觉,因而观察命题与理论命题之间不存在自然的(即心理的)分界。"[2] 例如,"月亮上有山"和"太阳有黑点"这样的观察命题由于是伽利略借助望远镜才观察到的,它们的正确性在很大程度上就和有关望远镜的光学理论紧密相连。它们和"天体是完美无瑕的明澈球体"这一传统理论命题之间的对立,本质上并不仅仅是一项观察命题和一项理论命题之间的对立,而是隐含着不同理论之间的差异。要想判断"月亮上有山"和"太阳有黑点"此类观察命题是否"证伪"了"天体是完美无瑕的明澈球体"这一传统理论命题,就必须首先去考察有关望远镜的那些光学理论的适当性。

(2)任何观察命题本身的真值都是无法确定的。拉卡托斯认为,即使我们承认在观察命题和理论命题之间存在着自然的分界,其实我们也没有确切的办法来确认一项观察命题的客观真实性。因为,正像波普尔已经认识到的那样,每个人的感觉经验本身都是可错的,因此,任何观察命题的客观真实性都不可能单纯地以每个观察者个人的感觉经验来加以检验和判断,而必须通过众多观察主体之间的相互协商来加以检验和判断。只有当众多观察者通过主体间的协商一致认可某一观察结果,我们才能确认这一观察结果具有"客观真实性"。但是,由于如上所述,不存在纯粹独立的、中性的观察或感觉经验,即使是在与其他观察者之间就观察命题所进行的相互检验过程中,每个观察者也总是在特定的理论或知识背景的引导和约束下来进行这种检验的。而为了确定这种相互检验结果的客观性,我们又必须确认引导和约束观察者对感觉经验的客观性进行判断的那些理论

---

[1] 拉卡托斯:《科学研究纲领方法论》,第20—21页。
[2] 同上书,第21页。

或背景知识的客观真实性,而这样一种过程实际上可以永无止境地进行下去。结果,这将导致我们难以对观察命题的客观真实性作出确定无疑的最终判断。波普尔认为,虽然从逻辑上说的确存在着这样一种可能性,"从逻辑的观点来考虑,决不会有这样的情况:它迫使我们只能中止于这一个特定的基础陈述,不能中止于那一个特定的基础陈述,否则就放弃整个检验"[1],但我们终归不能让这种相互检验过程无止境地进行下去,我们必须将其中止于某一个环节,否则,科学发现将化为荒谬,科学大厦将化为废墟。波普尔提出,我们将通过约定确定这样一个程序,"按照这种程序,则仅仅中止于特别易于检验的陈述,因为这意味着我们中止于这样的陈述:关于它们的接受或拒绝,各种研究者易于达成一致意见"[2]。波普尔由此也认识到:"客观科学的经验基础没有任何'绝对的'东西。科学不是建立在坚固的基岩上。可以说,科学理论的大胆结构耸立在沼泽之上。它就像树立在木桩上的建筑物,木桩从上面被打进沼泽中,但是没有到达任何自然的或'既定的'基底;假如我们停止下来不再把木桩打得更深一些,这不是因为我们已经达到了坚固的基础。我们只是在认为木桩至少暂时坚固得足以支持这个结构的时候停下来。"[3]但拉卡托斯认为,这恰恰说明了观察命题的客观真实性最终是无法保证的,无论是用它们来证实还是证伪一个科学理论,其正当性本身就是可以存疑的。"因为'观察'命题的真值是无法明确决定的:任何事实命题都不能由实验得到证明,命题只能由其他的命题导出,而不能由事实导出;不能由经验来证明陈述,'就像不能用敲桌子来证明陈述一样'。"[4]由于事实命题是无法证明的,它们

---

[1] 波普尔:《科学发现的逻辑》,查汝强、邱仁宗、万木春译,中国美术学院出版社,2008年,第80页。
[2] 同上。拉卡托斯据此认为波普尔的证伪主义观点与其他一些证伪主义者的观点之间有着一定的区别,这个区别就是波普尔意识到了我们没有办法来最终确认经验观察的绝对客观真实性,而其他证伪主义者则缺乏这种认识,认为我们用来对科学理论进行检验或证伪的经验观察是客观可靠的。拉卡托斯将后一类证伪主义称为"独断的(或自然主义的)证伪主义",将波普尔的理论称为"方法论的证伪主义"。如上所述,波普尔"同独断证伪主义者之间的不同之处在于他认为这种(经验)陈述的真值不能由事实来证明,但在某些情况下,可以由一致的意见来决定"(拉卡托斯:《科学研究纲领方法论》,第30—31页。)
[3] 波普尔:《科学发现的逻辑》,第87—88页。
[4] 拉卡托斯:《科学研究纲领方法论》,第21页。

本身便具有可错性。因而当事实命题和理论命题之间出现矛盾之时，我们就不能简单地断定是理论错了或被"证伪"了，因为错的完全有可能是"事实"而非理论。

（3）理论的正确性与其预设的初始条件紧密相连。许多科学理论所作的断定总是和一定的预设条件相联系的。当"理论"和"事实"之间出现差异时，被"反驳"的只是该理论与其全部预设条件所构成的整体，而非仅仅是理论本身。错误的可能是理论，但也可能是某项预设条件。例如，"水在100摄氏度时沸腾"这一命题的正确性就总是以"1个大气压"作为其预设条件之一。假如这一预设条件变化了，那么该理论命题就特定原因（"100摄氏度"）所预期的结果（"沸腾"）当然也就不会出现。但这并非表明所面对的理论命题（"水在100摄氏度时沸腾"）错了，而仅仅是表明该理论命题正常起作用的一项重要预设条件不存在而已。只要对预设条件做些调整，就可能将该理论保存下来。

（4）理论的正确性还与其背景知识紧密相连。最后，即使假定观察命题和理论命题之间存在着自然分界，并且承认我们有能力判断一项观察命题的真实性，我们也还是不能对理论是否被证伪作出决定性的判断。这是因为，一项理论命题的正确性不仅取决于它与相关观察命题之间的关系，而且还与其背景知识紧密相连。拉卡托斯举了一个假想的故事来对此加以说明：

假定"一个爱因斯坦时代以前的物理学家采纳了牛顿力学和万有引力定律N及公认的初始条件I，并在它们的帮助下计算一颗新发现的小行星P的轨道。但该行星偏离了所计算的轨道。我们的牛顿派物理学家会不会认为，由于这一偏离与牛顿理论不相容，因而，一经确立，它便反驳了理论N呢？不会的。他会提出一定有一颗迄今不为人知的行星P'扰乱了P的轨道。他计算出这颗假设行星的质量、轨道等等，然后请实验天文学家检验他的假设。由于行星P'太小了，甚至现有的最大的望远镜也不可能观察到它，这些实验天文学家便申请一笔研究专款以建造一架更大的望远镜。用了三年的时间，望远镜造好了。假如这个未知的行星P'被发现了，它就会被当作牛顿科学的新胜利而受到欢呼。但是它没有被发现。我们的科学家会不会放弃牛顿理论及其关于摄动行星的想法呢？不会的。他提出有一团宇宙尘埃挡住了行星，使我们看不到它。他计算出这团宇宙尘埃的位置和性质，并申请一笔研究专款来发射一颗卫星以检验他的计算。假如卫星上的仪器记录下猜测中的那团宇宙尘埃是存在的，这一成果便会被当作牛顿科学的巨大胜利而受到欢呼，但并未发现这团宇宙尘埃。我们的科学家会不会放弃牛顿理论以及摄动行星和遮挡该行星的宇宙尘埃的想法呢？不会的。他提出在宇宙的这个区域中有磁场干扰了卫星上的仪器。于是又发射了一颗新卫星。假如这个磁场被发现了，牛顿论者们便会庆祝一个惊人的胜利。但磁场并未被发现。这是否会被认为是对牛顿科学的反驳呢？不会的。他们或者会提出另一个更加巧妙的辅助假说，或者……整个故事便被埋藏在布满尘土的杂志案卷当中，再也没人提及它了"[1]。

拉卡托斯认为，这个故事形象地说明了一个科学理论永远也不会同某一观察到的"事实"相矛盾（哪怕这个事实被认为是正确无误的）。科学家们可以通过不断增加辅助性的假设来使理论本身几乎永远规避被"证伪"的命运。

由此可见，理论"证伪"的过程并不像证伪主义者们想象的那么简单。假如我们接受证伪主义的划界标准，那我们就肯定要完全陷入怀疑论，一切科学理论都可能被看成是非理性的形而上学，都应该加以拒斥。实际上，科学理论不仅是无法证实的，而且同样是无法证伪的。因此，用波普尔等证伪主义者的标准也是难以在科学理论和伪科学理论之间划出适当的界限的。

那么，划分科学与伪科学理论的标准到底是什么呢？科学理论之间的选择难道真的像库恩所说的那样，完全是一种与宗教皈依行为类似的、非理性的信念转变过程吗？如果是这样的话，那么科学与伪科学之间就没有明确的界限，科学进步与知识退化之间就没有区别、没有客观真实的确定

---

[1]　拉卡托斯：《科学研究纲领方法论》，第23—24页。

标准，科学乃至全部知识的演变就完全是一种非理性的过程。这样一种结论我们能够接受吗？对此，拉卡托斯断然地作出了否定的回答。他明确指出："库恩认为科学革命是突发的、非理性的视觉变化，这是错误的"[1]；"如果甚至在科学领域中，除了对一项理论的支持者的人数、虔信程度和鼓吹力量作出估计之外，别无它法来判定该项理论，那么在社会科学学科中就更是如此了：强权即真理。这样，库恩的观点便维护了当代宗教狂的这一基本政治信条"[2]。因此，库恩的观点是我们不能接受的。为了对抗库恩的观点，我们需要重新寻找科学与非科学之间的合理划界标准。

三、新的划界标准："进步的问题转换"与"退化的问题转换"

如上所述，科学家永远有办法来规避自己的理论被证伪的命运。拉卡托斯认为，既然如此，我们为什么一定要不惜一切代价地以证伪作为科学活动的目标呢？为什么一定要以可证伪性来作为划分科学和伪科学理论的标准呢？为什么不可以去寻找一些其他的标准（譬如说对理论的调整过程制定出某些规则），从而使人们依然可以凭理性的精神在不同的理论之间做选择呢？事实上，有些这样的标准（如"简单性"标准等）为人们熟知已经好几个世纪了。我们完全可以通过对它们加以改进的方式来获得这样一个新的科学划界标准。从这样一种思路出发，拉卡托斯最终提出了自己对于科学划界标准的看法。

拉卡托斯指出，波普尔的方法论证伪主义理论实际上也包含着两个有所不同的成分。一是"朴素的方法论证伪主义"，二是"精致的方法论证伪主义"。前者认为可以通过与相关科学家一致同意的观察命题相对照的办法来证伪一个理论，后者则意识到了科学家通过不断增加辅助假说的方法来使理论永远规避证伪的可能性。在后一种情况下，波普尔提出可以通

---

[1] 拉卡托斯：《科学研究纲领方法论》，第8页。
[2] 同上书，第13页。

过对理论调整、修改活动的过程本身制定某种规则的办法，来使科学和伪科学之间始终有一个合理的划界标准。例如，他表示"借助于能满足某些明确限定之条件的辅助假说来挽救一个理论体现着科学进步，而借助于不能满足某些明确限定之条件的辅助假说来挽救一个理论则体现着退化"之类的说法就是这样一种新的划界标准。拉卡托斯说，如果进一步发挥，这样一类标准是完全可以加以采用的。循此立场，拉卡托斯提出了以"进步的问题转换"和"退化的问题转换"这对概念为核心的科学划界标准。

拉卡托斯认为，尽管每种理论都可以通过不断的修改、转换来规避证伪，但不同理论的修改、转换过程在性质上却有很大差别。根据这种性质上的差别，我们可以把理论的修改、转换过程划分为"进步的问题转换"和"退化的问题转换"两大基本类型：如果一个理论在修改、转换过程中，每后一个理论都比前一理论具有较多的经验内容，且能预言一些新的迄今未能预料的事实，那么这一理论的修改、转换过程就属于进步的问题转换过程；相反，如果一个理论在修改、转换过程中，每后一个理论比前一理论都不能有更多的经验内容，且不能预言一些新的迄今未能预料的事实，那么这一理论的修改、转换过程就属于退化的问题转换过程。[1]

无论是进步的还是退化的问题转换过程，又都包括理论和经验两个方面。拉卡托斯解释说："让我们以一系列理论 T_1、T_2、T_3……为例，每一个后面的理论都是为了适应某个反常、对前面的理论附以辅助条件（或对前面的理论重新作语义的解释）而产生的，每一个理论的内容都至少同其先行理论的未被反驳的内容一样多。如果每一个新理论与其先行理论相比，有着超余的经验内容，也就是说，如果它预见了某个新颖的、至今未曾料到的事实，那就让我们把这个理论系列说成是理论上进步的（或'构成了理论上进步的问题转换'）。如果这一超余的经验内容中有一些还得到了证

---

[1] 在《科学研究纲领方法论》一书第48页的一个脚注中，拉卡托斯对为什么要将这种转换称为"问题转换"而非"理论转换"作了如下解释："'问题转换'这一术语用于一系列的理论而不用于一系列的问题是否恰当是可以怀疑的。我这样用它，部分地是因为我还没有找到一个更适当的术语（'理论转换'听起来不好），部分地是因为理论总是成问题的，它们决不可能解决它们所要解决的一切问题。"

认,也就是说,如果每一个新理论都引导我们真的发现了某个新事实,那就让我们再把这个理论上进步的理论系列说成是经验上进步的(或'构成了经验上进步的问题转换')。最后,如果一个问题转换在理论上和经验上都是进步的,我们便称它为进步的,否则便称它为退化的。"[1]

根据问题(或理论)转换的性质,我们便可以为科学与伪科学理论之间的划分制定一个新的标准。这个新的标准用一句话来概括就是:"只有当问题转换至少理论上是进步的,我们才'接受'它们作为'科学的',否则,我们便'拒斥'它们作为'伪科学的'。"换句话说,我们现在可以用"问题转换"的进步程度,以理论系列(即研究纲领)引导我们发现新颖事实的程度来衡量科学进步,而不是以单个理论与经验事实之间的关系状况来评价科学进步。对科学理论的评价工作就由如何评价单个理论转变为如何评价理论系列或"研究纲领"。这样,我们就"只能说一系列的理论是科学的或不科学的,而不能说一个孤立的理论是科学的或不科学的:把'科学的'一词用于单个的理论是犯了范畴错误"。[2]

按照这一标准,在一个理论系列或研究纲领内部,证伪一个理论的并不是反常事实本身,而是另一个理论。"任何实验、实验报告、观察陈述或业经充分确证的低层证伪假说都不能单独地导致证伪。在一个更好的理论出现之前是不会有证伪的"[3];"尽管有成百上千个已知的反常,在我们有了一个更好的理论之前,我们不认为一个理论被证伪了(即被淘汰了)"[4]。但是,"如果理论系列中的一个理论被另一个具有更高证认内容的理论所取代,我们便认为它'被证伪了'"[5]。因此,对于"精致的方法论证伪主义"或"科学研究纲领论"来说,不断增加新理论具有十分重要的意义。"朴素证伪主义者认为科学是以不断的实验来推翻理论而成长的,在这种'推翻'之前提出新的竞争理论可能加速科学的增长,但并不是绝对必要

---

[1] 拉卡托斯:《科学研究纲领方法论》,第47—48页。
[2] 参见上书,第48—49页。
[3] 同上书,第49页。
[4] 同上书,第51页。
[5] 同上书,第48页。

的";"精致证伪主义者认为,不能等到本来已经接受的理论被'反驳'了(或等到这些理论的倡导人陷入了库恩所说的信任危机)再使理论增殖。……因为在更好的理论出现之前不可能有证伪"。[1] 与此相应,精致的方法论证伪主义也提出了新的关于知识诚实性的标准:"辩护主义的诚实性要求只接受已经证明的东西,拒斥一切未经证明的东西。新辩护主义的诚实性要求根据可资利用的经验证据来确定任何假说的概率。朴素证伪主义的诚实性要求检验可以证伪的理论,拒斥不可证伪和已被证伪的理论。最后,精致证伪主义的诚实性要求应当设法以不同的观点看待事物,提出能够预见新颖事实的新理论,并拒斥已为更有力的理论所取代的那种理论。"[2]

在对处于相互竞争关系之中的不同理论系列或研究纲领进行评价时,情况也非常类似。使一个理论系列或研究纲领遭到淘汰的也不是问题转换过程的退化性质本身,而是另一个在理论和经验方面都更加"进步"的理论系列或研究纲领。"退化的问题转换同某种老式的'反驳'或库恩的'危机'一样,不是淘汰一个研究纲领的充分理由";但"如果一个竞争的研究纲领说明了其对手先前的成功,通过进一步表现出启发力而胜过了其对手,便提供了这样一个客观的理由"。[3] 如果没有一个与之竞争的处于进步的问题转换过程中的研究纲领存在,一个研究纲领即使长期处于退化过程中可能也不会被淘汰。因此,"认为必须坚持一个研究纲领直到它耗尽全部启发力为止的观点,以及认为在人人都同意退化点已经来到之前不应引进一个竞争纲领的观点,都是错误的"[4]。拉卡托斯据此批评库恩的"常规科学"理论说:"永远也不应该让一个研究纲领成为一种世界观,或一种科学的清规戒律,使自己成为说明和非说明之间的仲裁者,就像数学上的精确性使自己成为证明与非证明之间的仲裁者一样。不幸的是,这正是库恩愿意鼓吹的观点:实际上,他所说的'常规科学'不过是一个获得垄

---

[1] 拉卡托斯:《科学研究纲领方法论》,第51—52页。
[2] 同上书,第53页。
[3] 同上书,第95页。
[4] 同上书,第94页。

断地位的研究纲领。但事实上，尽管某些笛卡尔论者、牛顿论者、玻尔论者作了努力，取得完全垄断地位的研究纲领只是极少数，而且也只能在相对短的时期内获得垄断地位。科学史一直是，也应当是一部相互竞争的研究纲领（或者也可以说是'范式'）的历史，而不是，也不应当变成一连串的常规科学时期：竞争开始得越早，对进步便越有利。'理论多元化'要优于'理论一元化'：在这一点上，波普尔和费耶阿本德是对的，而库恩是错的。"[1]

此外，还需要认识到的是，在对研究纲领进行评价时不存在即时性的判决。这是因为：第一，一个新理论是否预测到了一个新事实，往往不是可以立即确定的，而是需要花费很长的时间才能作出恰当判断。第二，理论系列或研究纲领的进步／退化性质也非固定不变，而是可以变化的。处于进步过程之中的研究纲领也可能会转变为处于退化状态的纲领；反之亦然。因此，无论是对一个还没有超过其竞争对手的年轻的研究纲领，还是对一个老旧的、已显出退化之势的研究纲领，我们都不应该轻易放弃。所以，当科学家不顾一切地坚持他们的理论研究纲领时，其行为并非如库恩等人所说的那样是"非理性的"，而是完全理性的。[2]

总而言之，虽然科学理论既不能被经验观察所证实也不能被经验观察所证伪，但无论是理论（纲领）的坚守还是转变都不像库恩所说的那样完全是一种非理性的行为。看来，拉卡托斯的"科学研究纲领方法论"似乎确实是一个既比波普尔的"方法论证伪主义"又比库恩的"科学革命心理学"更好的，以理性主义立场来对科学活动进行说明的科学哲学理论。

结　语

总而言之，在波普尔和库恩的论争中，拉卡托斯是要站在波普尔的立场一边来批评库恩的立场。他认为库恩的科学哲学理论有一定的合理性：

---

[1] 拉卡托斯：《科学研究纲领方法论》，第94—95页。
[2] 参见上书，第123页。

"库恩在反对朴素证伪主义方面，以及在强调科学增长的连续性、某些科学理论的坚韧性方面，都是正确的。"[1]但是，库恩错误地将朴素证伪主义和一般证伪主义等同起来，从对朴素证伪主义的批评和拒斥走向了对一切证伪主义的批评和拒斥，从而排除了对科学增长或进步过程作出合理解释的可能性。如果说休谟认为科学增长是归纳的、非理性的过程，卡尔纳普认为科学增长是归纳的、理性的过程，波普尔认为科学增长是非归纳的、理性的过程，那么，库恩则认为科学增长是非归纳的、非理性的过程。在库恩看来，不可能有任何关于科学发现的逻辑学，而只能有关于科学发现的心理学。在库恩的理论中，任何科学都始终会面临反常和矛盾，但在"常规科学"时期占据统治地位的范式确保了某种科学知识增长的模式；但这种增长终归要面临危机，而危机的形成又没有合理的原因，"危机"只是一种心理事件，是一种带有传染性的恐慌而已；在危机中出现的新范式与旧范式之间又缺乏可通约性，因而是无法通过合理的比较来作出选择的；"每一范式都含有自己的标准。危机不仅清除了旧理论和旧规则，而且也清除了使我们尊重旧理论和旧规则的那些标准。新范式带来了全新的合理性，超范式的标准是不存在的。变化是潮流所带来的结果，因而，库恩认为科学革命是非理性的，是一个暴民心理学的问题"[2]。库恩还忽略了波普尔理论中被拉卡托斯称为"精致的方法论证伪主义"的那些内容，在这些内容中"波普尔用可错—批评性增长的新问题取代了古典合理性的中心问题即关于基础的老问题，并开始阐述这一增长的客观标准"。而拉卡托斯认为波普尔理论中的这些内容具有相当的合理性，他正是以波普尔理论中这方面的思想为基础，进一步发展了这种精致证伪主义，"把科学进步重建为竞争的研究纲领的增殖及进步的和退化的问题转换"，从而给科学事业描绘了一幅新的图画。这幅新的图画，如上所述，既不同于库恩的科学革命理论所描绘的科学演变图景，不像库恩的理论那样将科学进步描

---

[1] 拉卡托斯：《科学研究纲领方法论》，第124页。
[2] 同上书，第125页。需要指出的是，库恩对这种认为他关于科学革命过程的描述是一种暴民心理学的指责是不接受的。参见他在《回应我的批评者》一文中对此所作的回应（见库恩：《结构之后的路》，第150—157页）。

绘为一个非理性的过程，但是，也不同于波普尔理论中的朴素证伪主义内容所描绘的那种科学进步图景，不像波普尔理论的这一部分所做的那样将科学进步描绘为一个由一系列的大胆理论猜测及理论戏剧性地被推翻所构成的过程，因为对一个科学理论的"批评不像也不应该像波普尔所想象的那样快地扼杀一个纲领。纯粹否定性的、破坏性的批评，如对自相矛盾的'反驳'或论证，并不淘汰一个纲领。对一个纲领的批评是一个很长的并经常使人沮丧的过程，必须宽厚地对待年轻的纲领"。[1] 按照这幅新的科学进步图画，科学既是一个具有连续性的事业，甚至可以出现多元研究纲领并存的局面，又是一个可以通过合理的标准来对不同的研究纲领理性地作出取舍，从而是一个可以对其进步与否加以合理判断的事业。拉卡托斯以这种方式来调和波普尔和库恩的立场，并最终捍卫了科学活动乃是一种理性活动的观念。

---

[1] 参见拉卡托斯：《科学研究纲领方法论》，第126—127页。

第四章　费耶阿本德：认识论的无政府主义

费耶阿本德以所谓"认识论的无政府主义"的极力倡导者而闻名于世。他的代表性作品《反对方法》一书在很大程度上则是作为一部试图与拉卡托斯进行对话的著作而完成的。在这本书中，费耶阿本德既肯定了拉卡托斯在其"科学研究纲领论"中提出的许多观点，同时又对拉卡托斯进行了激烈的批评。他认为拉卡托斯的"科学研究纲领论"本质上是一种"伪装的无政府主义"，其中包含着许多与他所倡导的"认识论的无政府主义"相同或相近的理论观点。但由于拉卡托斯仍然将自己的理论立场局限在理性主义的范围之内，仍然像波普尔一样将探求科学研究过程当中的法则和秩序当作自己科学哲学研究活动的最终目标，因此他的"科学研究纲领论"又不能不具有所有理性主义科学哲学所具有的那样一些缺陷。费耶阿本德的科学哲学研究就是要将他认为拉卡托斯理论中合理的那一方面发掘出来并进一步加以发挥，用来克服包括拉卡托斯理论在内的一切理性主义科学哲学所具有的缺陷。

一、对拉卡托斯理论的认同与批评

费耶阿本德说，拉卡托斯在对西方现有的各种方法论进行批判性考察时，得出了许多与他所主张的"认识论的无政府主义"几乎一样的理论结果。其中主要的观点包括[1]：

（1）理论的证伪过程并非完全是一种理性的行为过程。在考察理论被排除的方式时，拉卡托斯曾经写道："如果我们查看科学史，如果我们试图弄明白，有些最著名的证伪如何发生，那么我们就一定得出结论：要么有些证伪纯属非理性，要么就是它们所依据的合理性原则不同于我们刚才讨论的那些（即波普尔在其批判理性主义名称下所概括的那些原则——作者注）。"费耶阿本德称赞说：拉卡托斯"是注意到科学的各种图像和'实在事物'之间存在巨大鸿沟的少数思想家之一；他还认识到，试图通过使各门科学更接近图像而改造科学，必定会损害它们，甚至可能破坏它们。我无疑赞同这个结果"。

（2）理论是在漫长的时期内演化发展的，而不是在特定时刻形成的。因此，方法论必须给予正在被考察的思想一个"喘息之机"。这也就意味着，"给定一个新理论，我们切莫立即就用习惯的标准去判决它的去留。严重的内部不一致性也好，明显缺乏经验内容也好，同实验结果剧烈冲突也好，都不能阻止我们保留和详细制定一个我们出于某种理由感到喜欢的观点"。

（3）应该以历史资料而不是抽象模型为依据来对相互竞争的方法论标准本身进行评判。"拉卡托斯认为，方法论标准也属于批判的范围。它们可加以考察，改良，代之以更好的标准。这种考察不是抽象的，而是利用历史资料：历史资料在两个相竞争的方法论的论争中起判决性的作用。"费耶阿本德说，这一见解将拉卡托斯和他自己同卡尔纳普一类的逻辑学家区别了开来，"这些逻辑学家认为，诉诸历史是'一种十分低能的方法'，他们相信，方法论应当仅仅建立在简单模型的基础之上"。

费耶阿本德指出，这些见解构成了拉卡托斯科学哲学理论的基本部分。正因如此，与波普尔的科学哲学理论相比，拉卡托斯的科学哲学具有更高程度的合理性或可取性。但费耶阿本德认为，拉卡托斯的科学哲学理

---

[1] 参见拉卡托斯：《证伪与科学研究纲领方法论》，转引自法伊尔阿本德（费耶阿本德）：《反对方法》，周昌忠译，上海译文出版社，2007年，第158—160页。

论也具有一些或者明显或者隐晦的缺陷。

如前所述，拉卡托斯提出，尽管人们可以通过无休止的修改、补充来使一个理论规避最终被证伪的命运，但我们还是有办法来对处于竞争之中的诸种理论的优劣进行判断，从而对它们作出合理的取舍。这个办法就是，对不同理论的修改、转换过程进行比较，看它们是处于进步的转换过程之中还是处于退化的转换过程之中。如果一个理论的转换过程属于进步的转换过程，那我们将倾向于坚持它；反之，我们就将倾向于放弃它。

费耶阿本德指出，"在考察一个处于严重退化状态的研究纲领时，人们将感到迫切需要抛弃它，用一个比较进步的竞争纲领取代它。这是完全正当的处置"。然而，费耶阿本德说，"做相反的事，保留这纲领，也是正当的"。[1] 这是因为：

第一，即使是长期处于退化过程中的研究纲领也有可能恢复成为进步的纲领。"如果说，对有缺陷的理论，在它们诞生之际就加以拒斥是不明智的，因为它们可能成长和被改良，那么，拒斥处于下降趋势的研究纲领，也是不明智之举，因为它们可能恢复，可能达致始料所不及的辉煌（当幼虫达到最低的退化状态时，蝴蝶就脱颖而出）。因此，人们不可能合理地批判坚持一个退化纲领的科学家，并且也不可能以一种合理的方式来表明这个科学家的行动是完全没有道理的。"[2] 对于这种可能性，其实拉卡托斯本人也是承认的。他曾经说过，"人们可以合理地坚持一个退化的纲领，直至它被一个竞争的并且甚至是后来的纲领压倒"[3]；"纲领能够脱离退化的泥淖"[4]；等等。这使得拉卡托斯的科学哲学实际上"不可能规定在哪些条件下，一个研究纲领必须抛弃掉，或者在什么时候，继续支持它就变得不合理了"[5]。它最终不得不承认科学家的任何选择都是合理的。

第二，拉卡托斯提出的理论取舍标准仍然涉及不同研究纲领在内容

---

[1] 法伊尔阿本德：《反对方法》，第161页。
[2] 同上书，第161—162页。
[3] 拉卡托斯：《科学史及其理性重建》，转引自法伊尔阿本德：《反对方法》，第162页。
[4] 拉卡托斯：《证伪与科学研究纲领方法论》，转引自法伊尔阿本德：《反对方法》，第162页。
[5] 法伊尔阿本德：《反对方法》，第163页。

上的比较，而实际上不同的研究纲领之间在内容上并非完全可比的。首先，人们在思考（行动、知觉）时所使用的框架有许多相互之间是不可比的。人类学家的研究工作已经表明，不同的文化、语言之间往往是难以比较的，它们拥有不同的词汇、语法和思维方式。为免曲解异族的文化和语言，人类学家特别强调实地调查的重要性。但人类学家田野调查回来后往往都会认识到，要想把当地人的思想和语言直接翻译成自己的思想或语言，几乎是不可能的。其原因就在于这两种不同的思想和语言之间缺乏完全的可比性。其次，科学观点，尤其是关于基本问题的观点，就像不同文化和语言之间的关系一样，相互之间往往也缺乏可比性。有些科学理论（例如狭义相对论和经典力学）若从工具论的角度看似乎是在处理同一主题，但一旦从实在论的角度看则相互之间也是不可比较的。由于理论之间的不可比性，因此无法根据同一组经验观察资料来对它们的是非优劣作出最终的、决定性的判断，这就使得每一种理论都有其存在的理由。[1]

费耶阿本德由此而提出了现代科学哲学中最为激进的一种观点。他把自己的这一观点称为"认识论的无政府主义"。

二、认识论的无政府主义

无论是实证主义者，还是波普尔、拉卡托斯一类的后实证主义者，都在不同程度上坚信科学是一项理性的事业，应该遵循一些基本的活动法则。费耶阿本德认为，试图为科学理论的发现和评价寻找一些相对固定的法则或程序是一种非常不明智的行为。有两个最基本的理由可以用来反对这种行为。第一，"我们想探索的世界在很大程度上是个未知的实体。因此，我们必须保留自己的选择权，切不可预先就作茧自缚。一些认识论药方与另一些认识论药方相比，或者与一般原理相比，可能让人觉得是优越的。可是，谁能保证它们是最佳方法，藉之不仅能发现少数孤立'事实'，而且还能发现某些深藏的自然奥秘呢？"第二，由这种为科学寻找

---

[1] 参见法伊尔阿本德《反对方法》第17章中的论述。

固定法则的行为引申出一种与我们所倡导的人文主义精神相背离的科学教育模式，它有悖于培育个性的教育目标。因此，我们如果"要增加自由，要过充实而有价值的生活，以及相应地要发现自然和人的奥秘，就必须拒斥一切普适的标准和一切僵硬的传统"[1]。费耶阿本德说，无论是考察历史插曲，还是抽象地分析思想和行动之间的关系，都表明了一点，即"只有一条原理，它在一切情况下和人类发展的一切阶段上都可以加以维护。这条原理就是：怎么都行"[2]。这也就是认识论中的无政府主义原则。

认识论的无政府主义鼓励我们在科学研究过程中运用各种各样的"反归纳"或"反规则"。在科学研究领域，通常流行的规则是："理论的成功是由'经验'、'事实'或'实验结果'来度量的。一个理论和'资料'之间的一致支持该理论（或让情势保持不变），而不一致使该理论处于危境，也许甚至使我们不得不排除它。"[3] 而"反规则"的立场则是与此相反，它劝导我们引入和制定与得到充分确证的理论以及（或者）充分确凿的事实不一致的假说，劝导我们"反归纳"地行事。

费耶阿本德具体讨论了两条最基本的反规则。

第一，要鼓励人们运用同得到充分确证的理论相矛盾的假说。

之所以如此，是因为：

（1）能够用来反驳一个得到充分确证的理论的事实证据往往只能借助一个与其不相容的其他理论来揭示，如果排除这些与其不相容的其他理论，这些可以作为反例的事实证据就可能永远得不到揭露。例如，"三角形内角和不等于180度"一类的观察陈述，其含义只有借助非欧几何学才能够得到适当的阐明，从而成为反驳欧氏几何的证据，否则就可能被当作错误的观察陈述而加以排除。事实表明，"同充分确证的理论相矛盾的假说供给我们的证据，是用任何别的方法都得不到的"[4]。由于这些可以作为

---

[1] 法伊尔阿本德：《反对方法》，导言，第4—5页。
[2] 同上书，第6页。
[3] 同上书，第7页。
[4] 同上书，第12页。

既定理论反例的证据永远都得不到，既定的理论就显得毫无瑕疵，逐渐被人们认为是唯一合理的理论。因此，坚持一个理论必须与已经得到充分确证的理论相一致的原则，就"可能最终造成这样一种情境，使得某种观点被以经验为借口而得到保护，丝毫不受任何可能的批判，从而僵化为教条"[1]。此外，"一个理论最重要的形式性质有些也是通过对比而不是通过分析发现的。因此，一个科学家想要使他所持观点包含最多的经验内容，想要尽可能清晰地理解它们，就必须引入其他观点；这就是说，他必须采取一种多元主义的方法论。他应当把思想同别的思想而不是同'经验'作比较，他应该试图改善而不是抛弃已在竞争中失败的观点"[2]。所以，像牛顿之后的许多人所做的那样，劝导人们仅当反对意见已使正统理论丧失人们的信任时才去利用别的理论，那是本末倒置。那些认为科学只是通过将单个的理论与相关事实进行比较而不断向前发展的说法都过于简单化。

（2）如果严格按照所谓的"一致性法则"（即"新假说必须同已经得到充分确证的理论相一致"）来行事，那么最终得到保留的往往是旧的理论，而不是较新的理论。假设有一个理论 T，它成功地描述了领域 D 内的情况。T 在误差限度 M 之内同有限多的观察（令它们的类为 F）相一致。无疑，任何在 F 之外和 M 之内同 T 相矛盾的另一个理论也受到完全相同的观察的支持。因此，假定 F 是目前做过的仅有观察，那么，如果 T 可以接受的话，这另外一个理论也应该可以接受。但按照一致性法则，则只有其中的一个（不管是哪一个，只要它先存在）可以被接受。可见，一致性法则只会让人们去保存旧理论。而且，人们之所以保留旧理论，"不是因为后者有什么内在的优点——例如，不是因为它比新提出的可取理论有着更好的观察基础，或者因为它更优美——而是因为它是旧的和熟悉的"[3]。要想避免这种情况，就必须抛弃一致性法则，鼓励人们采用与已得到充分确证的理论不一致的各种理论。任何理论都必须与已经得到充分确证的既

---

[1] 法伊尔阿本德：《反对方法》，第 19 页。
[2] 同上书，第 8 页。
[3] 同上书，第 14 页。

定理论相一致的原则，只是基督教一类的神话或意识形态的倡导者提出来用以维护自身权威地位不受冲击的一种手段而已。因此，这种"意见的一致对于一个教徒团体，对于某种（古代的或现代的）神话的胆怯的或贪婪的受害者，或者对于某个暴君的软弱而又诚服的子民来说，可能是合适的。意见的多样性是客观知识所必需的。而且，一种鼓励多样性的方法也是唯一与人本主义观点相容的方法"[1]。

第二，鼓励人们运用同充分确凿的实验和事实结果相矛盾的假说。

之所以如此，也是因为：

（1）科学史表明，没有任何有意义的理论会同其领域中的一切已知事实相一致。无论是哥白尼的天文学理论、牛顿的万有引力理论或颜色理论，还是爱因斯坦的相对论，都面对着大量的矛盾事实。"凡我们观察所及之处，每当我们略为耐心而又不带偏见地选择我们的证据时，我们总是发现，理论未能适当地复现某些定量结果，而且它们在定性上的不当达到了令人吃惊的地步。科学提供我们非常优美而又复杂的理论。……不过，为了达致这个奇迹，一切现有的麻烦都必须归入理论和事实间的关系之中，都必须用特设性近似和其他方法加以掩盖。"[2]面对这种情况，如果我们严格遵循理论必须与所有事实相一致的法则，那可能不会有任何有意义的科学理论存留下来。因此，我们"只有也放弃这个要求，且修改我们的方法论，从而除了承认未得到支持的假说之外，还承认反归纳，我们所知道的科学才能存在。正确的方法应当不包含任何要我们根据证伪作理论抉择的规则。它的规则倒是应当使我们得以在我们业已加以检验的[理论]同已证伪了的理论之间作出抉择"[3]。其实，出于上述原因，严格的一致性法则完全是一种无用的法则。在科学研究实践中，它从来未被也不可能被任何人认真地加以遵从。

（2）任何观察报告、事实陈述或实验结果本质上都包含了一定的背

---

[1] 法伊尔阿本德：《反对方法》，第23页。
[2] 同上书，第40—41页。
[3] 同上书，第42页。

景知识和理论预设，而只有通过采用同这些事实陈述及相应的理论原理不一致的假说，才可能揭示这些事实陈述后面的背景知识和理论预设。例如，我们在通常情况下习惯说"这桌子是棕色的"，而当光照条件不好或自我感觉不好时就说"这桌子似乎是棕色的"。这种表达隐含了这样的信念：存在着一些常见的情况，其时我们的感官能够"按实况"感觉世界，但也存在着其他一些情况，其时我们的感官被欺骗。它们也包含着这样的信念：我们的感觉印象有些是真实的，有些是虚假的。此外，它们还隐含着这样的假设：对象和我们之间的物质媒介未产生导致失真的作用。如此等等。所有这些抽象而又十分可疑的假设，塑造了我们的世界观，但并不一定为我们所意识，通常也未经受直接的批判。因此，一个理论之所以可能同"证据"相冲突，并不一定是因为它不正确，而是因为证据已被其他背景知识或理论预设所"污染"。只有在遇见一个与认定的"事实"所隐含的理论迥然不同的理论（或世界观）时，我们才有可能意识到这一所谓"事实"后面的背景知识或理论预设，从而对这一"事实"本身的含义作出恰当的评估。[1]这意味着，"让证据直接去判断我们的理论，并且再不加闻问，那是太轻率了。直接无条件限制地根据'事实'判断理论，必定会仅仅因一些思想不适合某个旧的宇宙学构架就排除这些思想。把实验结果和观察看作当然的，把证明的重荷加于理论，等于是从未作过任何考察就把[引导]观察的思想体系视作当然"[2]。恰当的做法是在面对每一个观察陈述时，都对它背后的背景知识或理论预设进行考察，而这又要求我们首先突破习惯概念的约束，"走到圈子外面，或者发明一个新的概念体系，例如一个新理论，它同极其小心地确立的实验结果相冲突，它驳斥使人深信不疑的理论原理，或者从旁的科学，从宗教，从神话，从不够格者的思想，或者疯子的胡思乱想中引入这样一个体系。这一步又是反归纳的。可见反归纳既是一个事实——离开它科学不可能存在——又是科学游戏中一

---

[1] 参见法伊尔阿本德：《反对方法》，第9页、第43—45页。
[2] 同上书，第44页。

种正规的且非常需要的行动"[1]。

认识论的无政府主义还鼓励人们充分运用各种非理性的手段来为自己的理论进行宣传和作出辩护，以使自己的理论获得必要的生存和发展空间。在《反对方法》一书中，费耶阿本德用了大量的篇幅，对科学史上的"哥白尼革命"进行了详尽的分析，来试图表明这一点。哥白尼的日心说不仅是一个与早已得到"充分确证"的托勒密地心说相矛盾的理论，而且在提出之后的很长一段时间里在经验观察方面也不能得到比后者更充分的支持，甚至与许多现有的观察资料相冲突。在这种情况下，哥白尼及他后来的支持者如伽利略并没有放弃这一理论，而是坚持不懈地去发明新观察工具（如望远镜）、补充新假说（如新的运动观），试图改变人们的世界观以及观察经验。然而，这样一种努力及其预期结果的获得将会是一个漫长的过程。在这一漫长的过程中，新的日心说随时都有可能由于旧的地心说的拥护者（教会、公众、学者）的反对而夭折。为了更快争取胜利，伽利略采用了一系列如今在许多人看来属于"非理性"的方法来为日心说作宣传和辩护，例如以自己的风采和机智的说服技巧来影响公众，用通俗的意大利文而不是古老深奥的拉丁文写作，只向反对旧思想和旧学术准则的人求助，将日心说和新兴阶级的利益相勾连使之成为后者的意识形态，从而获得其有力的支持，等等。哥白尼学说的胜利在很大程度上是依靠伽利略的宣传和辩论技巧实现的。"显然，对新思想的归顺将不得不借助论证以外的手段促成。它的实现将不得不依赖非理性的手段，诸如宣传、情感、特设性假说以及诉诸形形色色的偏见。我们需要这些'非理性手段'来维护新思想，它们在找到辅助科学、事实和论据之前只是一种盲目的信仰，在那之后，才转变成可靠的'知识'。"[2] 可见，科学活动并非完全是一种理性的事业。非理性因素在科学的发展过程中同样具有不可替代的作用。

波普尔曾经将科学活动描述为一个通过连续不断的猜测和反驳来解

---

[1] 法伊尔阿本德：《反对方法》，第 44—45 页。
[2] 同上书，第 130—131 页。

决人们面临的各种问题的历史过程。按照这种描述,"在提出一个问题之后,人们就力图解决它。解决一个问题意味着发明一个理论,它是相关的、可证伪的(在比任何可能的理论都大的程度上),但尚未被证伪的"。接下来便是对这个理论进行批判,成功的批判将一劳永逸地取消这个理论,并造成一个新问题:为什么这个理论之前是成功的,现在却失败了?为了解决这个新问题,科学家又提出一个新理论。这个新理论继承了旧理论中被认为正确的内容,否定其错误部分,再加上一些预言。通过这种方式,新理论就获得了比旧理论更多的内容,变得比旧理论更具一般性。这样,"人们就可通过猜想与反驳而从不怎么一般的理论进到比较一般的理论,从而扩充了人类知识的内容"。[1] 对此,费耶阿本德提出了两个问题:一是,按照波普尔所说的这种"批判理性主义"的法则去生活,会让人称心如意吗?二是,这样一种法则与我们所知的科学相容吗?费耶阿本德认为,首先,如果我们真的按照波普尔描述的这样一种持续进行批判的原则去生活,人们就可能变成一种可悲的、不友善的、自以为是而又毫无魅力和幽默感的机械装置。其次,这种批判理性主义也与科学的存在不相容。这是因为:第一,制度、思想、实践等的实际发展常常不是始于一个问题,而是作为各种与这些制度、思想和实践本不相干的活动的副产品而出现的;第二,如果真的遵循批判理性主义提出的严格证伪原理,那么,任何科学都不可能存在,甚至都不会允许它产生;第三,由于新旧理论所要解决的问题可能完全不同,因此新理论必须将旧理论中被认为具有确实性的那部分内容继承或保留下来这一要求也不一定会得到满足。总之,科学活动的实际状况远比波普尔等人的理论所描述的要更为复杂多样,更不符合理性的原则。费耶阿本德据此重申科学活动是一项非理性活动的思想,他指出:"使科学变得比较'理性'和比较精确的尝试必定会消灭科学。……同这些规律相比时显得'邋遢'、'混沌'或'投机'的东西,在发展我们今天视作自然知识的必要部分的那些理论上起着最为重

---

[1] 法伊尔阿本德:《反对方法》,第149页。

要的作用。这些'越轨'、这些'错误'都是进步的先决条件。它们使知识得以在我们居住的这个复杂而又困难的世界中生存下去,它们使我们得以成为自由和幸福的行为者。没有'混沌',就没有知识。不频频弃置理性,就不会进步。今天构成科学之真正基础的思想所以存在,仅仅因为存在着偏见、奇想、激情之类的东西;因为这些东西反对理性;还因为它们被允许为所欲为。因此,我们应当下结论说:甚至在科学内部,理性也不可能并且不应当被容许一统天下,它必须常常被废弃或排除,以支持其他因素。不存在一条在一切环境条件下都持之有效的法则,也不存在一个始终可以诉诸的因素。"[1]

三、重新审视科学与神话、宗教、巫术、魔法之间的关系

费耶阿本德认为,对科学发展过程的上述考察结果使我们不得不重新审视科学与神话、宗教、巫术、魔法等各种"非科学"知识之间的关系,重新审视相对于这些"非科学"知识而言科学具有独特的优越性这样一种现代观念。这种重新审视将使我们认识到,在构造一个有效的世界观方面,科学并不是唯一的方式。构造一个世界观的方式,除了科学之外,还有神话、宗教、形而上学等许多别的方式。科学应该和这些不同的世界观进行富有成果的交流,而不是简单粗暴地把它们排斥在知识的合法领域之外。

第一,科学与神话之间存在着惊人的相似性。

以科学和神话之间的关系为例。人们通常以为,神话具有自我封闭的特性,而科学则具有开放的特性。神话的中心思想或基本信念被奉若神明,受到严格的保护,决不容许侵犯;而科学则相反,科学以怀疑论作为自己的本质特征,当理论频繁遭遇反例的时候,为理论作出的辩护就会无情地转变为对它的攻击。因此,在科学研究活动中,与现有范畴体系不相适应的东西并不会被当作令人讨厌的东西而遭到排斥。费耶阿本德指出,

---

[1] 法伊尔阿本德:《反对方法》,第 155 页。

这完全是一种错误的描述。"对科学本身的实地研究显示了一幅判然不同的图景。这种研究揭示，虽然有的科学家可能像所描述的那样行事，但绝大多数科学家走另一条路。怀疑精神处于最低限度；它矛头针对对抗的观点、针对一个人自己基本思想的细枝末流，而决不是针对基本思想本身。对基本思想的攻击唤起禁忌反应，而后者不比所谓原始社会中的禁忌反应来得弱"；"无论什么不能适应于既有范畴体系的东西或者据说同这体系不相容的东西，不是被看作某种十分令人讨厌的东西，就是更经常地干脆被说成是不存在的"；"神话和科学之间的相似委实令人惊讶"。[1]可见，对科学和神话等"非科学"知识之间的关系重新加以考察是完全必要的。

第二，科学的兴起是与西方对非西方社会的入侵、镇压相重合的，而并非其自身内在竞争优势的结果。

对科学和非科学知识之间的关系重新加以考察之所以必要，还有一个重要理由，这就是科学相对于"非科学"在今天所拥有的优势地位并不是其自身内在竞争优势的结果，而更多的是前者的拥有者对后者的拥有者进行暴力征服的结果。"现代科学的兴起，是同西方入侵者对非西方部族的镇压相重合的。这些部族不仅肉体上遭镇压，而且还失去了理智的独立，不得不皈依残忍的兄弟之谊宗教——基督教"；"偶尔这导致一种几乎无法忍受的同传统的紧张关系。在大多数场合，传统不留论证痕迹地消失，而人们只是成了肉体和精神的双重奴隶"。[2]在今天，情况虽然有所好转，旧传统的价值已经被人们重新发现，但科学仍然君临一切。而它之所以能够继续君临一切，也不是因为它比其他知识体系更加有效，而是因为它已经获得的优势地位以及国家和其他结构或制度性力量对它的特别支持。

第三，科学与非科学的分离不利于知识的进步。

费耶阿本德认为，科学和"非科学"知识的分离其实并不是一项真正的进步。相反，这种分离不仅是人为的，而且实际上也是不利于知识进步的。"如果我们想理解自然，如果我们想主宰我们的自然环境，那么，我

---

[1] 法伊尔阿本德：《反对方法》，第274—275页。
[2] 同上书，第275页。

们必须利用一切思想、一切方法而不是对它们作狭隘的挑选";"原始部族对动植物的分类比同时代科学的动物学和植物学还要详细;他们知道一些药品,其疗效令医生吃惊;他们拥有影响同行的手段,而科学长期以来认为它们并不存在;他们解决了一些难题,其方法至今仍不得而知。在旧石器时代,曾有过一种高度发展的、国际闻名的天文学。这种天文学在事实上是恰当的,在情感上是令人满意的。它既解决了物理问题又解决了社会问题";"在一切时代,人都用宽广开阔的感觉和富有创造力的智能看待周围环境;在一切时代,他都作出令人难以置信的发现;在一切时代,我们都能从他的思想学到东西"。[1] 因此,科学绝不应该把自己和各种"非科学"知识严格地隔绝开来,而是应该和它们相互交流、互通有无,这样才能使我们拥有更多的知识。在讨论科学和非科学知识之间的关系问题时,费耶阿本德反复援引当代中国政府允许西医和中医和平共存、共同发展的案例,认为这是处理科学和非科学知识之间关系的合理态度。

费耶阿本德还提出,要加强科学和非科学知识之间的相互交流,就需要接受和坚持认识论的无政府主义。"构造一个世界观的方式,有神话,有神学教义,有形而上学,还有许多别的方式。显然,科学和这些'非科学'世界观之间要进行富于成果的交流,比科学本身更需要无政府主义。所以说,无论对于科学的内部进步还是对于整个文化的发展来说,无政府主义都不仅是可能的,而且还是必需的。"[2]

第四,国家、大学与科学应该分离。

费耶阿本德认为,对科学与"非科学"知识之间关系的重新考察使我们不能不得出这样一个结论,即国家和大学应该与科学相分离,就像当年国家和大学与宗教之间所发生的那种分离一样。如前所述,在今天,科学对各种"非科学"知识所继续拥有的那种优势其实并非来自其自身在创造知识时具有的内在优点,而主要是来自国家、大学等结构或制度性力量的特别支持。而这种特别的支持,就像过去"政教合一"时期国家和大学对

---

[1] 法伊尔阿本德:《反对方法》,第283—284页。
[2] 同上书,第155—156页。

宗教所给予的特别支持一样，正阻碍着知识的发展。因此，光有国家、大学和教会的分离是不够的，国家和大学同教会的分离必须补之以国家和大学同科学的分离，从而使每一种知识形式都能够自由地存在和发展、自由地为人们所选择和使用。只有在这种情况下，当一个人仍决定选择支持科学时，他的决定才是最合理的。在这种情况下，科学家将参与政府决策，但其他知识形式的拥护者也将如此。没有人会被置于权威的压制之下。"正是全体有关个人的投票表决，而不是躲在一种并不存在的方法论背后的大亨权威才决定了采用什么教育方法之类的重大问题或者进化论、量子论之类基本信仰的真理性。不必害怕这种调节社会的方式将会导致不良后果。科学本身也利用表决、讨论、投票的方法，尽管没有明确把握这种方法的机制，并且在运用这种方法时也带有严重偏见。但是，我们信仰的合理性无疑将大大提高。"[1]

在《自由社会中的科学》一书中，费耶阿本德提出了自己关于"自由社会"的想法。费耶阿本德认为，人们在漫长的社会生活实践中逐渐形成了各种不同类型的传统，如神话、巫术、传统医学、形而上学、科学等，这些传统本身无所谓好坏，仅仅是一些不同的传统而已，只有当人们从某一传统出发将其与其他传统进行比较时，该传统才会呈现出合意或者不合意的性质。这暗示了一种对待不同传统的相对主义立场，但这种相对主义立场是合理的，"因为它注意到了传统和价值的多元论。它也是开化的，因为它没有假定人们自己的村庄及其所拥有的奇异习惯是世界的中心"[2]。因此，人们可以有两种不同的方式来共同决定一个问题，这就是受节制的交流和开放的交流两种方式。在受节制的交流中，参加者采纳了一种明确规定的传统，只在这个传统内按其规范进行交流和作出反应。当然，按这种方式，在交流开始之前，会存在一个通过教育等方式来让相关当事人加入这一指定传统的过程："如果一个当事人还没有成为这个传统的参加者，他就会受到纠缠、说服、'教育'直到他成为参加者为止，然后，交

---

[1] 法伊尔阿本德：《反对方法》，第285—286页。
[2] 法伊尔阿本德：《自由社会中的科学》，兰征译，上海译文出版社，2005年，第22页。

流便开始了。"[1] 在开放的交流中,"当事人采纳的传统最初是未详细规定的,并随着交流的发展而发展。参加者相互深入到对方的思想、感觉和理解方式中,以致他们的观念、知觉和世界观可能完全改变——他们成了参与一种新的不同的传统的不同的人。开放的交流尊重合作者,……开放的交流没有任何原则,虽然它可以发明出原则;它没有任何逻辑,虽然新的逻辑形式可能在它的过程中产生出来"[2]。费耶阿本德指出,一个真正自由的社会应该是以开放的交流为特征的社会。"自由社会是所有传统在其中都有平等的权利、平等的接受教育和接近其他权力位置的机会的社会。……自由社会不能以任何特殊的信条为基础;例如,它不能以理性主义为基础或以人道主义的考虑为基础。自由社会的基本结构是保护性结构,而不是一种意识形态,它像铁栏杆那样起作用,而不像信念那样起作用。"[3] 这种保护性结构是通过辩论而形成的,而"决定自由社会结构的辩论是开放的辩论,而不是受节制的辩论"[4]。在自由社会中,科学与其他传统一样,只是各种传统当中的一种,并无特殊之处。"自由社会坚持科学和社会的分离。"[5]

结　语

综上所述,我们可以看到,通过与波普尔、库恩、拉卡托斯等人的对话,以及通过对他们的思想中所包含的多元主义因素的进一步发挥,费耶阿本德将后实证主义科学哲学的多元主义立场推向了极致。在费耶阿本德这里,实证主义科学哲学的三条基本原理都被彻底颠覆,代之而起的是一些与之完全不同的科学哲学或科学方法论原理,即他所谓的"认识论的无政府主义"原理或"反规则"原理。后实证主义科学哲学发展到费耶阿本

---

[1] 法伊尔阿本德:《自由社会中的科学》,第 23 页。
[2] 同上书,第 24 页。
[3] 同上书,第 24—25 页。
[4] 同上书,第 25 页。
[5] 同上书,第 26 页。

德这里，其最基本的一些原理（经验陈述不能脱离理论陈述而独立存在、科学理论不是来自对经验事实的归纳性概括、理论不能通过将其与相关经验事实相对照的方法而最终被证实或被证伪、不同理论范式或研究纲领之间缺乏可通约性、科学理论不仅必然而且应该具有多元性等）都得到了差不多最大限度的发挥。在一定程度上可以说，费耶阿本德的"认识论的无政府主义"理论正是西方后实证主义科学哲学理论发展到极致或者巅峰阶段的产物，或者说，是西方后实证主义科学哲学的完成。

本编小结

通过本编的梳理，我们可以看到，后实证主义对实证主义科学哲学所发起的挑战确实具有相当的颠覆性。

首先，后实证主义者一致反驳经验事实可以脱离与其相关的理论话语独立存在的看法，否认科学命题只有通过对由客观观察研究对象得来的经验事实进行归纳才能形成，认为所有作为实证科学之研究对象的"外部实在"都不是一种纯粹给定的"客观实在"，而是由一定的话语/理论体系建构起来的。波普尔明确表示任何经验事实都是理论建构的产物。库恩也指出作为科学家研究对象的世界其实并非一种纯粹"自然"或"给定"的世界，而是由科学家所采用的理论"范式"建构出来的。在不同范式之下从事研究工作的科学家，所面对的实际上是完全不同的世界，它们拥有完全不同的组成成分、结构联系以及运行规律。拉卡托斯也是如此，认为在观察命题和理论命题之间不存在自然的分界，不存在纯粹独立的、中性的观察结果或经验事实，任何经验事实都是观察者在特定理论或知识背景的引导或约束下才观察到的。费耶阿本德也指出，在欧氏几何学所描述的世界当中永远不可能有"三角形内角和不等于180度"的三角形，这样一个三角形只有在非欧几何学描述的世界当中才能被确认为是一种"客观现实"。

其次，后实证主义者也一致反对把尽可能准确地再现既定外部世界作为科学研究及一切认识活动之目标的看法，认为既然关于外部世界的一切经验事实都是由我们的话语/理论建构起来的，那么其中就不可避免地渗透着话语/理论的成分，不可能是对纯粹客观世界的再现。在不同语言/话语/理论指导下进行研究工作的人，其所欲观察的内容、对所观察到"现象"的感受以及对观察结果的陈述等都会有相当大的差异。在某种意义上，我们可以说，我们所能"再现"的其实只是我们的话语/理论系统已经包含的那些东西，而不可能超出语言/话语/理论给我们设定的限制而去再现某种纯粹的"客观实在"。

再次，后实证主义者还一致认为，由于不同话语/理论的不可通约性，我们不可能在不同的理论范式之间作出唯一性的选择，这就使得每一种理论都有其存在的理由。此外，由于反驳一个既存理论的"事实"证据往往只有借助一个与其不兼容的其他理论来揭示，因此允许不同的理论同时存在、相互竞争也十分有必要。据此，后实证主义者逐渐得出真理的多元性这样一个结论，及至费耶阿本德则更是明确提出了"认识论的无政府主义"这样一个口号，主张认识论方面的多元主义。除了波普尔之外，库恩、拉卡托斯和费耶阿本德等后实证主义者由此也一致否定了科学知识可以通过真理的累积而不断增长和进步的知识演化观，说明了知识演化的非累积性、断裂性以及由此导致的知识本身的多元性。

虽然后实证主义对实证主义哲学所发起的这些挑战主要是针对自然科学领域中的实证主义科学观，但对于孔德、涂尔干等的实证主义社会学理论来说显然也是适用的。尤其是涂尔干的实证主义社会学在科学理论的发现、检验和发展等问题上的观点、立场，与上述典型的实证主义科学非常接近：与自然科学领域中的实证主义科学哲学相似，涂尔干也主张"经验事实"相对于"理论命题"的独立性，主张社会学的理论命题只能来自对直接和客观观察所得到的经验事实的归纳、概括，主张用与后续观察到的经验事实相比较和对照的方法来检验社会学理论，等等。后实证主义的科学哲学对于涂尔干在《社会学方法的准则》一书中所倡导的社会学研究方法论来说，显然同样是颠覆性的。

毋庸置疑，对实证主义的哲学或科学信条加以质疑的并非只有后实证主义一家。以本书所讨论的社会学理论领域而言，在后实证主义之前，早就存在各种各样的反实证主义理论，譬如帕森斯的分析实在论、古典马克思主义以及绝大多数建构论社会学理论等。但后实证主义对实证主义所发起的挑战，与后面这些反实证主义的社会学理论在社会本体论、认识论和方法论层面上对实证主义所发起的挑战相比，处在一种非常不同的程度、层面或维度上。

例如，帕森斯的分析实在论主要挑战的是典型实证主义所具有的经验主义（帕森斯称之为"经验实在论"）倾向，即典型实证主义科学哲学三大原理中的第一条"归纳主义的科学发现观"，而对于实证主义科学哲学的其他基本原理帕森斯却基本未加反对。因此，帕森斯与实证主义者之间的观点区别只是不同程度的实证主义观点之间的区别。

又如，古典马克思主义社会学理论虽然完全否认实证主义哲学及其科学方法论的合理性，主张以唯物主义的辩证方法取而代之，但古典马克思主义者也不否认"统一世界观"和"统一科学观"，与实证主义者一样主张社会现实是一种像自然现象那样外在于社会成员个人主观意识，具有自己独立的结构、机制和规律的客观实在，唯物辩证法因而是一种既适用于社会科学研究也适用于自然科学研究的科学方法。因此，古典马克思主义者与实证主义者之间的区别只是本书所称"结构论社会学理论"内部不同理论取向之间的区别。

再如，本书所说的建构论社会学理论中除去霍曼斯社会交换理论之外，其他理论流派虽然在"结构/社会与行动/个人之间关系"问题上与实证主义持有完全相反的理论立场，强调社会现实不是一种外在于社会成员个人意识的独立存在，而是诸多相关个人有意识行动（或者互动）的集合（或者联合），其存在和变化直接取决于社会成员个人对它的意识状况，并进而反对实证主义所坚持的"统一世界观"及"统一科学观"，主张在社会现象和自然现象之间以及社会科学和自然科学之间作出明确区分，认为对后者的研究也许可以采用实证主义的方法，但对前者的研究却只能采用诠释学、现象学一类的研究方法。尽管如此，这些理论流派同样认为这种直接依赖社会成员个人意识及行动的"社会现象"对于理解、诠释和研究它们的人来说，依然是一种不以主观意识为转移的客观实在；因此，对其进行理解、诠释和研究依然要以尽可能准确地再现这一客观实在为准则。在强调和坚持认知对象和认知结果的客观性这一点上，它们和实证主义社会学理论之间又并无区别。也正因为如此，我们才将它们一并归入现代主义社会学理论之列。因此，这些社会学理论和实证主义社会学理论之间的区别也只是现代主义社会学这个更大范畴内部不同理论类型之间的区别。

与上述这些反实证主义的社会学理论不同，后实证主义对实证主义科学哲学的挑战有以下几个方面的特点：

首先，后实证主义对实证主义科学哲学信条的颠覆是完全的、彻底的，而非部分的或某种程度上的，就像帕森斯的分析实在论对实证主义的颠覆那样。

其次，后实证主义虽然完全、彻底地颠覆了实证主义科学哲学三大信条，但又并非变得与实证主义哲学及其科学方法论毫无共同之处。后实证主义所颠覆的其实主要是实证主义的经验事实与科学理论截然两分（及其包含的前者可以独立于后者存在，后者则只能也必须跟随前者亦步亦趋）这一核心观念，但对于社会科学领域中的实证主义理论来说非常关键的一个理论预设，即"统一世界观"及"统一科学观"而言，则几乎或者说完全没有触及。换言之，后实证主义虽然完全、彻底颠覆了实证主义科学哲学三大信条，但却似乎默认或延续了后者以或明或暗的方式所预设的统一世界观及统一科学观。在这一点上，后实证主义与古典马克思主义之间有着一定的相似之处，而与绝大部分建构论社会学理论完全不同。可见，后实证主义与古典马克思主义、大多数建构论社会学理论是在不同的问题领域与实证主义产生了分歧：古典马克思主义是在包括社会现象和自然现象在内的整个客观世界的本质及认识论、方法论问题上与实证主义产生了分歧（包括自然和社会在内的整个客观世界是以"辩证法"所描述的方式还是以"形而上学"所描述的方式存在，适用于整个客观世界的科学方法到底是实证方法还是辩证方法），由此它成为结构论社会学理论内部与实证主义不同的一种理论取向；绝大多数建构论社会学理论则是在社会现象与自然现象两者以及社会科学与自然科学两者在本质上是否具有统一性这个问题上与实证主义产生了分歧，由此它成为现代主义社会学理论内部与实证主义不同类的社会学理论；而后实证主义则主要是在经验事实与科学理论两者之间的关系问题上与实证主义产生了分歧，由此它成为与所有现代主义社会学理论都不同的科学哲学立场。

最后，后实证主义对经验事实可以独立于科学理论而存在这一观念的颠覆或挑战，其意义并非只局限在对实证主义科学哲学的颠覆和挑战这一点上。如我们在前面所述，科学哲学领域中的实证主义三大方法论原理完全是建立在实证主义哲学的那些基本理论预设基础上的，不过是后者在科学哲学或科学方法论领域中的具体表述而已。因此，后实证主义科学哲学对实证主义科学哲学三大方法论原理的颠覆和挑战，本质上是对实证主义哲学基本理论预设的颠覆和挑战。而进一步考察包括实证主义在内的所有结构论社会学理论之间的关系，我们又会发现，我们在前面（第一卷和本编引言中）陈述的实证主义哲学三大基本理论预设，除了第三条"实证主义预设"之外，其他两条（在其他地方我们曾经表述为三条，即将其中的"表现主义"进一步区分为"表现主义"和"相符真理论"两条）基本理论预设其实都是结构论范畴内诸社会学理论都共同接受和认同的一些理论预设——我们曾将由它们共同构成的理论预设整体称为"传统实在论"。因此，我们可以说，后实证主义对实证主义科学哲学的颠覆和挑战，实质上也是对在所有结构论社会学理论背后起支撑作用的、被我们称为"传统实在论"的那些基本理论预设的颠覆和挑战，而非仅仅是对实证主义社会学理论及其方法论的颠覆和挑战。这就是笔者通过本编对后实证主义的梳理试图让读者领悟的核心点。

附录　罗蒂的新实用主义理论

理查德·罗蒂所倡导的"新实用主义"哲学也是当代西方后现代主义思潮的一个重要组成部分。而且，和后实证主义科学哲学一样，罗蒂的"新实用主义"哲学理论所关注的也主要是知识观或认识论方面的问题。在具体观点方面，罗蒂的"新实用主义"哲学理论与后实证主义科学哲学之间虽然有许多相异的地方，但也有诸多相通之处，总体倾向都是对西方以给定实在论、表现主义、相符真理论等本书所谓"朴素实在论"观念为特征的传统认识论或知识观进行反思和批评。因此，考察一下罗蒂的新实用主义，对我们更全面地了解后现代主义的知识观或认识论会有重要价值。在这里，我们以附录的形式来对罗蒂"新实用主义"理论的主要观点作一简要梳理。

一、摧毁作为"自然之镜"的"心灵"

罗蒂指出，西方理性主义传统最大的虚妄之处就是自认为有能力以一种"再现"的方式把握世界的真实"本质"，有能力为人们提供一套确切可靠的有关外部世界的知识。罗蒂首先将自己的批评集中于作为"一门有关再现表象的一般理论"的西方传统哲学（尤其是近代西方哲学）。因为正是这一传统哲学（尤其是近代西方哲学）为以"准确再现"为己任的西方理性主义传统提供了最基本的基础性假设和理论辩护。

罗蒂对西方传统哲学的批评，主要集中在其代表作《哲学和自然之镜》一书中。在这本书里，罗蒂从心身观、认识论和哲学观三个方面来展开自己对西方传统哲学（尤其是近代哲学）的分析和反思。罗蒂认为，西方传统哲学的这三个方面是紧密相连的：传统"哲学的主要关切对象是一门有关再现表象的一般理论"，它"把自己看成是对由科学、道德、艺术或宗教所提出的知识主张加以认可或揭穿的企图"。相对于文化的其他领域而言，这种哲学自认为是一种更为基础性的学科，"因为文化就是各种知识主张的总和，而哲学则为这些主张进行辩护"。但传统哲学之所以能够这样做，是因为它有一套关于认识过程或知识的理论，这套理论使它认为自己"理解知识的各种基础，而且它在对作为认知者的人、'精神过程'或使知识成为可能的'再现活动'的研究中发现了这些基础"。[1]而这套认识或知识理论又与传统哲学对于"心的过程"的看法密切相关："俘获住传统哲学的图画是作为一面巨镜的心的图画，它包含着各种各样的表象（其中有些准确，有些不准确），并可借助纯粹的、非经验的方法加以研究。如果没有类似于镜子的心的观念，作为准确再现的知识观念就不会出现。"[2]正是这种"类似于镜子的心"的观念，使得传统哲学有理由认为"去认知，就是去准确地再现心以外的事物；因而去理解知识的可能性和性质，就是去理解心灵在其中得以构成这些再现表象的方式"[3]。罗蒂说，他写这本书的目的就是"摧毁读者对'心'的信任，即把心当作某种人们应对其具有'哲学'观的东西这种信念；摧毁读者对'知识'的信任，即把知识当作是某种应当具有一种'理论'和具有'基础'的东西这种信念；摧毁读者对康德以来人们所设想的'哲学'的信任"[4]。

鉴于"存在着一种与物理现象相对应且能够以镜像方式再现物理世

---

[1] 罗蒂：《哲学和自然之镜》，李幼蒸译，生活·读书·新知三联书店，1987年，第1页。
[2] 同上书，第9页。
[3] 同上书，第1页。
[4] 同上书，第4页。

界的心"这种观念在西方传统哲学中的前提地位,罗蒂将自己对西方传统哲学的批评首先集中于它。罗蒂指出,西方"有关心的哲学的讨论往往是以如下假定开始,即每个人都总知道怎样把世界分为心的部分和物的部分";"似乎无可置疑的是,痛苦、情绪、心象、'在心中闪现'的语句、梦境、幻觉、信念、态度、欲望和意图等等,都被看作是'心理的'现象,而造成疼痛的胃收缩,伴随着它的神经过程以及任何其他可在体内找到某一确定位置的东西,都被看作是非心理的。我们这种毫无踌躇的分类表明,我们对什么是'心理性'不仅有明晰的直观,而且心理性还与非空间性及下述看法有关:即使身体被消灭了,心的实体或状态仍会以某种方式延存"。[1] 这种将"心"看作一种与"物"对应的独立存在、一种与外在空间对应的"内在空间"的观念,在柏拉图关于"现实世界"和"理念世界"的两分法那里就已经萌芽,在笛卡尔和洛克关于"作为内在空间的人心"概念那里得到充分明确和发展,然后又通过各种方式一直延续到现在。

那么,人们到底是根据什么来划分"心理现象"和"物理现象",以及确定有一种与物相对应的"心"的独立存在呢?

罗蒂指出,人们曾经以"意向性"来划分"心理现象"和"物理现象",认为在这两类现象中,后者是一种具体的外部存在,前者则只是人们脑海里一种指向或关于某个(真实的或虚幻的)外部存在的表象。罗蒂认为,这样做是有问题的。因为它没有涵盖被人们公认为"心理现象"的所有那些现象。例如,"痛苦"显然是一种公认的心理现象,但它却不具有"意向性":"它既不再现什么,也不与任何东西有关。"

也有人以"现象性"来划分"心理现象"和"物理现象",认为在这两类现象中,后者的特点是人们对它的"认识情境"和它的实际情境可以不同。或者反过来说,人们对于不同的物理情境可以有相同的认识情境。例如,无论存不存在"热"的物理情境,一个人都可以"感觉到热"。而

---

[1] 罗蒂:《哲学和自然之镜》,第13—14页。

前者的特点则是人们对它的"认识情境"和它的实际情境永远是同一的。例如，人们只要处于痛苦的情境之中，就必然会有"痛苦"之类的感觉；反之亦然。这表明"痛苦"这类事项具有一种哲学家所说的"现象性"，即人们对这类事项具有一种"直观"，它在人们大脑中的"显现"就是它的实际存在。罗蒂认为，这也是不能成立的。因为它也没有涵盖被人们公认为"心理现象"的所有那些现象。例如，"信念"也是种公认的"心理现象"，但它却不具有"现象的"性质：它既不"显现"，也不能被"直观"。[1]

或许我们可以采取一种折中的办法，将"心的"干脆定义为"或者是现象性的或者是意向性的"。这样，我们就可以按照"家族类似"的原则，将具有"现象性"的那些事项（如疼痛和婴儿见到有色物体时的感觉等、具有"意向性"的那些事项（如信念、欲望、意图等）和既具有"意向性"又具有"现象性"的那些事项（如思想、心象等）统统称为"心的"，而将所有那些既不具有"现象性"又不具有"意向性"的事项都称为"物理的"或"物质性的"。由此我们便可以辨明或确定有"心的"和"物的"这两种不同的实在。

然而，现在我们需要进一步追问：为什么具有"意向性"或"现象性"的事物就是"非物质性"的呢？

我们可以先看这个问题的前半部分，即为什么具有"意向性"的事物就是"非物质性"的。通常对这个问题所作的一个回答是："如果我们把'物质的'当作'神经的'，那就可以说，对大脑进行的任何观察都不会揭示在那里看到的图画和文字记录的意向特性。"[2]莱布尼茨也曾经用"如果我们膨胀到一个工厂的大小以至于可在其内漫步时，我们也不会看到思想"这一点来说明思想的"非物质性"。然而，罗蒂认为，这一类理由并不能成立。罗蒂指出，尽管我们确实无法通过简单地观察大脑的神经状态来直接理解思想，但这并不意味着思想与神经系统之间存在着某种"本体

---

[1] 罗蒂：《哲学和自然之镜》，第18页。
[2] 同上书，第20页。

论"上的区别或鸿沟，具有某种"非物质性"。我们之所以不能通过简单观察与某些思想符号相关的神经状态来"看到"或理解思想活动，不是因为思想是"非物质的"，而是因为思想（"符号""语句"等）的意义不是来自单个思想符号所附加的"非物质的"特性，而是来自这个符号在由周围事件所组成的更大的语境中所处的位置。罗蒂认为，如果我们既对各个思想符号与神经状态之间的对应关系有充分的了解，同时又能够知道各种思想或神经状态同更大的符号体系之间的联系，我们就能够"看见"思想。此外，罗蒂还说，即使我们确实不能发现这类神经对应关系，即使思想的大脑定位是不可能的，我们也不能因此推论出"思想"或"心象"就是"非物质的"。"举普特南的一个例子来说明一下，我们不可能根据构成木钉和钉孔的基本粒子来说明为什么方的木钉与圆的钉孔不相合，但是无人会感觉到宏观结构与微观结构之间的这种令人困惑的本体论分裂。"[1]

罗蒂认为，我们可能只有像洛克那样，将"意向性"与"现象性"联结起来，才能够说明"意向性"事物的"非物质性"。洛克通过将"信念"与"痛苦"这两种性质本来有所不同的事项相混淆，通过将它们合并到"观念"这一"共同的词"之下，而把所有的"观念"都看成是在人心中直接呈现的东西，即具有"现象性"的东西，并由此来表明"观念"即"意向性"事物的"非物质性"："因此把意向的现象看成非物质的现象就是说，……我们意识到该观念的方式是与意识到痛苦时的方式同样的直接。"[2]这样，我们要回答的问题便可以归结为它的后半部分：为什么具有"现象性"的事物就是"非物质的"。

如前所述，对这个问题的通常回答就是，在"现象的"事项中，"显现"和现实是同一的，而在物理事项中，情形则不然。"这相当于把一个物理性质定义作任何人都可能将其错误地归于某物的那种性质，而把现象的性质定义作某个个别人不可能将其弄错的性质（例如，感到痛苦的人不可能把如何感觉痛苦搞错）。"这样我们便可以发现，"现象的性质不可能

---

[1] 罗蒂：《哲学和自然之镜》，第22页。
[2] 同上。

是物理的性质"。然而,罗蒂认为,这顶多是一种认识论上的区分;从这种认识论的区分中,我们完全不应该得出有一种与"物"相对应的"心"存在这样一个具有本体论意义的结论。罗蒂质问道:"为什么这种认识论的区分应该反映一种本体论的区分呢?"[1]

罗蒂由此指出,人们之所以将"心"看作一种与"物"对应的独立存在,其主要原因就在于这么一个推论过程:首先将"意向性"混同于"现象性",然后又进一步将"现象性"与"物理性"之间的认识论区别等同于本体论区别,从"事物有两种性质(或状态)"引申出"事物本身有两种存在类型"这样一个结论。由于这样一种推论,"信念"和"痛苦"就不再是大脑神经这种事物的性质或状态,而是一种可以游离于人的自足的存在。人们不再说"如何感觉痛苦",而是说"在痛苦中如何感觉"。罗蒂认为这是一种完全错误的推论。"意向性"既不能等同于"现象性","现象性"也不能等同于与"物"不同的另一种实体性存在。"意向性"和"现象性"都只是脑神经纤维的性质或状态而已。在《哲学和自然之镜》一书中,罗蒂不仅用大量篇幅来表明,将"心"看作一种与"物"对应的独立存在,"只是洛克关于语言如何取得意义的不幸错误",以及"洛克和柏拉图糊涂地企图把形容词当作名词来谈论"的结果[2],而且还用大量篇幅来说明,不用"心"的概念,我们照样能够很好地描述和谈论我们的感觉和意图。他假定,在远离我们星系的某个星球上存在着一种像我们一样的生物,他们有着与我们大体相同的语言、生活、技术和哲学,但却没有发展出"心""意识""精神"等概念,因此也没有"想要""企图""相信""觉得恐惧""感觉惊异"之类的观念。然而,他们有着发达的神经学和生物化学,他们的任何谈话都涉及他们的神经状态。"当他们的幼儿奔向热炉灶时,母亲喊道:'它将刺激他的 C 纤维。'当人们看到精巧的视觉幻象时就说:'多奇怪!它使神经束 G_{14} 颤动。但是当我从旁边看时可以看到,它根本不是一个红的长方形。'他们的生理学知识使得任何人费心

---

[1] 罗蒂:《哲学和自然之镜》,第 24 页。
[2] 同上书,第 27—49 页。

在语言中形成的任何完整语句,可以轻而易举地与不难识别的神经状态相互关联起来。当人们说出,或企图说出,或听到这个句子时,该神经状态就会出现。"[1]罗蒂指出,这样一种"无心的人"虽然没有我们地球人所熟悉的那样一些心理现象,但他们却完全可以生活得和我们一样好,达到与我们相同的文明程度。他们将非常奇怪,可能要问我们:"为什么我们认为我们有那些被叫作'感觉'和'心'的东西?既然他们教给了我们微观神经学,我们难道不能理解关于心理状态的那类谈话仅只是谈论神经细胞的一种'占位符号(place-holder)'?"这些"无心的人"通过神经学的发展而在其行为的说明和控制方面,以及在为其自我形象提供词汇方面所取得的成功表明,"关于'心身问题'的其他地球上的理论中没有一个可以哪怕获得一次成功的机会"。[2]这个假设的例子非常形象地说明了,传统西方哲学发展出来的有关"心"的概念完全不是我们的生活实践所必需的,而是一种完全多余的虚构。

二、摧毁作为"再现表象"的知识观

正如"镜式心灵"为作为"一门有关再现表象的一般理论"的西方传统哲学(尤其是近代西方哲学)提供了理论前提一样,对"镜式心灵"的摧毁也只是迈出了摧毁这种哲学传统的第一步。而进一步摧毁在近代逐步形成的、为作为"再现表象"的知识观提供论证基础的"认识论",才是对这种"表现主义"的哲学传统的关键一击。

古代的知识观,尽管大多也是以表现主义为特征,但始终缺乏一种系统化的自觉反省和理论辩护。古代的哲学,尽管与物理学、天文学等具体学科部门有一定的区别(作为一种"形而上学","它关心的是最普遍、最少物质性的问题",而物理学等具体学科则相反),但和后面这些学科一样,它也是以直接"再现"世界本身为己任,是一种以"本体论"为核心

---

[1] 罗蒂:《哲学和自然之镜》,第62页。
[2] 同上书,第71页。

的哲学。而对于"我们能否准确地再现外部世界""知识如何可能"这样一些"认识论"问题，即使是古代的哲学家也未作过系统的讨论。因此，在古人那里，"知识"的"再现"本质其实并未得到系统的论证。只是到了近代，对"知识"之"再现"本质的这种系统论证才得以完成，"认识论"才得以取代"本体论"而成为哲学的中心，而哲学也才得以成为为各门科学提供"基础"的一个特殊知识部门。

罗蒂认为，笛卡尔、洛克和康德构成了近代认识论哲学形成的三个基本环节。笛卡尔通过"我思故我在"及相关原理的论证不仅为知识可靠与否提供了一个简单的判别标准（"清晰明白"），而且还通过对与"物"对应的"心"的发明为人们提供了一个新的探究领域，从而为"认识论"的形成开辟了道路。洛克则进一步拓展了"心"的概念，把"心"当作一种与外部空间对应的、我们的认知活动得以在其中进行的"内部空间"，并从经验主义角度将认知过程当作通过经验归纳来"再现"外部世界的过程，对此进行了系统的讨论，从而使"认识论"这种"通过研究我们的心智如何活动以便更多地了解我们能知道什么以及我们能如何更好地知道它"的研究领域终于得以确立。然而，洛克的经验主义认识论虽然"保持了这个新的内部研究空间（新发明的笛卡尔的心的活动），他却未能坚持笛卡尔的确定性"[1]。只是当康德以其"先验主义"哲学来改造洛克的"经验主义"哲学，将外部空间彻底置于"心灵"这个内部空间，将知识看成我们运用自己心中先验具有的范畴去综合经验材料的结果，从而使"笛卡尔关于内部的确定性也适用于那些以前认为是外部性事物的法则"时，认识论哲学才踏上了"一门科学的牢靠道路"。并且，康德"通过把我们所说的每种东西都看成是有关我们所'构成'的某种东西"，才"使人们能够把认识论设想成为一门基础性学科"，一门能够发现有关任何人类生活领域之形式特征的学科。[2]

罗蒂指出，康德之后，西方近代认识论哲学有关人类"自我"（"心

---

[1] 罗蒂：《哲学和自然之镜》，第 118 页。
[2] 同上书，第 119—120 页。

灵")与世界之间关系的看法,大体上可以用以下模型的某一个变形来表示。[1]

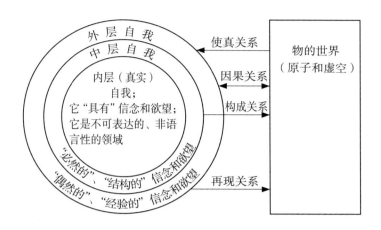

这个模型表示:(1)"自我"("人心")和"物的世界"是两个相对独立的存在或空间。(2)"自我"是一个复杂的空间,它包括"外层自我""中层自我""内层自我"三个基本层次。其中,"外层自我"是由那些"偶然的""经验的"信念与欲望组成的,"中层自我"是由那些"必然的""结构性的"信念和欲望组成的,"内层自我"则是由那些"不可表达的、非语言性的领域"组成的。(3)"自我"和"物的世界"之间是一种"再现"和"构成"的关系。一方面,"自我"通过"外层自我""再现"着"物的世界",另一方面则通过先验性的"中层自我"对"外层自我"的综合作用而"构成"着"物的世界"。"物的世界"则作为一种参照物起着确保"自我"的"再现"证实为"真"的作用。

罗蒂指出,西方近代认识论哲学的形成和确立实际上与洛克和康德先后犯下的两个错误——洛克对"说明"和"证明"的混淆及康德对"述谓"和"综合"的混淆——有关。

首先,罗蒂认为,如果我们把"知道……"(knowledge that)看作知

---

[1] 罗蒂:《哲学和自然之镜》,第 432 页。

识的主要形式，把知识看作人与命题之间的关系，看作人的脑神经系统在应对环境时所产生的某些状态，那么我们在理解知识时所需要的就只是去描述或说明外部环境与人的脑神经状态之间的因果关系。但是如果我们像洛克那样，把"（我们）知道……"（knowledge that）混淆为"（我们心中所有的）有关……的知识"（knowledge of），就必然把知识看作人与对象之间的关系，看作对外部对象的反映或再现，必然要去寻求对这种"再现"之确定性的检验或证明，要去建立一整套有关我们的心智如何进行"再现"活动的理论。尤其是当我们像洛克那样，把知识看成是对外界事物刻印在"白板式"大脑上的"印象"做进一步加工后所得到的产物时，情形就更是如此。[1]

其次，罗蒂指出，洛克的经验主义认识论无法解答"由于简单地具有一种观念而无须判断即可发生的知识"同"从形成合理的判断而产生的知识"之间的联系问题（罗蒂认为这是所有将"knowledge that"与"knowledge of"相混淆并根据"看"来形成认知的企图的缺欠），这个缺欠通常被认为是由康德的先验主义认识论弥补了。康德通过将知识看成是我们运用自己心中先验具有的范畴去综合经验材料的结果，解决了上述两种知识之间联系的问题，从而完善和巩固了认识论哲学。然而，康德的认识论同样是一种混淆的结果。正如洛克将对外部环境与人脑神经状态之间因果关系的"说明"混同为对"再现"性认知活动及其确定性的"证明"一样，康德将同一过程混同为运用先验地栖于内部心理空间的范畴来对直观得到的、"所予的"（the given）感性"杂多"进行综合的过程（这样，对心智如何运作以获得知识这一过程的探讨就依然是种必要）。康德的这种混淆，不仅使我们不能对知识有一种适当的理解，而且自身也包含着一系列的矛盾。例如，"如果……我们只能意识到被综合的直观，那么我们怎样在综合之前得到我们关于直观的消息呢？"[2]

罗蒂认为，现代西方哲学所取得的一系列成果已经使我们有可能放弃

---

[1] 罗蒂：《哲学和自然之镜》，第120—125页。
[2] 同上书，第131页。

上述这样一种有关"自我"与"世界"之间关系的模型。这种可能性是经以下几个步骤形成的。

（1）通过皮尔斯的思想路线，我们便有可能抹掉上述模型中"自我"与"世界"之间的"再现"关系线。皮尔斯依据自己的研究成果，认为我们应该"把信念解释为一种行动规则，而不是一幅由心理内容组成的图画"，也就是"把信念看成是对付现实的工具，即看作一种如何行动以应付某些偶然事件的决定，而不是把信念看成某种现实的表象"。这样，我们就不必考虑物理学等知识是不是与某种东西相符这样的问题："像太阳是否真的在太空当中这样的问题，就与托勒密或哥白尼是否给过我们与世界斗争的更好的工具这个问题一样了。"[1]

（2）通过塞拉斯、奎恩等人的观点，我们便可能首先抹掉上述模型中"外层自我"与"中层自我"的分界，再抹掉"自我"与"世界"之间的"构成"关系线。"自我"与"世界"之间的"构成"关系是以产生构成作用的"必然的""结构的"先验范畴与作为构成对象的"偶然的""经验的"直观材料之间的区分，以"心增添的"与"所予物"之间的区分为前提的。这两种区分在分析哲学的历史进程中虽然始终受到怀疑，但直到20世纪50年代才因维特根斯坦、塞拉斯、奎恩等人的著作而受到真正的挑战。塞拉斯指出，并不存在纯粹客观中立的、被给予的感觉材料，一切被人们认为是通过直接观察得来的经验陈述实际上都是以某种"概念"性知识为前提，甚至以整个概念框架为前提："一个人除非掌握了概念的整个体系，就不能感知任何事实，是最简单的事实。"[2]因此，具有感知事物的能力就是要具有思维能力，而这种能力只有通过后天的学习才能获得。奎恩则通过"分析真理"和"综合真理"这一划分以及对经验证实原则所作的批评，来消除"必然真理"和"偶然真理"之间的分界线。奎恩认为，没有纯粹的"分析真理"，也没有纯粹的"综合真理"。它们之间的区分

---

[1] 罗蒂：《哲学和自然之镜》，第433—434页。
[2] 塞拉斯：《存在和所知》，转引自涂纪亮：《分析哲学及其在美国的发展》，中国社会科学出版社，1987年，第687页。

是相对的而不是绝对的。任何分析真理归根结底都以一定的经验事实为基础。此外，知识是一个由各种分析命题和综合命题结合而成的有机整体。一个命题的意义不是取决于它与经验事实之间的关系，而是取决于它在知识整体当中的作用。单凭个别命题与经验事实之间的关系无法判断该命题的真伪。无论是分析命题还是综合命题，都可以且只是根据体系内部的实用性需要加以改变和修正。这样，"在产生构成作用的'结构'和被构成的'经验真理'之间就不再有区别了；同时在先验'范畴'与纯'经验概念'之间也就不再有区别了"[1]。戴维森则将此一观点概括为，不存在纯粹的"概念图式"和纯粹的"经验内容"之间的区别。

（3）通过戴维森等人的观点，我们最终又可以抹掉上述模型中的"使真"关系线。戴维森不仅否认"概念图式—经验内容"的划分，而且进一步指出不可能通过简单地将一个陈述（或信念）与事物在世界中的存在方式相对照的方法来判断或检验该陈述或信念的真伪。因为我们要拿陈述或信念与之对照的那个世界是通过我们的感觉经验这个中介呈现在我们面前的。我们最多只能把我们的信念与这些感觉经验相对照，而无法跳出自身去找出那种引起我们所意识到的那些内部事件的东西。因此，试图通过与外部世界的状况对照来检验一个陈述或信念的真伪的做法是荒谬的。在我们的"自我"与"物的世界"之间不存在一种"使真"的关系。而感觉经验也"仅仅是引起我们信念的原因，它们并没有对它们所引起的信念作出辨明"[2]。检验"真理"的唯一标准便只能是信念之间的"融贯性"。这样，"我们不需要再问这样的问题，即是否在世界上存在着会使代数真理、道德真理或美学判断为真的那类事物。因为，虽然存在着获得信念的

---

[1] 罗蒂：《哲学和自然之镜》，第434页。
[2] 戴维森：《关于真理和知识的融贯论》，转引自牟博：《戴维森》，见涂纪亮主编：《当代西方著名哲学家评传（语言哲学卷）》，山东人民出版社，1996年，第165页。

原因和保持或改变信念的理由,却并不存在有关信念的真理的原因"[1]。

罗蒂认为,在这样连续地涂抹掉"再现""构成""使真"等关系线之后,我们就只剩下下面这样一个模型[2]:

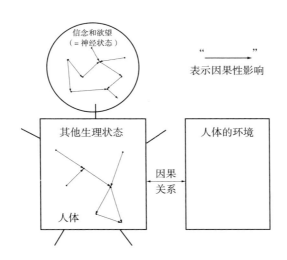

按照这个模型,自我就不再是一个与外部世界相对应的、有着复杂的"认知"结构与过程的"内部空间",而只不过是一种由荷尔蒙、正电子和神经突触等事物及运动过程组成的生理性存在。"自我与世界之间的区别就被个别人和宇宙的其余部分之间的区别所取代。个别人为躯体的轮廓线所限定,于是说明出现在该界限内的事件与一切其他事件之间的关系的任务,就是一个去假定或观察在这些轮廓线内的诸实体的问题……其中包括荷尔蒙、正电子、神经突触、信念、欲望、情绪、疾病、多重性格等。""这些实体是人的行为的内在原因。"[3] 人与世界之间也就只存在一

---

[1] 罗蒂:《哲学和自然之镜》,第 435 页。但也有人指出,戴维森并非一个简单的"融贯论"者。他其实是试图建立一种能够将"融贯论"与"符合论"相结合的真理理论。他明确地宣称:"真理是同事物的存在方式相符合。因此,如果真理融贯论是可接受的,它就必须与真理符合论相容。"因此,他将自己的观点称为"温和的融贯论"或"无对照的符合论"。罗蒂对戴维森的解说,显然带有一定程度的有意曲解或利用。(参见牟博:《戴维森》,载涂纪亮主编:《当代西方著名哲学家评传(第一卷 语言哲学)》,第 163—174 页。)

[2] 罗蒂:《哲学和自然之镜》,第 435 页。

[3] 同上书,第 436 页。

种因果关系。"实际上，既无自我的中心，也无大脑的中心。正如神经突触彼此不断相互作用，不断编组不同的电荷结构一样，我们的信念和欲望也存在于连续的相互作用中，在句子之间反复重新分配其真值。"[1]人们了解自己的心理状态，"并不比他们经过训练后能报道他们血液中存在肾上腺素、报道自己的体温或报道在危机情况下缺血一事更为神秘。……因此我们没有特殊的理由使'心的状态'与'物的状态'截然分开，因此而与一种叫作'意识'的实体发生形而上学式的内在关系"[2]。这样一来，传统的认识论哲学也就毫无意义和存在的必要了。

三、摧毁作为知识基础的"系统哲学"

如果传统的认识论不再有存在的必要，那么"哲学"将往何处去？我们是否需要寻找一种新的知识理论来填补传统认识论撤离后所留下的理论或文化真空，来完成传统认识论所未能很好地完成的任务？这是在传统认识论被"摧毁"之后我们不能不回答的问题。

罗蒂指出，他所反对的不仅仅是传统的认识论，而是"认识论"这个题目本身；并非只有某种认识论才是错的，而是所有的"认识论"研究都是一种错误。认识论哲学的产生实际上起源于人们的这样一种愿望，即找到一种人们在信念或话语发生冲突时可用来解决争端、达成合理协议的有效规则（"这些规则告诉我们如何建立一个理想的情境，在其中一切其余的分歧将被看成'非认识性的'或仅只是口头上的，或仅只是一时的，即通过继续前进可能被解决的"），一种人们为消除意见纷争、达成意见一致而"可资依赖的'基础'"、"不应游离其外的框架"、"必须接受的对象"、"不可能被否定的表象"、判断是非的确切标准等的愿望———一句话，在所有信念和话语之间寻找到一个共同基础，以便使所有的信念和话语都具有"可通约性"（commensurable）的愿望。"通行的认识论概念

---

[1] 罗蒂：《哲学和自然之镜》，第437页。
[2] 同上书，第436页。

是，要想合理，要想充分合乎人性，要想履行我们所应做的事，我们必须能与其他人达成协议。去建立一门认识论，即去找到与他人共同基础的最大值。关于可建立一种认识论的假定，就是关于存在着这样的共同基础的假定。有时这种共同基础被想象作存于我们之外，例如存于与生成领域对立的存在领域内，存于既引导着研究又为其目标的形式内。有时它又被想象成存于我们之内，如在 17 世纪这样的看法中，即通过理解我们自己的心，我们应当能理解发现真理的正确方法。在分析哲学内部，它往往被想象成存于语言中，语言被假定着为一切可能的内容提供着普适的图式。指出不存在这种共同的基础，似乎就危及了合理性。对可通约性的需要发生怀疑，似乎是返回人互为战的第一步。"[1] 罗蒂指出，他对传统认识论哲学的否定，实际上并不仅仅是对一种哲学传统的否定，而是对在不同的信念和话语之间寻找一个共同的基础或可通约性这样一种长久追求的根本否定。因为这样一种追求从根本上说就是对哲学和哲学家之社会作用的一种误解。

罗蒂认为，哲学家可能发挥的作用主要有两种。一是"博学的爱好者、广泛涉猎者和各种话语间的苏格拉底式调解者所起的作用"；二是"文化监督者的作用，他知晓人人共同依据的基础"。前一种作用是要通过"解释学"来发挥，后一种作用则要通过"认识论"来发挥。这是两种很不相同的作用："解释学把种种话语之间的关系看作某一可能的谈话中各线索的关系，这种谈话不以统一着诸说话者的约束性模式为前提，但在谈话中彼此达成一致的希望绝不消失，只要谈话继续下去。这并不是一种发现在先存在的共同基础的希望，而只是达成一致的希望，或至少是达成刺激性的、富于成效的不一致的希望。认识论把达成一致的希望看作共同基础存在的征象，这一共同基础也许不为说话者所知，却把他们统一在共同的合理性之中。对解释学来说，成为合理的就是希望摆脱认识论，并希望学会对话者的行话，而不是将其转译为自己的语言。对认识论来说，成为

---

[1] 罗蒂：《哲学和自然之镜》，第 278 页。为与本文用语一致，译文略有改动。

合理的，即去发现一组适当的词语，谈话的一切组成部分均应转译为该组词语，如果要达成一致的话。对认识论来说谈话是含蓄的研究。对解释学来说研究是惯常的谈话。认识论把参与者看作统一在奥克肖特所谓的一种整体中，即在追求共同目的中由相互的利益统一起来的一个团体。解释学把参与者看作统一在他所谓的一个社群中，社群中的个人的道路在生活中结合起来，个人是由礼仪而不是由共同的目标，更不是由某一共同基础联合起来的。"[1]

人们通常以为认识论和解释学是分别适合于两种不同文化领域的方法论：认识论主要是跟各种严格意义上的、客观的、具有可通约性的知识领域如自然科学（和部分社会科学）有关，解释学则主要是跟各种非严格意义上的、主观的、不具有可通约性的、"只是一种趣味的或意见的问题"领域如人文学科、价值或艺术领域的知识有关。罗蒂认为这完全是对"认识论"和"解释学"之间关系的一种误解。他借助库恩所划分的"常规科学"和"反常科学"，将人们通常所说的"可通约的话语"与"不可通约的话语"之间的差别解说为"常规话语"与"反常话语"之间的差别。"常规话语是在一组被公认的规约内运行的，这组规约涉及什么是适当的话语组成部分，什么是对一个问题的回答，什么是对该回答的好的证明或对该回答的好的批评。反常话语就是当某人加入该话语，但他对这些规约或一无所知或加以排除时所发生的东西。严格意义上的知识是常规话语的结果，可被其他参与者认为是有理性的一切参与者共同视为真的那类陈述。反常话语的产物可以是从胡言乱语到思想革命之间的任何东西，而且不存在可描述它的学科，也不存在致力于不可预测事物或'创造性'问题的学科。"[2] 罗蒂指出，"认识论"和"解释学"之间的区别涉及的实际上就是"常规话语"和"反常话语"之间的区别，而不是"自然科学"和"人的科学"之间的区别："当我们充分理解发生的事物并想将其整理以便扩大、加强和传授，或为其'奠定基础'时，我们的工作就是认识论

---

[1] 参见罗蒂：《哲学和自然之镜》，第279—280页。
[2] 同上书，第281页。译文略有改动。

的。当我们不理解发生的事物但足够诚实地承认这一点，而不是对其公然采取'辉格式'态度时，我们的工作就必定是解释学的。"[1]因此，无论是在"自然科学"中还是在"人的科学"中，都可以产生"认识论"或"解释学"这两种不同的立场或态度。

与哲学家的两种社会作用相联系，实际上也存在着两种不同性质的哲学，即"系统哲学"和"教化哲学"。前者是西方哲学传统中的"主流"，像亚里士多德、托马斯、笛卡尔、霍布斯、洛克、康德、斯宾塞、罗素、胡塞尔、卡尔纳普等都属于"系统哲学家"；后者则是西方哲学中的"外围"，歌德、克尔凯郭尔、桑塔亚那、杜威、后期维特根斯坦、后期海德格尔等即是其代表。前者是以认识论为中心的，将我们的信念和话语看作对世界的再现，并致力于为不同的信念和话语寻求一种共同的标准或基础（可通约性）；后者则是以怀疑认识论的主张为出发点，"他们都取笑关于人的古典图画，这幅图画包含着系统的哲学，即用最终的词汇追求普遍可通约性的那种努力。他们锲而不舍地强调这样一种整体论观点，字词是从其他字词而非借助自身的再现性来取得意义的，由此必然得出，词汇是从使用它的人而非从其对现实的透明性关系取得自己的特殊优越性的"[2]。前者是建设性的，即使他们当中的革命者也只是"把自己的新词汇与老词汇的不可通约性看作一时的不便，其原因在于前人的缺欠，一旦他们自己的词汇被制度化后就可克服"；而后者则是反动的，"生怕他们的词汇将被制度化，……他们知道，一旦他们对其施以反作用的时代成为过去，他们的著作就失去了意义。他们是特意要留在外围的。伟大的系统哲学家像伟大的科学家一样，是为千秋万代而营建。伟大的教化哲学家，是为他们自身的时代而摧毁。系统哲学家想将他们的主题安置在可靠的科学大道上。教化哲学家想为诗人可能产生的惊异感敞开地盘，这种惊异感就是：光天化日之下存在着某种新东西，它不是已然存在物的准确再现，人

---

[1] 罗蒂：《哲学和自然之镜》，第282页。
[2] 同上书，第321页。有修改。

们（至少暂时）既不能说明它，也很难描述它"。[1]前者是以获得真理为目的，因此总想要对各种事物"具有观点"；后者则是以进行谈话为目的，因此它不仅必须摧毁"具有观点"这个概念本身，而且还要"避免对有观点一事具有一个观点"："他们不认为，当我们说什么时，我们必定在表达关于某一主题的观点。我们可以只是说着什么，即参与一次谈话，而非致力于一项研究。"[2]系统哲学总想通过对最终答案的发现来结束一次谈话，教化哲学则试图通过对这种最终答案的否定来保持谈话的持续进行。

显然，在上述两种不同的哲学立场当中，罗蒂是站在解释学和教化哲学一边的。因为在罗蒂看来，认识论和系统哲学家对哲学和哲学家社会作用的理解是完全错误的。宇宙不是由极简单的、可明晰认知的事物构成的，我们的信念和话语也不是对世界的准确再现。我们无法为不同的信念和话语寻求一个客观的标准或共同基础。为不同的信念和话语寻求一个客观的标准或共同基础——这既是一个不可能完成的任务，也是一个不必要去完成的任务，只要持不同信念和话语的人能够始终保持一种对话的态度或精神。而解释学或教化哲学带给我们的就是这样一种对话精神。"解释学是这样一种希望的表达，即由认识论的撤除所留下的文化空间将不被填充，也就是说，我们的文化应成为这样一种状况，在其中不再感觉到对限制和对照的要求。"[3]因此，在破除了传统的认识论哲学之后，我们应该去做的，不是建立一种新的、可接替传统认识论哲学去继续发挥"基础"作用的系统哲学话语，而是要转向解释学，转向一种"无镜的哲学"，一种使不同话语之间能够持续保持对话的教化哲学话语。

对系统哲学的"摧毁"将不可避免地改变哲学在文化中的地位。由于哲学不再作为一种基础性的学科而存在，不再为文化中的其他部门提供"正当性"的标准，哲学也就丧失了它原来具有的那种特权地位。"抛弃了哲学家对认知的认识比任何其他人都更清楚的概念，也就是抛弃了这

---

[1] 罗蒂：《哲学和自然之镜》，第 322 页。有修改。
[2] 同上书，第 323 页。
[3] 同上书，第 277 页。

样一种看法，即哲学家的声音永远居高临下地要求谈话的其他参加者洗耳恭听。同时也相当于抛弃了这样的看法，即存在有所谓'哲学方法'、'哲学技术'或'哲学观点'的东西，它们使专业哲学家们能够凭靠专业地位而具有对（例如）精神分析学的体面地位、某些可疑法则的合法性、道德困境的解决、史学或文学批评诸学派的'正当性'等等问题的有趣观点。"[1]正如我们曾经从"神学文化"进入一种"后神学文化"一样，我们由此将从"哲学文化"进入一种可被称为"后哲学文化"的时代。唯一不同的是，在"后神学文化"中依然有一个占主导地位的文化部门（科学和哲学），而在这种"后哲学文化"中，包括哲学、科学和文学等在内的所有文化领域都将平起平坐，没有任何一个领域可以拥有高居其他领域之上的那种特殊地位："在这里，没有人，或者至少没有知识分子会相信，在我们内心深处有一个标准可以告诉我们是否与实在相接触，我们什么时候与（大写的）真理[2]相接触。在这个文化中，无论是牧师，还是物理学家，或是诗人，还是政党，都不会被认为比别人更'理性'、更'科学'、更'深刻'。没有哪个文化的特定部分可以挑出来，作为样板来说明（或特别不能作为样板来说明）文化的其他部分所期望的条件。认为在（例如）好的牧师或好的物理学家遵循的现行的学科内的标准以外，还有他们也同样遵循的其他的、跨学科、超文化和非历史的标准，那是完全没有意义的。在这样一个文化中，仍然有英雄崇拜，……这只是对那些非常善于做各种不同的事情的、特别出众的男女的羡慕。这样的人不是那些知道一个（大写的）奥秘的人、已经达到了（大写的）真理的人，而不过是善于成为人的人。"[3]在"后哲学文化"中，作为一个文化部门的哲学依然存在，但它不再具有文化之王的地位，它只是"对我们人类迄今发明的各种谈话方式的利弊的比较研究。简言之，它很像有时被称为'文化批

---

[1] 罗蒂：《哲学和自然之镜》，第340—341页。
[2] 罗蒂用大写的"真理"来表示传统认识论哲学所讲的那种作为世界准确再现的"真理"，而用小写的"真理"来表示实用主义所讲的那种仅仅作为我们倾向于相信的一种信念的"真理"。
[3] 罗蒂：《后哲学文化》，黄勇编译，上海译文出版社，1992年，第14—15页。

评'的东西"[1]；作为一种职业的哲学家可能也依然存在，但"这些人没有任何特别的'问题'需要解决，没有任何特别的'方法'可以运用，也没有任何特别的学科标准可以遵循，没有任何集体的自我形象可以作为'专业'。他们可能像现在的哲学教授那样，对道德责任而不是诗体学感兴趣，或者对表达句子而不是表达人体感兴趣。但他们也可能不是这样"[2]。这样一种"后哲学文化"实际上是一种彻底的实用主义文化。

四、"新实用主义"

在摧毁了作为内在空间的人心概念、作为世界之再现表象的知识概念以及作为有关再现表象之一般理论的哲学概念之后，罗蒂选择了实用主义作为他的理论归宿。他指出，在完成了上述工作之后，"作为各种准确再现观念集合的知识观"就"可以被一种实用主义的知识观所取代，后者清除了希腊哲学在沉思和行动、再现世界和应付世界之间所设置的对立"。知识就可以被"看作有关谈话和社会实践的问题，而不是看作去映现自然的企图"。[3]

什么是罗蒂所理解的实用主义？罗蒂在不同的地方对这个问题作出了回答。

在《实用主义、相对主义和非理性主义》一文中，罗蒂将实用主义立场概括为以下三个方面：

第一，实用主义是运用于像"真理"、"知识"、"语言"和"道德"这样一些观念和类似的哲学思考对象的反本质主义。以"真理"概念为例，实用主义哲学的创始人之一詹姆斯将"真理"定义为"最好加以相信的东西"。詹姆斯的批评者认为这个定义"就好像说阿司匹林的本质是有助于治头痛一样，是不着边际的、是非哲学的"。但罗蒂认为，詹姆斯

---

[1] 罗蒂：《后哲学文化》，第17页。
[2] 同上书，第15页。
[3] 罗蒂：《哲学和自然之镜》，第8、148页。

的意思是"真理不是那种具有一个本质的东西",对于它,我们"没有什么更深刻的话好说"。按照詹姆斯及其他实用主义者的看法,说真理有一个本质,这个本质就是"与实在相符合",这对我们毫无用处:它"不会使我们更明白,为什么真理是最好加以相信的东西,对我们现在关于世界的看法基本上是不是或为什么是我们应当持有的看法,也不提供任何线索"。因此,追问真理的"本质"是一个毫无意义的问题。同样,追问"知识"、"语言"和"道德"等概念的"本质"也是一个毫无意义的问题。"那些希望真理具有一个本质的人,也希望知识,或理性,或研究,或思想与其对象之间的关系有一个本质。而且,他们希望他们能够运用他们对这样的本质的认识来批评在他们看来是错误的观点,并为发现更多的真理指明前进的方向。"詹姆斯认为,这样的希望也是徒劳的,因为"没有任何地方存在这样的本质。也没有任何普遍的认识论方法来指导或批评或保证研究过程"。我们使用的概念或话语并不是对某种世界"本质"的再现,而只是我们用来应对和支配环境的工具。我们对待一个句子的自然态度,不应是"它们对不对",而应是"相信它结果会怎么样?如果我相信它,那么会发生什么?我会使自己受什么东西的约束?"等。[1]

第二,作为上述反本质主义立场的一个结果,实用主义反对"应有—实有"、"事实—价值"以及"道德—科学"的二元论,认为"在关于应该是什么的真理与关于实际上是什么的真理之间,没有任何认识论的区别,在事实与价值之间没有任何形而上学的区别,在道德和科学之间没有任何方法论的区别"。既然我们所有的信念和话语都不是对世界本质的再现,而只是应对和支配环境的工具,那么,无论是"科学"话语还是"道德"话语等,就没有任何根本的区别,"没有任何区分能把科学与技艺、与道德思考或与艺术分离开来"。[2] "因此当实用主义者攻击作为精确表象的真理观念时,他也是在攻击理性与欲望、理性与趣味、理性与意志之间的传统区分。因为除非我们以视觉模式来考虑理性,除非我们坚持杜

---

[1] 参见罗蒂:《后哲学文化》,第245—247页。
[2] 同上书,第248页。

威所谓的'旁观者的知识理论',所有这样的区别都是没有意义的。"[1]对于实用主义者来说,"所有研究(不论是科学的还是道德的)模式都是对各种具体替代物的相对引人之处的思考"[2]而已。我们无须再去问哪种话语能够更精确地再现客观事实或世界本质,哪种话语能够更好地表达我们的欲望和趣味,而只需去问哪种话语在我们应对和支配环境时更有用处。

第三,作为对上述两个特征的概括,实用主义认为,对研究,除了对话的制约以外没有任何别的制约,这不是来自对象或心灵或语言本性的全面制约,而只是由我们的研究(或对话)伙伴的言论所提供的零星制约。传统的认识论哲学相信,我们的信念和话语是对世界的再现,这种再现的准确性最终受到再现对象和我们的心灵或语言本性的制约,但"只要通过一个没有遮掩的智慧之眼,或一种严格的方法或一种明白的语言去接触,对象就会迫使我们去相信关于它的真理"。而实用主义者则告诉我们,这种希望是没有用的,"他要求我们,不要继续认为上帝或进化或我们现今世界描绘的某个其他保证人把我们程序化了,使我们成为从事精确的语词描绘的机器,不再认为哲学由于使我们能够阅读我们自己的程序而提供自我认识"。我们唯一能够去做的,就是与我们的研究伙伴进行持续的对话。因此我们的信念和话语所受到的唯一制约,也就只是来自我们对话伙伴的言论。"但反对意见,即对话的制约,是不能预期的。没有办法知道,什么时候一个人已经达到了真理,或什么时候一个人比以前更接近真理。"[3]"一个自由社会将满足于把任何'未受歪曲的会谈'碰巧有的结果、任何在自由公开的遭遇中获胜的观点,称作是真的(或对的,或正义的)。"[4]这样,我们就将失去尼采所谓的"形而上学安慰",失去传统认识论哲学试图为我们提供的确定性。但我们却可以得到一种更新的共同体感。我们与我们的共同体,与我们的社会、政治传统与思想遗产的认同将

---

[1] 罗蒂:《后哲学文化》,第249页。
[2] 同上书,第248页。
[3] 同上书,第250页。
[4] 同上书,译者的话,第32页。

会得到加强。这其实是更有价值的一种结果。因为在实用主义者看来,"重要的是我们对其他团结一致对抗黑暗的人类的忠诚,而不是想把事物弄清楚的希望。……我们的荣耀在于我们参与了可错的、暂时的人类计划,而不是在于服从永恒的非人类的制约"。[1]

在为中译文集《后哲学文化》一书所写的"作者序"中,罗蒂以一种更通俗明白的方式解说了他所理解的实用主义立场。在这篇序中,他又将实用主义概括为"反表象主义",他说:"在我看来,实用主义的出发点是由贝恩和皮尔斯提出的反表象主义主张:信念是行为的习惯而不是表象实在的努力。根据这种信念观,一个信念之真,是其使持此信念的人能够应付环境的功用问题,而不是其摹写实在本身的存在方式的问题。根据这种真理观,关于主体与客体、现象与实在的认识论问题可以由政治问题,即关于为哪些团体目的、为何种需要而从事研究的问题,取而代之。"[2] 罗蒂认为,"在实用主义者眼里,现象与实在之间的传统区分实际上是令人误解地描述了这样两组信念之间的区别:一组是有利于某个具有某些目的的人的信念,另一组是有利于某个具有别的目的的人的信念"。为了说明这一点,罗蒂举了一个例子:"甲(原始社会的一个农民)可能相信太阳绕地球转,并发现这个信念很适合于她预见时间和季节及崇拜诸神的目的。不但这个信念很适合甲的目的,而且她也没有任何与此冲突的其他信念。乙(一个16世纪试图提出天文学理论的人)可能开始相信地球绕太阳转。她之所以相信这一点,是因为她的目的是要勾画出一个融贯的天体物理系统,一个能够整合有关星球运动的广泛材料并为这些运动提供说明的系统。让我们假定,乙是一个无神论者,对任何可能的认为地心说优于日心说的宗教理由没有任何兴趣。甲的地球中心信念,她与太阳有关的行为习惯,同她所需要和相信的任何东西都很融洽。而乙的太阳中心信念,她与太阳有关的行为习惯(包括其与写作天体物理著作有关的行为)与乙所需

---

[1] 罗蒂:《后哲学文化》,第251页。
[2] 同上书,作者序,第1页。

要和相信的东西也很一致。"[1] 现在我们要问：在这两人中谁的信念是真的呢？与我们这个时代的多数人一样，一个实用主义者通常会回答说是"乙的信念"。但这只是因为他和我们时代的多数人一样，与乙而不是与甲共享许多相关的信念与目的，而不是因为他认为乙的信念与实在更相符合。与此相同，甲即使在看到了乙所具有的所有证明日心说的证据后，还是会选择相信太阳绕地球转，因为这是她能够坚持其对贤明的神之信仰的唯一方式。[2] 可见，对于实用主义者来说，真理的首要标准是其与一个人的其他信念相一致，以及与他所属社会集团中多数人的多数信念相一致。

那么，这样一种实用主义的真理观、知识观，难道不会导致一种相对主义的理论立场吗？不会使极权主义者以这样的理由来论证自己的合理性吗？实际上，确有人以此来批评实用主义。但罗蒂不接受这种批评。他认为："'相对主义'仅只是一个会使人误解的词。实在论者在指责实用主义者是相对主义者时，再一次把自己的思维习惯加予后者。因为实在论者认为，哲学思想的全部意旨就是使自身与任何特殊社会脱离，并根据一种更普遍的观点去看轻特殊社会的存在。当他听到实用主义驳斥这种追求普遍性的愿望时，简直不能相信，他以为每个人必定从内心深处希望出现这类脱离。于是他就把自己追求的脱离以歪曲的方式加予实用主义者，并把后者看作是好挖苦讥讽的唯美派以及纯粹的'相对主义者'，这个相对主义者似乎拒绝认真地在不同社会之间加以区别。"[3] 罗蒂指出，"相对主义"一词通常具有三种含义：第一种含义是认为任何一种信念都与其他信念一样有效；第二种含义是认为"真"是一个含义不清或多元的词，有多少不同的证明方法就有多少种不同的真理的意义；第三种是认为离开了对某一既定社会（我们的社会）某一研究领域中所使用的大家熟悉的证明程序的描述，就不可能谈论什么真理和合理性。罗蒂揭示，在这三种含义的相对主义观点中，第一种是自我否定的，第二种是古怪的，只有第三种才确实

---

[1] 罗蒂：《后哲学文化》，作者序，第 2—3 页。
[2] 同上书，作者序，第 3—4 页。
[3] 罗蒂：《哲学和自然之镜》，第 418 页。

是与实用主义的立场相一致的。但"相对主义"并不是对这种观点的最佳称呼:"因为我们实用主义者并不持一种肯定的理论,说某种东西是相对于某种别的东西而言的。"[1] 对这种观点的恰当称呼应该是"种族中心主义"。相对主义是要在不同的信念或文化之间保持一种中立的态度,认为应从各种信念或文化自身的角度来看待它们,意识到它们各自的相对合理性。而种族中心主义则反对这种相对主义的观点,认为我们只能从我们自己的角度和立场来看待一切信念和文化:"成为种族中心论者,就是把人类区分为两大类,我们只须对其中一类人证明自己的信念正当即可。这一类(即我们本族)包括那些持有足够多的共同信念以便进行有益的对话的人。在此意义上每个人在进行实际辩论时都是种族中心论者,不管他在自己的研究中产生了多少有关客观性的实在主义修辞学。"[2] "成为种族中心主义者,也就是完全根据我们自己的见解工作。对种族中心主义的维护就是说,没有任何其他见解可以作为我们工作的依据。检验由其他个人或文化提出的信念的办法是,看其是否能与我们已有的信念交织在一起。"[3] 按照这种"种族中心主义",我们依然可以在不同的信念和文化之间明确地表达自己的立场,依然可以明确地反对极权主义和赞成自由主义(或民主主义)。但我们要意识到,当我们这样表态时,我们并不是依据某种超文化、超历史的有关"真理"或"合理性"的"客观标准",将各种信念与文化与这种客观标准相比较而得出自己的结论,而只是依据我们自己的信念和文化,通过对不同信念和文化的经验比较而得出自己的结论。"这可以由丘吉尔为民主的辩护加以说明,他把民主看作是一切可以想象出的政府中最坏的形式,但除了那些迄今为止人类已尝试过的政府形式外。这种辩护不是参照某一准则做出的,而是参照种种具体的实际优点做出的。"[4]

---

[1] 罗蒂:《后哲学文化》,第 81 页。
[2] 罗蒂:《哲学和自然之镜》,第 418 页。
[3] 罗蒂:《后哲学文化》,第 82 页。
[4] 罗蒂:《哲学和自然之镜》,第 417 页。

为什么在看待不同的信念和文化时我们应该采取种族中心主义的立场？罗蒂的回答是：这是因为我们除此之外别无他法。以上述甲乙两人的情境为例。在这一情境中，"相对主义——超越甲和乙而在她们之间保持中立——是一个不可能实现的计划。我们可以说甲相信她所相信的东西是正当的，但我们不可以说她是正确的，说她正确意味着我们可以使她的地球中心主义与我们的信念和愿望一致，但实际上我们不能这样做。确实，是我们的信念和愿望形成了我们的真理标准。但这并不是因为真理是相对的，而只是因为我们没有一个天钩可以把我们吊离我们自己的信念和愿望，而达到某个较高的'客观'立场。相对主义之有意义，仅当我们知道假定这样一种立场会是什么样子。但我们并不知道。仅当我们可以想象一个并没有被这样囚禁的人时悲叹我们被'囚禁于'我们碰巧具有的信念和愿望之中才有意义。但我们想象不出"[1]。

但是，"种族中心主义"并不意味着固执己见，并不等同于"唯我主义"。罗蒂指出，"说我们必须是种族中心的，听起来可能是可疑的，但只是在我们把种族中心主义与固执地拒绝与其他共同体的代表对话等同起来时才会有这种可疑的情况"[2]。"种族中心主义"的立场只是出于"检验由其他文化提出的信念的唯一办法，只能是努力把它们与我们已有的信念编织在一起"这样一种境况。但这并不意味着我们就永远不能改变自己的信念，永远只能让别人服从我们的信念。"种族中心主义"并不排斥不同族群之间的对话和交流。相反，正是"种族中心主义"以及与此密切相连的实用主义观点排除了以往存在的阻碍不同族群或文化之间进行平等对话和交流的那些障碍。这一方面是由于实用主义接受的知识观，"各种不同文化才不致被理解成各种不同的几何学类型。各种不同的几何学是互不相容的，因为它们都有公理结构和相互矛盾的公理。它们是被设计成互不相容的。各种文化并未经此设计，而且不具有公理结构"[3]。另一方面则是由

---

[1] 罗蒂：《后哲学文化》，作者序，第4—5页。
[2] 同上书，第81—82页。
[3] 罗蒂：《哲学和自然之镜》，第413—414页。

于实用主义扫除了传统认识论哲学所赞同的那种超文化、超历史的评价标准,从而扫除了根据与这种标准的符合程度来将不同文化划分为不同等级的基础,为不同文化之间的平等对话创造了前提。

毋庸置疑,罗蒂的实用主义来源于皮尔斯、詹姆斯和杜威等人的实用主义。但罗蒂认为,他的实用主义要比皮尔斯、詹姆斯和杜威等人的实用主义更为彻底。无论是皮尔斯、詹姆斯还是杜威,在他们的理论中都保留了实在论的某些残余:皮尔斯虽然反对实证主义,但他却依然假定存在着一个"我们在研究的理想终端会一致同意其存在的东西",而真理就是我们在这个时候达成的一致意见。詹姆斯虽然已经意识到,与实在接触的想法是荒唐的,真理只是有用信念的性质,而不是与实在的符合,但矛盾的是,詹姆斯依然表达了想发现一种能比物理学更精确地表象世界的说话方式的愿望。杜威相对而言是一个比皮尔斯和詹姆斯更为彻底的实用主义者,即使如此,杜威的思想中也依然保留了对自然科学某种程度上的崇拜。只有到了罗蒂这里,实用主义才彻底清除了各种本质主义、表象主义和基础主义的幽灵,将自己的逻辑贯彻到底。正因为如此,人们才把罗蒂的理论称为"新实用主义"。

结　语

总而言之,从上面的叙述中我们可以看到,和库恩、费耶阿本德等后实证主义科学哲学家一样,罗蒂也是西方理性主义知识传统的严厉批评者。和库恩、费耶阿本德等人一样,罗蒂也对西方理性主义知识传统痴迷于人类理性之"镜式本质"的基本特征进行了严厉的抨击,并以此为基础论证了知识信念或文化传统的多元性,反对以"唯一真理"为由来用一种知识信念或文化传统去排斥其他知识信念或文化传统,主张不同知识信念和文化传统之间的共存和平等对话。他们对西方理性主义传统所作的这些批评,共同形塑了西方后现代主义思潮的"反实在论""反表现主义""反本质主义"的特征。但有所不同的是,包括波普尔、库恩、拉卡托斯和费耶阿本德在内的后实证主义科学哲学家对实证主义等西方理性主义知识传统所作的批评，主要是立足于对"理论""范式""研究纲领"等话语体系之自主性及构造性的信仰，而罗蒂的批评却是立足于所谓的"新实用主义"立场。后实证主义科学哲学家以对"理论""范式""研究纲领"等话语体系之自主性及构造性的信仰为最终归宿，而罗蒂则将"科学"或"道德"等各种话语体系置于"行动—环境"的关系之中，将各种"话语"仅仅视为人类适应环境的一种工具，因而其本身的优劣也必须根据它在人类实践当中的效用来加以评价。换句话说，罗蒂实质上不仅否定了客观世界本身的可认知性，而且否定了各种话语体系本身的自主性。这是我们在把握罗蒂思想和后实证主义科学哲学家的思想时需要注意到的一个重要区别。

中编
后现代主义诠释理论

引 言

本书所称的"后现代主义诠释理论"指的是，站在后现代主义的立场上来讨论诠释学问题的那些学术观点或理论体系。被本书作者归入后现代主义诠释理论家队伍的学者并不一定会把自己的学术活动归到诠释学的范畴：他们中的许多人其实自认为是哲学家，或者符号学家、文学评论家乃至精神分析学者等。他们的学术观点也不一定完全相同。他们的共同点主要有二：一是尽管他们所在的研究领域并非一定被明确表述为诠释学，但他们所讨论的学术问题与诠释学家所讨论的问题实际上是一致的，这就是意义的诠释问题；二是他们在讨论意义诠释问题时，所持的理论立场不是现代主义的，而是后现代主义的。无疑，符合这两个特征的学者有很多，但由于时间、精力和篇幅等方面的限制，本书主要选取了德国哲学家加达默尔、法国符号学家罗兰·巴特、法国哲学家德里达和法国精神分析学家拉康作为主要样本，通过对他们相关诠释学思想的梳理来呈现后现代主义诠释理论的主要特征。

和"后实证主义"这个词组一样，顾名思义，"后现代主义诠释理论"这个词组也意味着它们是在"现代主义诠释理论"之后形成和发展起来，但又与"现代主义诠释理论"有着某些不同甚至对立之处的新诠释学理论。如上所述，这种不同或者对立，主要体现在两者在讨论意义诠释问题时所持的理论立场上：现代主义诠释理论家是从现代主义的理论立场出发来讨论意义诠释问题，后现代主义诠释理论家则是从后现代主义的理论立场来讨论意义诠释问题。那么，诠释学领域中的现代主义和后现代主义理论立场之间主要有什么样的区别呢？

所谓"诠释学"，最初指的是在西方世界里基于对圣经、语文和法律等方面文献的诠释实践，逐渐形成的各种对理解和解释符号或文本之意义的方法进行探究的具体学说，如圣经诠释学、语文诠释学、法律诠释学等。本书所称"现代主义诠释理论"，则指19世纪由德国诠释学家施莱尔马赫所奠基、19世纪末20世纪初为狄尔泰所确立并于20世纪在意大利哲学家贝蒂等人那里得到进一步发展的，一套以符号或文本诠释的一般原理为核心内容的人文科学方法论。现代主义诠释理论的基本信条是强调意义及其理解和诠释的客观性，恰如实证主义强调经验及其观察和解释的客观性。这一基本信条或观点具体包括以下几个方面：

首先，是强调作为理解和诠释对象的意义本身的客观性。施莱尔马赫将符号或文本的意义归结为符号或文本作者在使用相关符号或文本时所试图加以表达的那些意义；狄尔泰则进一步将符号和文本的意义追溯到其作者的生命体验，认为这些意义是作者生命体验的表达；贝蒂也将符号或文本的意义追溯到作者系属其中的客观精神，认为符号或文本是这种客观精神的表现或对象化。尽管如此，无论是施莱尔马赫、狄尔泰还是贝蒂，他们都认为，这些源于作者主观意识或生命体验的符号及文本意义，对于作者来说当然是主观性质的东西，但对于符号及文本的理解和诠释者来说，它们却是一种不依赖理解或诠释者对它的理解和诠释而独立存在的客观存在，正如在实证主义者（及其他所有客观主义者）的视野里，作为科学研究对象的经验事实是一种不依赖研究人员意识中与其相关的理论陈述而独立存在的客观存在一样。

其次，是强调理解和诠释的客观性。理解和诠释过程被视为一个尽可能客观、准确地再现符号和文本本身所包含的、对其理解或诠释者而言具有"客观"性质之意义的过程，正如在实证主义者（及其他所有客观主义者）的视野里，科学研究的任务就是尽可能准确地再现外在于研究人员主观意识的那些纯粹给定性的客观存在一样。而准确再现符号及文本意义的主要途径，就是要努力进入符号及文本作者在使用或创作文本时所经历的主观意识及心理过程，尽可能再现作者在使用符号或文本来呈现自己的观念或生命体验时所意图表达的东西。所以，"在施莱尔马赫看来，理解作为一门艺术是对文本作者心理过程的再体验"[1]。为了做到这一点，理解者或诠释者"须走出自身，并使自己转变为作者，以便他能够完全直接地把握作者的心灵过程"[2]。狄尔泰同样强调要进入文本作者的生命体验，通过对作者生命体验及其表达方式的把握来达到对文本意义的理解和诠释。贝蒂则不仅同样认为理解和诠释的目的就是把握作者在使用符号和创作文本时所试图表达的原意，指出"理解必须要达到与作者心灵客观化物的本文所根深的意义完全符合。只有这样，结论的客观性才能被保证是基于可靠的解释过程"[3]，而且还详细地讨论了达成这一目标的基本条件和途径，坚定地维护理解和诠释之客观性的原则。

最后，是理解和诠释结果的客观性。既然理解和诠释的任务就是尽可能客观准确地再现符号或文本自身的意义——对于施莱尔马赫、狄尔泰和贝蒂等人来说，就是作者在使用符号和创作文本时所试图表达的原意，因此，只有客观、准确地再现了这一原意的那些理解和诠释结果才属于可以被接受的理解或诠释结果——毫无疑问，这样的理解或诠释结果最终只能有一个而不能有多个。这也正如在实证主义者（及其他所有客观主义者）的视野里，由于科学研究的任务就是要尽可能客观、准确地再现外在于研究人员主观意识的外部实在，因而只有那些准确地再现了那些外部实在的研究成果才属于可被接受的研究成果，且这样的成果只能有一个而不能有多个一样。

概括起来，现代主义诠释理论的基本信条就是，强调符号和文本的意

---

[1] 帕玛：《诠释学》，严平译，台湾桂冠图书股份有限公司，1992年，第97页。
[2] 同上书，第103页。
[3] 贝蒂：《作为精神科学一般方法论的诠释学》，载洪汉鼎主编：《理解与解释：诠释学经典文选》，东方出版社，2001年，第154页。

义是一种脱离了理解和诠释者有关它们的理论视野或话语体系而独立存在的客观存在（意义的给定实在论），理解和诠释的目的就是要尽可能准确地再现这样一种独立存在的客观实在（意义的表现论），符合这一目标的理解或诠释成果最终只能有一个而不能有多个（意义的唯一真理论）。由这样一些基本信条所构成的关于理解和诠释的理论观念其实就是一种在诠释学领域中表现出来的"朴素实在论"，正如实证主义的基本信条所构成的那套关于科学认知的理论观念就是一种在科学领域中表现出来的"朴素实在论"一样。而后现代主义诠释理论的基本特征，就是要对上述诠释学领域中表现出来的、作为现代主义诠释理论之基本信条的"朴素实在论"加以质疑和挑战，并用一组与其非常不同的关于理解和诠释的基本信条来取而代之。以下就以我们选取的四位相关理论家的理论为例，对后现代主义诠释理论的基本思想作一简要梳理。

第五章　加达默尔的哲学诠释学

加达默尔是20世纪西方最重要的哲学家之一,主要致力于"哲学诠释学"的研究,被视为"哲学诠释学"的首倡者和主要代表人物。《真理与方法:哲学诠释学的基本特征》(以下简称《真理与方法》)一书是其阐释哲学诠释学思想的代表作,至今已成为西方哲学诠释学的经典作品。加达默尔在这本书中所作的贡献,如果简单地说,可以概括为两个方面:第一,是将诠释学从一门致力于研究如何更准确地理解和解释宗教、法律或古典文献的学科(如神学诠释学、语文诠释学),或者致力于研究"精神科学"方法论的学科,提升为一门以理解为基础来把握人类存在的具有本体论性质的哲学学科;第二,是在这个过程中,以德国哲学家海德格尔的相关思想为出发点,对传统诠释学通过模仿传统自然科学而形成的那种单纯强调诠释客观性的基本观点进行批判,阐释了一种与自然科学哲学领域中的后实证主义立场非常相似的、带有浓厚后现代主义色彩的诠释学观点。在本章中,我们将对加达默尔的上述思想作一简要叙述和评论。

一、理解是一个事关人类存在的核心问题

如前所述,在《真理与方法》一书中,加达默尔给自己规定的一个重要任务就是,将诠释学从一种单纯对解释某种宗教、法律或古典文献文

本的技巧进行探讨，或者对一般精神科学方法进行探讨的方法论学科，提升为一门以理解为基础来把握人类存在问题的具有本体论性质的哲学学科。在该书的导言部分，作者就明确宣称：虽然本书要探讨的是"理解"和"解释"一类的诠释学问题，但"理解和对所理解东西的正确解释的现象，不单单是精神科学方法论的一个特殊问题"。这是因为，"理解文本和解释文本不仅是科学深为关切的事情，而且也显然属于人类的整个世界经验。诠释学现象本来就不是一个方法论问题，它并不涉及那种使文本像所有其他经验对象那样承受科学探究的理解方法，而且一般来说，它根本就不是为了构造一种能够满足科学方法论理想的确切知识"。[1]"理解"的现象并不只是在科学研究活动中才出现的一种独特现象，"理解"现象其实遍及人类世界的一切方面，因为"理解"的过程发生在人类生活的一切方面。正如海德格尔已经说明的那样，"理解"活动是人存在的基本方式。因此，如果仅仅将"理解"问题当作科学研究活动所涉及的一种方法论问题来加以思考，是远远不能对理解现象的内容、性质和意义作出充分的把握和分析的，必须把这个问题上升到哲学本体论的高度，把它作为一个哲学本体论方面的问题来加以考察，这样我们才能对理解现象形成更充分的"理解"。

加达默尔指出，从诠释学产生和演变的历史过程来看，诠释学其实从诞生之初就不单纯是一个方法论意义上的问题。"自古以来，就存在一种神学的诠释学和一种法学的诠释学，这两种诠释学与其说具有科学理论的性质，毋宁说它们更适应于那些具有科学教养的法官或牧师的实践活动，并且是为这种活动服务的。因此，诠释学问题从其历史起源开始就超出了现代科学方法论所设置的界限。"[2] 诠释学问题被理解或限定为一种单纯的方法论问题，在很大程度上是诠释学受到现代科学发展的影响后产生的一个结果。

---

[1] 加达默尔：《真理与方法：哲学诠释学的基本特征》上卷，洪汉鼎译，上海译文出版社，2004年，导言，第17页。
[2] 同上。

如上所述，按照加达默尔的追溯，诠释学最早是作为一种神学诠释学而存在的，后来又因为对罗马法的接受而产生了法学诠释学。但无论是先前的神学诠释学还是后来的法学诠释学，都是为特定实践服务的一种活动，虽然包括了理解和解释这两个环节及相关技巧，但更主要的任务是将某种神圣的或权威的一般真理应用于具体的特殊境况。其关注的焦点是"应用"及其实践效果，而非理解和解释的具体方法或技巧。因此，从某种意义上说，它们主要是一门规范的学科，而非一门关于理解和解释的方法论学科。诠释学作为一种理解和解释的方法论学科，这一意涵是从17世纪才出现的。加达默尔说，我们今天讲的诠释学已经是一种处于近代科学传统之中的诠释学，"与这个传统相适应的'诠释学'这个用语的使用正是随着现代方法学概念和科学概念的产生而开始的"[1]。1654年，一个叫丹恩豪尔（Johann Conrad Dannhauer）的作者第一次将"诠释学"用作其所撰著作的书名。这部书的名字是《圣经诠释学或圣经文献解释方法》，其主要内容是对之前用于解释圣经的一些方法和技巧进行总结，因此被认为可能是西方世界最早将诠释学作为一种方法学科来加以考察的著作。随着宗教改革运动的发生，这种方法论方面的意涵又前进了一步。由于宗教改革家质疑教会对圣经经文的传统解释，他们对神学诠释学中的传统解释方法如所谓"寓意解释"也加以抨击。他们试图找到一种新的方法，来使圣经文字中被他们认为在教会那里遭到歪曲和破坏的意义重新得到"正确"的理解和解释，由此逐渐形成了"一种新的方法学意识，这种意识试图成为客观的，受对象制约的，摆脱一切主观意愿的方法"[2]。此外，人们也开始意识到在神学诠释学中发展起来的这些解释方法可能具有更加普遍的应用性，因而尝试将其作为逻辑学或普遍语义学的一部分来加以讨论。一个叫沃尔夫的人首先在其所著《逻辑学》一书中划出一章来专门讨论诠释学，之后又有一个叫克拉登纽斯的人撰写了《正确解释合理的讲演和著

---

[1] 加达默尔：《诠释学》，载加达默尔：《真理与方法：哲学诠释学的基本特征》下卷，洪汉鼎译，上海译文出版社，2004年，第727页。
[2] 同上书，第728页。

作导论》，一个叫迈尔的人撰写了《普通解释技术试探》等书，将诠释学朝着作为一门探讨理解和解释方法的专门学科这一方向推进了一步。但总体来看，加达默尔认为，"直到18世纪为止，从神学和语文学里成长起来的诠释学学科仍是片段零碎的"，而且还没有完全摆脱神学的限制，"只服务于说教的目的"。[1]只有到了施莱尔马赫这里，诠释学才逐渐"摆脱了一切教义的偶然因素"而发展成为"一门关于理解和解释的一般学说"。在施莱尔马赫这里，诠释学虽然依然可以应用于理解和解释神学经文，但已经不限于此方面的意义，而是更多地被视为可以用来对人们相互理解的方法进行探讨。"施莱尔马赫的诠释学由于把理解建立在对话和人之间的一般相互了解上，从而加深了诠释学基础，而这种基础同时丰富了那些建立在诠释学基础上的科学体系。诠释学不仅成为神学的基础，而且是一切历史精神科学的基础。"尤其是施莱尔马赫所提出的心理学解释方法，即深入文献作者的心理世界，通过把握作者在创作作品时所试图表达的意义来理解和解释作品这一方法，在诠释学领域更是产生了广泛和深远的影响，"在施莱尔马赫之后，在浪漫主义学派天才无意识创造活动的浪漫主义学说支持下，成为全部精神科学的永远起决定作用的理论基础。这在H. 施泰因塔尔（H. Steinthal）那里已经最有教益地显示出来，并且在狄尔泰那里导致一种试图在理解的和描述的心理学上重新系统地建立精神科学概念的想法"[2]。在批判性继承施莱尔马赫诠释学思想的基础上，狄尔泰试图将诠释学发展成为一门适用于所有精神科学领域的方法论学科，"以使精神科学能和自然科学相匹敌"[3]。尽管狄尔泰已经开始从哲学层面意识到人的存在与理解和解释之间的密切关联，认为哲学的根本任务就是要从对人的生命体验的理解中发现通向世界的道路，但他并没有因此而明确地将诠释学的意义提升到一种哲学本体论的层面，而是将其主要作为精神科学的方

---

[1] 加达默尔：《诠释学》，载加达默尔：《真理与方法：哲学诠释学的基本特征》下卷，第729页。
[2] 同上书，第731页。
[3] 加达默尔：《作为理论和实践双重任务的诠释学》，载洪汉鼎主编：《理解与解释：诠释学经典文选》，东方出版社，2001年，第509页。

法论来加以讨论。

这种将诠释学主要视为一种方法论的做法，只有到了海德格尔那里才重新发生了根本的变化。在《存在与时间》一书中，海德格尔明确地将理解活动上升为人类"此在"本身的一种存在方式，而不只是精神科学家用来对历史文本进行理解的一种方法论。他写道："此在是以这样的方式去存在的：它对这样去存在或那样去存在总已有所理解或无所理解，此在作为这种理解是'知道'它于何处随它本身一道存在，也就是说，随它的能在一道存在。这一个'知道'并非生自一种内在的自我感知，它是属于此之在的，而这个此之在本质上就是理解。""理解是此在本身的本己能在的生存论意义上的存在。"[1]海德格尔将这种对作为此在之存在方式的理解现象进行的研究称为"实存性诠释学"。加达默尔的"哲学诠释学"正是对海德格尔这种"实存性诠释学"思想的继承和进一步发挥。

因此，加达默尔给自己确定的任务就是要从哲学的层面上来论述作为诠释学核心问题的理解现象，不是把它作为一个事关科学研究程序的方法论问题，而是作为一个事关人类存在的哲学问题来加以深入考察。当然，这样一种本体论层面上的考察不可避免地会有方法论方面的意涵，正如任何一种哲学方面的讨论（例如康德关于人类认知条件的讨论）都会具有这样一种意涵一样，但这是另外一个问题。加达默尔明确地说："像古老的诠释学那样作为一门关于理解的'技艺学'，并不是我的目的。我并不想炮制一套规则体系来描述甚或指导精神科学的方法论程序。我的目的也不是研讨精神科学工作的理论基础，以便使获得的知识付诸实践。"[2]即使他所做的工作确有方法论等方面的实践效果，那也不是他的本意所在。加达默尔一而再、再而三地声明："我本人的真正主张过去是、现在仍然是一种哲学的主张：问题不是我们做什么，也不是我们应当做什么，而是什

---

[1] 海德格尔：《存在与时间》，陈嘉映、王庆节译，生活·读书·新知三联书店，2006年，第168页。"理解"一词在这本书中被译为"领会"，此处为与本章用语保持一致，参照洪汉鼎在《理解与解释：诠释学经典文选》一书中对所选本段译文的修改将其统一改为"理解"。
[2] 加达默尔：《真理与方法：哲学诠释学的基本特征》上卷，第2版序言，第2页。

么东西超越我们的愿望和行动与我们一起发生。"[1]"我们所探究的决不只是所谓精神科学的问题,我们一般所探究的不仅是科学及其经验方式的问题——我们所探究的是人的世界经验和生活实践的问题。借用康德的话来说,我们是在探究:理解怎样得以可能?这是一个先于主体性的一切理解行为的问题,也是一个先于理解科学的方法论及其规范和规则的问题。"[2]

加达默尔指出,尽管如此,将理解作为人类存在的核心问题来加以讨论,仍然避不开与精神科学发生关联。这是因为,虽然哲学诠释学是要从哲学层面来讨论理解问题,但它与把理解问题当作一个方法论问题来看待的精神科学还是涉及某种共同关注的东西,即一种与自然科学所探讨的"真理"及相关经验非常不同的人类"对真理的经验"。"本书所关注的是,在经验所及并且可以追问其合法性的一切地方,去探寻那种超出[自然]科学方法论控制范围的对真理的经验。"而精神科学所处理或接近的也正是这样一些"处于科学之外的种种经验方式",如"哲学的经验、艺术的经验和历史本身的经验","所有这些都是那些不能用科学方法论手段加以证实的真理得以显示自身的经验方式"。[3] 精神科学面临的一个问题是,它虽然意识到自身在研究对象和具体方法上与自然科学之间存在着重要区别,但它不能真正地理解自己所探讨的真理及经验与自然科学所探讨的真理及经验在本质上可能具有的区别,因而一方面不能完全超越自然科学方法论对自己的影响,另一方面又在意识到这种区别时不能为自己的区别意识作出充分合理的论证。而这正是哲学诠释学要去完成的工作。哲学诠释学就是要从哲学的高度去更深入地研究理解现象,从而一方面阐明精神科学所探讨的那种真理及经验与自然科学所探讨的真理及经验之间的本质区别,在此基础上,另一方面对精神科学运用诠释学方法所揭示的这种真理及经验的合理性进行论证。所以,我们可以说,加达默尔的哲学诠释

---

[1] 加达默尔:《真理与方法:哲学诠释学的基本特征》上卷,第2版序言,第2—3页。
[2] 同上书,第2版序言,第4页。
[3] 同上书,导言,第17—18页。

学虽然不是以方法论而是以本体论方面的讨论为目的，但其实正是这种对理解活动所进行的本体论层面的深入讨论，为精神科学甚至人类全部科学领域的方法论奠定了一种更为坚实的哲学基础。

二、艺术作品中的理解问题

按照加达默尔的追溯，"精神科学"一词是由德国学者对约翰·斯图尔特·穆勒（也译为密尔）在《逻辑学》一书中所用"道德科学"一词的翻译而来。不过，如果按照穆勒的看法，"道德"或"精神科学"并没有一种与自然科学不同的特殊逻辑。穆勒依据休谟在《人性论》一书导言中表述的那种认识论传统认为："道德科学也在于认识齐一性、规则性和规律性，从而有可能预期个别的现象和过程。"因此，就像在自然科学领域一样，"作为一切经验科学基础的归纳方法在精神科学这个领域内也是唯一有效的方法"。[1] 然而，加达默尔指出，这种对精神科学的理解根本不能帮助我们正确地把握精神科学的本质。精神科学要研究的是那些历史性的个别现象，虽然对这些个别现象的认识也需要用到普遍性规则，但它并不力求把这些个别现象视为某个普遍规则的实例，也不把对个别现象的研究单纯视为对那种可以帮助我们在实践活动中作出预测的普遍规律进行证明。"历史认识的理想其实是，在现象的一次性和历史性的具体关系中去理解现象本身。在这种理解活动中，无论有怎么多的普遍经验在起作用，其目的并不是证明和扩充这些普遍经验以达到规律性的认识，如人类、民族、国家一般是怎样发展的，而是去理解这个人、这个民族、这个国家是怎样的，它们现在成为什么——概括地说，它们是怎样成为今天这样的。"一句话，在精神科学中，认知活动的基本特点是"因为理解了某物是这样而来的，从而理解了某物是这样的"。因此，精神科学的方式和目的与自然科学根本不同，不能简单地套用自然科学的模式来理解精神科学。在对精神科学的认识的发展过程中，尽管后来也有人意识到了精神

---

[1] 加达默尔：《真理与方法：哲学诠释学的基本特征》上卷，第3—4页。

科学和自然科学在认识方式与目的方面的不同，但囿于自然科学模式的影响，"人们仍然想以一种只是否定的方式把这种认识描述为'非精确科学'"。[1] 甚至像狄尔泰这种已经充分认识到精神科学与自然科学之间的上述差别，因而想要为精神科学方法上的独立性进行辩护的人，也仍然深受自然科学模式的影响。狄尔泰虽然已经认识到精神科学的目的并非通过对经验事实的归纳来获得某种适用于所有个别经验的普遍真理，然后再通过将个别现象归入普遍真理的方式来解释个别现象，并以此方式来进一步证明和扩充普遍真理，而是要去理解这"一个"具有独特性的历史现象何以成为如此这样，也意识到了要达到这个目的，精神科学需要采用一种与自然科学有所不同的研究方法，如对历史行动者的个人"体验"[2] 加以"理解"即诠释学的方法等，但依然像自然科学家那样认为精神科学对这"一个"历史现象的研究最终必须达到自然科学那样的客观性、确实性，获得自然科学那样的客观真理。为了获得这种客观确实性，狄尔泰等人依然将精神科学的研究对象视为一种像自然现象那样独立于研究者或理解者的客观对象，认为作为理解对象的那些心理"体验"对于理解者来说也是一种"直接的所与"[3]，主张理解者在理解过程中要努力"获得一种与自身历史的距离"，认为"唯有这种距离才使历史可能成为对象"，由此获得的认识才"属于科学认识"。[4] 据此，加达默尔评论说："不管狄尔泰是怎样急切地想维护精神科学在认识论上的独立性——人们在现代科学里称之为方法的东西仍是到处同一的，而且只有在自然科学中才得到其典范的表现。精神科学根本没有自己特有的方法。"[5]

如前所述，加达默尔认为，作为诠释学核心问题的理解活动所涉及的其实是一种与自然科学所涉完全不同的真理及经验。在加达默尔看来，这

---

[1] 加达默尔：《真理与方法：哲学诠释学的基本特征》上卷，第5页。
[2] 狄尔泰的"体验"概念与自然科学中的"经验"概念具有非常不同的含义和特点，详见加达默尔在《真理与方法》一书第一章第二节"体验概念"部分的说明（见上书，第83—91页）。
[3] 同上书，第81页。
[4] 同上书，第7页。
[5] 同上书，第8页。

种真理及经验的真正特点，首先可以从我们在对艺术作品的理解过程中所获得的真理及经验中得到很好的揭示。因此，在《真理与方法》一书中，加达默尔从艺术作品的诠释问题入手来展开他对诠释学问题的哲学探讨。

康德曾经提出对一件艺术作品的鉴赏是一种审美活动，而审美活动不是认知活动，审美判断也不是一种与获取真理相关的真假判断。加达默尔认为这一看法是不正确的。他指出，审美活动其实也是一种认知活动，审美判断同样包含着对真理的主张，尽管这是一种与自然科学不同的真理主张。"艺术经验是一种独特的认识方式，这种认识方式一方面确实不同于提供给科学以最终数据、而科学则从这些数据出发建立对自然的认识的感性认识，另一方面也确实不同于所有伦理方面的理性认识，而且一般地也不同于一切概念的认识，但它确实是一种传导真理的认识。"[1] 和其他经验一样，艺术经验也包含一条通往真理的道路，尽管它通往的是一种与自然科学真理不同的真理，提供的也是一条与自然科学不同的真理之路。加达默尔说，认识到这一点对于精神科学非常重要："精神科学并不想逾越一切经验——不管是审美意识的经验，还是历史意识的经验，是宗教意识的经验，还是政治意识的经验——的多样性，而是想理解一切经验的多样性，但这也就是说，精神科学指望得到这许多经验的真理。"[2] 因为科学的基本特征就是要获得既来自经验又能够帮助我们理解经验的真理。

那么，艺术经验能够为我们提供一种什么样的真理以及通往真理之路呢？

如前所述，我们知道，在自然科学那里，作为我们经验对象的事物与我们对它的经验两者之间不仅是相互分离的，而且前者被认为是一种先于后者而存在的既定之物，后者只不过是对前者的再现而已。这种对于经验对象与经验之间关系的看法，在施莱尔马赫和狄尔泰等古典诠释学家那里也在不同程度上得到了延续。在他们那里，虽然作为理解对象的那些文本的意义是由它们的作者赋予或建构出来的，不是一种像自然物那样完全

---

[1] 加达默尔:《真理与方法：哲学诠释学的基本特征》上卷，第126—127页。
[2] 同上书，第128页。

先于人类而产生的独立实在，但对于这些文本意义的理解者来说，同样是一种先于理解者的理解而独立存在的既定之物，理解的任务就是要客观忠实地再现作者赋予其作品的意义，就像自然科学家的任务就是要客观地再现自然之物的真实性质一样。然而，加达默尔认为，这种将自然科学的真理及经验模式简单照搬进精神科学的做法，是对精神科学真理及经验的一种歪曲，它遮蔽了我们对精神科学真理及经验独特性的认识。通过对艺术真理及经验的分析我们就可以理解这一点。加达默尔写道："我们将看到，只要所有与艺术语言的接触就是与某种未完成事物的接触，并且这种接触本身就是这种事物的一部分，艺术经验中就存在有某种广泛的诠释学结论。这就是针对审美意识及其真理问题的失效而必须加以强调的东西。"[1] 换言之，对艺术作品的鉴赏给我们提供的是这样一种经验：作为这种经验对象的艺术作品本身并不是一种像人们在自然科学研究中所经验到的对象那样，完全独立于理解者的经验、在理解者与它接触之前就已经完成"既定的"存在，而是一种依赖理解者对它的接触（鉴赏、理解）、这种接触本身就构成其存在一部分的未完成之物。这是一种与自然科学完全不同的真理及经验类型。正是这样一种特殊的真理及经验类型，将使我们认识到精神科学中真理问题的特殊性，认识到真理及经验的多样性。

加达默尔首先以游戏为例来说明艺术经验的这种特殊性。他认为，游戏具有两个特点：

第一，游戏具有独立于游戏者的本质。受到传统诠释学影响的人通常会以为，作为艺术的一种形式，游戏的主体是游戏者，游戏的意义就存在于游戏者的主观意识当中，是游戏者出于自己的某种主观意图在进行游戏，而不是游戏自己在游戏。因此，要想了解一项游戏的本质，就必须去了解那些进行这项游戏的人赋予这项游戏的主观意义，了解游戏者对游戏的主观理解。然而，加达默尔认为这是一种错误的认识。加达默尔指出，游戏具有一种独特的本质：它独立于那些从事游戏活动的人的意识，具有

---

[1] 加达默尔：《真理与方法：哲学诠释学的基本特征》上卷，第128页。

一种相对于游戏者的主观意识而言的优先性。他反复说:"游戏的主体不是游戏者,而游戏只是通过游戏者才得以表现。"[1]"游戏的真正主体并不是游戏者,而是游戏本身。游戏就是具有魅力吸引游戏者的东西,就是使游戏者卷入到游戏中的东西,就是束缚游戏者于游戏中的东西。"[2]"游戏就是那种被游戏的或一直被进行游戏的东西——其中决没有任何从事游戏的主体被把握住。"[3]"游戏具有一种自身特有的精神"[4],但这并不是指从事游戏者的主观精神状况,而是指游戏本身的"精神"。游戏者在从事不同游戏时所表现出来的不同精神状态,正是由这些不同的游戏本身具有的精神方面的差异决定的,而不是相反。"每一种游戏都给从事游戏的人提出了一项任务。游戏的人好像只有通过把自己行为的目的转化到单纯的游戏任务中去,才能使自己进入表现自身的自由之中。"[5]因此,尽管在游戏活动中每个游戏者可能都在努力地表现自身,但这些自以为是在表现或发挥自我主体性的人其实只不过是在表现游戏借助他的游戏行为而得以表现的那些精神而已,游戏中的主宰其实是游戏本身而非游戏者。而"游戏所表现的迷惑力,正在于游戏超越游戏者而成为主宰"[6]。因此,"如果我们指望从游戏者的主观反思出发去探讨游戏本身的本质问题,那么我们所探讨的这个问题就找不到任何答案"[7]。任何一项游戏的本质或意义,只能从这项游戏本身而不能从沉浸于游戏的那些游戏者的主观意识中去寻找。

第二,虽然游戏的本质或意义存在于其自身而非游戏者的主观意识当中,但这种本质或意义却不能脱离人们(尤其是观众)对它的观赏和感受而存在。在戏剧一类的游戏中尤其是这样。在戏剧一类的游戏中,游戏虽然不依赖游戏者对它的意识,但却依赖观众对它的感受和观赏:"在观

---

[1] 加达默尔:《真理与方法:哲学诠释学的基本特征》上卷,第133页。
[2] 同上书,第138页。
[3] 同上书,第134页。
[4] 同上书,第138页。
[5] 同上书,第139页。
[6] 同上书,第138页。
[7] 同上书,第132页。

赏者那里它们（游戏）才赢得它们的完全意义。虽然游戏者好像是在每一种游戏里都起了他们的作用，而且正是这样游戏才走向表现，但游戏本身却是由游戏者和观赏者所组成的整体。事实上，最真实感受游戏的，并且游戏对之正确表现自己所'意味'的，乃是那种并不参与游戏，而只是观赏游戏的人。"[1] 戏剧一类的游戏其实是一种通过无数观赏者的观赏活动而不断转化为一种新的真实存在的"构成物"。作为一种构成物，正是观众才使游戏之为游戏的那些东西，也就是说游戏的本质或意义得以实现。在戏剧一类的游戏中，"只是为观赏者——而不是为游戏者，只是在观赏者中——而不是在游戏者中，游戏才起游戏的作用"。"由于游戏是为观赏者而存在，所以下面这一点是一目了然的，即游戏自身蕴涵某种意义内容。这意义内容应当被理解，因此也是可与游戏者的行为脱离的。在此，游戏者和观赏者的区别就从根本上被取消了，游戏者和观赏者共同具有这样一种要求，即以游戏的意义内容去意指游戏本身。"游戏对于观赏者的这种依赖即使在那些本身在形式上拒绝一切观赏者的游戏中也是存在的。例如，在某些单纯只对演奏者而非观众开放的室内音乐会上，音乐的演奏者其实也"力求使音乐为某个想倾听的人存在在那里"，力求使音乐本身更好地表现出来。可见，"艺术的表现按其本质就是这样，即艺术是为某人而存在的，即使没有一个只是在倾听或观看的人存在于那里"。[2]

虽然游戏的上述特征在戏剧一类的游戏艺术中表现得特别典型，但在其他的艺术领域，如绘画、诗歌、雕塑、文学等艺术领域中，情形也是如此。首先，所有"艺术作品决不是一个与自为存在的主体相对峙的对象，……艺术作品其实是在它成为改变经验者的经验中才获得它真正的存在。保持和坚持什么东西的艺术经验的'主体'，不是经验艺术者的主体性，而是艺术作品本身"[3]。其次，所有的艺术作品都依赖它的理解者而存在。"艺术作品的存在就是那种需要被观赏者接受才能完成的游戏。所以

---

[1] 加达默尔：《真理与方法：哲学诠释学的基本特征》上卷，第 142 页。
[2] 参见上书，第 142—143 页。
[3] 同上书，第 132—133 页。

对于所有本文来说，只有在理解过程中才能实现由无生气的意义痕迹向有生气的意义转换。"[1] "所以，对于这样的问题，即这种文学作品的真正存在是什么，我们可以回答说，这种真正存在只在于被展现的过程中，只在于作为戏剧的表现活动中，虽然在其中得以表现的东西乃是它自身的存在。"[2]

三、精神科学中的理解问题

加达默尔认为，我们鉴赏艺术作品所获得的有关艺术作品的真理及经验的认识同样适用于整个精神科学。在《真理与方法》一书的导言中，加达默尔说："本书的探究是从对审美意识的批判开始，以便捍卫那种我们通过艺术作品而获得的真理的经验，以反对那种被科学的真理概念弄得很狭窄的美学理论。但是，我们的探究并不一直停留在对艺术真理的辩护上，而是试图从这个出发点开始去发展一种与我们整个诠释学经验相适应的认识和真理的概念。正如在艺术的经验中我们涉及的是那些根本上超出了[自然科学]方法论知识范围外的真理一样，同样的情况也适合于整个精神科学。"[3]《真理与方法》一书的第二部分"真理问题扩大到精神科学里的理解问题"便是专门用来探讨精神科学中的理解问题的。

如前所述，施莱尔马赫和狄尔泰等古典诠释学家都坚持理解的客观性。为了实现理解的客观性，他们认为：第一，必须将有待理解的历史流传物的意义，具体言之就是这些历史流传物的作者在创造这些流传物时试图通过这些流传物表达的主观意义或"体验"，视为一种像自然科学家所研究的自然现象那样独立于理解者理解过程的客观对象。第二，我们必须深入作者自身在创作这些作品时所经历的主观意识过程，通过再现或重构作者在创作时的主观体验来对作品的意义加以理解。在施莱尔马赫看来，

---

[1] 加达默尔：《真理与方法：哲学诠释学的基本特征》上卷，第 216 页。本文（text）即文本，考虑到译文，以下交替使用"本文"和"文本"。
[2] 同上书，第 152 页。
[3] 同上书，导言，第 19 页。

诠释活动就是"一种把自己置于作者的整个创作中的活动,一种对一部著作撰写的'内在根据'的把握,一种对创造行为的模仿。这样,理解就是一种对原来生产品的再生产,一种对已认识的东西的再认识,一种以概念的富有生气的环节、以作为创作组织点的'原始决定'为出发点的重新构造"[1]。(而为了做到这一点,)第三,就必须尽力克服我们自己在理解某一历史流传物之前可能有的一些对于理解对象的"前见""前理解"等,以避免这些"前见""前理解"扭曲我们对理解对象的把握。加达默尔认为,所有这些传统的关于理解的诠释学观念都是不恰当的。对于某一历史流传物的理解,和上述对于一件艺术作品的理解一样,并非对某种先于理解过程而存在且始终不变的"直接所与"之物的简单再现,而是一个与被理解之物的存在息息相关、作为被理解对象本身存在之一部分的创造过程。我们可以把加达默尔的相关论述简要概述如下:

首先,加达默尔指出,在精神科学的研究过程中,作为理解活动之对象的并非那些历史流传物的作者在创作时赋予这些作品的主观意义,而是这些作品本身具有的独立于作者主观意图的本质或意义。如前所述,精神科学的主要任务是通过对古代文献等历史流传物的解读来了解某"一个"特定历史行动或事件的意义。但施莱尔马赫认为,尽管一份古典文献的内容是对一个特定历史事件进行叙述,但这种叙述(遣词造句、段落布局等)必然要打上文献作者本人在叙事风格乃至"生命联系"方面的个人烙印,就像一件艺术作品可能是在表现一个对象,但其表现方式必然要反映出创作者个人的风格和个性特征一样。因此,在理解一份历史文献中的词句、段落的意义时,我们必须去把握文献作者在创作这些词句、构思段落结构时的个人主观意识过程,即作者个人意图借此表达的意义。对此,加达默尔明确地加以反对。在加达默尔看来,把"本文"(文本)的意义界定为其作者的主观意图,是一种十足具有幻想色彩的论调。他明确指出:"作者的思想决不是衡量一部艺术作品的意义的可能尺度"[2];"本文的真实

---

[1] 加达默尔:《真理与方法:哲学诠释学的基本特征》上卷,第242—243页。
[2] 同上书,第2版序言,第6页。

意义并不依赖于作者及其最初的读者所表现的偶然性。至少这种意义不是完全从这里得到的";"本文的意义超越它的作者,这并不只是暂时的,而是永远如此的"[1]。

对于将一份历史流传物的意义确定为作者在创作时试图表达的主观意义这种做法,我们可以提出的一个质疑是:在这些历史流传物的作者和作为理解者的我们之间,存在着一种时间距离,这种时间距离使得我们和作者在主观方面处于完全不同的精神生活情境,导致双方之间必然存在或大或小的隔膜,这种隔膜必然构成一种难以克服的障碍,使得我们无法进入作者的主观意识。对于这种质疑,施莱尔马赫认为,无论是历史文献的作者还是后来的理解者,都是普遍生命的一个独特存在,他们的个性都是普遍生命的表现,每一个人自身与其他任何人都有共通之处,以至可以通过与自身的比较来达到对他人的理解。"因此施莱尔马赫能够说,作者的个性可以直接地被把握,'因为我们似乎把自己转换成他人'。"[2]狄尔泰也同意正是主体(理解者)和客体(理解对象)之间的同质性使历史认识成为可能,他认为"历史科学可能性的第一个条件在于:我自身就是一种历史的存在,探究历史的人就是创造历史的人"[3]。但是,加达默尔指出,作者的主观意图是一种我们在任何情况下都无法达到的个别主体的精神活动。这种关于在理解者和历史流传物的作者之间存在着某种个性或生命体验方面之共通性或同质性的假定,其实是一种经不起考察的超历史的形而上学预设。而实际上,"人类意识不是无限的理智,对于无限的理智来说,一切事物才是同时的和同在的。意识和对象的绝对同一性对于有限的历史性的意识来说基本上是不可达到的"[4]。"本文"的意义不可能存在于解释者永远不能达到的作者的主观精神活动当中。

加达默尔认为,正如前面在探索艺术作品中的真理问题时所指出的那

---

[1] 加达默尔:《真理与方法:哲学诠释学的基本特征》上卷,第383页。
[2] 同上书,第246页。
[3] 转引自上书,第288页。
[4] 同上书,第304页。

样，本文的意义也是独立于作者个人的主观意识而存在的，本文的意义也不是存在于作者的主观意识当中，而是存在于本文自身当中。正如游戏的真正主体并不是游戏者而是游戏本身，游戏就是具有魅力将游戏者吸引、卷入和束缚于其中的东西，游戏的意义不是存在于游戏者个人的主观意识当中而是在游戏本身当中一样，我们也可以说：本文的意义也是独立于其作者的主观意识而存在的，本文的真正主体也不是它的作者而是其自身，本文就是一个具有魅力将其作者吸引、卷入和束缚于其中的东西，等等。因此，"本文的意义"不是指本文作者的主观意义，而是指本文自身的意义。

其次，加达默尔指出，在精神科学里，作为一份历史文献而流传下来的作品，它的意义虽然不在于其作者的主观意识或体验，但却和一件艺术作品的意义不能脱离观赏者对它的观赏一样，一份历史文献作品的意义也不能脱离它的读者对它的理解而存在。加达默尔认为，虽然"本文的意义"指的是本文自身的意义，它独立于作者的主观意识，然而，本文自身的意义却不能摆脱人们对本文的理解而存在。只有在人们的理解当中，本文才得以存在；只有在它的理解者那里，本文才真正获得它的完全意义。对于加达默尔来说，人类的精神创造物与自然物体不同。自然物体可以独立于人对它的理解而存在（不依赖观察者或解释者有关它们的主观意义而存在）；精神创造物则不然，它只有被人们体验、理解才能持续存在（必须依赖观察者或解释者对它的主观意识而存在）。对于后者来说，存在就是被理解。这和游戏的真正存在依赖观众对它的感受和观赏，绘画、诗歌、音乐、戏剧等艺术作品的真正存在只在于它们被展现、被理解的过程一样，本文的真正存在也正是通过它被阅读、被理解的过程才得以实现。所有这些人类精神的创造物的"真理"和意义，都只存在于以后对它的理解和解释的无限过程当中。只有通过这样一种持续不断的被理解的过程，它们才经历一种"存在的扩充"。

因此，对于加达默尔来说，"理解"不再是一种"对于某个被给定

'对象'的主观行为"[1]，它本身成为被理解者之存在的一部分，成为被理解者之意义形成过程的一部分："理解是属于被理解东西的存在"[2]，"理解必须被视为意义事件的一部分，正是在理解中，一切陈述的意义——包括艺术陈述的意义和所有其他流传物陈述的意义——才得以形成和完成"[3]。由此可见，"理解"本身对于被理解物的存在及意义就具有一种效果，"理解按其本性乃是一种效果历史事件"[4]。脱离了理解过程，本文便失去了它真正的存在意义。

再次，加达默尔又指出，对于一件历史流传物来说，尽管其意义不在于作者创作它时赋予其的主观意图，而在于读者对它的阅读和理解过程，但一件历史流传物的意义也不完全是由读者的理解活动自由或任意确定的。按照加达默尔的说法，一件历史流传物的意义其实是作为理解者的读者的"视域"和作为理解对象的本文的"视域"两者相互作用、相互融合的结果。

所谓"视域"，"就是看视的区域，这个区域囊括和包容了从某个立足点出发所能看到的一切"[5]。在任何一次理解过程中都存在着两种视域，即"本文"自身的视域和理解者的视域。每一次的理解其实都是这两种视域相互作用、相互融合的结果，而非一个自主的、理性的理解者单凭自己的理性能力去对某个文本进行客观理解的结果。首先，如上所述，文本具有的意义不在于我们难以企及的作者的主观意识，而在于其自身。理解一个文本，就是要去把握存在于其自身当中的意义。每一个文本都是由其作者在特定历史情境下，用那个时代的文字，在那个时代通行的规范和价值观的约束、引导下完成的，因此自身都包含着一个由那个时代的历史情境、语言文字、规范和价值观等因素构成的特定历史视域。为了理解本文的意义，我们首先需要将自身置入本文的"视域"即"他人得以形成其意

---

[1] 加达默尔：《真理与方法：哲学诠释学的基本特征》上卷，第2版序言，第6页。
[2] 同上。
[3] 同上书，第217页。
[4] 同上书，第387页。
[5] 同上书，第391页。

见的视域"（而不是施莱尔马赫等人所说的文献作者的内心状态）。[1] 只有这样，我们才能够得到对本文意义的"正确"理解。其次，作为理解者的我们在从事理解活动时，也不可能是处于一种摆脱了一切"前见""前理解"的意识状态。实际上，不管我们愿意不愿意，我们在理解过程开始的时候总是拥有一定的来自传统或其他源泉的前见、前理解或前把握，这些前见、前理解或前把握就构成了我们自身的视域。我们不仅无法像施莱尔马赫、狄尔泰以及许多启蒙思想家所主张的那样丢弃它们，而且它们对于我们的理解活动实际上还有积极的意义，"一切诠释学条件中最首要的条件总是前理解，……正是这种前理解规定了什么可以作为统一的意义被实现，并从而规定了对完全性的先把握的应用"[2]。只有借助这些前见、前理解与前把握，我们才有可能真正完成一次理解过程。任何理解活动都是通过一种"诠释学的循环"过程来完成的。这种循环既包括本文作为一个整体与其各部分之间的循环，也包括本文与其作为其中一部分的历史整体之间的循环。在每一次理解活动开始之时，理解者总会先对本文的意义形成一个预期，然后通过上述循环过程去检验这个预期是否"正确"。而理解者的这个意义预期就是也只能是来自他的相关"前见""前理解"。并且，我们对本文的意义之所以能够"正确"把握，正在于我们的"前见""前理解"也是来自本文作为其中一部分的那个历史整体。正是由于这些和本文视域处于同一历史整体的"前见""前理解"，作为理解者的我们和作为理解对象的"本文"之间存在的那种历史距离才不再构成理解的障碍，而是相反地成了理解的中介或桥梁，从而使我们对历史流传物的理解成为可能。加达默尔说："支配我们对某个本文理解的那种意义预期，并不是一种主观性的活动，而是由那种把我们与流传物联系在一起的共同性所规定的。"[3] 如果像狄尔泰等人所要求的那样，完全抛弃我们的前见、前理解和前把握（尽管这实际上做不到），反而会使我们达不到对本文意义的恰

---

[1] 加达默尔：《真理与方法：哲学诠释学的基本特征》上卷，第 377 页。
[2] 同上书，第 380—381 页。
[3] 同上书，第 379 页。

当把握。此外，和人们的一般设想不同，在任何情况下，理解过程都不只是一个理解和解释的过程，而是恰如古人所为，是一个试图将理解到的东西加以应用的过程。作为一种应用过程，理解者势必要从自身的观点去进行理解，以便"在流传物中发现对于我们自身有效的可理解的真理"，因而不可避免地要将自身的视域带入理解过程。因此，当我们在理解过程中为了"正确"理解文本而将自己置入文本的视域时，这种置入决不是也不可能是将一个完全丢弃了自我的韦伯式"价值中立"的自身放进本文的视域，而是将一个"已经具有一种视域"的我们放入本文的视域。因此，理解总是我们自己的视域与本文视域的融合过程。通过这种视域的融合，我们便产生了一种更具普遍性的新的视域。[1] 在这种新的视域中，本文对于我们的意义才充分地显示或建立起来。上文关于理解是一项"效果历史"事件的说法，也可以在这一意义上得到更好的说明。

显然，由于本文的意义总是我们自己的视域与本文的视域二者融合的结果，因此，一方面，我们对本文意义的理解并不会是任意的，而是能够从本文中获得一定依据的，是有据可查的，但另一方面，随着时间的流逝、历史的变迁，"我们自己的视域"在不同的时空境遇中又总是每每不同，因为在历史研究中，"本文的真实意义"就"总是同时由解释者的历史处境所规定的，因而也是由整个客观的历史进程所规定的"。因此，对于处于不同时空境遇的"我们"来说，同一本文的意义就完全可以是不同的。这样，"理解就不只是一种复制的行为，而始终是一种创造性的行为"。[2] "对一个本文或一部艺术作品里的真正意义的汲舀是永无止境的，它实际上是一种无限的过程。这不仅是指新的错误源泉不断被清除，以至真正的意义从一切混杂的东西被过滤出来，而且也指新的理解源泉不断产生，使得意想不到的意义关系展现出来。"[3] 可以说，"如果我们一般有所

---

[1] 加达默尔：《真理与方法：哲学诠释学的基本特征》上卷，第394页。
[2] 同上书，第383页。
[3] 同上书，第385—386页。

理解，那么我们总是以不同的方式在理解"[1]。从长远来看，理解的结果既不是任意的，又必然是多元化的。

由于理解是一种视域融合的过程，而非像施莱尔马赫、狄尔泰等历史主义者所设想的那样，是一种由摆脱了自身"前见""前理解"的理解者对本文作者的主观意图进行单向"客观"诠释的过程，因此，我们在对每一次的理解过程进行理解时，就必须意识到我们自身的视域在这一过程中所起的作用，意识到我们通过理解所得到的结果是一项效果历史事件，而非对某种历史对象的纯客观的诠释。否则，我们就会对理解结果的本质产生误解。

四、理解和语言："能被理解的存在就是语言"

在《真理与方法》一书中，加达默尔还讨论了理解和语言之间的关系，指出理解不仅以语言为媒介和前提，而且理解不能超出语言的界限："能被理解的存在就是语言。"[2]

人们在说到语言和世界之间的关系时，经常认为世界是一种先于语言而独立存在的东西，语言不过是人类通过相互之间的约定或者基于语词与世界之间的相似性而构造出来的一种表达世界的工具。我们在理解一个人所说的话语或者一篇文章所呈现的文字时，要达到的目标是透过这些声音或者文字形式的语言去把握住其所表达的那个世界。作为这样一种表达世界的工具，语言虽然为我们提供了把握世界的媒介，但同时也可能构成我们和世界之间的一道屏障，并且，由于任何一种语言都可能具有不完善性或不精确性，因此我们难以准确地把握世界的原本状态。概言之，对我们用于表达世界的语言可能存在的缺陷进行反思，并尽可能构建出一种接近于完善状态的理想语言，以减少我们在通过语言来把握世界时由于语言的不完善性而产生的歪曲，是我们在认识世界过程中所需要承担的一项重要

---

[1] 加达默尔：《真理与方法：哲学诠释学的基本特征》上卷，第383页。
[2] 加达默尔：《真理与方法：哲学诠释学的基本特征》下卷，第615页。

任务。

然而，加达默尔对于这样一种关于语言和世界之间关系的看法表示明确的反对。加达默尔将"世界"和"环境"这两个概念加以区别，认为前者是人类专有的，后者则是世界上存在的一切生物所拥有的。"环境概念可以在广义上应用于一切生物，以便概括出这些生物的此在所依赖的条件。但……人类同所有其他的生物不同，因为人拥有'世界'。"[1]人之外的那些生物与其环境之间的关系是一种前者被动适应后者的关系，因为前者"被置于它们的环境之中"；而人与环境的关系则是一种前者主动构造后者的"去环境化"的关系。这种去环境化则包含了"世界的语言构造性"[2]，即通过语言来为自己构造出一个与其他生物面对的环境完全不同的环境，即"世界"。"拥有语言意味着一种同动物的环境束缚完全不同的存在方式。……谁拥有语言，谁就'拥有'世界。"[3]基于这种区别，加达默尔明确指出："语言并非只是一种生活在世界上的人类所适于使用的装备，相反，以语言作为基础，并在语言中得以表现的是，人拥有世界。世界就是对于人而存在的世界，而不是对于其他生物而存在的世界，尽管它们也生活在世界之中。但世界对于人的这个此在却是通过语言而表述的。这就是洪堡从另外的角度表述的命题的根本核心，即语言就是世界观。洪堡想以此说明，相对附属于某个语言共同体的个人，语言具有一种独立的此在，如果这个个人是在这种语言中成长起来的，则语言就会把他同时引入一种确定的世界关系和世界行为之中。但更为重要的则是这种说法的根据：语言相对于它所表述的世界并没有它独立的此在。不仅世界之所以只是世界，是因为它要用语言表达出来——语言具有其根本此在也只是在于，世界在语言中得到表述。"[4]"我们世界经验的语言性相对于被作为存在物所认识和看待的一切都是先行的。因此，语言和世界的基本关系并不

---

[1] 加达默尔：《真理与方法：哲学诠释学的基本特征》下卷，第575页。
[2] 同上书，第576页。
[3] 同上书，第587—588页。
[4] 同上书，第574—575页。

意味着世界变成了语言的对象。一切认识和陈述的对象都总是已被语言的世界视域所包围。"[1]

以上述看法为基础，加达默尔批判了那种认为语言可能构成我们认识世界之障碍的见解。他说："人所生活于其中的真正的语言世界并不是一种阻碍对自在存在认识的栅栏，相反，它基本上包含了能使我们的观点得以扩展和提升的一切。在某个确定的语言和文化传统中成长起来的人看世界显然不同于属于另一种传统的人。因此，在历史过程中相互分离的历史'世界'显然互相不同，而且也与当今的世界不同。不过，在不管怎样的流传物中表现自己的却总是一种人类的世界，亦即一种语言构成的世界。每一个这样的世界由于作为语言构成的世界就从自身出发而对一切可能的观点并从而对其自己世界观的扩展保持开放并相应地向其他世界开放。"[2]

相应地，加达默尔也批判了那种认为在语言之外存在着一个独立的"自在世界"的看法，指出"衡量自己世界观不断扩展的尺度不是由处于一切语言性之外的'自在世界'所构成。相反，人类世界经验无限的完善性是指，人们不管在何种语言中活动，他们总是只趋向一种不断扩展的方面，趋向一种世界'观'。这种世界观的相对性并不在于，似乎我们可以用一个'自在世界'与它对置；好像正确的观点能够从一种人类—语言世界之外的可能方位出发遇见这个自在存在的世界"。当然，加达默尔解释说，这并不是说世界不能脱离人而存在："世界没有人也能够存在，也许将存在，这一点绝对没有人怀疑。"不能脱离人或人类语言而存在的是对人而言具有意义的那一部分，世界的相对性"乃在于所有人类—语言地把握的世界观生活于其中的感官意义部分"。人类能够加以理解和把握的世界也只能是这样一种世界，那种可以脱离人类语言而独立自存的世界，正如康德已经证明的那样，不是人类可以理解和把握的，而是从上帝或撒旦的位置才能够加以理解和把握的世界。从这样一种意义来说，"世界就是

---

[1] 加达默尔：《真理与方法：哲学诠释学的基本特征》下卷，第 584 页。
[2] 同上书，第 580 页。

语言地组织起来的经验与之相关的整体。……世界自身所是的东西根本不可能与它在其中显示自己的观点有区别"。[1]

这种由人类语言构成的世界的相对性也不意味着我们只能局限在自己的世界里而无法进入其他的世界，并不意味着我们必须对其他世界持一种排外的立场。相反，加达默尔指出，我们不但完全可以进入其他的世界，而且进入其他世界的经历只会帮助我们克服自身经验方面的局限，使我们的世界经验得以扩展。但这种扩展既不是通过以一个世界替代另一个世界的方式，也不是以简单地将两个世界合并为一的方式来加以实现，而是在让不同的世界并存的情况下，以我们自身在这些不同的世界中自由转换的方式来实现。"如果我们通过进入陌生的语言世界而克服了我们迄今为止的世界经验的偏见和界限，这决不是说，我们离开了我们自己的世界并否认了自己的世界。我们就像旅行者一样带着新的经验重又回到自己的家乡。即使是作为一个永不回家的漫游者，我们也不可能完全忘却自己的世界。"[2] 例如，尽管我们早已生活在一个由哥白尼"日心说"塑造的世界里，但这并不妨碍我们依然可以像生活在由"地心说"构成的世界里的人那样，经常说"太阳落山了"。显然，我们非常清楚存在着由两种不同语言构成的世界，这两个世界提供给我们的都是真正的实在。"太阳落山对于我们的直观来说乃是一种实在。然而我们又能通过另一种模式结构而从这种直观证据中思维地摆脱出来"[3]，进入哥白尼"日心说"构造的理智世界。我们既不能以我们直观经验的实在性去反驳哥白尼用科学语言构成的理智世界，也不能用科学理智的眼光去否定我们直观经验的实在性，因为科学告诉我们的真理也是以某种特定的世界观取向为前提的。我们直观到的世界和科学建立起来的世界两者都具有合法性。

---

[1] 加达默尔：《真理与方法：哲学诠释学的基本特征》下卷，第 580 页。
[2] 同上书，第 581 页。
[3] 同上书，第 582 页。

结　语

综上所述，我们看到，加达默尔对文本意义的诠释过程，给出了一种与施莱尔马赫、狄尔泰等人的古典诠释学非常不同的理解和说明。与施莱尔马赫和狄尔泰不同，加达默尔不仅明确地反对将文本的意义与文本作者在创作文本时所欲表达的主观意义等同，而且从根本上否认文本意义是一种像自然科学的研究对象那样先于理解者的理解而独立存在的既定之物，否认理解的任务就是要客观忠实地再现作者赋予其作品的意义，认为作为理解对象的作品是一种依赖理解者对它的接触（鉴赏、理解）、这种接触本身就构成其存在之一部分的未完成之物，无论是对于一件历史流传物的理解也好，还是对于一件艺术作品的理解也好，都不是对某种先于理解过程而存在且始终不变的"直接所与"之物的简单再现，而是一个与被理解之物的存在息息相关、作为被理解对象本身存在之一部分的创造过程。对加达默尔来说，与可以独立于人对它的理解而存在的自然物体不同，精神创造物只有被人们所体验、所理解才能持续存在。对人类的精神创造物来说，存在就是被理解。所有人类精神创造物的"真理"和意义，都只存在于以后对它的理解和解释的无限过程当中。当然，这并非意味着文本的意义完全由理解者的主观意志随意决定。文本的意义虽然不能脱离理解者的理解而独立存在，但理解者也不能依自己的主观意志对文本的意义随心所欲地进行诠释。一方面，理解者对文本加以解读，总是在某种由已有的"前见""前理解"构成的"视域"中进行的；另一方面，作为理解对象的文本也会拥有一个自身的"视域"。文本的意义其实就是理解者的"视域"和文本提供的"视域"两者相互作用、相互融合的结果。通过这种视域的融合，我们一方面产生了一种使文本的意义得以显示的新视域，另一方面，由于"我们自己的视域"在不同的时空境遇中总是每每不同，因此，同一文本的意义也可以有所不同。进一步说，我们的理解过程始终是一种创造性的过程，即使是同一文本，对其意义的理解从长远来看也必然是多元化的。强调文本意义对理解者"视域"的依赖性以及意义诠释结果的多元性,正是加达默尔的哲学诠释学提供给我们的两个最为重要的理论见解。这两个基本的理论见解,与后实证主义科学哲学的两个基本理论见解——我们关于自然现象的经验对相关理论话语的依赖性以及科学研究结果的多元性——在思想倾向方面具有高度的一致性。正是这种一致性,使我们可以将加达默尔的诠释学理论与施莱尔马赫、狄尔泰等人强调文本意义之给定性和诠释结果之一元性的古典诠释学理论区分开来,而与后实证主义科学哲学放在一起,作为后现代主义思潮在诠释学领域中的体现来加以梳理和理解。

第六章　德里达的解构主义理论

德里达是法国"后结构主义"的主要代表人物之一。德里达的"后结构主义"思想也被称为"解构主义"。德里达的"解构主义"是当代西方后现代主义思潮的一个重要组成部分，它不仅在西方哲学界产生了重要的影响，而且对文学艺术、语言学、社会学、政治学等领域都有着深远的影响。在某种意义上我们可以说，现代主义的诠释学理论在德里达那里遭遇了更严峻的挑战。德里达的解构主义理论在很大程度上就是一种对西方传统的意义理论进行解构的理论。

德里达著述繁多，思想内容复杂多样，文字表达也往往晦涩难懂。出于讨论的需要，我们将德里达的思想大体上概括为三个基本方面来加以叙述和分析。这三个基本方面是：（1）反"逻各斯中心主义"；（2）后结构主义；（3）解构主义。以下分述之。

一、言语和文字：反"逻各斯中心主义"

颠覆西方思想中的"逻各斯中心主义"传统，是德里达全部学术活动最主要的目标之一。德里达从批评"言语中心主义"入手来展开他对"逻各斯中心主义"传统的批评。

1. "逻各斯中心主义"及"言语中心主义"

"逻各斯中心主义"指的是这样一种思想观念，这种观念认为，在我们的思维和语言之外，存在着一种独立的本源性的实在（存在、物质、理念、上帝、本我等），这种本源性实在的存在和变化是由一些确定无疑的本质或规则支配的，这种支配万物生灭变化的本质或规则就叫作"逻各斯"（logos）；我们的一切经验、思想和语言都不过是对这种本源性实在及其背后的那种"逻各斯"的表达或再现，本源性实在及其背后的"逻各斯"是全部经验、思想和语言的基础和终极所指；准确地把握或再现这些本源性实在，努力领悟和掌握宇宙的这种"逻各斯"，就是我们包括哲学、科学和日常思维在内的全部思维活动的中心任务，也是我们生存的基本前提。

按照这种"逻各斯中心主义"的观念，我们用以把握和再现"逻各斯"的各种形式，其价值就应该根据它们"真实"把握和再现"逻各斯"的能力来加以评价。而在经验、言语和文字这三种我们用来表达、再现客观实在或"逻各斯"的工具或手段当中，经验是对"逻各斯"最直接的把握，言语则是对经验的直接表达，文字则只不过是对言语的一种再现："言语是心境的符号，文字是言语的符号。"[1] 因此，比较而言，言语当是一种比文字更为优越的再现手段。因为和文字相比，言语具有直接在场等特点，可以即时地、直截了当地表达我们正在经验的东西："言语……与心灵有着本质的直接贴近的关系，……它表达了'心境'，而心境本身则反映或映照出它与事物的自然相似性。"[2] 而文字作为对经验的一种间接的再表达，却总是可能导致我们直接经验能力的衰退或对我们内心经验即"逻各斯"的某种歪曲。可见，"逻各斯中心主义"同时"也不过是一种言语中心主义（phonocentrisme）：它主张言语与存在绝对贴近，言语与存在的意义绝对贴近，言语与意义的理想性绝对贴近"[3]。

---

[1] 亚里士多德：《解释篇》1, 16a 3. 转引自德里达：《论文字学》，汪堂家译，上海译文出版社，1999年，第14页。

[2] 同上。

[3] 同上书，第15页。

德里达曾经引用柏拉图在其对话录《斐德若篇》中借苏格拉底之口讲述的一段故事，形象地阐释了西方思想中的"言语中心主义"传统。苏格拉底在与斐德若讨论修辞学问题的时候，讲述了一个他听来的传说故事：古神图提（Theuth）来见埃及国王塔穆斯（Thamus），向后者献上他发明的数字、文字、天文学等。待献上文字的时候，图提向国王特别推荐说，这项发明"可以使埃及人受更多的教育，有更好的记忆力"。殊不料塔穆斯思忖再三，最终断然拒绝了这份厚礼。国王塔穆斯对图提说：

> 多才多艺的图提，能发明一种技术的是一个人，能权衡应用那种技术利弊的是另一个人。现在你是文字的父亲，由于笃爱儿子的缘故，把文字的功用恰恰说反了！你这个发明结果会使学会文字的人们善忘，因为他们就不再努力记忆了。他们就信任书文，只凭外在的符号再认，并非凭内在的脑力回忆。所以你发明的这剂药，只能医再认，不能医记忆。至于教育，你所拿给你的学生们的东西只是真实界的形似，而不是真实界的本身。因为借文字的帮助，他们可无须教练就可以吞下许多知识，好像无所不知，而实际上一无所知。[1]

这种认为文字将会遮蔽或毁坏人们与生俱来的认识能力，甚至毁坏人们原本美好纯洁之心灵的看法，实际上一直在西方思想中占据着主导地位。自古希腊思想家（包括苏格拉底、柏拉图和亚里士多德等）起到近现代的思想家如卢梭、康德、黑格尔、索绪尔和海德格尔等，无一不是对文字保持一种批判和警惕的态度。

2.反"逻各斯中心主义"及反"言语中心主义"

在《论文字学》一书中，德里达对上述"逻各斯中心主义"及"言语中心主义"传统进行了尖锐的批评。德里达的批评意见大体上可以归纳为以下几点：

（1）德里达指出，经验、言语和文字之间的关系事实上并不像人们通

---

[1] 柏拉图：《柏拉图文艺对话集》，朱光潜译，人民文学出版社，1963年，第168—169页。

常所设想的那么简单。在言语和文字之间，并非永远都是言语第一位、文字第二位。且不说西方世界以外的某些文字（如中国的汉字）与言语之间的关系，即使是在西方文化的范围内，文字也并非永远只是言语的再现、声音的记录。且不说在起源上言语和（广义的）文字之间孰先孰后一直聚讼纷纭，是非难辨，即使我们接受言语的产生先于文字的常识性看法，也无法由此推出后出现的文字就一定只是并且始终是言语的表达或再现。[1] 实际上，文字和言语一样都具有约定俗成或任意的性质，仅这一点就足以表明，文字不可能是言语的简单再现："我们应该以符号的任意性的名义不接受索绪尔将文字定义为言语的'图画'——因而定义为自然的记号。音素是非形象的东西本身，任何可见物都不可能与它相似。"[2]

（2）此外，德里达认为，一旦出现文字，言语和文字二者之间就不可避免地构成一种类似于镜子与其在水中的倒影之间的关系，"彼此无限反射，但有多个起源。不再存在单纯的起源，因为被反映的东西本质上被一分为二，并且不仅仅是它的影像的自我补充"。不仅不再存在或者说永远不可能再存在像索绪尔等人所设想的那样一种可以与文字截然分开、完全独立于文字的纯粹言语，而且言语和文字之间的关系也逐渐发生了戏剧性的变化。在文字出现之后的语言中，"字符与语音千缠百结，以至于通过反映、转换和倒置的效果，言语似乎成了'最终篡夺主导地位'的文字的反射镜。指代与被指代的东西混合在一起，以致人们说话时就像在写字，人们思维时，被指代者仿佛不过是指代者的影子或反映"[3]。换句话说，文字不仅不是对言语的单纯记录或再现，而且，反过来，文字还成了言语的前提和基础，使得在整个语言系统中，作为语言之本质或成为语言之"原型"的不是言语而是文字："现在，我们必须意识到，由于文字并非言语

---

[1] "'只有在学会说话之后，人们才学会阅读和写作'。即使这种常识性的观点得到了严格的证实——我们不相信这一点（因为它的每个概念都隐含极大的问题）——我们仍然必须保证这一论证中的有关内容的确实性。即便'之后'在这里不过是出于方便的表述，在确信我们学会说话之后可以学会写作时，如果我们清楚地知道我们想了些什么说了些什么，这难道足以使我们断定，'之后'出现的东西具有寄生性？"见德里达：《论文字学》，第76页。

[2] 同上书，第62页。

[3] 同上书，第49—50页。

的'图画'或'记号',它既外在于言语又内在于言语,而这种言语本质上已经成了文字。"[1]在这种情境下,人们不仅不通过文字便无法再思维和言说,而且人们的思维和言说在内容上也无法超脱文字为我们所划定的范围:"文字既构造主体又干扰主体。"[2]

(3)德里达还指出,卢梭和索绪尔等人其实都已经观察到最后这一点。例如,索绪尔就已经发现,"文字与文字所再现的言语如此紧密地结合在一起,以致文字最终篡夺了主导地位"。卢梭也发现,虽然"文字不过是言语的再现;(但)奇怪的是,人们热衷于确定印象而不是确定对象"。[3]索绪尔甚至非常简洁地指出了导致这种现象的主要原因是"语词的文字图画是持久、稳固的东西,它比声音更适合于构成语言在时间中的统一性。……它远比自然纽带,比这个唯一真正的纽带即声音纽带更容易把握"[4]。然而,由于"逻各斯中心主义"及"言语中心主义"立场的局限,他们始终将这种现象视为语言演变过程中所遭遇的一种危机或产生的一种弊病,是"自然关系的颠倒",是一种"文字的暴虐",是文字对自身地位的一种"僭越"。"必须立即以自然的东西代替人为的东西,"卢梭断然发出这样的号召。[5]而德里达则断然地拒绝了卢梭和索绪尔等人的这种立场。

(4)德里达认为,文字对言语及整个语言系统的影响乃是一种必要或者必然。针对上述将文字与言语截然对立起来并坚持言语处于第一位的观点,德里达反问道:"'语词的文字图画是持久、稳固的东西,它比声音更适合于构成语言在时间中的统一性。'这难道不也是一种自然现象吗?"[6]"人们给'活生生的言语'赋予了什么意义使得文字的'入侵'难以容忍,甚至从一开始就认定文字的不断影响是一种曲解和入侵呢?人们违反了什么禁令呢?亵渎何在呢?为什么要防止母语受到文字的影响呢?

---

[1] 德里达:《论文字学》,第63页。
[2] 同上书,第97页。
[3] 转引自上书,第49页。
[4] 转引自上书,第48页。
[5] 转引自上书,第51页。
[6] 同上书,第49页。

为什么认定那种影响是一种暴力？为什么这种改造只会成为曲解呢？"[1]其实，只要我们放弃由"逻各斯中心主义"及"言语中心主义"所造成的那种思维定式，我们就会认识到，文字对言语及整个语言系统的影响乃是一种必要或者必然：正是文字的稳定性、统一性和延续性造就了言语乃至整个语言的稳定性、统一性和延续性；也正是文字而不是言语才为语言、科学研究和整个文化的存在提供了基本的前提或先决条件（这也正是德里达认为有必要建立一门专门研究文字的科学的原因）；[2]语言、科学和一切再现，都只有在文字之中才成为可能。[3]因此，我们应该断然打破"逻各斯中心主义"及"言语中心主义"的禁锢，承认文字对于我们来说所具有的重要性，透过对文字的把握和理解来理解我们的语言、我们的科学、我们的历史乃至我们的全部经验或存在。

二、符号的意义："后结构主义"

那么，如何去把握文字的意义呢？

德里达有关言语、文字和语言的讨论，在很大程度上是以索绪尔结构主义语言学的一些基本立场为出发点的。他从索绪尔的某些论点出发，但最终又超越了索绪尔的这些论点，形成了自己的新立场。例如，在前面关于言语和文字之间关系问题的讨论中，他从索绪尔的语言具有自足性这一立场出发，但最终又超越了索绪尔关于言语比文字更具优越性的论点，形成了自己的新立场：在语言系统中，文字即使不比言语更重要，也至少具有和言语同等重要的地位。在如何把握文字（的意义）这一点上也是如

---

[1] 德里达：《论文字学》，第 57 页。
[2] 例如，正如索绪尔本人已经意识到的那样，"我们一般只有通过文字来认识语言"。虽然在今天我们可以用各种录音设备来记录语言，"可是这样记录下来的原件要为他人所认识，还须求助于文字"。（转引自陆扬：《德里达——解构之维》，华中师范大学出版社，1996 年，第 22—23 页。）
[3] "文字不仅是为科学服务的辅助手段——最终会成为科学的对象——而且首先像胡塞尔在《几何学的起源》中特别指出的那样，成为理想对象的可能性的条件，从而成为科学的客观性的条件。在成为科学的对象之前，文字则是认识的条件。""历史性本身与文字的可能性联系在一起，与超越具体文字的一般文字的可能性联系在一起。……在成为历史、历史学的对象之前，文字开创了历史的领域、历史演变的领域。"（德里达：《论文字学》，第 37—38 页。）

此。这也正是人们把德里达等人的理论称为"后结构主义"的原因。

1. 结构主义的意义观

索绪尔在他的语言学著作中,将语言符号(sign)划分为能指(signifier)和所指(signified)两个组成部分。所谓能指,即一个字词的物质部分。在口语中,它就是人们说出来或听到的那种声音;在书写语中,它就是用墨水或其他物质所形成的那些标记。所谓所指,则是一个字词在人们的思维中所引起的观念。在索绪尔之前,人们通常认为一个语言符号的意义来自与符号相连的那个观念。例如,"树"这个词所具有的意义来自它在人们心中所引起的那些有关树的观念。按照这种说法,能指和所指之间似乎有着比较确切或固定的关系。然而,索绪尔却提出了一个与众不同的看法,即语言符号具有任意性(arbitrary)。换句话说,能指和所指之间,语言符号与事物、观念之间的联系完全是任意的、随机的、偶然的,不过是种人为的约定而已。例如,作为所指的树既可以被叫作"树",也可以被叫作"trees"或者"arbres"等。没有任何必然的、不可抗拒的原因或力量使得我们必须将树叫作"树"或者"trees"等。实际上,任何能指(字或音)都可以用来指称任何所指。因此,在能指和所指之间不存在任何必然的、固定的联系。在所指与其所指涉的事物之间也是这样。

那么,语言符号是如何获得它们的意义的呢?索绪尔认为,语言符号的意义源于它在语言系统中与其他符号之间的差异关系。具体地说,"树"这个符号的意义就来自它与"草""木""花"等符号在音或形上面的差异。人们就是通过它与后面这些符号在音或形上的差异来辨认和确定它与其所指之间的联系的。同样,一项所指的意义也是通过它与其他所指之间的差异来获得的:"我们只有把 rock 同其他在语义上非常近似的 stone、boulder 和 cliff 区分开来,才能确定这个能指的涵义。"可见,任何一个特定的语言符号都既没有内在固有的含义,也不可能独立存在。"如果没有差异,也就没有了意义。单词语言(one-term language)是不可能存在的,因为单个词项能够适用于任何事物,对它们不作任何区分;它至少需要另一个词项来确定自己。……如果两个词中的两个元音在发音上没有丝毫差异,那么我们就绝对不会拥有任何一种行之有效的语言。"[1]

索绪尔的上述观点被公认为在语言学中完成了一项历史性的变革。因为它颠覆了以往将语言看作人们认识和反映外部世界的一种媒介、语言符号的意义来自其同与之相连的事物之间的一致性这样一些传统的观念,而将语言及语言符号的意义看作一种独立于其所指涉的世界的东西,甚至将语言看作一种可以形塑人类思维和周围世界的能动的东西。

2. 德里达的"后结构主义"意义观

(1)对索绪尔的批评:索绪尔没有走出"逻各斯中心主义"的窠臼。

德里达对索绪尔的上述观点首先给予了极高的评价,认为它是对"逻各斯中心主义"的一种有力反驳。但德里达又认为索绪尔的反驳尚不彻底。这是因为,索绪尔虽然指出了符号的意义源于它在语言系统中与其他符号之间的差异,但由于索绪尔所持的结构主义语言观只从同时性的维度来考察语言系统,将语言系统看作一种有确定边界的、封闭的系统,在这样一种系统中,每个符号都有着自己相对固定的位置,与其他符号之间的差异也有着相对稳定性,因此势必得出符号还是具有相对固定的意义这样一种结论。对这种固定意义的寻求就依然构成我们的一个终极目标,而这恰恰是"逻各斯中心主义"的徽记。因此,索绪尔的意义理论既反叛了"逻各斯中心主义",又还没有走出"逻各斯中心主义"的窠臼。

(2)"后结构主义"意义观:符号不具有确定的意义。

德里达明确肯定语言符号不具有确定的意义。导致符号意义不确定的主要原因在于符号差异的不稳定性、多变性和无限性。例如,"树"这个符号的意义既来自它与"草""木""花"等符号在音或形上面的差别,也来自它与"人""天""雨"等一系列其他符号之间的差别……以此类推,这一过程其实将永无终点(尤其是当我们不仅从同时性的角度,而且从历时性的角度来考察语言系统时,这一点将会表现得更清楚)。这样一来,每个符号在语言系统中的位置都将是不确定的、变化多样的,它与其他符

---

[1] 约翰·斯特罗克编:《结构主义以来:从列维-斯特劳斯到德里达》,渠东等译,辽宁教育出版社,1998年,导言,第13页。

号之间的差异，因而它的意义也将是复杂多变、无限多样的。对于任何一个符号，我们都永远不可能获得对其意义的最终理解。

为了更好地说明上述观点，德里达创造出了"différance"一词。"différance"是受法语动词"différer"的启发，通过将法语中的名词"差异"（différence）的倒数第四个字母 e 改写成 a 而形成的。在法语中，动词"différer"本有两重含义。其一是指时间上的延宕，即一种不断向后延伸的时间运动。其二则是指空间上的区分。而名词"différence"却只有空间上的"区分"之意，缺乏时间上的延宕这一意涵。这是一个重要的缺憾。德里达参照动词"différer"，将名词"différence"改写成"différance"，正是为了弥补这一缺憾，使之同样具有时间上的"延宕"和空间上的"区分"这两重含义。德里达认为，创造"différance"一词是为了表明文字等语言符号的意义是来源于空间上的"区分"和"时间"上的"延宕"双重运动，而不仅仅是来源于符号之间在空间上的区分运动。换句话说，符号的意义不仅取决于与它同时存在的其他符号之间的差别，而且取决于与在它之前以及在它之后出现的其他符号之间的差别。前者使得符号的意义不能单纯靠它自己或它自己与其所指之间的关系得到确定，而只能由具体语境中它与其他符号之间的差异来确定；后者则使得符号的意义或者符号与其所指之间的联系永远不能得到最终的确定，符号的意义或与其所指之间的联系永远都只是暂时的、不确定的，符号的意义或所指的确定过程被无止境地拖延、推迟下去，成为一个无限"延宕"的过程（也可以说，符号的确切意义或所指或其所"呈现"的"在场"被无限期地"延宕"了）。德里达说："直觉、知觉、完满性（总之，与在场的关系，以及对一个在场实在和一个存在物的指涉），总是被'延迟的'。通过差异原则来延迟，这是因为一个（语言）要素要发挥作用和有所表征，即包含或传达意义，只有通过在踪迹的适当安排中指涉另一个过去的或将来的要素才能达到。"[1] 这样一来，就"再也不存在所谓的语词和本源的恒定意义，一切符号意义都

---

[1] 德里达：《符号学与文字学》，载德里达：《德里达访谈录：一种疯狂守护着思想》，何佩群译，上海人民出版社，1997年，第78页。

是在一个巨大的符号网络中被暂时确定，而又不断在区分和延搁中出现新的意义。新的意义进一步在延搁中区分，在区分中延搁"[1]。"différance"一词"在宣判符号意义的不确定性时，暗示了意义选择的无穷可能性"，它表明语言不过是"延异"的永无止境的游戏，终极意义永远可望而不可即。[2]

在后来出版的《撒播》一书中，德里达又进一步补充了"différance"一词的含义。除了异和延之外，在拉丁文中，"differre"一词据说还有第三种意义，即"散布"。德里达认为，这也应该是"différance"一词的另一种含义。既然一个符号的意义既取决于具体语境中与它同时存在的其他符号之间的差别，又取决于与在它之前以及在它之后出现的种种其他符号之间的差别，那么符号的具体意义或指向也就向四面八方散开，就像种子一样"这儿撒播一点，那儿撒播一点"，没有任何确定的中心。通过"撒播"，德里达"试图挫败这样一种企图：以一种颇有秩序的方式走向意义或知识，撒播通过某种无法控制的过度或失落来打破意图或希望的巡回"[3]。德里达认为，撒播是文字固有的能力，它永无休止地瓦解文本，揭露文本的零乱、松散和重复，从而再次表明任何文本都不是一个由某种先天的所指所给定的封闭的结构，任何文本都是一个包含着意义的多样性和不确定性的开放结构。

三、解构主义：瓦解"逻各斯中心主义"的理论策略

德里达的理论不仅以"反逻各斯中心主义"和"后结构主义"著称，而且还以"解构主义"著称。如果说"反逻各斯中心主义"这个称号表明的主要是德里达理论活动的最终目标，"后结构主义"表明的主要是德里达的理论活动与"结构主义"之间既联系又断裂的关系，那么，"解构主义"这个名称表明的则主要是德里达在其理论活动中常用的工作策略。

---

[1] 王岳川：《后现代主义文化研究》，北京大学出版社，1992年，第91页。
[2] 同上书，第92—93页。
[3] 转引自何佩群的"译后记"，见德里达：《德里达访谈录：一种疯狂守护着思想》，第250页。

1. "解构"的含义与基本策略

"解构"（deconstruction）一词据说是来源于海德格尔所使用的"Destruktion"一词。后者的意义是破坏、消解、揭示。德里达继承了这个词，用它来表示自己所从事的理论活动的性质（拆解西方思想传统中的各种"逻各斯中心主义"或"在场形而上学"）及相关策略（通过消解、颠覆"逻各斯中心主义"或"在场形而上学"所具有的那种等级结构，从而使文字或文本的意义得以无限重建、扩散和增殖）。不过，德里达特别强调他的"解构"活动具有以下特点：第一，解构不是单纯的破坏，而是要在对文本现有的结构、形式和阐释进行质疑、消解的基础上，"使它们能够以一种劫后的'文本后形式'，依着更为抽象的解构评论重建起来。所以解构之后毕竟还有生命"[1]。第二，解构不是从文本的外部而是在文本的内部进行的，是要利用作为被解构对象的那个文本的内在矛盾来使其自行瓦解，不攻自破。第三，解构的目的不是简单地颠倒原来的等级制，使原本处于从属、边缘地位的一方变成处于主导、中心地位的一方，而是要彻底消除这种等级结构，确保此类等级结构永远不再建立。

解构虽没有固定的方法，但有一定的策略。库勒曾经将德里达自己在解构柏拉图、索绪尔、卢梭等人的文本时所使用的策略概括为以下几个方面：（1）颠覆地位不对称的二元对立概念，但不是简单地使原来处于附属地位的一方变成处于主导地位的一方，而是试图阐明前者为后者的可能条件之所在。（2）在文本中寻找具有多种相反含义的关键词，以作为突破的契机。（3）留意文本的自相矛盾之处，不仅包括文本自身内部的矛盾，也包括文本与其阐释（特别是权威阐释）之间的矛盾。（4）用文本本身的逻辑来解构文本，例如以弗洛伊德理论的逻辑解构弗洛伊德，用索绪尔的理论逻辑解构索绪尔。（5）发现文本自身内部的冲突之处，以此反证文本不同阅读模式之间的分歧。（6）注重文本中的"边缘"之处，抓住以往人们视而不见或不屑一顾的细节发难，以此推倒文本的既定结构。[2]

---

[1] 转引自陆扬：《德里达——解构之维》，第26页。
[2] 转引自上书，第188页。文字表述稍有改动。

2. "解构"举例

德里达就是运用这样一些解构策略,首先解构了西方思想传统中对言语和文字之间关系的看法。颠覆言语和文字之间的关系构成了德里达最主要的研究工作之一,但如前所述,德里达的研究兴趣或最终目的并不只在于颠覆言语和文字之间的关系,而是要彻底摧毁或"解构"西方思想传统中的"逻各斯中心主义"以及与之相联系的"在场形而上学"。颠覆言语和文字之间的关系只是他解构"逻各斯中心主义"和"在场形而上学"的切入点或突破口。除了言语和文字之间的那种传统对立之外,"逻各斯中心主义"和"在场形而上学"还有许许多多其他的表现形式。这许许多多的表现形式都是德里达试图解构的对象。颠覆言语和文字之间的关系为解构"逻各斯中心主义"和"在场形而上学"的其他形式创造了前提,但并不必然使这些形式自然消解。因此,德里达指出,对"逻各斯中心主义"和"在场形而上学"的解构是一项庞大而又艰巨的工程。在《论文字学》以及其他著作中,德里达对许多其他形式的"逻各斯中心主义"立场进行了解构,以期从不同的角度不断拆解和摧毁"逻各斯中心主义"这座大厦。以下我们试举几例。

在场 / 缺场。西方思想传统中的"逻各斯中心主义",同时也是一种将"在场"和"缺场"这两个方面严格对立起来并强调"在场"而轻视"缺场"的"在场形而上学"(metaphysics of presence)。"逻各斯中心主义"确认在我们的思维和语言之外有一种独立的本源性存在,而所谓"存在",就是由一系列的现在(在场)状态构成的。只有当前直接"在场"的东西其存在才能得到真正的确认。[1]过去和未来的存在都只有借助与现在在场的关系,才能够获得各自的实在:未来是以后的现在,过去是以前的现在。直接"在场"也是事物得以被我们认知的基础。能够为我们的思维或语言所准确把握和再现的,就是当前"在场"因而能够直接呈现在我们面前的那些存在(如我们"亲见""亲闻""亲感"的那些东西)。对于当前不在场的东西,我们对其加以把握和再现的准确程度自然要打折扣。

---

[1] 笛卡尔说"我思故我在",正是这种"在场形而上学"的典型表现。

这也正是西方传统思想一直认为言语要优于文字的一个重要原因。

然而，德里达却认为，"在场形而上学"所追求的那种纯粹的"在场"实际上是不存在的。任何"在场"都是与"缺场"相联系，以后者为前提的。古希腊哲学家芝诺提出的"飞矢不动"之所以成为一个悖论，正是人们执着于"在场"概念的结果。如果我们坚持只有当前在场的才是实在的，那么就无法理解飞矢的运动。只有当我们意识到运动中的飞矢每时每刻都既"在"此又"不在"此的时候，我们才能够恰当地把握和理解这种运动。因此，飞矢的运动并非无数单纯"在场"之总和，它每一瞬间的"在场"都包含或渗透着不在场的过去和未来的"踪迹"。在场总是为缺场所规定，缺场构成了在场的一部分。同样，在文字当中，每一个文字的意义也都不可能孤立地得到确定，都必须在它与无数其他不在场的符号的差异当中得到确定。在这里，缺场同样规定着在场，构成了在场的一部分。[1] 可见，将在场与缺场简单地对立起来（事物要么在场，要么不在场）并将在场的地位置于缺场之上是完全不适当的。

自然/文化。与"在场"和"缺场"之间的对立一样，西方思想传统中的"逻各斯中心主义"也将"自然"和"文化"简单地对立起来，并且崇尚自然而反对文化。在这种对立中，自然是本原的，文化是派生的；自然是纯朴无邪的，文化则是充满了机心和罪恶的；自然使人充满生机，文化则将人引向退化和堕落；等等。怀念远古、抨击文明是从这种对立当中必然要引申出来的一种人生态度，而回归自然、返璞归真则是从这种二元对立当中必然要引申出来的理想。这种倾向不仅从古希腊的柏拉图和亚里士多德延续至今，而且在卢梭和列维－斯特劳斯等近现代思想家那里得到了典型的表现。卢梭将无文字、无制度、无政府的"自然状态"描述为人类的"黄金时代"；对自然状态的称颂和对文明状态的批判几乎是卢梭所有著作的主题。列维－斯特劳斯在他的某些著作如《忧郁的热带》中也流露出了同样的倾

---

[1] "每个要素作为符号起作用，就必须具备指涉另一个自身并非简单在场的要素。这一交织的结果就导致了每一个'要素'（语音素或文字素），都建立在符号链或系统的其他要素的踪迹上。……在要素之中或系统中，不存在任何简单的在场或不在场的东西。只有差异和踪迹、踪迹之踪迹遍布四处。"（德里达：《符号学与文字学》，载德里达：《德里达访谈录：一种疯狂守护着思想》，第76页。）

向，他对南比克瓦拉人的传统生活因文字的引入而遭到破坏感到万分遗憾。

德里达反对这种将自然与文化状态简单对立起来并且崇尚前者贬低后者的立场，认为这只不过是"言语/文字"二元对立的另一种表现（正如言语和文字之间的关系一样，自然状态要比文化状态更贴近"逻各斯"）。德里达指出，将自然与文化对立起来并扬前抑后是完全错误的。首先，正如卢梭已经意识到的那样，自然本身并非一个完美自足的存在，自然状态是有着许多缺陷的，文化的产生正是为了"补充"自然的不足。其次，文化一旦出现，就不可能再有纯粹的自然了。文化和自然不仅相互渗透、难分彼此，而且，反过来，正如文字和言语之间的关系一样，作为自然之"补充"而出现的文化还构造着自然，成了自然的前提和基础。人类所有的存在都成了文化的存在，离开文化我们便无法生活（正如离开了文字卢梭便无法表达他对文明的批判和对自然的渴望那样），而我们的行动和生活也无法超出文化为我们划定的范围。这就是所谓的"补充"逻辑：一切作为补充物而出现的东西最终都会成为它所补充之物的存在条件。回归纯粹的自然只能是人类的一种幻想而已。

哲学/文学。哲学和文学之间的对立是西方思想传统中"逻各斯中心主义"的另一个表现。自古希腊起，哲学就被看作一种要比文学更高级的文本。这是因为，哲学是以再现世界、追求真理为己任，文学则是以虚构故事、极尽想象为目的；构成哲学文本的是各种判断和陈述，而充斥文学文本的则是各种隐喻；哲学文本遵循的是逻辑规则，文学文本注重的则是各种修辞手法；等等。一句话，哲学帮助我们去把握世界及其背后的"逻各斯"，文学则是捕风捉影、谎话连篇。因此，尽管文学也有文学的用处，但它在我们人类生活中的作用和地位显然不如哲学。柏拉图就曾经明确表示，应该让哲学家来当他所设想的理想国中的最高统治者，而将诗人（至少是某一类诗人）斥为伤风败俗之源。

在《哲学和边缘》一书中，德里达对哲学和文学的这种传统对立进行了全力的抨击。他认为这两类文本虽有诸多不同，但本质上都是符号的系统。它们有着共同的起源和特性。在"原文学"（archi-literature）中，文学和哲学是合为一体的。即使是在后来哲学与文学分开了的情境中，哲学与文学之间也有许多共同的特性。与文学文本一样，哲学文本其实也充满了隐喻和修辞。我们语言中的许多词语，如"掌握""把握""观照"等，都有本义和引申义（如隐喻）等不同层次的含义，它们的本义总是些物理的感性的图像，其适用场合其实非常有限。在绝大多数情况下，我们使用的都是它们的引申义（如"掌握宇宙的规律"等）。哲学、科学和文学文本都是如此。因此，在某种意义上可以说，哲学也是一种文学。反过来，隐喻也不仅仅是一种狭义的修辞手段。由于隐喻是建立在物—物、词—物和词—词之间的相似性基础之上的，因此它其实也具有强烈的认识论和本体论意义。包括文学隐喻在内的所有隐喻都具有一定的哲学意味。因此，在这种意义上说，文学也可以当成哲学来读。哲学和文学之间的主要区别在于文学明确地承认它建基于隐喻和修辞之上，而哲学却总是自以为在比文学更真实地再现世界，总是试图寻找一种比隐喻等"文学"语言更为明晰、更为确定的词语来构造自己（这在逻辑实证主义那里达到了一种登峰造极的地步），因而总是显得更为天真。

中心/边缘。德里达的名声在一定程度上是与他对"中心/边缘"二元对立的解构联系在一起的。西方思想传统总是把世界看成一个整体性的结构，这个整体结构有一个中心（存在、物质、理念、上帝、逻各斯等，在不同时代或不同人那里有不同的说法），是这个中心决定着整个结构的存在和变化；中心是本源的，其他则是派生的；中心是本质，其他则是边缘、是现象；中心是处于决定地位的，其他则是处于被决定地位的；等等。"某种结构的中心在引导和组织系统之内在连贯性的同时，也使得组成部分的游戏在那个整体形式内成为可能。"[1] 要从整体上把握住这个世界，我们就必须去把握决定和支配着这个世界整体的中心，由这个中心出发去理解和阐释世界的其他部分以及世界整体的存在和变化。此外，同世界一样，文本也是一个整体结构，它也有自己的中心（主题、中心思想

---

[1] 德里达：《书写与差异》，张宁译，生活·读书·新知三联书店，2001年，第503页。

等）。文本的整体结构就是由这个中心所决定的。因此，要想从整体上把握住一个文本，也就必须努力去把握决定着这个文本结构的中心，由这个中心去理解和阐释整个文本及其各个部分的形成、发展和变化。这种试图通过中心去把握整体结构的观点从古代一直延续到今天，"一种本身丧失任何中心的结构今天仍然是不可思议的"[1]。可以说，所谓"解构主义"，就是一种试图颠覆和"瓦解"此类坚持要赋予结构一个中心、要将结构"与某个在场点、某种固定的源点联系起来"[2]的思想的理论主张和策略。

在《人文科学话语中的结构、符号和游戏》这篇著名讲演中，德里达指出上述传统观点有一个重要的局限，这就是它所追求的那种中心虽然"使得组成部分的游戏在那个整体形式内成为可能"，但"这种中心也关闭了那种由它开启并使之成为可能的游戏"。因为"中心是那样一个点，在那里内容、组成成分、术语的替换不再有可能。组成部分的对换或转换在中心是被禁止的"。进一步看，由于中心的上述性质，"因此人们总是以为本质上就是独一无二的中心，在结构中构成了主宰结构同时又逃脱了结构性的那种东西。这正是为什么，对于某种关于结构的古典思想来说，中心可以悖论地被说成是既在结构内又在结构外"。而这样一来，就引发了一个逻辑矛盾："中心乃是整体的中心，可是，既然中心不隶属于整体，整体就应在别处有它的中心。中心因此也就并非中心了。"[3] 可见，"中心化的结构"这种概念是以一种矛盾的方式来自圆其说。德里达指出，我们对"延异"、对"撒播"、对"补充"的逻辑所作的种种探讨，都说明了事物或文本的结构不存在某种确定的中心。由于"延异"，由于"撒播"，结构永远是不完全的，永远处在不断被"补充"的过程之中，因而永远处在开放和变动的过程之中。[4]

---

[1] 德里达：《书写与差异》，第 503 页。
[2] 同上书，第 502 页。
[3] 同上书，第 503 页。
[4] "我们不可以确定中心并且竭尽整体过程，因为替代中心的、补替中心的、在中心缺席时占据其位的符号同时也是被加入的，是作为一种剩余、一种替补物而出现的符号。意谓运动添加了某种东西，以致使存在总是多出一些来。"（同上书，第 519 页。）

结　语

综上所述，我们可以看到，德里达的后结构主义理论有以下两点特别值得我们关注：

首先，和后实证主义者的观察渗透理论、理论建构经验的观点相似，德里达也明确否认文字符号或者由文字符号构成的文本归根结底是对外在于/独立于它们的某种"逻各斯"的再现或反映，否认文字或者文本的意义归根结底是来自这种外在于/独立于它们的"逻各斯"，认为文字或者文本具有高度的独立性，文字或者文本自身是一个与其作者、读者和外部世界无关的独立自主的、自我指涉的系统，文字或文本的意义仅仅来自其所属的符号系统或文本系统内部各个符号或成分之间永无止境的差异游戏。因此，要想真正理解一个文字符号或者文本的意义，就不能从作为能指的它们与其所指和指涉之间的再现—反映关系，而是要到作为能指的它们与其所属符号或文本系统内部各个符号或成分之间的差异中去达成这一目的。不仅如此，文字或文本反过来还对我们所处的世界具有构成作用。至少在文字产生之后，我们所能经验、思考和言说的整个"世界"就不再是一种完全外在于/独立于文字符号或文本系统的给定性实在，而是一种由我们所属的文字符号或文本系统建构起来的"文本世界"。用德里达的话来说就是："文本之外别无他物。"换言之，离开了对特定文字符号或文本系统的了解，我们就无法理解生活在这一符号或文本系统中的人们所能感受、思考和言说的世界。一言以蔽之，不是在文字或文本之外独立存在的某种"逻各斯"决定了文字或文本的意义，而是文字或文本建构了人们所能够感知、思考和言说的整个世界。因此，我们不应将文字或文本当作某种独立于它们的外部世界的再现或反映来理解它们的意义，而应该将人们所能感知、思考和言说的世界当作特定文字或文本的构成物来加以看待和了解。

其次，和发展哲学诠释学的加达默尔相似，作为一个主要以文字或文本意义的诠释为自己研究课题的理论家，德里达也明确地主张意义诠释结果的多元性。两者的不同之处是，加达默尔是从理解者的"前见""前理解"在文本诠释过程中的建构作用，以及"前见""前理解"在不同时空条件下的多元性，推演出意义诠释的多元性，而作为一个后结构主义者，德里达则是在继承结构主义意义观的基础上，通过对"结构"概念的重新诠释来推演出意义诠释的多元性。结构主义认为，文本是一个独立自主的、自我参照的系统，文本的意义只是来自文本内部不同成分之间的差异游戏。因此，只要结构是相对封闭的、结构内部的组成成分及其之间的差异是相对确定的，那么，由结构内部所有成分之间的差异所决定的符号（及由符号构成的文本的）意义也就是相对确定的。通过瓦解传统的"结构"概念，德里达摧毁了结构的确定性、封闭性、中心性和统一性，提出了一个全新的、开放的、非中心化的、无限流动的结构概念。由于结构不再被视为封闭的、确定的，而是开放的、流动的，由结构内部所有成分之间的差异所决定的符号（及由符号构成的文本的）意义自然不再是始终如一、确定不变的，而是始终处于流动、变化和扩展当中，成为一种多元而非一元的东西。不仅如此，德里达还尝试提供一套被称为"解构主义"的方法论，来指导人们从事文字或文本意义的多元化解读工作。虽然这套方法论指南常常因其"破坏有余，建构不足"的效果而受到一些人的批评和误解，但其在推动意义诠释的多元化方面所具有的正面价值也得到了诸多学者的肯定。

德里达的思想在西方思想界产生了巨大的影响。他对一切"逻各斯中心主义"立场所作的不屈不挠的攻击，对各种二元对立不遗余力的解构，对意义之不确定性和多样性的坚定执着，以及他那标新立异、有时几近偏执的理论态度，迂回曲折、隐喻式的写作风格，都给人留下了深刻的印象，也使得人们有充分的理据将其视为后现代主义思潮的一个重要代表人物。由于他所讨论的话题也主要是围绕着文字或文本意义的诠释问题展开，因此在本书中，我们便将他的理论和加达默尔等人的理论放在一起，当作后现代主义诠释理论的一个范例来加以梳理和理解。

第七章　罗兰·巴特的后结构主义诠释学

法国著名文学理论家、符号学理论家罗兰·巴特是当年法国"结构主义"四君子之一。他在文学理论、符号学理论等方面所开展的工作既对结构主义的兴起也对后结构主义的兴起产生了重大的影响。了解一下罗兰·巴特的文学理论和符号学理论，尤其是其晚年被称为后结构主义文学评论的那些实践，对于我们了解后结构主义的特点也会有相当的助益。

一、巴特与结构主义符号学理论

致力于发展一种结构主义的符号学理论，被认为是罗兰·巴特学术生涯早期的重要贡献之一。和其他结构主义者一样，巴特的结构主义符号学也是以索绪尔的语言学理论为基础形成的。如前所述，索绪尔的语言学有几个非常重要的观点，这些观点后来成为结构主义思潮的重要理论基石。这几个基本观点涉及：

第一，语言和言语之间的区分与对立。索绪尔将语言现象划分为语言和言语两个方面，并认为语言比言语要更为根本。语言是人们在交流时所必须遵循的那些语言规范的系统整体，言语则是个人按照语言规范来进行交流时的具体言说行为。换言之，言语只是对语言的一种运用。我们只要把握住了语言，就能够充分地理解个体的言语行为。因此，语言学的基本任务就是探讨语言的基本规则。

第二，能指和所指之间的区分以及记号的任意性。

第三，句段关系和联想关系。

作为一个索绪尔语言学的崇信者，早期巴特是这些观点的坚定信仰者。不仅如此，巴特还试图从索绪尔语言学的这些基本观点出发，对这些观点作进一步的推广、发挥，使之成为一种更好的解释神话学和一般符号的理论。

这种结构主义的符号学理论在其早期的重要著作《神话学》一书（特别是其中的《今日神话》一文）中就已初露端倪。在那里，巴特借助一种从索绪尔语言学理论转化而来的符号理论，阐释了"神话"的构成方式。巴特指出，神话是一个符号系统，但神话又不像普通的语言那样仅仅是一种单一的符号系统，而是一种二级符号系统。这种二级符号系统可以用图7-1表示：[1]

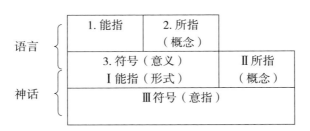

图7-1 语言和神话的符号系统

图7-1中有两个符号系统。一个是语言学系统，它由符号、能指和所指三个要素组成，其中的符号又由能指和所指组成。另一个符号系统是神话系统。它也是由符号、能指和所指三个要素组成。但这里的能指却是语言学系统中的符号。这个由语言学中的符号构成的能指，同神话系统中的所指一起构成神话系统中的符号，即一个第二级的符号。只有这个第二级

---

[1] 巴特：《神话——大众文化诠释》，许蔷蔷、许绮玲译，上海人民出版社，1999年，第173页。

的符号才属于神话。为了更好地表明这两个不同的符号系统之间的关系，巴特将处于一级（语言）系统中的符号称为"意义"，当它作为二级（神话）系统中的能指存在时，又称之为"形式"；处于二级（神话）系统中的符号则被称为"意指"。

为了更清楚地解释这个神话构造模型，巴特举了两个例子来作说明。其中一个如下：

> 我在一家理发店等待理发，店主拿给我一份《巴黎竞赛》杂志。封面上，一个身着法国军装的年轻黑人在行军礼，双眼上扬，也许是在凝神注视着一面三色国旗。这便是这张照片的意思。但不论天真与否，我清楚地看见它对我意指：法国是一个伟大的帝国，她的所有子民，不分肤色，都忠实地在她的旗帜下服务。对所谓殖民主义的诽谤者来说，没有什么比这个黑人效忠所谓的压迫者时展示的热情有更好的回答了。因此，我又面对了一个更大的符号系统：这里有一个能指，它本身是凭着前一个系统形成的（一个黑人士兵正在行法国军礼）；还有一个所指（在此是有意把法兰西特征和军队特征混合在一起）；最后，还有一个通过能指而呈现的所指在场。[1]

在这个例子中，封面照片是作为一级系统的普通语言学系统中的能指，它所表达的概念意涵（一个黑人士兵正在行法国军礼）是这个语言学系统中的所指，两者结合起来构成了"封面照片"这个语言学符号的完整意义。但是，事情到此并没有完。这张封面照片并非一个普通的语言学符号系统，它同时还是（或者说更是）一个现代的"神话学"符号系统。在这个神话学符号系统中，能指是由刚才所述的那个作为一级系统的语言学符号（包括作为其能指的封面照片本身和作为其所指的概念意涵"黑人士兵正在行法国军礼"）所构成，这个语言学符号系统又有一个自己更深一

---

[1] 巴尔特（巴特）：《今日神话》，载吴琼、杜予编：《形象的修辞》，中国人民大学出版社，2005年，第8—9页。译文略有修改。

层的概念意涵，即"法国是一个伟大的帝国，她的所有子民，不分肤色，都忠实地在她的旗帜下服务"，"黑人（可能是来自法国的殖民地）对法国的效忠最好地表明了殖民主义并非像贬损它的人所说的那么坏"。这一更深层次的概念意涵构成了这个语言学符号系统在神话学符号系统中的所指，两者的结合构成了一个第二级的、完整的神话学符号系统。

在《符号学原理》一书中，上述主要用来分析神话构成机制的符号学模型被巴特进一步发展和推广成一个可以用来分析一切符号系统的普遍性的理论模型。在这本书中，巴特在继续坚持索绪尔语言学理论基本观点的基础上，根据符号学这种曾经被索绪尔认定为是比语言学更为一般化的学科研究的需要[1]，对索绪尔的理论遗产进行了进一步发扬：

第一，语言（结构）和言语之间的区分：巴特认为，索绪尔的这一划分意义重大。它不仅在语言学之内具有革命性的意义，而且在语言学之外推动了一系列丰富的发展。对于符号学的发展来说，我们也将假定，"语言结构和言语这对一般性范畴，广泛地存在于一切意指系统中"。换句话说，对于一切意指系统（它差不多可以等同于人类所创造的一切有意义的现象，如服装、饮食、家具、建筑、汽车、战争、戏剧、电影、绘画、学校等），我们都可以区分出独立于个人行为的一个规则系统，以及对这些规则之运用的个人行为这两个不同方面，然后通过对规则系统（还可以加上对这两个方面的相互作用）的把握来理解那些个体化的行为。当然，由于不同意指系统之间存在一些差异，我们必须小心地根据实际情况的需要对索绪尔的这一两分法做些必要的改变。例如，就服装现象而言，按服装在社会交流中表现的内容，可以区分出三种不同的服装系统。在书写的服装（时装杂志用语言描述的服装）中，只有"相当于记号和规则的一个系统"，而没有言语，因此这是一种无言语的语言结构；在被摄影的服装中，服装本身是语言结构，服装模特则是言语，但这种言语不具有任何组

---

[1] "我们可以设想有一门研究社会生活中符号生命的科学；……我们管它叫符号学。它将告诉我们符号是由什么构成的，受什么规律支配。……语言学不过是这门一般科学的一部分，将来符号学发现的规律也可以运用于语言学，所以后者将属于全部人文事实中一个非常确定的领域。"（索绪尔：《普通语言学教程》，高名凯译，商务印书馆，1996年，第38页。）

合的自由性；最后，在被实际穿戴的服装中，我们才看到了语言结构和言语之间的典型区分。衣服诸部位之间的关系以及主导衣服各部位进行结合的那些规则构成了服装的语言结构，而服装的各种不规则的制作因素和个别穿着因素则属于服装的言语。再以饮食现象来说，饮食结构包括饮食活动须遵守的所有那些规则（饮食禁忌等排除规则、用餐礼仪等），饮食言语则"包括有关饮食制备和组配的种种个人的（或家庭的）变体"。"一套菜则可清楚地说明语言结构和言语的作用；整套菜是参照一种（民族的、地区的或社会的）结构构成的，然而这个结构是随着时代和用食者的不同而体现的，这正像一种语言的'形式'，按照某一说话者随特殊信息的需要而去自由改变和组合时所加以体现的情况一样。在这里，语言结构和言语之间的关系非常接近于我们在天然语言中看到的那种关系。"[1]像家具、汽车等现象也可作如是分析。

第二，能指和所指之间的区分：巴特同样高度评价了索绪尔这一区分的价值，指出"对于这一极其重要的命题，我们应当时时记住，因为人们总容易把记号当成了能指，而实际上它指示着一个包含这两个侧面的实体"[2]。所指既不是心理表象也不是实在事物，而是可言者，是使用记号的人用其意指着什么的那些内容；能指是记号的另一个方面，它与所指的唯一区别是：它是一种中介物，它必须有一种质料为载体。能指构成了记号的表达面，所指则构成了记号的内容面。无论能指还是所指，又可以进一步区分出形式和内质（substance）两个层面：形式是无须依赖任何语言学以外的前提、按照语言学方法就可以加以描述的那一方面；内质则是这样一些语言现象的总和，它必须依赖语言学以外的前提才能加以描述。这样就有：（1）表达的内质：例如声音内质或字形内质；（2）表达的形式：如聚合形式或组合形式；（3）内容的内质：如所指之情绪的、意识形态的或概念的特点；（4）内容的形式：所指之间的形式关系组织。巴特同样把这样一些区分推广运用于符号学研究。"符号学的记号与语言学的记号类似，它也是由一个能指和一个所

---

[1] 参见巴尔特（巴特）：《符号学原理》，李幼蒸译，中国人民大学出版社，2008年，第14—16页。
[2] 同上书，第25页。

指组成（例如在公路规则中绿灯的颜色表示通行的指令）。"[1]和普通语言学有所不同的是，符号学领域中的表达内质有自己的一些特点。例如，符号学中的表达内质更加多种多样，不像语言学中的表达内质那样限于声音和字形，它还包括图像、姿势和各种物品等："社会往往把一些日常用品用于意指目的，如衣服本来是用来御寒的，食物是用来果腹的，然而它们也可被用来进行意指。"[2]另外，符号学中的表达内质还可以和语言学的表达内质结合在一起，共同起表达作用。"例如我们说，一种运动衫意指着秋天在树林中的长时间散步，那么此时所指不只是由其服装的能指（运动衫）为中介，同时也以一个言语片断为中介。"[3]

和在语言学中一样，在符号学中，能指和所指之间的联系原则上也是由人们约定的，而非必然的、固定的。把能指和所指结合起来的行为就是意指作用，这个行为的结果就是记号。在意指过程中，记号的意义既来自能指和所指之间的联系，也来自不同能指之间和不同所指之间各自内部的横向比较。因此，记号意义的产生是来自能指和所指两个层面的"同时性切分行为"。以对一页纸的切分为例，"我们把这页纸切为几份时，一方面得到了几份纸（A，B，C），其中每一份都相对于其他几份取得其值项，另一方面，其中每一份都有其正面和反面，它们也是同时被切开的（A—A'，B—B'，C—C'）：这就是意指作用"[4]。因此，"意义是两种混乱状态之间的一种秩序，而这种秩序基本上又是一种区分"，"意义首先即相当于切分作用"。这在符号学中也是如此，"于是符号学的未来任务与其说是建立关于事物的词汇学，不如说是去发现人类实际经验中的分节方式"。[5]

第三，组合段关系和联想（聚合）关系的区分：巴特的符号学同样继承了索绪尔的这一区分，不过他将后者改称为"系统关系"。他写道："分

---

[1] 巴尔特：《符号学原理》，第 26—27 页。
[2] 同上书，第 27 页。
[3] 同上书，第 29 页。
[4] 同上书，第 40 页。
[5] 同上书，第 41 页。

节语言的两个平面,实际上可以存在于语言以外的各种意指系统中。……这就是语言学的两根轴,符号学分析的本质就在于沿着这两根轴的每一根来排布所列举的诸事实。"[1] 从表7-1中我们可以看到巴特这一区分的推广和运用。[2]

表 7-1 巴特的"系统"和"组合段"

	系统	组合段
衣服	衣片和零件的集合;在身体的同一部位不可能同时选用全部零件;零件的变动选择与服式意义的改变相对应;如"无边女帽"—"女便帽"—"宽边女帽"等女帽系统。	同一套服装中不同部分的并列:如"裙子"—"衬衣"—"背心"系列。
饮食	类似的和不类似的食品集合;其中一份食品的选择具有一定意义;如各种正菜、烤肉和小吃。 餐馆中的"菜单"体现着两个平面:例如沿水平方向读时菜肴系列相当于系统,而沿垂直方向读时菜肴相当于组合段。	用餐时实际选择的菜肴系列,即一套菜。
家具	同一种家具(如一张床)的不同"风格"的集合。	在同一空间内不同家具的并置(如床—衣橱—桌子等)。
建筑	一座建筑的同一组成部分的各种样式集合,如各种形式的屋顶、阳台、入口等。	在整个建筑物水平上各细部的并置系列。

第四,直指(直接意指)和涵指(含蓄意指)的区分:如前所述,能指(记号的表达面)和所指(记号的内容面)的区分是索绪尔语言学的基本原理之一,巴特的符号学理论继承了这一区分,并将其扩展为一切意指系统的基本原理。然而,正如在"现代神话学"的研究中所遇到的那样,巴特意识到,单是把意指系统区分为这样两个方面并不足以帮助我们理解所有意指系统的结构和运作机制。为了更好地理解所有意指系统的结构和运作机制,巴特将自己在现代神话学研究过程中所发现的那套意义理论模

---

[1] 巴尔特:《符号学原理》,第45页。
[2] 同上书,第45—46页。

型，进一步扩展到对一切意指系统的描述和理解。巴特指出，一切意指系统都包含一个表达面（E）和一个内容面（C），意指作用则相当于两个平面之间的关系（R），这样我们就有了表达式：ERC。

巴特接着说，现在我们假定，这样一个 ERC 系统本身也可以变成另一系统中的单一成分。此第二系统因而是第一系统的延伸。这样我们就面对着两个密切相连但又彼此脱离的意指系统。但是两个系统的"脱离"可按两种完全不同的方式发生，它取决于第一系统进入第二系统的方式，这样也就产生了两个对立整体。在第一种情况下，第一系统（ERC）变成表达平面或第二系统的能指：

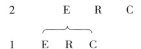

或者表示为：（ERC）RC。这就是叶尔姆斯列夫所称的涵指符号学；于是第一系统构成了直指平面（按第一系统扩展而成的），第二系统构成了涵指平面。于是可以说，一个被涵指的系统是一个其表达面本身由一个意指系统构成的系统。

按照第二种分离的（对立的）方式，第一系统（ERC）不像在涵指中似的成为表达平面，而是成为内容平面或第二系统的所指。

$$
\begin{array}{cccc}
2 & E & R & C \\
1 & \underbrace{E \quad R \quad C} &
\end{array}
$$

或表示为：ER（ERC）。一切元语言都属此类。一种元语言是一个系统，它的内容平面本身是由一个意指系统构成的；或者说，它是一种以符号学为研究对象的符号学。巴特认为，尽管涵指现象尚未被系统地研究过，但毫无疑问，未来会有一门涵指语言学，因为以人类语言提供的第一系统为基础的社会将不断发展出第二意义系统，而且这种有时明显有时隐蔽的发展将逐渐涉及一门真正的历史人类学。[1]

概括起来，巴特在《符号学原理》一书中所做的工作，就是要以索绪尔语言学的基本原理为基础，按照理解包括语言学系统在内的一切意指系统之结构和运作机制的需要，将索绪尔语言学的基本原理推广、拓展到一般符号学研究的层次。以巴特自己的话来说，"符号学研究的目的在于，按照一切结构主义活动的方案，建立不同于语言结构的意指系统之功能作用"[2]。

巴特在《符号学原理》一书中所做的工作（将索绪尔语言学的基本原理推广和拓展到一个比语言学具有更高概括性的层次即符号学层次），与索绪尔关于语言学只是符号学的一个特例的思想是完全一致的。依据这一思想，和语言之外的其他意指系统相比，语言这种符号并不具有特别的优先性。尽管作为一种典型的意指系统，语言系统较早得到了相对充分的研究，因而我们可以像巴特那样尝试着将语言学研究的成果推广运用于其他一切意指系统，但它也不过是一种和其他意指系统并列的意指系统而已（虽然在某些情况下其他意指系统的运作需要有语言系统的参与）。这种思想不仅贯穿《符号学原理》一书，而且渗透在早期巴特的其他一些著作如《流行体系》之中。但在《流行体系》一书的前言（被认为是写于该书正文写作结束之时）当中，巴特的思想似乎有所变化。

在这篇前言性的文字中，巴特对索绪尔上述"符号学涵盖了语言学"的观点产生了怀疑。他开始质疑这种将语言系统与其他意指系统并列的看法，明确地问道："是否有什么实体系统，有某种量值系统，可以无须分节语言而存在？言语是否为任何意指规则不可缺少的中介？如果我们抛开几个基本符号（怪癖、古典、时髦、运动、礼仪），那么，倘若衣服不借助于描述它、评价它并且赋予它丰富的能指和所指来构建一个意义系统的言语，它还能有所意指吗？"巴特认为，"人注定要依赖分节语言，不论采用什么样的符号学都不能无视这一点。或许，我们应该颠覆索绪尔的体系，宣布符号学是语言学的一部分"；"在像我们这样一个社会里，神话和仪式采取理性

---

[1] 参见巴尔特:《符号学原理》，第 68—69 页。
[2] 同上书，第 73 页。

的形式,即最终采取话语的形式,人类语言不仅是意义的模式,更是意义的基石。于是,当我们考察流行时,就会发现,写作就像是在构建:为了构成它的意指作用,书写的时装(当然)还是要以真实时装体系为它的地平线;(但)没有话语,就没有完整的流行,没有根本意义的流行,因而,把真实服装置于流行话语之前似乎不太合理:实际上,真正的原因是促使我们从创建的话语走向它构建的实体"。[1]巴特甚至认为,虽然时装之类的流行体系所隐含的意象系统是以(消费者的)欲望为自己的目标,但"其构成的超绝之处在于,它的实体基本上都是概念性的:激起欲望的是名而不是物,卖的不是梦想而是意义。如果事情果真如此,那么,我们这个时代所拥有的,并且赖以构成的意象系统将会不断地从语义中衍生出来,而且依照这样发展下去,语言学将获得第二次新生,成为一切意象事物的科学"[2]。巴特的这一"语言学转向"意味深长,值得我们认真思索和回味。

总而言之,作为一个结构主义者,巴特思想的基本特征是:强调一切意指系统不论其具体形态如何都有着某种共同的要素和结构,正是这样一些共同的要素和结构在后面控制和支配着各种意指系统的运作;因此,我们只要把握住了所有意指系统都拥有的这样一些要素和结构,我们就能够很好地理解这些意指系统的运作机制。揭示所有意指系统都共同拥有的这样一些要素和结构,就是巴特在《神话学》《符号学原理》《叙事作品结构分析导论》等所谓结构主义著作中试图达到的目标。然而,到了其学术生涯的后期,巴特的思想发生了重大的变化。

二、巴特与后结构主义文本诠释理论

实际上,在巴特关于现代神话学和一般符号学的论述中,后结构主义思想的种子就已经被悄然埋下。在由一个直接意指系统和一个含蓄意指系统组成的复合意指系统中,尽管作为一种集体约定的结果,对于处于某

---

[1] 巴尔特(巴特):《流行体系——符号学与服饰符码》,敖军译,上海人民出版社,2000年,前言,第3页。
[2] 同上书,前言,第4页。

种既定语言系统中的某一个体来说，直接意指系统中那些记号的意义（作为其两个方面的能指和所指之间的联系）相对而言可能还是比较确定的，但含蓄意指系统中记号的意义（其能指和所指之间的联系）就不同了。在很多情况下，含蓄意指系统中能指和所指之间的联系其约定俗成的程度和范围都相当有限，甚至只是极少数人诠释的结果。这样，含蓄意指系统中记号的意义就可能具有相当程度的不确定性或多样性。在不同的时代和不同的人群那里，表达面相同或相似的含蓄意指系统其所指的内容可能是有所不同甚至相当不同的。我们可以前述"黑人士兵向法国国旗敬礼"的图片为例来理解这一点。按照我们前面的解读，由这一图片（其本身的能指和所指组成了一个直接意指系统）作为能指所意指的内容面是："法国是一个伟大的帝国，她的所有子民，不分肤色，都忠实地在她的旗帜下服务"，"黑人（可能是来自法国的殖民地）对法国的效忠最好地表明了殖民主义并非像贬损它的人所说的那么坏"。但这是否就是人们对这一图片的含蓄所指的唯一解读呢？答案应该是否定的：并不存在一本像字典一样的手册（它相对确切地解释或约定了每个字符的意义），规定我们在特定的时间、空间范围内必须对该图片的间接含义作出这种唯一的解读；对于该图片的间接含义我们完全可以有其他的诠释。

正由于此，我们才可以在《何谓批评》《论拉辛》等看上去是在上述《符号学原理》等书所阐述的那种结构主义思想主导下写成的著作中，看到诸多与我们今天称为"后结构主义"的思想相似的一些看法。在《何谓批评》一文中，巴特否定了文学批评的目的是要去发现作品当中所包含的真理或作者本意。在《论拉辛》一文中，巴特又对拉辛的戏剧作品作出了一些据说"令人惊讶的"、与众不同的分析和解释。在对拉辛进行分析时，据说巴特不承认什么客观性，完全滑入了相对主义的泥潭，因而遭到了客观主义者的坚决反对。在两年后发表的《批评与真理》一书中，巴特更是明确地提出：虽然文本有其从字面上来看的确定意义，但它也有与其字面意义不同和不相抵触的其他意义，如象征意义。而文本的这种象征意义则可能是非唯一的、多种多样的。文学语言永远是越出了字面意义的象征语言，永远是一种复调语言。由这种语言所产生的任何作品都具有多种意义。[1]尽管如此，在所谓结构主义时期的巴特那里，结构主义的那些观念（一切意指系统甚至一切事物都有着某种共同的结构法则，只要把握住了这种共同的结构法则，我们就能够理解一切意指系统甚至一切事物运动的机制和规则）还是占据着主导性的地位，对普遍性结构法则的寻求还是巴特学术努力的基本主题或方向。对结构主义原则的放弃，要到《作者之死》《从作品到文本》等著作中才初露端倪，到《符号帝国》《S/Z》等书中才开始变成巴特的一个明确选择。

在《作者之死》一文中，巴特和其他结构主义（及后结构主义）者一样向文学研究中的"作者中心论"发起攻击。他回顾了马拉美、瓦莱里、普鲁斯特等人的论述，认为他们试图去除作者的行为意义重大。他否定了作者是文本意义之来源的看法，认为作者不过是一个抄写者，一个从一个文本到另一个文本的抄写者。文本不再被认定为由某一个固定的作者所完成，而是被认定为在一个多维度的空间中构成。在这个空间中，各种文本相互交织、结合、对话和竞争，但没有一个居主导地位，没有一个是始源性的，没有一个具有优先性，文本是各种引证的编织物，是充满零乱文化源头的混合物。[2]因此，它不存在一个终极所指，不存在一个固定的意义。"在复合写作中，一切都在于分清，没什么需要破译了，在每个关节点，每个层面上，结构都能被跟踪，被编织（像丝袜线团一样），然而，其底部一无所有，写作的空间应被走遍而不可穿透；写作不停地固定意义以便又不停地使之蒸发消散、使之系统性地排除意义。"[3]在《从作品到文本》一文中，巴特则更进一步将"文本"和"作品"区分开来。所谓作品，是一种实体性的片段，它占据着书本的部分空间；它从属于某个作者，是一个封闭的系统；具有一定的本质和意义，从中可以挖掘出所指，挖掘出固定的内涵；阅读一部作品，就是要去把握它的本质和意义；阅读一部作品

---

[1] 参见汪民安：《罗兰·巴特》，湖南教育出版社，1999年，第117—143页。
[2] 同上书，第173—175页。
[3] 转引自上书，第175页。

给人带来的快乐就是这种发现了其本质和意义的快乐。文本则不同。文本不是一种实体性的片段，它不能被我们用手抓住，它是一个方法论领域；文本不从属于任何一位作者，它源自无数其他的文本，是无数文本（包括其体裁）的交织物，是各种先在的、已写成的文本的种种回声、引文、参照，与其他文本有着千丝万缕的关联；因此，它不是一个封闭的系统，而是一个开放的系统；文本没有本质，也没有固定的意义；[1]不是作者在编织文本，而是作者被编织进文本中；阅读文本也不是为了抓住它的本质和意义，而是一种生产性的游戏，一种取消了写作和阅读之间距离的游戏，一种文本的游戏和读者对文本的游戏；阅读文本所引起的快乐也就不是一种简单地理解了其本质和本意的快乐，而是一种阅读本身所带来的快乐，一种通过阅读重写了文本的快乐。无疑，在这样一种文本观的引导下，结构主义那一套以通过揭示文本深处共同的结构法则来把握文本真实意义为宗旨的理论和方法也就没有什么价值了。巴特由此进入了他写作生涯中所谓的后结构主义时期。在这一时期的作品中，巴特不再努力去构造那种能够帮助我们理解一切意指系统的意义生成机制的普遍性结构法则，而是致力于开拓、揭示文本意义及其解读的多样性或复数性。这种文本意义及其解读的多样性，在《符号帝国》《S/Z》等著作中得到了某种典范性的呈现。下面我们试以《S/Z》一书为例，来展示一下巴特的后结构主义面貌。

在《S/Z》一书中，巴特首先就对传统的阅读观进行了批评。传统的阅读观认为，阅读一篇文本的目的应该是通过对作者生平自传、心理以及所处社会历史背景的了解去努力把握文本的真实意义或隐秘。"数世纪以来，我们对作者感兴趣太甚，对读者一点儿也不注意，大多数批评理论依照冲动、压抑、无法遏制之类，来尽力解释作者为什么写作品。"这种观念给予作者以过分的特权，"认为作者具有某种君临读者之上的权利，他强迫读者接受作品内某种特定的意义，这当然是正确的、真实的意义：由

---

[1] 巴特甚至以类似于德里达的语气声称：文本是能指的领域，它"对所指进行无限的延缓，能指不应视作获取意义的第一步，视作意义的物质性通道，与此恰恰相反，能指应被视为一种延搁行为"（转引自汪民安：《罗兰·巴特》，第187页）。

此产生了一种权利意义的批评伦理：人们力求确立作者所意谓者，毫不顾及读者所理解者"。[1]而事实上，阅读并非一个简单的接受意义的过程，"创作引导意义或结论；阅读则是相反，它驱散，播撒"。在阅读过程中，我们的力量和文本的力量在不停搏斗，理性的逻辑和象征的逻辑扭作一团。"这象征的逻辑不是演绎的，而是联合的：它与另外的观念、另外的意象、另外的意指作用的具体之文（与具体之文的每个句子）联合起来。我们被告知，'这文，这唯一的文，'但这唯一的文不存在：我正在阅读的这篇中篇小说，这则传奇故事，这首诗歌，存在的直接就是词典和文法都含纳不了的意义的增补。"[2]《S/Z》一书所记录的，就是巴特在阅读巴尔扎克的小说《萨拉辛》时所试图增补的意义空间。

当然，巴特补充说，他试图恢复的并不是个别读者的权利，而是阅读本身。否定作者的特权，并不是要把这种特权转交给读者。文本的意义不在于作者创作它时的主观意图，但也不在于读者阅读它时所产生的主观感受或作出的诠释。文本的意义在于文本及文本所处的网络。巴特强调说："一切阅读都出自超越个体的形式"；"能够想象的最为主观的阅读仅仅是照某些规则来玩的游戏而已。这些规则出自何处呢？必定不会出自作者，他只是依其一己的方式运用它们（这运用也许是富有天才的，譬如巴尔扎克的情形）；这些规则所来之处，远不及作者那么显而易见，它们出自古老的叙事逻辑，出自某种甚至我们出生之前就将我们构织了的象征形式，一句话，出自广阔的文化空间，我们个人（无论作者或读者），身处其中，只不过是一个通道而已。打开一篇文本，将它置于阅读的系统内，因而就不仅仅是需要和显示它能被自由地理解；还特别地、更为彻底地导致了这种确认：不存在阅读的客观和主观的真理，而只有游戏的真理"；"阅读，就是使我们的身体积极活动起来，处于文本的符号、一切语言的招引之下，语言来回穿越身体，形成句子之类的波光粼粼的深渊"。[3]

---

[1] 巴特：《S/Z》，屠友祥译，上海人民出版社，2000年，第51页。
[2] 同上书，第52页。
[3] 同上书，第52—53页。译文略有修改。

文本自身具有复数性。有两种类型的文本，一是"能引人写作之文"，一是"能引人阅读之文"。所谓"能引人阅读之文"是这样一种文本，它"能够让人阅读，但无法引人写作"。面对这一文本，读者只能被动地阅读它、消费它，"读者因而陷入一种闲置的境地，他不与对象交合，总之，一副守身如玉的正经样：不把自身的功能施展出来，不能完全地体味到能指的狂喜，无法领略写作的快感，所有者，只是要么接受文本要么拒绝文本这一可怜的自由罢了：阅读仅仅是行使选择权"[1]。相反，所谓"能引人写作之文"则是这样一种文本，它在读者这里引起一种要对它重新加以写作的强烈欲望，它要消除生产者和消费者之间、物主和顾客之间、作者和读者之间的界限，"能引人写作之文，其模型属生产式，而非再现式，它取消一切批评，因为批评一经产生，即会与它混融起来；将能引人写作之文重写，只在于分离它，打散它，就在永不终止的差异的区域内进行。能引人写作之文，是无休无止的现在，所有表示结果的个体语言都放不上去；能引人写作之文，就是正写作着的我们，其时，世界的永不终止的运作过程，浑然一体，某类单一系统（意识形态，文类，批评），尚未施遮、切、塞、雕之功。单一系统减损入口的复数性、网络的开放度、群体语言的无穷尽。能引人写作之文，是无虚构的小说，无韵的韵文，无论述的论文，无风格的写作，无产品的生产，无结构体式的构造活动"[2]。

"能引人写作之文"的复数性自不必说。然而，"能引人阅读之文"也是复数性的。对于能引人阅读之文，读者对它的解释也并不是要去探寻作为其真理的终极意义。"解释一篇文，并非赋予该文一特定意义（此意义多多少少是有根据的，也多多少少是随意的），而是鉴定此文所以为此文的复数。此处先设定完美的复数形象，种种（模拟的）再现之束缚，亦未挤干此类复数。在这理想之文内，网络系统触目皆是，且交互作用，每一系统，均无等级；这类文乃是能指的银河系，而非所指的结构；无始；

---

[1] 巴特：《S/Z》，第 56 页。译文略有修改。
[2] 同上书，第 61—62 页。

可逆；门道纵横，随处可入，无一能昂然而言：此处大门；流通的种种符码蔓衍繁生，幽远惚恍，无以确定；诸意义系统可接收此类绝对复数的文，然其数目，永无结算之时，这是因为它所依据的群体语言无穷无尽的缘故。一篇具有直接目的的文，在其复数内要求解释，解释就绝非任意而为：问题不在于承认某些意义，大度地确认每种意义各自都拥有它的真实份额；要紧的是，摒弃一切不偏不倚，展呈复数性的存在，而不是合理、可信乃至可能的存在。""要之，就复数的文而言，不可能有叙事结构，叙事语法，或者说叙事逻辑。"[1]

因此，阅读、理解的不确定性主要源自文本自身的复数性，而非源自读者的主观性。不仅如此，读者自身其实也不是一个完全主观的存在物。作为读者的"我""并非单纯的主语（主体），并非先于此文而存在，并非把文当作待拆之体、待占之位，继而来处置它。这个探究文的'我'，本身就已经成为其他诸文的复数性，成为永不终止的符码的复数性，或更确切些说：成为失落了（失落其起源）的符码的复数性"。巴特以一种和德里达、福柯类似的口吻宣称："主体性是一种完全的想象，人们设想我以此来充塞文，然而其虚假的完全性，只不过是全部用来构织我的符码的痕迹而已，因此，我的主体性说到底是诸类定型的笼统表达。"[2]因此，阅读既不是一种寄生行为，不是对某种写作的反应性补足，也不是一种将我们的主观性投入文本的行为。阅读是这样一种工作，它具有"拓扑学特性"："我不隐于文之内，我仅仅是游移不定地居于其中：我的任务是移动、变换种种体系，体系的观看点，则既不止于文，亦不终于'我'：从效用来看，我发现的意义，并非由'我'或他物确定，乃由其成系统的标记确定。""阅读在于勾连诸体系，此勾连不是按照体系的有限数量，而是依据其复数性（复数性是一种有生命的东西，不是一本明细账）：我递送，我穿引，我接合，我起动，我不结账。"[3]

---

[1] 巴特：《S/Z》，第62—63页。
[2] 同上书，第69页。
[3] 同上书，第70—71页。

也因此，在《S/Z》一书中，巴特对结构主义者寻找能够理解一切意指系统之共同结构法则的做法提出了明确的批评。巴特在书的开篇就写道："据说，某些佛教徒依恃苦修，最终乃在芥子内见须弥。这恰是初期叙事分析家的意图所在：在单一的结构中，见出世间的全部故事（曾有的量，一如恒河沙数）；他们盘算着，我们应从每个故事中，抽离出它特有的模型，然后经由众模型，导引出一个包纳万有的大叙事结构，（为了检核，）再反转来，把这大结构施用于随便哪个叙事。这是桩苦差事，竭精殚思，终究让人生厌，因为文本由此而失掉了它自身内部的差异。"事实上，文本之间充斥着差异，这种差异"从不终止，穿行于无穷无尽的文本、群体语言及系统而呈现出来；对差异来说，每篇文本都是它回返的通道"。[1]因此，我们必须作出抉择，"要么将一切文本置于归纳和演绎兼具的往复运动中，以不偏不倚的科学目光，对它们一视同仁，从归纳的方向，强使它们重返总摹本，而后一切文本都将从这总摹本演绎生发出来；要么把每篇文本都放回到运作过程中，而不是复原它的独特性"。[2]在稍后一点的地方，巴特又指出，如果我们想要关注文本的复数性的话，那么传统的那种结构主义的文本诠释方法就必须被抛弃：因为"不存在文的构造，一切皆意指不已，皆意指复意指，然而并没有把代表权移转给一最后的大整体、一最终的结构"[3]。文本诠释的任务不再是去寻求普遍性的结构法则，而是去把握文本的独特性、唯一性。其具体方法便是通过对文本细节步步渐进式的评注，从各种不同的角度和方向去回溯意义的条条细脉，追踪能指的种种轨迹，尽力将文本所具有的复数性质展示出来。从形式上来看，这样的评注将使文本"呈星形辐射状态裂开，而不是将其聚集起来"[4]。《S/Z》一书即是以此种方法来对文本进行评注以呈现其复数性的一个范例。

---

[1]　巴特：《S/Z》，第 55 页。译文略有修改。
[2]　同上书，第 55—56 页。译文略有修改。
[3]　同上书，第 72 页。
[4]　同上书，第 74 页。同页另有："我们拟使文（本）呈星形裂开，有若轻微地动，将意指作用的整体块料，叙述过程的流动的话语，日常语言的强烈的自然性，均离散开来。"

《S/Z》一书的评注对象是巴尔扎克一部不太出名的小说《萨拉辛》。小说以第一人称的方式写成,叙述"我"和一位女伴去参加一个豪华、盛大而又充满神秘气氛的家庭舞会,舞会上一位时隐时现、形象怪异的老人引起了女伴的注意,为了向女伴解释这个老头的来历,"我"便向她讲述了萨拉辛的故事:萨拉辛是一位形象丑陋、性格狂放但却才华横溢的年轻法国雕塑家,他在意大利的一家歌剧院观看演出时,被歌剧女演员赞比内拉美貌绝伦的形象所征服,并以一种狂热的方式向赞比内拉表达了爱慕之情。然而,正当萨拉辛对赞比内拉的感情达至巅峰之时,他得知后者是一个阉人。跌入绝望之境的萨拉辛欲杀死赞比内拉,却被后者的经纪人杀死。赞比内拉由此死里逃生。令"我"的女伴意想不到的是,舞会上那个时隐时现的怪异老头正是曾经美貌无比的意大利歌剧演员赞比内拉。因惊诧而失望的女伴愤怒地拒绝了"我"的情感要求。

对于这样一个叙述流畅、结构严谨、悬念迭起的故事文本,巴特首先将其切割划分为 561 个"阅读单元"。巴特承认,这种切割划分带有一定的偶然性、人为性:"此类分割无疑随意之极;……阅读单位或含数词语,或含数句子;此乃方便之举:只需其成为我们观意察义的最佳可能空间,就足够了;其范围,依经验来确立,来判定,将本诸含蓄意指的密度而断决,参诸文的各个重要的瞬间而移易:每一阅读单位,究其极,皆应有三或四个意义可枚举,是所望焉。"[1] 以下是被巴特切割后的小说《萨拉辛》中的一段(其中每个数字标示的即为一个阅读单元):

379 早先就不虔诚的萨拉辛,蓦地大笑起来。380 拉・赞比内拉像小鹿般跳开,381 奔向客厅。382 萨拉辛随后出现,383 一阵恶魔般的笑声,轰然扑面而来。384 只见拉・赞比内拉晕乎乎地躺在沙发上,脸色苍白,仿佛为刚才作的剧烈挣扎耗尽了气力。385 尽管萨拉辛几乎不懂意大利语,386 但听见情人对维塔利亚尼低声说道:"他会杀死我的!"[2]

然后,巴特依据五种符码类型来对其一一进行评注。这五种符码类

---

[1] 巴特:《S/Z》,第 74 页。
[2] 同上书,第 370 页。

型是：

（1）阐释符码：文本中所有那些"以不同方法表述问题、回答问题，以及形成或能酝酿问题或能延迟解答的种种机遇事件，诸如此类功能的一切单位"，就叫阐释符码。它在文本中的功能就是构成一个谜并使之解开。例如，小说的题目"萨拉辛"就是一个阐释符码，因为它构造了一个谜（"萨拉辛何所指？一个普通名称？一个专有名称？一件事物？一个男人？一个女人？"），这个谜要到小说的后面才能得到解答。

（2）意素符码：文本中的某个阅读单位作为能指时涉及的含蓄意指的所指，称为意素符码。例如，"萨拉辛"（Sarrasine）这个词在法语语境中就蕴含另外的内涵：女性质素。这对每个法国人来说都是不言而喻的。他们自然而然地将词尾的 e 作为阴性的特殊词素来接受。

（3）象征符码：具有某种象征意味的阅读单位称为象征符码。例如，"我沉陷在酣浓的白日梦"一句中的"白日梦"一词就是一个具有强烈象征意味的符码：它以"白日"和"梦"之间的对立引出了文本中由花园和沙龙，生命和死亡，寒冷和暖热，室外和室内等一系列其他对立构成的庞大的象征结构。

（4）情节符码：指的是用来表示行为或情节的那些阅读单位，如"我沉陷在酣浓的白日梦"中的"沉陷在"就是一个情节符码，它已"隐含某一可使其终止的事件（如'……我被谈话惊醒'）"。这些行为或情节系列隐含了人类行为的某种逻辑。

（5）文化符码：文本中那些源自某一或某些文化系统的知识或智慧，因而也需要借助有关这一或这些文化的知识才能更好地理解的符码，称为文化符码。例如，"在热闹非凡的晚会上，这般白日梦侵袭一切人，甚至浮浅的人也觉着彻骨的震撼"一句，就多半是从"热闹非凡的晚会，酣浓的白日梦"这句谚语转换而来。[1]

以下是巴特对上引段落各个阅读单元所作的评注：

---

[1] 参见巴特：《S/Z》，第 79—82 页。

^{379} 早先就不虔诚的萨拉辛,蓦地大笑起来。*意素:不虔诚。萨拉辛的不虔诚在纵聚合关系上与拉·赞比内拉的迷信恰相对应;这种纵聚合体实际是(将是)悲剧性的:怯弱的生命将把具勃勃生殖力的生命诱入其无有之中,这象征形象将沾染坚强的心灵。

^{380} 拉·赞比内拉像小鹿般跳开,*情节符码:"劫持":6:牺牲品的逃走。

^{381} 奔向客厅。*情节符码:"劫持":7:改换地点(与第371相平衡,且是其逆转)。

^{382} 萨拉辛随后出现,*情节符码:"劫持":8:追踪。

^{383} 一阵恶魔般的笑声,轰然扑面而来。*阐释符码:"诡计":7:笑声,凸显了计谋的成功(集体的笑声,是诡计的动机:"我只是为取悦朋友们,才同意骗你,他们想取乐。"第512)。

^{384} 只见拉·赞比内拉晕乎乎地躺在沙发上,脸色苍白,仿佛为刚才作的剧烈挣扎耗尽了气力。*象征符码:脆弱,怯懦,胆小,女性质素。

^{385} 尽管萨拉辛几乎不懂意大利语,*文化符码:年代学(这一表示与萨拉辛在罗马的天数相符:到狂欢之夜为止,仅三周)。

^{386} 但听见情人对维塔利亚尼低声说道:"他会杀死我的!"*阐释符码:"诡计":8:诡计策划者与执行者之间共谋的迹象。**情节符码:"危险":4:牺牲品预感到的害怕。[1]

经过这么一番切割和评注,整个小说文本便彻底碎片化、复数化,但原来意义相对确定的那些能指现在其所指则变得多样化起来。读者的思绪不断地被从原来的故事情境中拉扯出来,循着五种符码类型所指示的痕迹向四面八方伸展。文本的意涵也因此朝着不同的方向滑行开去。正像巴特自己所讲的那样,经过这样切割和评注过的文本,"所突出的,乃是所指的变换和复现。以每个阅读单位按部就班地抉发这些所指,不在确定文的真实性,而在其复数性;意义单元(含蓄意指),按每一阅读单位逐粒摘

---

[1] 巴特:《S/Z》,第257—259页。

落，疏疏离离散布开来，将不复重聚，不复获致一种元意义"[1]。以这种方式，对于不同的人来说，同一文本便可以被不断地重读。而每一次的重读都"排整了文的内在顺序，又复现了想象的时间"[2]，从而使文本不断增殖。

据说，巴特曾经明确地表述过《S/Z》一书与他以往著作之间的差别，他声称在前后两者之间存在着一个断裂："就前者来说，我假想存在着一个普遍性的结构，我试想表明重构语法、逻辑、叙事的妙处……在《S/Z》中，我通过拒绝模式论搅毁了这个前景，我不再提及全部文本的模式，我只是想表明，每个文本都有自己的模式，每个文本都应依据它自身的差异性——尼采或德里达意义上的差异性——被对待。我们换种方式说：文本无穷无尽地完全被编码所切割贯穿，但它不是任何编码的完成，它不是一种（叙事）语言的'言谈'。"巴特还明确地表示他的这种变化是来自"德里达、克里斯蒂娃、索莱尔等作家，他们教会了我，说服了我，开阔了我的眼界"。[3]巴特的这一声称对于我们理解其后期的思想（及他与其他后结构主义者之间的联系）显然有着重要的意义。

结　语

综上所述，我们可以将罗兰·巴特后结构主义文本诠释理论的基本观点简要总结如下：

第一，与德里达对文字意义的理解相似，在罗兰·巴特看来，一个文本的意义也不在于其外部（社会情境、作者或者读者的主观意识等），而在于其内部，在于其所处的文本（话语）网络；因此，不能把文本理解为是对外部现实或作者内部主观意识的反映或再现，而应将其视为文本按自身（及所在网络系统的）逻辑运作的结果；不应该从文本的社会背景或作者的主观意识中去寻找意义的源泉或解释，而要从文本自身所处的网络

---

[1] 巴特：《S/Z》，第75页。
[2] 同上书，第77页。
[3] 转引自汪民安：《罗兰·巴特》，第231页。

中去寻找意义的源泉或解释。换言之，每个文本所处的、由无数文本构成的文本（话语）网络，本身完全独立于其所指涉的外部现实的、自主的世界，不是文本及其所在的文本（话语）网络再现或反映着其所指涉的、在这个网络世界之外独立存在的给定性对象，而是这个网络世界建构了构成它的那些文本所指涉的对象。

第二，与加达默尔、德里达等人相似，罗兰·巴特也是意义多元性观点的倡导者和论说者，只不过他对意义多元性产生原因的解释和前两人有所不同而已。如前所述，加达默尔主要是从理解者视域的多元性入手来说明文本意义的多元性，德里达主要是从结构的开放性、流动性所导致的符号或文字之间差异的不确定性入手来说明符号或文字意义的多元性，而罗兰·巴特则主要是从含蓄意指的不确定性来说明符号或文本意义的多元性。在罗兰·巴特看来，含蓄意指系统的存在就是意义多样性的主要来源，而几乎所有的文本系统在一定程度上都可以视为一种含蓄意指系统，因此，意义的多元性就是一个不可避免的普遍现象。正如罗兰·巴特自己所说的那样，要能够领悟文本意义的多元性、复数性，我们就必须借助含蓄意指这一概念工具，正是含蓄意指的存在，才保证了文本意义的多元性、复数性："含蓄意指确保了意义的（有限）播撒"；"含蓄意指照例是施放复义，败坏通讯的纯净：乃是蓄意发出的'噪音'，精心设局，将噪音引入作者和读者的虚拟对话内，……含蓄意指是一种反通讯"[1]。

上述两个基本观点，使得我们可以毫无悬念地将罗兰·巴特的后结构主义文本诠释理论与加达默尔的哲学诠释学、德里达的文字学理论一道，归入我们所称的"后现代主义诠释理论"理论范畴，将其作为后者的重要样本之一来加以阅读和理解。

---

[1] 巴特：《S/Z》，第67—68页。

第八章　拉康的后结构主义精神分析学说

　　拉康被认为是后结构主义思潮的另一位代表人物。就学科领域而言，德里达主要是在哲学领域、巴特主要是在文学领域倡导被我们称为后结构主义的这种思想，而拉康则主要是在精神分析领域中倡导后结构主义的思想。拉康通过自己多年不懈的努力工作在精神分析领域中引发了一场重大的变革，使精神分析话语从现代主义阶段转向后现代阶段。然而，不容置疑的是，正如加达默尔、德里达的影响绝不限于哲学领域、巴特的影响绝不限于文学领域一样，拉康的影响也绝不限于精神分析领域。就其思想及所含启示的重要性而言，在某种程度上我们甚至可以说，拉康可能比其他几位后结构主义的代表人物更值得我们加以关注。理由简单说来就是，和其他几位后结构主义思想家相比，拉康在一个更为深入的层面、以一种更为细致的方式揭示了话语对于"主体"的建构作用，完成了作为后结构主义思潮重要内容之一的"去主体化"工程。

　　拉康的后结构主义精神分析理论内容极其丰富，但核心部分是其在一生不同阶段逐步形成的所谓"想象界""符号界""真实界"的"三界"说，他的后结构主义精神分析理论就是建立在这一"三界"说的基础之上的。无论是对于一般性的哲学研究来说，还是对于人文社会科学研究的其他学科领域来说，拉康的"三界"说都具有很强的启示意义。在本章中，我们仅结合本书的需要，对其"三界"说的一些主要内容作一简要的叙述和评论。

一、想象界与"自我"的建构

一个先天的、具有能动性的理性化"自我"的存在,始终是西方现代思想的核心观念之一。笛卡尔的"我思故我在",康德、费希特等人的先验自我,都以一种典型的方式表达了这种观念。作为世界"主体"的"人"的形象就是建立在这样一种先天的、具有能动性的理性化"自我"观念上的。

如我们在第二卷中所述,弗洛伊德关于人格结构的学说在某种程度上颠覆了把理性视为人之基本特征的思想。在弗洛伊德那里,理性化的"意识"不再被看作人类精神的基本特征,相反,"无意识"占据了"意识"原来在西方现代思想传统中所据有的关键地位。在弗洛伊德看来,不是"意识"而是"无意识"最终支配着人类的言语和行为。

弗洛伊德早期的理论认为,人格是由无意识、前意识和意识三个部分构成的。1923年前后,弗洛伊德修改了自己关于人格结构的思想,认为个体的人格主要由伊德(Id,或本我)、自我(ego)和超我(superego)三个部分组成。这两个人格结构模型虽然都认为人格由三个部分组成,但组成部分相互之间并不能对应起来。具体地说,前一模型中的"无意识"不能等同于后一模型中的"本能"或"本我",前一模型中的"前意识"不能等同于后一模型中的"自我",前一模型中的"意识"也不能等同于后一模型中的"超我"。弗洛伊德明确地表示过,"超我"虽然经常通过对"自我"的指导来影响人的行动,但超我并非一定是有意识的,因为"许多社会价值是在儿童还不能够理解和用语言来表述之前学得的"[1]。同样,"自我"也不过是"现实化了的本能"而已。可见,在弗洛伊德的后一个人格结构模型里,对人格有决定性作用的因素既有本能又有超我,而作为一个不仅在结构方面而且在功能方面都是处于超我和本我之间的领域,自

---

[1] Ann Neel, *Theories of Psychology: A Handbook*, Schenkman, 1977, p.231. 转引自杨清:《现代西方心理学主要派别》,辽宁人民出版社,2015年,第235页。

我则总是既要面对本我的挑战，又要接受超我的指导，总是要不停地去设法调和本我与超我之间的矛盾、冲突。维持本我与超我之间的平衡，是自我须去努力完成的重要工作，也是个体人格健全的基本前提。如果一个人的"自我"不能很好地完成这种平衡工作，那么他就可能陷入精神失常的状态。而弗洛伊德之后的诸多精神分析理论，尤其是由他的女儿安娜·弗洛伊德发展起来的所谓"自我心理学"，则倾向于把"自我"看作一个更富于独立性的部分，赋予自我以更重要的地位和更大的自主性，认为自我在起源、发展和功能方面都独立于伊德，把自我看作一个理智指导的系统，具有它自己的能量来源和它自己的动机与目的，强调"自我"在控制本能冲动、适应外部世界、解决问题和设置防御等方面的强大作用。这在某种程度上是重新向西方现代思想传统的"自我"观回归。这种以突出、强调"自我"功能为特征的"自我心理学"自然遭到了拉康的激烈反对，而拉康据以反对这种"自我心理学"的主要理论工具，就是他关于"想象界"（imaginary order）与自我建构之间关系的学说。

不仅如此，在弗洛伊德那里，人的"自我"在某种程度上依然是一种先天性的存在："自我"也是一种"本能"，不过是一种"受过教育的"、"已经变得'懂道理了'"的、"不再被控制于快乐的原则，而是被控制于事实的原则"的"本能"而已。因此，就像张一兵所指出的那样，"自诩为哥白尼式革命的弗洛伊德的个人主体理论仍然是肯定性的，虽然他否定和分裂了理性主义的思（意识）之主体，但毕竟又重新确立了以本能原欲为基底的本我之现实实现——自我。在自我和本我的关系中，自我并未与本我根本脱离，虽然前者的确是本我与现实对象世界和他人的关系性结果，但这丝毫不能改变自我的根子仍深理于本我之中这个确凿的事实。换句话说，弗洛伊德的自我主体总还是自足的功能性关系结构"[1]。

和其他那些被称为后结构主义者的人一样，拉康的一项重要理论工作就是解构上述这样一些先天性"自我"的观念，说明人的"自我"其实不

---

[1] 张一兵：《不可能的存在之真：拉康哲学映像》，商务印书馆，2006年，第128页。

过是一种在其生命历程某个阶段被虚构出来的东西,是人类与其外界的某个对象认同的结果,而非某种与生俱来的东西。拉康认为,所谓先天性的"自我"(无论它是由"意识"构成的,还是由"无意识"构成的)其实根本就不存在,"自我"只不过是我们在特定人生阶段的一个想象的建构物而已。拉康明确指出,他关于"自我"的这种观点"与所有直接从[笛卡尔的]我思而来的哲学截然相对"[1]。

拉康用来说明这一观点的首要证据就是比较心理学家所发现的这样一个事实:人的"自我"最初是由儿童借助其在镜子当中所看到的自身形象而想象或虚构出来的。正如我们都知道的那样,与其他动物不同,人在其诞生之后的很长一段时间里都不具备独立生存的生理能力,人要经过一段很长时间的生长发育才能够逐渐具备独立活动所需要的这种生理能力。儿童生理上发育不全的这种状况也影响到他的心理发育状况。依照拉康的看法,在很长的一段时间里,婴儿都不能将自己的身体体验为一个统一的整体,他体验到的是一些破碎的身体部件:鼻子、手、足等。直到有一天——大概是在出生后六到十八个月时,婴儿忽然从镜子里面看到了一个影像,通过将镜中的影像与自己和母亲反复对比,他才开始"意识"到那个影像就是自己,"意识"到自己的身体原来是一个统一的整体。"对于一个猴子,一旦明了了镜子形象的空洞无用,这个行为也就到头了。而在孩子身上则大不相同,立即会由此生发出一连串的动作,他要在玩耍中证明镜中形象的种种动作与反映的环境的关系以及这复杂潜象与它重现的现实的关系,也就是说与他的身体,与其他人,甚至与周围物件的关系。"拉康把儿童成长的这一阶段称为"镜子阶段"。拉康认为,我们在镜子阶段观察到的上述人类行为含有重要的意义:"它表现了一种迄今还有争议的力比多活力,也体现了一种人类世界的本体论结构。"它表明了一种认同过程的发生,显示了"主体在认定一个影像之后自身所起的变化"。这个变化就是:借助这种将镜中影像认定为自身的过程,儿童在忽然之

---

[1] 拉康:《拉康选集》,褚孝泉译,上海三联书店,2001年,第89页。

间"意识"到了一个统一的、完整的"自我"的存在。但拉康指出,这种统一的、完整的"自我"其实只是一种想象、虚构的存在,是一个理想的"我",而非"真实"的"我"。"真实"的"我"即对自己身体的感觉或体验在儿童那里其实还是以破碎的形式存在的。拉康说:"一个尚处在婴儿阶段的孩子,举步趔趄,仰倚母怀,却兴奋地将镜中影像归属于己,这在我们看来是在一种典型的情境中表现了象征性模式。在这个模式中,我突进成一种首要的形式。以后,在与他人的认同过程的辩证关系中,我才客观化;以后,语言才给我重建起在普遍性中的主体功能。"他认为,对我们来说,儿童借以形成其"自我"意识的上述形式之所以重要,正在于它"将自我的动因于社会规定之前就置在一条虚构的途径上"。[1]

"自我"的这种虚构性质在精神病人那里也可以得到反面的证明。当个体处于精神分裂状态时,他曾经获得或认同的那个虚构的"自我"便可能衰退或消失,破碎的身体形象便在其梦中或意象中重新显现出来。"那时它是以断裂的肢体和外观形态学中的器官形式出现的,它们在内部倾轧中长出翅膀生出胳膊。这些形象在 15 世纪通过想象超人的杰洛姆·鲍希的画笔已永远地确定在现代人想象的巅峰上。然而,残缺的身体的这个形式还在机体本身具体地出现,出现的途径是那种决定了谵妄的构造的脆弱化过程,表现在精神分裂、痉挛和歇斯底里的症状上。"[2]

在拉康看来,这一通过将外部镜中影像认同为自身来想象自我的过程,不仅是一种虚构的过程,而且还是一种异化的过程。在这一过程中,人类个体不但将自身认同或外化为外界的某个对象,并且自此以后便始终受到这一虚构"自我"的支配。拉康说:"主体借以超越其能力的成熟度的幻象中的躯体的完整形式是以格式塔方式获得的。也就是说是在一种外在性中获得的。在这种外在性里,形式是用以组成的而不是被组成的,并且形式是在一种凝定主体的立体的塑像和颠倒主体的对称中显示出来的,

---

[1] 参见拉康:《拉康选集》,第 89—91 页。
[2] 同上书,第 93—94 页。

这与主体感到的自身的紊乱动作完全相反。""这个格式塔通过它体现出来时的两个特征，象征了我在思想上的永恒性，同时也预示了它异化的结局。并且这个形式还孕含着种种转换，这些转换将我与人自己树立的塑像，与支配人的魔影，以及与那个自动机制联结起来，在这种机制中人造的世界行将在某种多义关系中完成。"[1] 因此，拉康明确写道："镜子阶段是场悲剧，它的内在冲劲从不足匮缺奔向预见先定——对于受空间确认诱惑的主体来说，它策动了从身体的残缺形象到我们称之为整体的矫形形式的种种狂想——一直达到建立起异化着的个体的强固框架，这个框架以其僵硬的结构将影响整个精神发展。"[2] 当然，这并不是说通过与镜中影像的认同而虚构出来的这种"自我"就毫无积极意义。积极意义似乎还是有的，正是以这样一种虚幻的"自我"形象为中介，儿童才开始能将自己与他人以及自我与外部实在区分开来（在这之前，儿童的"自我"与包括他人在内的外部世界是混同一体没有分开的。换言之，在这之前，儿童没有"自我"）。如果没有经历过这个镜子阶段，儿童就无法形成他的"自我"，无法将"自我"与外部世界分开，从而无法在"自我"和外部世界之间建立起正常的相互关系。所以，拉康说："镜子阶段的功能……在于建立起机体与它的实在之间的关系，或者如人们所说的，建立内在世界与外在世界之间的关系。"[3] "自我形成的原型虽然是以其外在的功能而使人异化的，与它相应的是一种因安定了原始机体混乱而来的满足。"[4] 此外，对比破碎的自我体验更为完满的镜中形象的认同，也使儿童能够获得一种相对更为理想的"自我"，通过这一虚构的"自我"，"主体将自己从根本上与自己身体的视觉格式塔认同起来。相对他行动上还存在的严重的不协调而言，这个格式塔是一个理想的统一，是个有益的意象"[5]。尽管如此，在拉康看来，这种虚构"自我"的消极意义还是占据了主导地位。

---

[1] 拉康：《拉康选集》，第91页。
[2] 同上书，第93页。
[3] 同上书，第92—93页。
[4] 同上书，第113页。
[5] 同上书，第110页。

可见，正如张一兵总结的那样，"拉康在这里做了一个非常大的宣判：过去被人们自觉不自觉地视为个人主体的那个我，被笛卡尔作为理性之思起点的那个我，还应该包括第一个新人本主义先驱斗士施蒂纳笔下的那个'唯一者'的我，克尔凯郭尔口中的'那一个'真实的我，海德格尔的此在之我，统统都只不过是一种想象中幻在的'理想我'而已。……拉康可谓是釜底抽薪式地斩断了当代新人本主义的存在论之根：个人主体是不存在的"[1]。

拉康的"镜子阶段"理论实际上构成了一个隐喻，一个关于人的"自我"形成的隐喻。按照这个隐喻，人的"自我"是人对外界某个形象加以认同的结果，而非对自己"真实"存在状况的认知。虽然在人生的最初阶段，这个外界形象是幼儿在镜子里发现的与自己身体同形的某个影像，但在人生的其他阶段，这个外界形象也可以有其他的来源，可以是其他的某个形象。[2]

二、符号界与"主体"的建构

当然，随着儿童的成长，儿童对自我的认知不会始终停留在以镜中影像为基础的想象阶段。在作为社会权威之象征的"父亲"的介入和引导下，随着对语言的学习和使用，儿童逐渐进入一个新的世界，这就是由语言符号建构的世界，即"符号界"（symbolic order）。在这个新的由符号建构的世界或秩序里，儿童逐渐超越了原来的想象界，学会用语言符号来认知世界和自身，也逐渐形成了一个以符号即"意识"形式呈现出来的"自我"，并以这样一个符号化或意识化的"自我"取代了以前以想象形式呈现出来的"自我"。从表面上看，这个以符号或意识形式呈现出来的"自我"具有与以前以想象形式呈现出来的"自我"非常不同的性质，如逻辑

---

[1] 张一兵：《不可能的存在之真：拉康哲学映像》，第130页。
[2] 其实，在读到拉康上述思想之时，我想，大多数熟悉社会学理论资源的读者可能会马上联想起库利的"镜中我"和米德的"客体我"等有关"自我"的学说。拉康的"自我"学说和库利的"镜中我"以及米德的"客体我"学说之间的异同是一个值得进一步探讨的问题。

性、能动性等。正是基于符号化"自我"的这样一些新性质，笛卡尔等人将具备了这种"自我"的人视为一种"主体"性的存在，并认为这种符号化思维的能力是人的一种先天能力，正是这种先天性的主体性能力将人与其他物体的存在区别开来，构成了人的本质。然而，拉康试图通过进一步的分析表明，人的"主体"性其实也不过是一种被建构起来的东西，而非像笛卡尔、康德等人所设想的那样是人的一种先天本质。

拉康认为，表面上看，当人类个体掌握了一定的语言符号系统，逐渐具备了一种符号化的思维能力，形成了一个以意识形式存在的"自我"后，个体就具备了一种与动物不同的主观能动性，成为一种与其他一切事物相对立的、将其他一切事物都转变为自身意识和行动对象的主体性存在。然而，实际的情况却与此完全相反：和在镜子阶段形成的"自我"形象一样，个体在语言符号世界中所形成的这种主体性也不过是一种虚构的存在，是个体所进入的语言符号体系对其加以形塑或建构的产物。个体所进入的语言符号体系是一种在个体出生之前就已经存在的、不以其主观意志为转移的客观存在，"语言并不与在讲话的主体中服务于他的各种身体和心理功能相混淆。这首要的原因是，主体在其精神发展的某个时刻进入语言时，语言早就存在了"[1]。这种客观存在是作为一种外在的东西强加于他，而非由他自主选择进入的；作为一种先行于、独立于他的客观存在，个体不但不能随意改变其所进入的语言符号体系，相反还必须受其制约，严格按照它的要求进行思考和言说；所谓的"主体"不过"是语言的奴仆，……从他出生之时开始，即便那时只是以他的姓名的形式，他已加入到了话语的广泛活动之中去了"[2]。因此，个体的一切所思所想、所言所行其实都是由其所进入的语言符号体系决定，而非由自己决定。就此而言，个体并不是真正意义上的"主体"，真正的"主体"其实是其所进入的语

---

[1] 拉康：《拉康选集》，第425页。
[2] 同上书，第426页。

言符号体系。[1]个体从想象界进入符号界,并没有使自己摆脱异化的命运。"主体"依然是一种异化的存在,只不过是异化的形式发生了改变而已。

据此,拉康明确指出,将"主体"理解为一种个体的主观性是错误的。"主体远远超出个人'主观'地感受到的东西。"[2]像海德格尔、加达默尔、德里达等人一样,拉康也明确宣称是语词创造了世界:"说概念即是事物本身,这还不够。任何儿童都能驳斥学校的教诲而证明这一点,是词语的世界创造出了事物的世界。事物开始是混杂在将成的总体的现时和现地中,词语赋予它们的本质以其具体的存在,并将它无处不在的位置给予恒久者:万世的财富。"语词或象征符号不仅创造了世界,而且也创造了人:"人能言谈,但那是象征使他成为人。"[3]"象征符号以一个如此周全的网络包围了人的一生,在那些'以骨肉'生育出他的人来到这个世上之前,象征符号早就结合成一体了;在他出生时,它们给他带来星座的禀赋,或者仙女的礼物,或者命运的概略;它们给出话来使他忠诚或叛逆;它们给出行动的法则让他遵循以至他还未到达的将来,以至他的死后;依照象征符号他的终结在最后的审判中获得意义,在那儿语词宽宥或惩治他的存在,除非他达到了为死的存在的主观实现。"[4]

因此,并没有什么独立存在的主体,在主体的言语背后起作用的是象征符号或语言。"言语的消失表现在言谈的陈词老调中,在这种陈词老调中,主体不是在说话而是被说了:我们可在其中看到以僵硬形式出现的无意识的象征符号。"[5]主体是由话语建构起来的:"在其象征功能中,言语的结果就是以言语建立的说话者的联系来改变听话的主体,也就是说,引

---

[1] 有人对此说法可能会提出疑问:语言符号不过是人的心智的表现而已。而拉康对这种质疑的反驳是:"没有文字,心智如何存活呢?"(拉康:《拉康选集》,第440页。)
[2] 同上书,第275页。
[3] 同上书,第287页。
[4] 同上书,第290页。
[5] 同上书,第291页。

入能指的作用。"[1]"言语使发言者赋予听话者以一种新的现实。例如，以一句'你是我的妻子'，主体肯定了他是婚姻中的丈夫。"[2]甚至"爱"这种一直被人们认为纯粹自然的人类情感，也是由话语建构起来的："为了坚持在一个更清晰的传统里，或许我们可以说一下拉·罗歇富柯的著名格言，这格言说：'有些人如果从来没有听说过爱，他们就从来不会堕入情网'。我们不是从爱完全是想象的'实现'的这个浪漫意义上来看这个格言的。这格言将是对这种爱的一个狠狠的驳斥。我们将这条格言看作是对爱情得之于象征，对于言语引发的爱的成分的真正的承认。"[3]不过，（作为精神分析之对象的那些）主体本身很难意识到这一点："如果说主体将这些象征认作是已有的那就错了：在治疗的尝试中主体被引导着去认识它们时遇到的阻力并不比在神经官能症中小。"[4]对于个体来说，他往往会将自己的思想、言行乃至情感视为一种源出于己，因而能够由自己通过主观努力来加以把握的东西。拉康认为，这其实和镜子阶段的儿童以为镜中的影像就是自己本身一样，是一种误认或妄想。

当然，拉康说，这并不是要全然否定人的主观性。"这并不是说，我们的文化是在创造性的主观性之外的黑暗中前进，相反，在更新象征符号的人的交流中，主观性从来就没有停止过努力更新象征符号的常有的力量。""指出维持了这种创造的那几个人，那将是混淆了不同的事物而让步于浪漫的观点。事实是，不管在哪一个领域里：数学，政治，宗教，甚至广告，只要有这个主观性，它就继续推动了人类整个的运动。"[5]但总体上看，对于绝大多数个体来说，他的所谓"主体"性只是语言符号体系的建构物而已。

拉康指出，个体的意识是由其所进入的语言符号体系建构起来的，但个体自身对此却并无明确的"意识"。虽然个体的所思所想、所言所行都

---

[1] 拉康：《拉康选集》，第 309 页。
[2] 同上书，第 311 页。
[3] 同上书，第 274 页。
[4] 同上书，第 291 页。
[5] 同上书，第 295 页。

是在特定"意识"的引导下进行的，因而是有"意识"的、自觉的，但是个体却并不能明确地"意识"到在所思所想、所言所行的背后支配着这些思想和言行的语言符号结构。对于个体来说，在背后支配着其思想和言行的那些语言符号结构是以无意识的方式存在和起作用的。换言之，个体对那些语言符号结构是"无意识"的。

自从弗洛伊德以来，"无意识"就已经成为人们的一个重要研究对象，"无意识"对于理解人类行为的重要性也似乎为所有的人认可。按照弗洛伊德早期的看法，无意识是人类精神过程的最初状态，无意识是由各种本能性的冲动构成的，是一种原始的、先于意识过程的心理过程。"每一种心理过程首先都是处于一种无意识的状态或阶段，然后只是从这一阶段才过渡到一种有意识的阶段"；"任何一种特殊过程首先都是属于无意识的心理系统；只有从这一系统出发，它才能在一定的条件下进入到意识的系统"。[1] "精神分析那些令人不快的断言中的第一个，就是认为精神过程本身都是无意识的，而那些有意识的精神过程只不过是一些孤立的动作和精神生活整体的某些部分。"[2] 有许多人类过失行为如口误、笔误、遗忘等，以及人类在梦中展开的心理活动，最终动力其实都是无意识，必须从无意识的运作机制才能得到解释。因此，弗洛伊德坚持认为精神分析的研究对象就是无意识。弗洛伊德创立"自由联想"一类精神分析方法的基本目的，也就是试图凭借这种方法来弱化"意识"对个体精神活动的控制，揭示隐藏在个体精神活动深处，但却在实际上支配着个体诸多行为的"无意识"动力。

拉康继承了弗洛伊德的"无意识"概念，以及"无意识"对人类行为起着重要支配作用的思想。然而，拉康却对"无意识"的内容和性质作了重大的修正：在弗洛伊德那里，"无意识"的内容虽然也包含部分"超我"甚至"自我"的内容，但主要是原始的生物性本能；而在拉康这里，"无意识"的内容则主要是语言符号结构。拉康明确地说："精神分析在无

---

[1] S.Freud, *A General Introduction to Psychoanalysis*, Wordsworth, 2012, p.250.
[2] Ibid., p.9.

意识中发现的是在言语之外的语言的整个结构。一开始我们就要请知情的头脑注意，要当心从无意识是本能的领地这个想法里得到的东西。"[1]由于语言符号结构是在个体诞生之前就由"他人"构建出来、在个体出生之后又由以父亲为代表的"他人"强加给他的，所以对个体而言这种语言符号结构总是"他人"的话语。拉康认为，"主体的无意识即是他人的话语。这一点在弗洛伊德针对他称之为心灵感应的现象的研究中显得最为清楚。这种现象是在[精神]分析经验的范围内表现出来的。这就是主体的谈话与他不可能得知的事情之间的巧合。这种巧合是与精神分析者作为对话者的另一个经验相联系的。在大多数情况下这个巧合是由语言上的吻合，甚至同音同形字的出现构成的。如果巧合中包括一个行动，这要么是病人行动出来，要么是病人的一个也在接受分析的孩子行动出来。这是话语的交流网络的共鸣现象，对它的深入分析会揭示出日常生活中的类似事情"[2]。"无意识就是具体言谈中跨越个人的那个部分。"[3]

　　人的意识是建立在记忆的基础之上的，无意识不过是被压抑的记忆。但是，拉康指出，人的记忆并不是一种完全自然的生理或心理过程，而是和话语之间存在着密切的联系。具体言之，话语对于记忆的形成和维持具有某种决定性的作用，许多没有能够进入意识层面的经验其实正是由于话语的作用才脱出了记忆的范围而成为无意识的东西。拉康说："在某个时期，在圣安托万区的某次暴乱被其参与者感觉为国会或者王室的胜利或失败；在另一个时期，另一次暴乱被感觉为是无产者或者是资产者的胜利或失败。即便像雷斯主教所说的那样在那些事件中总是'人民群众'付出代价，那些并不是些同样的历史事件。——我们的意思是说，在人们的记忆中它们留下的不是相同的回想。也就是说，随着国会和王室这个现实的消失，第一个事件会重新回到它的创伤的价值上去，这个价值如果不是被人特意地重振其意义，会逐渐地真正地隐去。相反，第二个事件的回忆即使

---

[1] 拉康：《拉康选集》，第425页。
[2] 同上书，第275页。
[3] 同上书，第268页。

在禁令之下还仍然强烈——就如同压抑下的遗忘是记忆的最活跃的形式之一一样——，只要还有人愿为无产者的崛起而贡献他们的斗争，也就是说，只要还有人相信辩证唯物主义的中心词汇还有其意义。"[1]由对记忆的这种理解所"导致的释读无意识的技术与本能的理论甚至冲动的理论之间的区别也是势所必然的了"。"我们教会主体当作他的无意识来认识的正是他的历史。这就是说，我们帮助他完善事实的目前的历史化。在他的生存中，这些事实已经决定了一些历史性的'转折'。但是，如果这些事实有这个作用，这是因为它们已是作为历史的事实，已经是具有某种意义或者已经按照某种（话语的）秩序而被查禁了的。"[2]

那么，以无意识的形式存在的语言符号结构是如何规定个体言说的呢？参照拉康的论述，可以看到，在拉康看来，个体的言说有两种方式：一种是正常的言说方式，即我们在个体的日常生活中通常可以观察到的那种"正常"的言说；另一种则是不正常的言说方式，即我们在个体的梦境、口误乃至精神失常状态下所观察到的那种"不正常"的言说。拉康指出，这两种言说都具有同样的结构运作方式，这就是所谓的"换喻"和"隐喻"。

索绪尔曾经认为语言是按两个维度构成的：一是句段关系维度，二是联想关系维度。前者指的是一个句子中各个符号或成分之间在语法方面的联系或组合关系，如"我吃了一颗巧克力"一句中的主语"我"、谓语动词"吃了"、量词"一颗"和宾语"巧克力"这些词语或成分之间的语法联系，它涉及的是同一句子中各不同成分之间的横向关联；后者指的是一个句子中各个符号或成分与其他句子中具有同样功能或地位的符号或成分之间在语义方面的相似或联想关系，如"我吃了一颗巧克力"和"他读了两首诗"这两个句子中主语"我"和"他"之间、谓语动词"吃了"和"读了"之间、量词"一颗"和"两首"之间以及宾语"巧克力"和

---

[1] 按笔者的理解，这句话的意义为：辩证唯物主义的中心词汇使人们将第二次暴乱理解为无产者为争取自身利益而进行的斗争并对其始终保持一种强烈的记忆。可见，记忆并非纯粹自然的东西，它在很大程度上是由特定话语建构和维持的。

[2] 参见拉康：《拉康选集》，第271页。

"诗"之间存在的语义方面的相似或联想关系，它涉及的是不同句子中各类似成分之间的纵向关联。结构主义语言学家雅各布森在接受索绪尔这一思想的基础上，提出了语言是由"换喻"（Metonymie，也译"转喻"）和"隐喻"（Metapher）两种方式构成的说法。所谓"换喻"，即用一个词（如"北京"或"帆"）来表示另一个在语法方面有句段关系的词（如"北京是中国政府所在地"中的"中国政府"或"帆船是以帆为主要动力工具的船"中的"船"）而形成（如"北京方面表示……"，或"千帆竞渡"）；所谓"隐喻"，则是以用一个词（如"这是一朵玫瑰"中的"玫瑰"）来表示另一个在意义方面有联想关系的词（如"这是一个女孩"中的"女孩"）的方式形成（如"羞答答的玫瑰静悄悄地开"）。雅各布森认为换喻在散文中占据主导地位，隐喻则在诗歌中占据主导地位。

　　拉康继承了雅各布森的上述观点，但进一步将其应用于对不正常语言的刻画。他认为，不仅正常的言说是以换喻和隐喻两种方式构建起来的，各种曾经被人们称为无意识行为的不正常的言说也是以这两种方式被构建起来的。对此，拉康有一句流传甚广的名言，即"无意识是像语言那样被结构化的"（The unconscious is structured like a language）。弗洛伊德曾经认为，人们的各种无意识行为如梦、口误、笔误以及精神病症状等都是以"压缩"（condensation）和"替代"（displacement）两种方式呈现或构建出来的。所谓"压缩"，即是将许多隐含（例如，梦中意象背后）的元素压在一起以一个元素（可以是诸多隐含元素之一，或其中之一的某个片段，或诸元素的混合）的形式显现出来（在从事精神分析活动如释梦时，可以让被分析者以联想的方式将这些背后的隐含元素揭示出来）；所谓"替代"，则是许多隐含的元素不以自身或自身的一部分为代表，而是以其他看似无关的事物为代表呈现出来，或者一个重要的元素以另一个不重要的元素为代表呈现出来，从而使隐含意义的重心发生转移。

　　拉康则认为，弗洛伊德所指出的这两种无意识运作方式，其实正对应于雅各布森所提出的"换喻"和"隐喻"这两种语言结构运作方式，因此，也完全可以用换喻和隐喻这两种方式来对其加以描述。拉康说："弗洛伊德描写的（使）无意识得以运行的、作为原始过程的那些机制正对应了这个学派认为是决定了语言效果的最具根本性的功能，即隐喻和换喻功能，换句话说，语言效果在话语中出现时共时和历时两个向度上能指的替代和组合功能"[1]，"在分析梦时，弗洛伊德打算给予我们的不是别的，只是无意识的最广泛的法则。弗洛伊德告诉我们，梦之所以有效的原因之一就是在于在正常的主体身上和在精神错乱者身上，梦都同样地揭示了这些法则"[2]。

拉康解释道："Verdichtung，意为压缩，这是能指的重叠的结构。隐喻就存在于其中。这个名词将 dichtung（诗）也压缩在自己里面，这表明这个机制对于诗歌也同样的自然，以至于它包含了传统上是诗歌的功能。Verschiebung，意为迁移（替代），德文的这个词要更接近这个表现为换喻的意义的转移。自从弗洛伊德提到了它以后，它一直被看作为无意识中对付禁忌的最合适的手段。"[3]

拉康说："关于换喻，我们要用的就是在语法书里给出的例子：征帆三十。船字不见了……我们确实是说，以局部来代整体。如果真的这样来理解，这个局部并没有告诉我们它要估量的舰队的规模：事实上，只有一张帆的船是很少见的。由此可见，船与帆的联结只存在在能指里面，换喻实际上是建立在词与词之间的联结上的。"[4]

在《无意识中文字的动因或自弗洛伊德以来的理性》一文中，拉康用以下公式来表示换喻的结构：$f(S\cdots S')S \cong S(-)s$。式中：$fS$ 表示能指 S（如"帆"）的意指功能（signifying function）或意指关系（能指和所指之间的关系）的效果，等式左边括号中的 $S\cdots S'$ 表示能指 S（如"帆"）和能指 S'（如"船"）之间的语法联系，$\cong$ 表示全等，等式右边的 S 表示能指（"帆"），s 表示所指，括弧（−）表示对新的意指关系的抗拒或抵

---

[1] 拉康：《拉康选集》，第 608 页。引文有修改。
[2] 同上书，第 445—446 页。
[3] 同上书，第 442 页。
[4] 同上书，第 436—437 页。

制，表示能指 S（"帆"）没有产生新的所指，即没有建立新的意指关系，它只是一个用来替代"船"这个能指的能指而已，它的所指还是被替代的"船"这个能指的所指。

拉康解释说："这就是换喻的结构，它表明是能指与能指之间的联结导致了可以使能指在对象关系中建立一个存在缺失的省略，同时又利用了意义的回指的价值来使能指充满了企求得到它所支撑的缺失的欲望，放在（ ）之间的符号 – 在这儿表现了横线 – 的继续存在，这个横线在第一个算式中表示不可分解性，在这个不可分解性中构成了能指与所指关系中的对意义的抵抗。"[1]

拉康又说："以一个词来代替另一个词，这就是隐喻的定义。""隐喻的创造性火花并不来自于将两个形象提示出来，也就是说，并不是来自于将两个能指同等地呈现出来。它在两个能指之间发出，其中一个能指取代了另一个能指在能指链中的位置，被隐没的那个能指以其与能指链中其他能指的（换喻的）联系而继续显现"。[2] 如果说换喻的基础在于两个词在语法方面的联系，那么隐喻的基础则在于两个词之间在意义方面的相似。

在上述同一篇文章中，拉康用以下公式来表示隐喻的结构：

$$f(\frac{S'}{S})S \cong S(+)s$$

式中：fS 表示能指 S'（如"玫瑰"）的意指功能或意指关系的效果，等式左边的 $\frac{S'}{S}$ 表示能指 S'与能指 S（"女孩"）之间的语义联系（能指 S'对能指 S 的取代），$\cong$ 表示全等，等式右边的 S 和 s 依然表示能指 S（"女孩"）及其所指，中间的括弧（+）表示新的意指关系的产生，即用来取代能指 S（"女孩"）的能指 S'（"玫瑰"）产生了富有诗意的新所指（"像玫瑰花一样美丽动人的女孩"），而不再简单地意指能指 S 的原来所指。

拉康解释道："这是隐喻的结构，它表明一个能指替换另一个能指而

---

[1] 拉康：《拉康选集》，第 446—447 页。
[2] 同上书，第 438 页。

产生了意义的作用，这是诗的作用，或者说创造的作用，也就是说，有关的意义的出现。置于（ ）之间的符号 + 在这儿表明超越横线 –，以及这个超越对于意义出现的构成值。这个超越表示了能指进入所指的条件，我在上面已经通过将它临时地混同于主体的位置而指出了它的时刻。"[1]

  无疑，上面列举的那些例句都是来自正常的语言（意识语言），但拉康认为，这些机制在不正常语言（无意识语言）的构成过程中同样存在。换言之，它们同样是不正常语言用来构成自己的两种基本方式。按拉康所说，弗洛伊德称之为"压缩"的无意识运作机制其实正是语言学家所说的"隐喻"，弗洛伊德称之为"替代"的无意识运作机制则是语言学家所说的"换喻"。和正常的语言相比，不正常语言的特点只在于：第一，不正常语言使用的是与正常语言不同的再现形式。[2] 正常语言使用我们大家明确称为"文字"的那些符号作为再现形式，而不正常语言使用的则是梦中的意象、脱离了通常意义的字句以及精神病症状这样一些再现形式。拉康以一种客厅游戏（Parlour game）来喻指这一不正常语言中的情景，在这种客厅游戏中，一个人无言地摆出一种姿势（类似无意识语言中的能指）来让观众猜出一句他们所熟悉的话或其变体（类似无意识语言中的所指）。[3] 第二，不正常语言遵循的是与正常语言不同的词义手册。在正常语言中我们所使用的每个词（作为能指）与其意义（所指）之间的联系虽然也是约定俗成而非先验性质的，但一旦为个体所在的语言共同体成员所约定，在一定的时空范围内则是大致确定的；而在不正常语言中每个"文字"（以意象、词句、症状等作为能指）与其意义（所指）之间的联系却大体是因人而异的，缺乏统一的诠释，因而必然具有不确定性。

---

[1] 拉康：《拉康选集》，第 447 页。
[2] 马元龙在转述拉普兰西（Laplanche）的看法时将无意识的特点描述如下："无意识纯粹就是由一些能指构成的。但是这些构成无意识的能指并不具备口头语言的性质，而只能约简成一些想象的因素，尤其是视觉上的想象，用拉康的术语来说，它们相当于一些意象。因此，拉普兰西认为，在无意识层面上，能指和所指没有什么区别；指意的形象指涉的不会是什么别的，而仅仅将它自己作为所指来指涉。"（马元龙：《雅克·拉康：语言维度中的精神分析》，东方出版社，2006 年，第 131—132 页。）
[3] 拉康：《拉康选集》，第 443 页。

那为什么人类会有正常和不正常两种语言呢？如果说语言是人类用来表达自己念想的工具，那为什么人类不是将自己所有的念想都以正常的言说方式加以表达，而要将其中的一部分念想以不正常的言说方式加以表达呢？对于这个问题，拉康的回答与弗洛伊德的回答没有根本的区别。这个回答就是：因为语言符号系统既是人类用来表达自己念想的工具，同时也是社会或大写的"他人"用来对人类个体的念想进行审查的机制。在个体进入符号界之后，强加于个体的语言符号系统一方面使个体得以成为一个能够以符号形式来感知、思考和言说的"正常"的人，另一方面也对个体的各种念想进行审核，以判定哪些念想是符合语言符号系统内涵的行为规范，哪些不符合这些行为规范，并对前者予以放行，使之可以正常地进入个体的意识并得以用正常的言说方式加以表达，对后者则进行压抑使之尽可能不进入个体的意识并得以表达（如前所述，对个体而言这两种机制的运作都是无意识地进行的）。当后者过于强烈，以致欲突破或绕过语言符号系统的压制而使自己得到表达时，便只能以各种不正常的言说方式来表达自己（但这种不正常的言说方式在能指的选择和构成机制等方面仍然受到语言符号结构的约束）。正如拉康所说的那样，神经官能症的症状就"是在主体的意识中被压抑的一个所指的能指"[1]。

三、真实界及其不可及性

如上所述，个体无论是在镜子阶段形成的想象世界里，还是在后来形成的符号世界里，都没有发现"真实"的"自我"或"主体"。个体所形成的所谓"自我"或"主体"其实都不过是以自觉或不自觉的方式对某种外部力量（镜像、语言符号）加以认同的结果，因而不过是这些外部力量作用的产物。那么，个体到底有没有一种"真实"的"自我"呢？如果有的话，我们到底能不能把握得到它呢？

对于这个问题，拉康的回答是：个体"真实"的自我——拉康称之

---

[1] 拉康：《拉康选集》，第292页。

为"真实界"（the real/real order）——是存在的，但却是个体永远都不可企及、不可把握的。个体能够把握的只是想象的"自我"或符号化的"主体"，但这个想象的"自我"或符号化的"主体"却并非个体"真实"的自我，而是一种通过对外部力量的认同而构建出来的自我或主体。

　　这个个体永远都无法企及或把握到的"真实"自我或"真实界"到底是什么呢？对于这个问题，拉康并没有从正面给出回答。他对于"真实"或"真实界"的界定只是：它是个体精神世界中无论是通过想象界还是通过符号界都永远无法企及，但个体又永远都在追求的那样一种东西。对于这样一种被称为"真实界"的东西，拉康在不同的场合分别作过一些说明。参照英国学者霍默的解说，拉康所说的"真实界"大体包括以下含义：在20世纪50年代，拉康将真实界视为一种"始终在其位置上的东西"。作为这样一种"始终在其位置上的东西"，真实界与想象界和符号界形成对立。它是"需要"从中得以发源并始终以某种"需要"（如饥饿等）的形式返回的那个"位置"（place），是一种原初的、不但先于符号而存在且我们永远无法将其符号化的前符号性实在。作为一种绝对抵制符号化的东西，真实界可以说是不存在的，因为对主体而言，存在是符号界的产物。到了60年代，"真实界"的含义有所变化，逐渐从与生物学或"需要"的关联中解脱出来，拉康开始突出其不可符号化的这一面。真实界被视为在符号界和想象界之外充当两者界限的东西，并被与儿童幼年过早经历的一种无法理解的精神创伤联系起来。拉康认为，当儿童在幼年过早遭遇到某种超出其理解能力的事件侵袭时（如观察到父母亲的性生活并以为这是父亲在对母亲使用暴力），便会形成一种精神创伤。对于这种创伤所带来的烦恼和痛苦，无论之后如何诉诸语言以使其符号化，都总是会有某种东西因无法被符号化而残留下来。这个无法被符号化而残留下来的东西，就是真实界。[1] 对于这种含义的真实界，中国学者吴琼曾经举例作过通俗易懂的解说，我们在这里作一简要介绍：

---

[1] 参见肖恩·霍默：《导读拉康》，李新雨译，重庆大学出版社，2014年，第110—113页。

弗洛伊德曾经讨论过如下这样一个病例：一位名叫爱玛的妇女害怕独立走进商店，她为此感到十分痛苦并求助于弗洛伊德。在叙述中，爱玛把自己的恐惧归因于 13 岁时发生的一件往事，当时她走进一家服装店，发现两个男售货员正在窃窃发笑，她觉得他们是在嘲笑她的服饰，心中恐慌，逃离了商店。

为什么爱玛对这样一件幼年的往事会有如此清晰的记忆呢？经过弗洛伊德的分析，一个更为久远的记忆浮现了出来：原来在 8 岁那年，爱玛到一家食品店买糖果时，店老板透过她的衣服把手放在她的生殖器上。不过当时她并未觉得自己受到侵犯，后来还多次去过这家商店。弗洛伊德认为，正是这件在前的往事构成了爱玛症状的根源："8 岁时的那个场景及其性内容构成了一个原初场景，其意义是被压抑的，无法抵达爱玛的意识中，但它的某些细节如食品店老板的怪笑和他实施侵犯时透过的爱玛的衣服仍留在记忆深处，且为通向 13 岁时的继发场景提供了一个联想的桥梁，即五年后发生的这个场景中某些要素的重复——售货员的讪笑和爱玛的服饰——才使得原初场景中店老板的侵犯具有了某种创伤性的效果。"但这里有两个问题还需要解释。一是 13 岁时发生的事件本身并无性方面的含义，那爱玛为何会感觉受到了性侵犯并生出恐惧？弗洛伊德解释说，这是因为有一种观念的替代机制在起作用：在每一种神经症的强迫性观念 A 背后总隐藏着另一个观念 B，A 替代了 B 成为后者的象征；但 A 又不能完全替代 B，因为 B 中只有一部分（如笑、衣服）可以进入意识，还有部分是受到压抑因而无法进入意识的；而这个受到压抑的部分正是引发患者焦虑的核心因素。那么，第二，这个被压抑的核心因素是什么呢？弗洛伊德认为，实际上是一种可唤起兴奋的性经验。爱玛的恐慌症不是因为 13 岁时的场景让她想起了 8 岁时受到的性侵犯，而是因为这第二个场景使她突然感受到了在 8 岁时的场景中感受到的性兴奋经验，但她又无法采取转移注意力等正常防御手段来加以应对时，就只好采用一种

"病态的"防御模式即让自我按照原发过程来运作,也就是离开现场。[1]

弗洛伊德用德文"Sache"或者"Ding"(对应的英文词为"thing",即"物")来称呼这种在被替代的观念中被压抑的部分。无论是弗洛伊德还是拉康,似乎都将这种因受到压抑而无法在个体的意识中呈现出来的因素视为个体"真实的"自我,但弗洛伊德似乎认为,这种被称为"物"的东西虽然被压抑但仍然存在于无意识之中,并通过一定的症状表现出来,因而我们可以通过对这些症状进行分析而把握到它;而拉康则认为,无意识仍然是由语言符号结构为内容构成的,属于"符号界",而弗洛伊德所说的那种"物",由于只能存在于语言和意识之外的地方,因此并不能存在于无意识或符号界之中,也不能存在于想象界(因为在个体进入符号界之后,想象界其实也只是以那些由语言符号系统建构出来的"表象"构成的,因而不能进入符号界的东西其实也不能进入想象界),而是独自成为一个"真实界"。这个真实界是表象的支撑场所或"表象代表"(representative of the representation)所表征的东西。悖论的是,它虽然是能指所欲表征的东西,但本质上却是不可表征的。"物"作为一种原初的东西,"实际就是一种性驱力、一种原欲、一种原始欲望,可它通常是受到压抑的、被禁止的,无法直接表现自身,因而只能寻求以置换和凝缩的方式在无意识的表象中间接地获得呈现"[2]。人类最初的符号秩序(乱伦禁忌、摩西"十诫"等)"就是为了压抑和禁止某个东西,也是通过压抑和禁止才得以确立,而那被压抑和被禁止的就是(对)母亲的欲望,这个欲望是不被满足的,只能通过符号化(即禁止和升华)被表象出来,……而人正是因为这个符号性的禁止而与动物相区分且成其为主体的。但另一方面,这个符号化不可能完整而彻底,它总是会留下一些剩余,符号化(能指)对真实界的侵入总是会在真实界留下一些洞孔,这些剩余和洞孔就是那不可符号化的原质之'物',而主体也因为这个不可符号化的剩余而继

---

[1] 吴琼:《雅克·拉康:阅读你的症状(下)》,中国人民大学出版社,2011年,第444—446页。
[2] 同上书,第450页。

续欲望着"[1]。这些因符号化不彻底而残留下的剩余"物"，因其不可符号化而成为主体永远不可抵达的界域。即使我们在梦中、在精神疾患的症状中所遭遇的也不是"真实界"本身，而只是它的"面孔""屏幕"而已。这些"面孔""屏幕"只是告诉我们，"真实界"就在那里，就在它们的背后，但它就像康德的"物自体"那样，是我们只能通过人类的语言符号系统来加以把握，但却永远无法一睹其真实面目、永远处在彼岸世界的一种存在。[2]

在 20 世纪 60 年代中期，拉康开始用"对象 a"这个概念代替从弗洛伊德那里借来的"物"这一概念，以表述真实界的核心。拉康认为，对象 a 不是一种原本就存在的东西，而是由儿童的欲望创造出来的一种东西。拉康将"欲望"（desire）和"需要"（need）、"要求"（demand）区别开来。所谓"需要"是人类个体想要得到满足的东西，"要求"则是通过语言符号表达出来的需要。但是，并非"需要"中所有内容都能够用语言符号明确地表述出来，在"需要"及它的语言表达即"要求"中总有一些东西是既无法明确地表达又始终无法得到满足的，这种在"需要"和"要求"中减除能够被表达和被满足的那部分后剩余下来的东西，就是"欲望"。由于"欲望"是"需要"和"要求"中无法用语言明确表达出来的东西，因此，人们永远无法确切地知道它是什么。我们只知道有一个这样的东西存在，它是欲望产生的原因（而不是欲望的对象或目标），但却永远无法触及它、抵达它。由于"欲望"又是始终无法加以满足的东西，因此，人们将永无休止地去追求对它的满足。这样一种我们知道它的存在、永远在追求它但却始终不知道它是什么的东西，就是"对象 a"。霍默解释说：对象 a "是我们作为主体而具有的一种恒定的感觉，亦即感觉到某种东西是从我们的生活中缺失或者丢失的。我们总是在寻觅满足、寻求知识、追逐财富和渴望爱情，而每当我们达到了这些目标，就总是会存在着某种更为我们所欲

---

[1] 吴琼：《雅克·拉康：阅读你的症状（下）》，第 450 页。本段中的"符号秩序""符号化""符号性"等词语在原文中为"象征秩序""象征化""象征性"等，"真实界"在原文中为"实在界"，为与本书一致，改为现有表述。
[2] 以上内容参见上书，第 440—467 页。

望的东西；虽然我们无法相对准确地找到这个东西，但是我们却知道它就在那里。正是在这个意义上，我们可以把拉康的真实界理解为处在我们存在核心的空洞或深渊，它是我们不断试图去填补的东西"[1]。

拉康认为，不仅个体本身无法企及自己的"真实界"，精神分析者也无法企及被分析者的"真实界"，因为分析者也只能通过被分析者的话语来了解被分析者。因此，企图通过精神分析来把握被分析者的"真实"自我是不可能的："最能使精神分析误入歧途的就是想以一种所谓的与主体的现实的接触为指针。这个直觉主义心理学，或者说现象学心理学的老调在目前有了新的含义。这是在目前的社会环境下言语作用淡化的症候。但是，如果将这个老调提高到以其自己规律排除一切实际接触的一种关系中，它的执念能力会变得十分显著。"[2] "我们的所有工作都表明，肯定不是像有些人坚持要看到的那样是主体的言语之外的一个什么客体。如果分析要达到的是这个，它需要的就只能是其他手段，或者说，它就是唯一的一种没有达到其目的的手段和方法。"[3]

但是，如果精神分析师也无法通过分析过程发现被分析者的"真实"自我，那么，精神分析还有什么意义呢？如果说它还有意义的话，那它的意义何在呢？对于这个问题，拉康的看法与传统精神分析学的看法似乎也有较大差异。传统精神分析尤其是自我心理学派认为精神分析的意义在于通过分析者的分析将被分析者被压抑的"本真之我"揭示出来，促使被分析者遵照分析者的引导意识到和理解给自己带来痛苦或困惑的那些"症候"产生的根源，从而消除或缓解心理上的焦虑和痛苦，形成一个能够适应现实的正常的"自我"。拉康则认为，由于被分析者之"真实"自我的不可及性，我们不可能通过将被分析者的"真实"自我揭示出来这条途径来达到上述目的，而只能是通过分析让被分析者知道自己作为一个主体是如何被语言符号所构成的，意识到自己的各种"欲望"以及相应的"症

---

[1] 肖恩·霍默：《导读拉康》，第118页。
[2] 拉康：《拉康选集》，第262页。
[3] 同上书，第263页。

状"其实都是从主体在被语言符号建构起来时那些不可符号化的剩余之"物"或"对象 a"中衍生出来的幻象,而非某种"真实"存在的东西,意识到和承认自己的欠缺,不再执着于自己那些欲念和幻象,从而能够从这些幻象中解脱出来。[1]

结　语

综合上面的简要叙述,我们可以看到,和加达默尔、德里达、罗兰·巴特等我们在本编中述及的后现代思想家一样,拉康后结构主义精神分析学说也是一种关于意义诠释的学说。所不同的是,拉康的学说所探讨的意义诠释问题不仅包括对人的有意识言行之意义的诠释,而且包括或者说更主要的是对人的无意识言行意义的诠释。但无论是在对人的有意识言行进行理解和阐释的问题上,还是在对人的无意识言行进行理解和阐释的问题上,拉康的观点和他们基本一样,都认为人的这些有意识或无意识的言行是特定话语系统的产物,因而必须将它们或者置于其所属的特定话语系统当中,将它们作为这一或这些特定话语系统的建构物来加以看待(对于意识活动而言),或者将其自身构建的特定话语系统发掘出来,将它们作为这一特定话语系统的建构物来加以看待(对于无意识活动而言),认为只有这样,我们才能对人的有意识言行或无意识言行的意义作出恰当的理解和诠释,否则就会遇到理解或阐释方面的障碍。唯一有所不同的是,无论是加达默尔、德里达还是罗兰·巴特,都在坚持符号或文本的意义来自其所属话语系统的基础上,进一步突出强调和详尽阐释了意义理解的多元性。相比而言,拉康在这方面所作的论述似乎不够突出。尽管如此,在拉康的理论中也确定无疑地包含着对人的有意识和无意识言行意义之多元性的充分肯定。例如,对于索绪尔等人认为在正常语言中我们使用的每个词(作为能指)与其意义(所指)之间的联系由于其约定俗成的性质而在一定时空范围内具有确定性这样一种看法,拉康就明确地表示了不认同。拉康指出,无论是能指还是所指,其实

---

[1] 参见马元龙:《雅克·拉康:语言维度中的精神分析》,第304—314页。

都是处在不断的漂移过程之中,两者之间并不存在任何稳定的对应关系。能指的意义并不来自其所指,而是来自能指链自身,来自能指在能指链中所处的位置或其与链中其他能指之间的差异。因此,单独的能指本身并不具有固定的意义,它的意义只有也只需通过其与能指链中其他能指之间的关系才能或就能确定。例如,两扇外形完全相同的门,一个挂着书有"男士"字样的标牌,另一个挂着书有"女士"字样的标牌。显然,作为能指,这两个词的意义与其所指没有任何对应关系——它们的所指完全可以互换,而只由两者之间的差异确定。拉康说:"意义坚持在能指连环(能指链)中,但连环中的任何成分都不存在于它在某个时刻本身所能表示的意义中。"[1] 也正因为如此,一方面,按照拉康的说法,正常语言中的一个能指才能被运用于不正常语言中,来意指一个与其在前者中完全不同的所指,获得完全不同的意义,而且,这种将正常语言中的某个能指运用于不正常语言中所产生的意义(能指和所指之间的新联系)是高度因人而异的,具有高度的不确定性、多元性。另一方面,我们也可以推论,拉康必定会同意下述这个后现代主义诠释学理论的重要观点:由于能指链处于一种永远不会终结的开放过程之中,能指的意义也就处在永远不能最终加以固定的状态之中,能指始终缺乏稳定不变的所指(这并不是说能指的意义不能暂时地加以固定,而只是说不能一劳永逸地、终极性地加以固定)。换言之,和加达默尔、德里达、罗兰·巴特等人一样,拉康完全认同"自我""主体"都是人们在特定话语体系的引导和约束下所完成的一种建构,处于不同话语体系引导和约束下的人们必然会建构出不一样的"自我""主体"这些观点。就此而言,将拉康的理论和加达默尔、德里达、罗兰·巴特等人的理论一并归入"后现代主义诠释理论"来加以理解,确属有据。拉康的独特贡献,在于他不仅将"话语建构论"和"话语多元论"的主张运用于诠释人们意识层面上的"自我"和"主体",而且进一步运用于人们的无意识言行,从而拓展了后现代主义诠释理论的适用范围。

---

[1] 拉康:《拉康选集》,第 433 页。

本编小结

综合本编的叙述，我们可以看到，后现代主义诠释理论家的确对现代主义诠释理论的基本原理提出或构成了严肃的挑战。

首先，正像后实证主义者否定我们关于外部世界的经验事实是一种不依赖我们有关外部世界的话语体系而存在的给定性实在一样，几乎所有的后现代主义诠释理论家也一致否定作为我们"理解""诠释"之对象的文本"意义"是一种可以脱离我们有关这些意义的话语体系而存在的给定性实在。加达默尔明确提出作为我们理解、诠释对象的意义世界（"某一事件的含义或某一本文的意义"）都是一种语言的构成物这一思想；德里达也明确地反对那种认为文字不过是对我们关于外部世界之经验及意识的表达或再现的观点，认为文字不仅不是再现，文字实际上还是经验和意识的前提，我们试图通过理解过程去把握的一切（经验、意识等）实际上都是由特定的文字建构起来的，不通过文字人们便无法经验和思维任何东西；罗兰·巴特也将文本的意义视为作者和读者所处的由无数文本构成的网络世界建构的产物；拉康则试图进一步确认人的"无意识"的话语建构性质，认为人的"无意识"其实也是由话语（或文本）建构起来的。

其次，像后实证主义者一样，所有的后现代主义诠释理论家也一致反对将我们对符号或文本的"理解"和"诠释"过程，视为对符号或文本之"本来意义"的简单再现过程。例如，与施莱尔马赫、狄尔泰和贝蒂等现代主义诠释理论家不同,加达默尔就坚决反对把准确再现作者赋予文本的主观意义(本来意义)确定为我们理解或诠释的目标,因为我们对他人的理解总是依赖(因而渗透着)我们自身的"前见"、"前理解"或"前把握",而我们和他人的"视域"之间又总是存在着"一种不可消除的差异",使得我们对他人行动或文本意义的理解不可能成为后者的再现。他人的主观意图是一种我们在任何情况下都无法达到的主体的精神活动,把他人的主观意图确定为理解的目标也是种具有幻想色彩的论调;基于自身对意义来源的看法,德里达和罗兰·巴特也反对将作者在使用文字和创作文本时所试图表达或经历的经验、意识作为理解、诠释过程应该要去把握或再现的目标。

最后,正如后实证主义者主张我们关于外部世界之真理的多元性一样,加达默尔、德里达和罗兰·巴特等后现代主义诠释理论家则肯定了人们之间相互"理解"、"诠释"结果的多元性。对加达默尔来说,由于"理解"总是我们自己的视域与本文视域二者融合的结果,而"我们自己的视域"在不同的时空境遇中又总是每每不同的,因此,对于处于不同时空境遇中的"我们"来说,同一本文的意义就完全可以是不同的,"理解"因而始终具有相对性和多元性;德里达则从索绪尔的意义理论出发,提出由于语言或文本系统的非封闭性导致的符号之间差异的不稳定性、多变性和无限性,符号意义或所指的确定过程被无止境地拖延、推迟下去,从而使得我们对于任何一个符号,永远都不可能获得对其意义的最终理解;罗兰·巴特在《S/Z》一书中则以巴尔扎克的小说文本《萨拉辛》为例,具体地展示了对一个文本的意义进行多元解读的可能性。

在社会学领域,由韦伯等人开启的那种将意义诠释作为自身主要任务的建构论社会学传统,在一定程度上正是由于受到包括狄尔泰等人的思想在内的德国人文科学思潮的影响才得以形成和发展起来的,我们在本编引言中所述的那些现代主义诠释理论的基本特征也同样体现在这些理论流派当中。因此,毫无疑问,后现代主义诠释理论对现代主义诠释理论所发起的上述挑战,实质上也必然隐含着对韦伯等人所开启的建构论社会学传统的挑战。对于我们来说，后现代主义诠释理论对现代主义诠释理论所发起的上述挑战其意义也正在于此，恰如后实证主义向实证主义发起的挑战对我们来说所具有的意义也正在于这种挑战实质上是对整个结构论社会学的挑战。

　　如我们在第二卷中所述，作为一个主张将社会现象还原为行动者有意识的个体行动、以理解和诠释的方式来把握行动者赋予行动的主观意义并以之来对行动者的行动及作为行动后果的相关社会现象进行解释的理解社会学家，韦伯深受施莱尔马赫、狄尔泰等现代主义诠释理论家的影响。和施莱尔马赫、狄尔泰等人一样，韦伯在其建构的"理解社会学"中也始终坚持意义及其理解的客观性原则：和这些现代主义诠释理论家一样，韦伯也将行动以及作为行动之后果的那些社会现象的意义归结到行动者自己赋予行动的主观意义上，认为这些主观意义对于行动者而言是主观的，但对于理解者来说则是一种外在于理解者之理解过程和结果的给定性实在；和这些现代主义诠释理论家一样，韦伯也将把握或再现行动者自己赋予行动的主观意义作为理解的主要任务，认为只有准确地把握或再现了行动者行动之主观意义的理解或诠释结果才是正确的理解或诠释结果，并且，为了做到这一点，韦伯明确提出要通过后续的理解过程来对已经获得的理解和诠释结果进行检验，以确保理解或诠释结果的客观真实性；因此，和这些现代主义诠释理论家一样，韦伯也认为这种具有客观真实性的正确理解和诠释结果只能有一个，而不能有多种。作为韦伯理解社会学的学术继承人，舒茨虽然征引胡塞尔等人的现象学方法对韦伯的理解社会学进行了大量完善和改进，并明确意识到了在客观、准确地理解"他人行动的意义"方面所存在的一些困难，但在将行动及相关客体之意义的来源归结到行动者自己赋予行动的主观意义上，并将这些意义视为一种独立于理解和诠释者的客观实在，坚持认为理解和诠释的目标就是要尽可能准确地再现这种具有客观性质的"主观意义"，符合这一标准的理解和诠释成果只能有一种等观点上，舒茨和韦伯并无原则区别。布鲁默等符号互动主义者虽然在符号或文本意义的来源问题上与韦伯、舒茨等人有不同看法，但在强调和坚持作为研究对象的意义世界对于研究人员来说是一种纯粹给定的独立实在，对意义世界进行研究的目标就是要尽可能客观、准确地再现这一世界，只有客观、准确地再现了这一世界的研究成果才是可以接受的研究成果这些看法上面，与韦伯、舒茨相比，布鲁默的态度只能说是有过之而无不及。弗洛伊德的精神分析学说要理解和诠释的对象虽然是象征符码构成的无意识文本，而非直接由言语或文字构成的有意识文本，但在坚持理解和诠释的客观性方面与其他以意义诠释为己任的学者之间也并无根本区别。这些判断也在不同程度上适用于卢卡奇、葛兰西、霍克海默、马尔库塞、赖希、弗洛姆和埃尔斯特等马克思主义建构论社会学者的理论。由此可见，现代主义诠释理论的那些基本信条或理论预设，如符号或文本的意义是一种独立于理解或诠释者的话语体系的给定性实在，理解和诠释的目标就是要准确地再现这种给定性实在，符合这一标准的理解和诠释结果只能有一个等，也正是由韦伯等人所开启的建构论社会学传统的基本理论预设。因此，后现代主义诠释理论对现代主义诠释理论的挑战同时也就是对韦伯等人所倡导的建构论社会学的挑战，正如后实证主义对实证主义科学哲学的颠覆和挑战实质上也是对在所有结构论社会学理论背后起支撑作用的、被我们称为"传统实在论"的那些基本理论预设的颠覆和挑战一样。换言之，假如后现代主义诠释理论对现代主义诠释理论所发起的这些挑战是合理的、可以接受的，那么，所有建构论社会学的合理性就必然受到质疑。这就是社会学者，尤其是认同建构论社会学的社会学者有必要对后现代主义诠释理论加以关注的根本原因。

下编
后现代社会理论

引 言

在本卷的前面两编中,我们对后实证主义科学哲学和后现代主义诠释学的相关理论分别进行了简要的介绍和梳理。通过这些梳理,我们已经看到现代主义社会学内部两个最基本的理论类型——结构论社会学和建构论社会学——各自赖以成立的那些基本理论预设在与它们共享这些基本理论预设的科学哲学或者哲学诠释学、文字学、符号学、文学评论和精神分析学等领域受到了严肃的批评和挑战。显然,正如我们前面反复指出的,虽然这些质疑和挑战不是直接针对结构论社会学或建构论社会学,而是针对在其他那些学术领域里同样存在着的现代主义理论而兴起的,但由于其质疑和挑战的那些基本理论预设是结构论社会学和建构论社会学这些现代主义社会学理论与之共享的,因此这些质疑和挑战无疑也是这两种社会学理论类型必须面对的。不仅如此,我们完全可以说,需要面对这些质疑和挑战的其实并不仅限于这两种社会学理论类型,而是包括这两种社会学理论类型在内的整个现代主义社会学。因为在结构论社会学、建构论社会学和互构论社会学这三大组成现代主义社会学体系的理论类型当中,结构论社会学和建构论社会学是最为基本的两种成分,互构论社会学不过是在社会/结构与个人/行动之间关系问题方面对这两种成分进行了综合或者调和而已:在社会/结构与个人/行动两者之间谁才是真正的"实在"这一问题上,结构论社会学主张"社会/结构"才是真正独立的实在,建构论社会学主张"个人/行动"才是真正独立的实在,而互构论社会学则不过是主张这两者都是真正(相对)独立的实在而已。但在认为社会学的研究对象是一种不以研究人员的话语体系为转移的纯粹给定的客观实在,社会学研究的任务或目标就是要准确再现这一实在,只有相对而言最为准确地再现了这一实在的研究成果才是唯一可接受的研究成果这些看法上,互构论社会学与结构论社会学和建构论社会学之间毫无区别。然而,现在,我们看到,无论是结构论社会学者所接受的社会/结构是一种真正独立的实在这种预设也好,还是建构论社会学者所接受的个人/行动才是真正独立的实在这种预设也好,在后实证主义科学哲学和后现代主义诠释理论那里都受到了质疑和挑战,被认为是不能成立的一些理论预设——无论是社会/结构还是个人/行动,现在都被后实证主义者或后现代主义诠释学者认为不是真正独立的实在,而是由行动者在特定话语体系的引导和约束下建构出来的话语性实在。既然如此,互构论社会学者关于社会/结构与个人/行动两者都是真正(相对)独立的实在的预设自然也就不再成立,因为两者都被认为不是真正独立的实在。可见,后实证主义科学哲学和后现代主义诠释理论在不同领域中对现代主义理论发起的质疑和挑战,既是分别对结构论社会学和建构论社会学这两种理论类型发起的质疑和挑战,也是对整个现代主义社会学理论体系发起的质疑和挑战。因为,后实证主义科学哲学和后现代主义诠释理论所质疑和挑战的,实际上是包括结构论社会学、建构论社会学和互构论社会学在内的整个现代主义社会学理论体系与其他领域中的现代主义理论共享的那些基本理论预设,即我们前面所谓的"传统实在论"预设。

虽然,后实证主义科学哲学和后现代主义诠释理论向现代主义理论发起质疑和挑战,只是发生在科学哲学及社会学以外的其他思想领域,而非发生在本书的话题所直接涉及的社会学理论或社会理论领域,对它们进行的梳理并不能等同于或代替对社会学理论领域自身中的后现代主义理论进行的梳理,但是,对这些质疑和挑战进行梳理,对于我们理解社会学理论领域中后起的后现代主义理论具有重要的价值,因为社会学理论领域中的后现代主义理论正是以后实证主义科学哲学家和后现代主义诠释理论家分别提出的那些基本理论预设为前提而形成和发展起来的，说得更具体一点，正是在分享了后实证主义和后现代主义诠释理论赖以成立的那些基本理论预设并将它们综合起来的基础上形成和发展起来的。这也正是我们在梳理后现代主义的社会理论之前，先行对后实证主义科学哲学和后现代主义诠释理论进行梳理的一个重要原因。在完成了对后现代主义思潮这两个重要组成部分的梳理之后，在本编中，我们就来对社会学理论领域中的后现代主义理论类型进行简要的梳理。

　　社会学理论领域中的后现代主义理论数量众多，不同的著述对其会有一些不甚相同的选择。在本书中，基于这样或那样的理由，我们主要选择法国社会理论家福柯的权力—话语分析理论（后结构主义社会理论），德勒兹和加塔利的精神分裂分析理论，利奥塔的后现代状况理论，鲍德里亚的后现代社会/社会学理论，英国社会理论家拉克劳和墨菲的后马克思主义社会理论，以及美国社会学家塞德曼、布朗、勒梅特等人关于社会学理论之"后现代转向"的讨论等作为样本，来对后现代主义的社会（学）理论进行梳理。

第九章　福柯的权力—话语分析理论

如果说后实证主义和后现代主义诠释理论对后现代主义思潮的贡献主要在于，它们从哲学或诠释学角度揭露了西方理性主义传统在再现宇宙的唯一真理、确定符号或文本的唯一真实意义等追求方面的虚妄性，那么可以说，福柯对后现代主义思潮的贡献则主要在于他以其别具一格的"知识考古学"、"权力谱系学"和"主体谱系学"研究成果为依据，以一种"后现代"的风格或姿态，从社会学、经济学和政治学等角度对西方近代理性主义话语、权力和主体之间的紧密联系及其所具有的统治、控制功能进行了细致的分析和尖锐的批判。通过这种分析与批判，福柯试图表明建立在"理性"概念基础上的"现代性"并不像人们所宣扬或相信的那样是人类历史进步的一个更高阶段，而只不过是在一种新的历史条件下实施社会控制和统治的新形式而已。

从后现代主义的立场来看，福柯思想中最具启示性的观点或许正是他关于现代社会中权力和知识（理性、话语）之间存在着密切关联这样一种论断。通过揭示权力和知识（理性、话语）之间的这种相互隐含、相互依赖、相互建构的关系，来展示现代性的基本特征和内在理路，并在此基础上探寻反抗这种权力—知识关系的可能性，是福柯一生中最主要的关切之一。本章的任务就是要对福柯在这方面的相关论述作一简要的梳理和分析。

一、福柯早期的知识考古学实践

福柯将自己早期的研究工作称为"知识考古学"。所谓"知识考古学",顾名思义,就是应用"考古学"的意识和方法来对"知识"或"观念""话语"的构成(前提、条件、机制)与演变过程进行考察和分析。按照福柯在《词与物——人文科学考古学》(以下简称《词与物》)一书中的说法,"知识考古学"的主要目的是要回答"在何种基础上,知识和理论才是可能的"这样一个问题。知识考古学的叙述"应该显现的是知识空间内的那些构型,它们产生了各种各样的经验知识"。[1] 按照福柯后来的追述,他早期的几部主要著作即《疯癫与文明》《临床医学的诞生》《词与物》等,就是以不同的知识领域(精神病学、临床医学、生物学、语法学、经济学等)为例,从不同的角度或方面来对知识或者话语的构成和演变过程进行"考古学"分析的一些尝试性实践。在这一部分中,我们首先来对福柯早期进行的这些知识考古学实践作一简要梳理。

(一)《疯癫与文明》

《疯癫与文明》是福柯的成名之作。这本书英文版的副标题是"理性时代的疯癫史"。在这本书中,福柯致力于阐述这样一个观点:疯癫并非一开始就像今天的人们依据现代精神病学的知识所认为的那样,被看作一种需要运用理性或科学的方法来加以治疗的生理(或心理)性疾病。在精神病学的话语实践产生之前,人们曾经有过以各种与现代精神病学完全不同的态度来看待疯癫的历史经验。疯癫之所以被看作一种疾病,一种需要运用精神病学知识来加以治疗的对象,是18世纪末以来特定社会历史条件下所产生的话语实践的结果,是人们在特定历史条件下借助理性、科学、权力、各种制度和机构等手段所取得的一项建构性成就。

福柯认为,虽然古希腊人与他们称为"张狂"的东西有着某种关系,

---

[1] 福柯:《词与物——人文科学考古学》,莫伟民译,上海三联书店,2001年,第10页。

但这种关系并不仅仅是种谴责关系。在中世纪至文艺复兴时期，疯癫的人与有理性的人开始相互疏远，但还没有截然分开。在这一时期，疯子的社会地位是模棱两可的，在社会生活中他开始被排斥、被流放，但他一方面还拥有在一定空间范围内流浪的自由，另一方面在精神文化生活中他也与有理性的人难解难分、百般纠缠、不分高低。疯癫和理性之间尚未形成一种绝对分明的统治与被统治的关系。它们甚至被视为有着各自的局限，被看作相互补充的东西，因而还使用相同的语言，相互之间存在着密切的交流和对话。在文艺复兴时期，人们对疯癫的体验和态度也是犹疑不定、模棱两可的，并存着各种不同的有关疯癫的体验及态度。譬如，一种体验或态度是对疯癫的恐惧以及对疯癫现象后面所隐藏的那种理性所不能探及的神秘知识的迷恋："疯癫之所以有魅力，其原因在于它就是知识。它之所以是知识，其原因首先在于所有这些荒诞形象实际上都是构成某种神秘玄奥的学术的因素。"[1] 人们以为"当有理性、有智慧的人仅仅感受到片段的、从而越发令人气馁的种种知识形象时，愚人则拥有完整无缺的知识领域"[2]。另一种态度则是对疯癫现象的正视以及对疯癫现象所包含的非理性性质或"愚蠢"性质的嘲讽。在这里，"疯癫不是与现实世界及其各种隐秘形式相联系，而是与人、与人的弱点、梦幻和错觉相联系"。人们认为，"不存在疯癫，而只存在着每个人身上都有的那种东西。因为正是人在对自身的依恋中，通过自己的错觉而造成疯癫。……人依恋自身，以致以谬误为真理，以谎言为真实，以暴力和丑陋为正义和美。……在这种虚妄的自恋中，人产生了自己的疯癫幻象"。[3] 对疯癫的这些不同体验和态度相互激励、相互对抗，共同营构了文艺复兴时期人们复杂的精神世界。

然而，这种"疯癫与非疯癫、理性与非理性"相互纠缠、对话交流的局面很快就被打破了。随着古典时期（17世纪中叶至18世纪末）的到来，理性逐渐在社会生活中占据了上风，"疯癫与非疯癫、理性与非理性"之

---

[1] 福柯：《疯癫与文明》，刘北成、杨远婴译，生活·读书·新知三联书店，1999年，第17—18页。
[2] 同上书，第18页。
[3] 同上书，第22页。

间相互纠缠、对话交流的局面很快就被理性对包括疯癫在内的各种非理性现象单方面的统治和控制局面所取代。在这个理性的时代，包括疯癫在内的各种非理性现象不再被认为是理性的局限（实际上，对于某些人来说，理性在总体上甚至不再被认为是有局限的了），而是被确认为理性的对立面、理性的威胁或敌人。由于理性正在逐渐成为社会秩序的主导原则，因此，这些被认为是理性对立面的东西同时也就是社会秩序的对立面、威胁或敌人。它们应该被隔离和排除在社会生活之外，受到理性或社会的严密监督和控制。这种"理性时代"到来的一个重要标志就是1656年所谓巴黎"总医院"的建立及各种类似机构在欧洲各国的相继出现。1656年法国国王颁布诏令，将巴黎的许多相关机构合并成一个"总医院"，要求将巴黎的穷人、疯子、乞丐、游手好闲的人等，只要是自愿或被政府和司法机关送来，一律加以"收容"。福柯指出，这种"总医院"一开始就不是一个医疗机构，而是一个独立的行政机构和半司法机构。医院的管理者不仅在医院之内，而且在巴黎全城对那些属于他们管辖范围的人行使权力。他们可以在法院之外独立进行裁决、审判和执行，并且，被惩治的人不许上诉。因此，这实际上是国王"在警察和法院之间、在法律的边缘建立的一种奇特权力，是第三种压迫秩序"[1]。这种"准绝对专制主义"的权力机构很快便普及整个法国乃至欧洲大多数国家。成千上万的穷人、流浪汉被关进这些"收容"机构。在建立后不久的几年里，仅巴黎就有将近百分之一的人口被"收容"进巴黎总医院，其中有十分之一是"疯子"、"痴呆者"、"精神错乱"者、"神志恍惚"者、"完全疯癫"者。从17世纪中叶至18世纪末，这个所谓的"理性的时代"，实际上是一个对穷人实行"大监禁"的时代。疯子和其他穷人混同在一起，被从社会中隔离出来，失去了其过往拥有的那种自由。借由监禁，"理性通过一次预先为它安排好的对狂暴的疯癫的胜利，实行着绝对的统治"[2]。

为什么会出现这种对疯子和其他流浪者态度的大转变呢？福柯的回答

---

[1] 福柯：《疯癫与文明》，第37—38页。
[2] 同上书，第57页。

是：是出于对解决某些新出现的经济、社会问题（其中最主要的是失业以及由此造成的对社会秩序的威胁）的新认识。在 16 世纪和 17 世纪，随着资本主义经济的发展，周期性的经济危机和失业在西方发达国家开始成为一种比较普遍的现象。众多衣食无着、漂泊不定的失业和流浪人口对社会秩序构成了严重的威胁。起初，人们倾向于用将流浪者驱逐出本城的办法来消除或减缓这种威胁。后来，由于情感观念的变化，人们觉得还是用监禁的办法来消除这种威胁效果更好。人们以为，就消除失业或流浪人口的贫困状态而言，监禁（"收容"）可能是一种比驱逐更为有效的办法。通过监禁，国家积极地承担起了"收容"和赡养失业者的责任，尽管是以后者的个人自由为代价的。不仅如此，监禁还有一个额外的功能：在就业充分和工资高涨时期，可以通过让被监禁者在禁闭所内从事廉价劳动来压低社会的工资水平。此外，通过在禁闭所里的强制劳动，可以改变被监禁者游手好闲的行为习惯，培养起热爱劳动的道德品质和工作态度，帮助他们学会一门生存技巧，从而从根本上消除产生贫困的原因。

然而，福柯指出，从历史结果来看，禁闭所并未能有效地发挥人们所期待的那些作用。它虽然吸收了失业者，但只是起到了掩盖贫困、消除动乱的作用，并未从根本上消除贫困现象。而且，"当失业者被赶进强制劳动车间时，邻近地区或类似地区的失业就会激增。至于对生产成本的影响也只能是虚假的，因为按照禁闭本身的费用来计算，这种产品的市场价格与制造成本是不成比例的"。不仅如此，为了维持禁闭所，政府或社会还要承担一笔巨大的财政支出。结果，到了 19 世纪初期，作为"穷人收容中心和穷人监狱"的这种禁闭所在欧洲普遍消失了，穷人和乞丐被看作后备劳动力而送回社会。"这就证明了它们的彻底失败，表明它们是工业化初期很笨拙地提出的一种暂时性的、无效的救治措施和社会防范措施。"[1]

在"大监禁"时期，疯子是和其他流浪者、乞丐被归为一类加以对待的。疯子之所以被禁闭，不单纯因为他是疯子，而更主要是因为他和其他

---

[1] 福柯：《疯癫与文明》，第 49 页。

流浪者一样，被认定是懒汉和游手好闲者。即使是在这一时期，人们也依然意识到疯子与其他被监禁者的不同之处。譬如，"在工作间里，他们明显地与众不同，因为他们没有工作能力，不能跟上集体生活的节奏"[1]。疯子行为的极端无理性也使人感到恐惧。"工场被精神病人的喊叫和制造的混乱搅得鸡犬不宁；这些人的狂乱发作随时可能制造危险。"[2]疯子被看成一种野兽般的无理性动物。因此，在"大监禁"时期，就不断有人提出抗议，要求将疯子与其他被监禁者分离开来单独关押。在18世纪末到19世纪初，随着"大监禁"的逐步结束，这种抗议之声与其他各种因素一起最终促成了现代精神病院的诞生。疯子终于被看成一种与其他穷人、乞丐、犯人乃至其他病人不同的"异类"，一种需要继续隔离在单独的空间内并用特殊的医学方法来加以治疗的特殊病人。

当然，将疯癫当作一种疾病加以治疗并不完全是19世纪的新发明。在此之前，欧洲就存在着治疗疯癫的实践。但此前与此后精神病治疗实践的主要区别是：此前的治疗是在医院之外进行的，此后的治疗则是在专门的精神病医院中进行的；此前的治疗是以调节神经元运动为主要方法（疯癫被视为人体内的物理因素或神经系统紊乱的结果），此后的治疗则是以调节病人的心理过程和重塑病人的道德意识为主要方法（疯癫被视为人的道德意识退化或心理紊乱的结果）。在由皮内尔和图克分别创立的现代精神病院中，对疯癫主要是以各种强制性的道德规训的形式来进行治疗的。治疗人员通过一系列的技术和方法来训练和强化病人的道德意识，使他们的行为重新达到社会规范所要求的那种标准。在这里，疯子被解除了镣铐，并受到良好的照看。因此，不少人认为精神病院的诞生是现代医学史上的一个进步。然而，福柯却认为，这只是一种假象。其实，在现代精神病院里，对疯人的压迫和控制只不过是改变了方式。精神病院无非是一个道德规训的场所，医学只不过是它所披上的一块现代面纱。医生并不是作为一个科学家而是作为一个道德权威在起作用，他并不是以其所掌握的医

---

[1] 福柯：《疯癫与文明》，第52页。
[2] 同上书，第208页。

学知识而是以其具有的人格力量来影响病人:"这种人格力量只是借用了科学的面具,至多是用科学来为自己辩护。"[1]因此,在现代精神病院里,理性已经实现了对疯癫的彻底的约束和控制。

总之,正如乔治·康吉兰所指出的那样,通过上述分析,福柯力图表明的是,疯癫并不是一种现成地一直在那里等待着我们不断去增进了解的自然现象,而是"社会空间"中的一个知觉对象,是在历史过程当中由多种社会实践建构起来的。在不同的时代,人们曾经把疯癫建构成不同的对象。而现代文明的形成过程,在一定程度上就是理性将包括疯癫在内的各种非理性成分日益与自己分离开来,将其建构为自己的对立面,并最终建立起对它们的绝对统治的过程。现代文明的历史,就是理性对非理性的征服史。

(二)《临床医学的诞生:医学观念的考古学》

在紧接《疯癫与文明》之后的几部著作即《临床医学的诞生》《词与物》《知识考古学》当中,福柯试图彰显的是这么一个主题:知识(或话语)的演变其实并非如现代社会中许多人所以为的那样是一个连续的进步过程,一个对各种事物的真理性认识越来越多、谬误性认识越来越少的积累性过程,一个对世界的真理性认识日趋丰富、日趋完满的过程,而是一个充满着断裂的不连续的演变过程,一个在某种特定社会历史条件下形成的"知识型"不断地被在另一特定社会历史条件下形成的具有同等真理效力的"知识型"所打断和接替的过程,一个非积累性的、非进步性的结构性转换过程。从这样一个主题可以推出的一个结论就是:现代世界以科学理性原则建构起来的那样一套知识(或话语),其实不过是在特定社会历史条件下形成的知识(或话语)的某种特殊历史形式而已。与在其他社会历史条件下形成的那些知识(或话语)类型相比,它并不具有更高程度的真理性或认识上的有效性。

---

[1] 福柯:《疯癫与文明》,第251页。

其实，上述有关知识演化的思想在《疯癫与文明》一书中已经有所体现。在这本书中，福柯指出，人们关于疯癫的认识并不是一个连续的、积累性的、不断趋近于对疯癫现象之更完美认识的进步过程。关于疯癫的知识是人们的一种历史性建构。在不同的历史时代，人们曾经把疯癫建构成不同的认知和实践对象。这些不同的认知或实践对象之间并没有"正确"或"谬误"程度上的可比性。它们在各自得以形成的那些历史条件下具有同等程度的有效性。在《临床医学的诞生》一书中，福柯对上述知识演化的思想作了进一步的发挥。在这本书中，福柯以古典时期（18世纪）的分类医学和现代时期（19世纪以来）的临床—解剖医学两种医学知识/话语类型之间的更替过程为例，详细地说明了知识/话语类型之间的结构性转变过程。

按照福柯的描述，古典医学和现代临床医学是两种在许多方面存在着明确对立的医学话语，两者遵循着完全不同的构成规则。

首先，从对疾病的空间定位来看。古典医学将疾病看成一种可以与人体分离开来、有着自己独立存在空间的自由流动的实在，病人的身体只不过是疾病借以存身的物质载体而已；疾病有着自己抽象不变的本质，这种本质不是存在于人体当中，而是存在于各种疾病症状之间的相似性与差异性当中；因此，疾病不是通过它在人体当中病变的空间定位来加以确定，而是通过观察和比较病人持续表现出来的各种症状（红、肿、热、疼、痉挛、咳嗽等）之间的相似或差异程度来加以确定。现代医学则将疾病看成人类自身躯体的异常或畸变，疾病不是存在于人体之外的某种东西，疾病就是人体自身的一种特异状态；因此，诊断或确定疾病的方法不是简单地对病人身体表现出来的各种症状进行观察和比较，而是要深入病人身体内部那"可见的不可见"世界当中，找出构成疾病之根源的机体性异常之处。我们常常把每一种疾病都是人类躯体方面的一种病变、都可在人类躯体的异常当中找到它们的根源这种观点，当成一种天经地义、不言自明的看法，其实它只是现代医学的基本教条而已。在这之前，疾病的空间定位与病变在人体中的空间定位并不重叠。

其次，再从疾病与语言之间的关系来看。古典时期的疾病是通过分类学话语表述出来的。人们按照各种疾病症状之间的相似程度来对疾病进行分类，并制定出相应的疾病分类图表，然后使用和参照这种分类图表来对疾病进行诊断和治疗。这种分类学话语带有极鲜明的形而上学色彩。这种话语的特点是：（1）可说的并不等于可见的。因为疾病被认为具有外在于身体的抽象本质，这些抽象本质并非都是可以被观察和被看见的。可说之物的意义不是来自其可见的对应物，而是来自其在分类图表中的位置和功能。（2）注重确定性，排斥偶然性。因为疾病被认为具有固定不变的本质，所以只有那些被视为表现了疾病固定不变之本质的症状或现象才会被概括进疾病分类图表，凡是和这些本质性规定不符的个别或偶发现象都会被当作与疾病的诊断和确定无关的因素而被舍弃掉。（3）学习这种分类学话语是医师能够观察和"看"到疾病的前提。因为只有先了解了这种疾病分类学话语，才能够分辨出哪些现象是表现了疾病本质的"症状"，哪些则只是由病人身体或环境的特异性造成的与疾病无关的偶发现象。与此相反，现代时期的疾病则是通过临床—解剖学的话语表述出来的。这种临床—解剖学话语带有强烈的实证主义色彩。这种话语的特点是：（1）一切可说的东西都必须有其可见的对应物，都必须通过后者来获致意义。疾病不再被看成是具有某种外在于身体的抽象本质的东西，疾病就是原则上可以通过目视方法"看见"的机体性病变。因此，有关疾病的一切（症状、原因等）原则上都应是既说得出，又看得见的。并且，只有原则上可见的东西才能够最终获得言说的合法性。（2）不排斥偶然性。因为疾病不再是某种具有固定不变之本质的东西，而只是机体性病变的各种可见症状之总和，因此，只有通过对各种个别的、偶然的症状或现象反复进行大量观察和比较，才能够确定一种疾病的特征或实质。（3）对这种话语知识的学习过程同对病人进行临床观察和治疗的过程可以也必须是合一的。

最后，再从医学与"目视"和死亡之间的关系来看。虽然和现代临床医学一样，古典医学也采用目视的方法来观察病人，但和现代临床医学不同的是，古典医学的目视始终只停留在病人身体的表面，而无法深入人体内部。现代临床医学却可以借助病理解剖等方式使自己的目视达到前所未有的深度,从而彻底改变疾病的景观。与此相应,医学和死亡之间的关系在古典与现代时期也很不相同。在古典时期,医学面对死亡束手无策,死亡既被看作生命和疾病的终结,也被看作医疗过程的终结。而在现代时期,由于病理解剖技术的广泛应用,死亡被纳入医学研究的领域,成为医学知识的一个重要来源。与"目视"和死亡之间关系的这种变化,其实正是古典医学和现代医学之间最重要的差别。这两种医学话语之间的全部差别几乎都建立在这一差别的基础之上。

总而言之,福柯认为,从古典分类医学向现代临床医学的转变不是一个渐进的、积累的知识进步过程,而是一个彻底的结构性转变过程:"新的医学精神不能被归之于某种心理学和方法论上的纯化作用:它不过是对疾病的文法学重组。"[1]

那么,为什么会发生这种关于疾病的句法重组呢?对于这个问题,福柯的回答与《疯癫与文明》一书中对于人们有关疯癫的话语为什么会发生变化这一问题的回答是相似的:是社会历史条件的变化造成了医学话语的结构性变化。

古典分类医学认为疾病有自己固定不变的本质,各种疾病只有在不受外界环境干扰、尽量接近自然的过程中才能够将自己的本质特征比较典型地呈现出来,从而使疾病得到比较确切的诊断和治疗。因此,古典医学主张将病人隔离在自己的家中进行照顾和治疗,反对集体性的住院治疗。同样,由于古典医学认为疾病有自己固定不变的本质,诊断疾病的主要方法就是将病人的身体表现与疾病分类图表上列示出来的某种疾病的本质特征相对照,而这只有在预先掌握了疾病分类知识的前提下才有可能,因此,在古典医学那里,医学理论的研究及传承过程和医疗实践及经验传承的过程是可以分开的(前者在医学院中完成,后者则在诊所中进行)。这种以"居家治疗"为主,教学和治疗、理论与实践过程相分离的医学体制,与

---

[1] 福柯:《临床医学的诞生》,刘絮恺译,台湾时报文化出版公司,1994年,第287页。

法国大革命前的社会经济体制（包括医学院教授在内的各种特权阶层的存在、国家对社会成员不承担包括医疗在内的福利性责任等）有着整体上的一致性。但随着法国大革命的到来以及社会经济体制整体上的重大变革，这种医学体制也不可避免受到冲击。

在法国大革命前不久，鉴于传统医学体制在防治流行病方面的无能为力，政府已经决定对医疗体制进行重大改组。政府成立了皇家医学协会，统一搜集、整理、研究和交流有关流行病的知识和信息，审查医师的行医资格，对疾病的发生和传播情况进行监控和预测。这不仅使传统医学院的权威受到了严重的削弱，也使医学知识突破了传统分类医学早已封闭的知识体系的束缚，其形成和发展能够在更广泛的时间和空间范围内与医疗实践经验的发展更紧密地相结合。法国大革命时期，人们更是基于自由主义的意识形态一度撤销了一切传统的医学院、医师行会和医院机构，主张一切有经验或能力之人均可以自由从事医学教育或实际工作，从而对传统分类医学体制及其知识系统进一步造成了巨大破坏。后来已经承担起维护国民健康之责任的政府，在改革的实践中逐渐意识到保留和发展住院化治疗对于维护国民健康（尤其是贫民健康）的必要性，恢复了医院和医学院机构，但责成它们必须将医学理论知识的教学过程与临床治疗的经验过程结合起来，从而逐步促成了一种全新的医学体制（临床医学体制）和全新的医学知觉经验（完全建立在"目视"基础上、"见"与"知"精确对应的新经验）的形成。随着这类病理解剖技术在临床医学教学和实践中的广泛运用，现代临床医学最终得到了确立。可见，从古典医学向现代临床医学的转变过程并不单纯是一个知识／话语自身演变的过程，而是有着深厚的社会历史根源。

福柯还指出，从古典医学向现代临床医学的转变，在很大程度上也是医学话语将人体或人逐渐转变或建构为自身对象的过程。古典医学话语的对象实际上是外在于人的"疾病"本身，而不是人。只有到了现代临床医学这里，人、人体，才第一次完全进入医学话语的视野。并且，也正是由于现代临床医学的发展，"人"才逐渐进入现代人文科学的话语。因此，现代临床医学的形成和发展，对于现代人文科学话语的形成和发展具有重要的作用。或许正是这样一种思路，推动了福柯去进一步探讨人文科学话语的演变过程，写出了《词与物——人文科学考古学》一书。

（三）《词与物——人文科学考古学》

《词与物》一书试图在一个比单门学科更广泛的层次即"人文科学"这个层次上来探讨知识或话语的结构性转变过程。在这本书中，福柯进一步提出了"知识型"（episteme）[1]这样一个概念，用它来概括在西方文化的不同历史时期，为同一时期各种不同知识或学科领域所共有的那样一些规定着人们在思维中如何有序地把事物组织起来的基础性原则或知识建构方式。"知识型"是一种处于"文化的基本代码"与"科学理论与哲学阐释"之间的知识构型，它贯穿同一时期的不同知识领域，把它们连接起来，使它们在思维或知识建构方式上具有某种程度的相似性或一致性。对知识型进行分析，"旨在重新发现在何种基础上，知识和理论才是可能的；知识在哪个秩序空间内被构建起来；在何种历史先天性基础上，在何种确实性要素中，观念得以呈现，科学得以确立，经验得以在哲学中被反思，合理性得以塑成，以便也许以后不久就会消失"；它要呈现的"是知识空间内的那些构型，它们产生了各种各样的经验知识"。[2]在不同的历史时期，人们拥有不同的知识型。这些不同的知识型，拥有不同的思维原则或知识建构方式。它们之间并不存在逻辑上的历史传承关系，存在的只是思维原则或知识建构方式上的断裂。对"知识型"的探讨将进一步表明，知识的演变不是一个连续的、积累性的进步过程，而是各种在逻辑上不连续的、断裂的"知识型"不断更替的过程。[3]

---

[1] 在本章所引《词与物——人文科学考古学》一书的莫伟民中译本中，该词被译为"认识型"，本章参照汉语文献中的流行译法译为"知识型"，引文也据此作相应修改（后同）。
[2] 福柯：《词与物——人文科学考古学》，前言，第10页。
[3] 由此来看，"知识型"的外延要比福柯后来使用的"话语"一词的外延大。福柯使用了"精神病学话语""生物学话语""临床医学话语""经济学话语""财富分析话语"等概念，而"生物学话语""经济学话语""语言学话语"则属于同一个"知识型"。

福柯以语言学、生物学和经济学这三个主要知识领域的历史演变资料为基础，侧重考察了自16世纪文艺复兴起到当代为止，西方思想发展过程中几个不同历史时期之"知识型"的形成和更替过程。与前面两本书的时间分期相呼应，福柯将西方近现代思想的历史大体上划分为"文艺复兴时期""古典时期""现代时期"三个时期。与此相应，西方近现代文化也就经历了两次认知结构上的断裂，先后产生了三种不同的知识型。

文艺复兴时期的知识是以"相似性"为特征而构造出来的。"直到16世纪末，相似性在西方文化知识中一直起着创建者的作用。正是相似性才主要地引导着文本的注解与阐释；正是相似性才组织着符号的运作，使人类知晓许多可见和不可见的事物，并引导着表象事物的艺术。"[1]作为知识构型的相似性有许许多多不同的形式[2]，但其中有四种是最主要的。第一种是位置邻近的事物由于彼此接触、相互适应而形成的场所和属性上的相似性（la convenientia），例如身体和心灵之间、动物和植物之间、海洋与陆地之间以及天和地之间的相似性。第二种是事物由于仿效而构成的形貌和实体上的相似性（l'aemulatio），如人脸与天空之间的相似性：人的眼睛与太阳和月亮相仿，人的智慧则在一定程度上和上帝的智慧相仿等。第三种是可以通过类推方法来处理的事物之间关系上的相似性（l'analogie），如星星与天空之间同植物与土地之间、地球生物与地球之间等在关系方面的相似性。第四种则是事物在相互感应方面所表现出来的相似性（des sympathies），如重物对泥土的吸引、轻物对以太的吸引、根对水的趋近以及向日葵跟随太阳的转动等。人们相信，正是这些相似性（尤其是第四种相似性）把世界万事万物紧密地联系在一起，从而构成了一个统一的整体。

从17世纪开始，西方文化进入了所谓的古典时期。从文艺复兴时期转入古典时期，西方文化发生了一次重大的断裂："相似性"不再是知识构成的基础原则，人们的关注焦点开始从事物之间的相似性逐渐转向事物

---

[1] 福柯：《词与物——人文科学考古学》，第23页。
[2] "在16世纪，相似性的语义学网络是极其丰富的：友好、平等（契约、同意、夫妻、社交、和平和类似的事情）、协和、协调、连续、同等、相称、相似、连结、连系。还有其他许多概念在思想表面上相互交叉、相互重叠、相互支持或相互限制。"（同上书，第24页。）

之间的同一性与差异性。人们开始认为，相似性只是对事物的一种模糊认识，事物之间其实是既有相同之处又有不同之处。对于一个理性的人来说，"相似性不再是知识的形式，而是谬误的原因，是当一个人并不检验模糊的混乱区域时所冒的风险"[1]。培根把相似性看成我们认识过程中出现的各种幻象的结果，笛卡尔则称追求相似性只是我们的一种思维习惯。分析和比较成为知识探索的主要方法，在对事物之间的同一性和差异性进行充分揭示的基础上，围绕分类和秩序这两个轴心而形成的知识图表则成为人们用来组织和排列知识的基本形式。福柯指出，对于西方思想来说，这种变化具有举足轻重的意义："长期以来曾是基本知识范畴的相似性（既是认识的形式，又是认识的内容），在一种基于同一性与差异性的术语之上的分析中解体了；……结果，西方文化的整个知识型都发现自己的基本排列发生了变化。尤其是，16世纪的人视之为一个亲缘关系、相似性和亲合性的复杂体并且语言和事物都在其中不停地交织的那个广阔的经验领域，将采纳一个新的构型。如果人们愿意的话，可以把这个新构型命名为'理性主义'。"[2]

在古典时期的知识型中，符号（词）和事物（物）之间的关系也发生了变化。语词不再被看成上帝创造的整个世界当中与其他事物相同的一个组成部分，不再被看作物的一种标记，而只被看作对"物"的一种表象或再现，被看作人的认识的一种构造[3]。"词"与"物"之间出现了分裂的可能性：从符号与事物之间关系的起源来看，符号可能是源自自然的，也可以是约定俗成的；从符号与事物之间关系的类型来看，符号可能属于它所指称的整体，也可能是与整体相分离的；从符号与事物之间关系的确实性来看，符号可能是恒常的，也可能只是或然的。所有这些都在符号与事物之间的关系中排除了相似关系存在的必然性。与此相应，符号的结构

---

[1] 福柯：《词与物——人文科学考古学》，第68页。
[2] 同上书，第72—73页。
[3] "从17世纪起，……符号并不默默地等着能够确认它的人的到来；符号只能被认识活动构成。"（同上书，第79页。）

也发生了变化。在文艺复兴时期的知识型中，符号包含三个基本要素：标记、被标记物以及把两者牢固联系起来的两者之间的相似关系。而在古典时期的知识型中，这最后一个要素消失了，只剩下标记（现在被称为"能指"）和被标记物（现在被称为"所指"）这两个要素。现在，符号与其所指称的事物之间不再存在任何必然的相似关系，存在的只是二者之间的表象和被表象的关系。在古典时期，知识只是事物及它们之间关系的表象，因此，古典时期的知识同时也就是一种"表象分析"。

在《词与物》一书中，福柯详尽地描述和分析了"普通语法""自然史""财富分析"这三个古典时期的主要知识领域，试图表明这三个知识领域尽管在内容上存在着很大差别，但在知识构成的基础或原则上却都属于"理性主义"或"表象分析"这同一个知识型：语言只是词的表象，自然只是存在物的表象，财富则是需求的表象。通过这种分析，福柯确认："在任何特定的文化和任何特定的时候，总是存在着一种对所有知识的可能性条件加以限定的知识型。这种知识型或者体现在一个理论中，或者被默默地投入一个实践中。"[1]

自18世纪末始，西方文化又经历了一次重大的断裂。一种我们今天在很大程度上依然浸润其中的现代知识型开始形成并逐渐替代了古典时期的知识型。在这种新的知识型中，知识构成的基本原则又发生了一次根本性的变化。在古典知识型中，世界是由那些直接可见的、通过同一性和差异性的网络关系而相互连接的孤立事物构成的，而在现代知识型中，构成世界的不再是这样一些孤立的事物，而是在事物内部不可见之处决定着事物的存在和变化的有机结构及这种有机结构内部各要素之间的内在关联。由于每一种有机结构都不仅有一个形成的过程，而且本身还具有鲜明的历史性，因此历史分析也成为现代知识型的一个重要特征。知识的核心问题因而不再是去把握孤立事物之间的同一性和差异性及其有序连接，而是去把握这种在事物的内部不可见之处决定着事物之存在和变化的有机结构及

---

[1] 福柯：《词与物——人文科学考古学》，第222页。

这种有机结构形成和存在的历史条件。随着知识型的这种变化，古典时期围绕分类和秩序这两个轴心而建立起来的普通语法、自然史和财富分析这三个知识领域，便逐渐让位给围绕着有机结构和历史性这两个新轴心而建立起来的历史比较语言学、生物学和经济学这三个现代人文科学领域。

在现代知识型中，还诞生了作为认识的主体和客体而存在的现代"人"的形象。福柯认为，在现代知识型出现之前的各种知识型（包括古典知识型）中，不可能出现我们今天所理解的那种既是认识的客体又是认识的主体、既是经验性存在又是超验性存在、既是"思想"性存在又是"非思想"性存在、既是历史性存在又是现实性存在的"人"的形象。在古典知识型中也有关于人的表象，但"人"无论在自然中还是在知识体系中并不占有一个特殊的位置。而现代知识型则不同。在现代知识型中，人不仅是全部知识的核心，而且还是全部知识得以成立的前提。因为正如康德所证明的那样，只有通过对作为主体和客体之统一、经验存在物和先验存在物之统一的人的反思和确认，知识的可能性与可靠性才能得到确认，对世界的认知才成为可能。

因此，按照福柯的分析，我们今天所理解的"人"只是知识型演化到一定阶段才出现的结果。在现代知识型之前没有"人"，在现代知识型之后，知识型的再次演变也可能导致"人"的消失。所以，福柯说："人只是一个近来的发明，一个尚未具有200年的人物，一个人类知识中的简单褶痕"[1]；"人"只是知识之基本排列在现代时期发生变化的结果，"假如那些排列会像出现时那样消失，假如通过某个我们只能预感其可能性却不知其形式和希望的事件，那些排列翻倒了，就像18世纪末古典思想的基础所经历的那样——那么，人们就能恰当地打赌：人将被抹去，如同大海边沙地上的一张脸"[2]。对"人"的历史性所作的这种宣告，是福柯《词与物》一书中最引人注目的一项内容，也是使这本书产生广泛影响的重要因素之一。

---

[1] 福柯：《词与物——人文科学考古学》，前言，第13页。
[2] 同上书，第506页。

从我们的角度来看，与《疯癫与文明》《临床医学的诞生》这两本之前的著作相比，《词与物》这本书的一个重大特点就是突出了"知识型"本身在人们的认知过程中所具有的建构作用。这种建构作用甚至超越了权力或利益对人们认知过程的影响，使得本来属于不同社会集团、具有不同利益、在一些具体问题上持不同观点的人都不得不采用完全相同的知识型来思考问题。例如，在讨论到古典时期财富分析领域中重农主义和功利主义这两种对立观点之间的关系时，福柯指出，虽然在一定意义上我们可以说重农主义观点反映了地主阶级的利益，功利主义观点反映了商人和企业主阶级的利益，因此，"属于某个社会集团"这类事实总是可以在一定程度上说明某些人为什么会选择这一思想体系而不选择另一些思想体系；但是，无论一个人（出于自身的阶级利益）最终选择了哪个思想体系，这个体系本身得以形成和被思考的条件却并不在于这个集团的存在，而是在于某个特定知识型的存在。尽管重农主义和功利主义之间存在着诸多对立，但这两种观点事实上却拥有一些共同的理论因素和基本命题，例如：所有的财富都诞生于土地；物品的价值与交换联系在一起；货币的价值就是作为流通中财富的表象；流通要尽可能简单和完整；等等。这种理论因素和基本命题方面的相通正是基于双方属于同一个知识型，只不过这些相同的要素和命题被争论双方"安排进相反的秩序之中"[1]。马克思主义的"革命经济学"与李嘉图等人的"资产阶级经济学"之间的关系也是如此，即便二者之间存在着诸多对立，代表着不同的阶级利益，但双方却同属于一个知识型："虽然在这个对立中，马克思主义设想了一种对大写历史的彻底改变来反对这些'资产阶级的'经济学理论，但这个冲突和这个设想的可能性条件，并不是重振整个大写的历史，而是这样一个事件，即整个考古学都能确切地确定这个事件的位置，并且这个事件已经按照相同的模式同时规定了19世纪的资产阶级经济学和革命经济学。它们之间的争论徒劳地激起了某些波浪并构成了表面的涟漪：这些只是小孩涉水潭中的风

---

[1] 福柯：《词与物——人文科学考古学》，第265页。

暴。"[1]这些对立和争论本质上只是同一种知识型内部两种立场之间的对立和争论，并且，正是因为同属于一个知识型，二者的形成及其对立才成为可能。据此，福柯提出，在对思想进行考古学研究时，"我们必须仔细地区分两个研究形式和两个研究层面。第一个将是研究诸多见解，以知晓在18世纪谁是重农主义者，谁是反重农主义者；有关的旨趣或利益是什么；争论的要点和论据是什么；为权力而进行的斗争是如何展开的。第二个并不考虑有关的人物及其历史，而是在于定义这样的条件，即从这些条件出发，我们就有可能以连贯和同时的形式去思考'重农主义的'知识和'功利主义的'知识"[2]。福柯认为，第一种分析正是人们通常所作的那种分析，"属于老生常谈"，没有什么新意；只有第二种分析才属于知识考古学要作的分析。

与上述特点相呼应，同《疯癫与文明》《临床医学的诞生》等著作相比，《词与物》一书的另一个重要特征是：尽管作者对近代以来西方文化中前后相继的"知识型"进行了详尽、系统的描述和分析，但对这些知识型各自产生和相互更替的动力与机制却几乎没有进行讨论。在前两书中，福柯都曾对相关知识话语（"精神病话语"和"医学话语"）形态转变的社会历史条件作过简要的说明，然而，在《词与物》一书中，类似的分析却基本付之阙如。这使得《词与物》一书在思想风格上与福柯的其他著作似乎有点格格不入。大概也正因为此，福柯后来才会称这本书为自己最不满意的一本书。[3] 不过，在笔者看来，正是在这本书中，话语演变的相对独立性或自主性才得到了最为充分的描述和说明，福柯的思想与"存在决定意识"一类传统实在论之间的距离才达到了最大限度，福柯思想的新意才得到了最为明确的彰显。

---

[1] 福柯：《词与物——人文科学考古学》，第340—341页。
[2] 同上书，第266页。
[3] 参见米勒：《福柯的生死爱欲》，高毅译，上海人民出版社，2003年，第205—206页。

二、知识考古学：话语分析的理论与方法

尽管《疯癫与文明》《临床医学的诞生》《词与物》等书也不时地讨论一些有关知识考古学的方法论问题，但总体上说，这几本书属于福柯"知识考古学"的案例研究。只是在《知识考古学》一书中，"知识考古学"的理论和方法论问题才成为福柯集中思考的对象。

在《知识考古学》一书中，福柯明确地使用"话语"一词来指称自己以前描述和分析的那些"知识"或"观念"类型。"知识考古学"也就明确地成为一种应用所谓"考古学"的意识和方法来对"话语"的构成和演变过程进行考察和分析的研究方法。这种研究方法具有一种独特的视角和思路，使用了一套独特的概念和词汇，在知识或话语分析领域中的确别开生面、颇具创意。

在《知识考古学》中，福柯先是仔细探讨了如何重新确定话语分析单位的问题。他指出，我们可以从四种不同的思路出发来考察这一问题。

首先，我们可以作出这样的假定，即如果那些分散在不同时间区域的不同形式的陈述都只指涉同一个对象，那我们也许可以将这些陈述确认为属于同一个陈述群（group of statements）或话语单位。然而，一旦我们按照这一假定实际操作起来，我们便会发现这一假定是完全错误的和不可实现的。因为，实际的情况往往是：并没有一种在话语之外或之前就存在的纯粹"客观"的对象；任何陈述或话语所指涉的对象不仅都是由这些陈述或话语本身建构起来的，而且其范围和界限也往往是变动不居、充满着"差异、间隙、替代和转换的游戏"[1]。因此，要想先找出一个客观对象，然后再根据这个对象是否为某些陈述所共同指涉来确认这些陈述之间的关联，无疑是一种"缘木求鱼"的行为。尽管如此，这一事实却可以启发我们，使我们想到：某些陈述在建构自己的对象时是否可能具有一些共同的规则？使某个特殊的陈述群得到确定的是不是在这个群体中"被确定、被

---

[1] 福柯：《知识考古学》，谢强、马月译，生活·读书·新知三联书店，1998年（1999年3月重印），第46页。

描述、被分析、被估计或者被判断的各种各样对象的同时或者连续出现的规则"?[1] 如果答案是肯定的,那我们也就可以依据这些共同的规则来将这些陈述确认为属于同一个陈述群或话语单位。

其次,我们也可以假定,如果我们能够在那些陈述的表达形式和连贯类型方面找到一些共同的特征,那么我们或许也能依此而将它们确认为属于同一个陈述群或话语单位。然而,跟上面提到的情况一样,当我们依此来对医学等知识领域中的陈述形式和连贯类型进行实际考察的时候,我们也会发现在这些知识领域中没有普遍一致、确定不变的陈述形式和连贯类型,有的是"一些层次极不相同,功能极其相异的表达,以至于它们不能衔接和组构在独一形态中"[2]。例如,以19世纪出现的临床医学话语为例,"如果我们想用某个陈述行为的标准的、规范化的系统来确定这种话语,那么,我们就应该承认这种医学在它刚刚出现时,就已经解体了"[3]。因为,我们在这种新型的医学话语当中找不到确定不变的陈述形式和连贯类型。因此,如果说可以把这种医学话语确认为一个话语单位,它的确认原则也绝不是陈述的某种确定形式。但是,我们却也可以由此设想:把这种医学陈述连接在一起的,会不会是使这些陈述成为可能的那些规则呢?如果是的话,那么我们或许可以通过对这样一些规则的辨识来将有关陈述确认为属于同一个陈述群或话语单位。

再次,我们还可以设想:如果我们能够在那些陈述当中发现一个具有持久性和一致性的概念系统,我们是否可以据此而将它们确认为属于同一个陈述群或话语单位?福柯认为,这条道路事实上也是走不通的。因为我们同样会发现,不仅很难找到所有概念都完全一致的陈述(呈现在我们面前的更可能"是一些在结构和使用规则上各不相同的概念,彼此不相干或者相互排斥的概念,一些根本不能进入逻辑建构一致性中的概念"[4]),而

---

[1] 福柯:《知识考古学》,第40页。
[2] 同上书,第47页。
[3] 同上书,第42页。
[4] 同上书,第47页。

且表面上看似相同和一致的概念其含义却可能大相径庭。我们会在概念系统看似相同的陈述当中"身不由己地发现一些新概念的产生，其中有一些可能是从旧概念中派生出来的，但是，其他的概念是异质的，并且其中有些甚至与它们是不相容的"[1]。然而，与前面类似，换一个角度看，如果我们不是从概念的一致性方面，而是从概念出现的同时性或连续性方面、从它们之间的"间隙"和"距离"方面、从它们之间的不相容性等方面来寻找那些陈述之间的共同特征，那我们倒有可能获得辨认一个陈述群或话语单位的有效方法。

最后，我们还可以假定：如果我们能在那些陈述当中发现一个贯穿其中的共同主题，那么我们是不是就可以将它们确认为属于同一个陈述群或话语单位？对这个问题的回答依然是否定的。因为我们发现处理同一主题的一些陈述在很多方面（基本概念、分析类型、对象范围等）却是截然不同的。例如，同样是有关"进化"的主题，"在 18 世纪，进化论的思想确定在物种的亲缘关系上。物种的这种亲缘关系从一开始就形成一个规定的连续体（只有自然灾害可能使它中断），或者说这个连续体随着时间流逝而逐渐形成。在 19 世纪，进化论的主题则很少涉及物种的连续图表的构成，更多地涉及到描述不连续群，和分析各组成部分都连贯的有机体和一个为其提供实际生活条件的环境之间的相互作用的方式"[2]。因此，如果从主题当中来寻找确认陈述群或话语单位的原则，同样会误入歧途。与其这样做，"我们倒不如测定这些选择点的散布，并在任何选择和对主题任何偏爱的范围之内，确定一个策略可能性的范围"[3]。

综合上述分析，福柯最终提出我们实际上可以并且只能从对象的构成、陈述模式的构成、概念的构成和主题的构成这四个维度来确认一个"陈述群"或话语单位。福柯将这样一种确认话语单位的方式称为"话语构成"（discursive formation）。他说："只要我们能够在一定数目的陈述之

---

[1] 福柯：《知识考古学》，第 43 页。
[2] 同上书，第 45 页。
[3] 同上书，第 46 页。

间描述这样的散布系统，只要我们能够在对象、陈述类型、概念和主题选择之间确定某种规则的话（一种秩序、一致性关系、位置和功能、转换），为方便起见，我们就可以说我们正在处理一种话语构成。"[1] "话语构成"包括话语在对象、陈述模式、概念和主题选择等方面的构成规则。这些规则可以简述如下：

1.对象的构成

对象的构成规则可以从三个方面来考察：

（1）对象的出现层面（surfaces of emergence）：某一个特殊的话语对象可能出现的地点。如就19世纪的精神病理学而言，其对象出现的"层面"就有可能是家庭、社会团体、工作场所、宗教社群等（这些地方都是规范性的，对偏差都很敏感，都有容忍和排斥的界限，都有确认和否认精神病的方式，都把医治或者至少是解释精神病的责任转交给了医学）。在不同的社会、不同的时代和不同的话语形式中，对象出现的地点是不同的。

（2）对象的界定权威（authorities of delimitation）：是谁在对话语的对象作出权威性的界定。例如，在19世纪，医学（作为一种拥有自己特殊规则的机构、一个由所有职业医疗人员组成的团体、一个知识和实践的实体，以及被舆论、法律和政府所认可的权威）成为一种对精神病的对象进行界定、标示、命名和确认的主要权威（当然，医学并不是这方面唯一的权威。除了医学之外，司法、宗教和文学批评等在精神病话语对象的界定方面也起着一定作用）。

（3）对象的分类框架（grids of specification）：用来对话语对象进行分离、对比、联系、组合、分类和说明的架构。如19世纪精神病话语中的分类框架是，心灵、躯体和个人的生活与人格史。

福柯认为，以上三个方面并不是各自孤立地起作用的。19世纪精神病话语的形成就是上述三个方面相互之间各种关系所组成的"关系整体"起作用的结果，它们之间复杂的相互作用构成了话语对象形成的条件。

---

[1] 福柯：《知识考古学》，第47—48页。译文略有修改。

由此我们可以认识到：（1）标志着某种话语（如19世纪的精神病话语）出现的不是什么特殊的对象，而是这个话语借以形成它的对象的那种方式。（2）话语的对象并不是那种被某种障碍阻挡在光线的边缘、等待着人们去揭示的存在。话语对象"不能混同于语言学家所说的指称物——被语词符号指称的实际事物。话语不是关于对象的，更确切地说，倒是话语构成了对象"[1]。（3）由于话语对象的形成取决于一系列复杂苛刻的条件，因此，形成一个新的话语对象是件非常不容易的事情。光是"睁大眼睛，集中注意力或有悟性是不足以使新对象马上就闪耀并在地平线上发出曙光的"[2]。

2. 陈述模式的构成

定性描述、自传性叙事、测定、解释和符号聚合、类比推理、演绎、统计结论、经验证明以及其他许多陈述形式，都可以在19世纪医生们的话语中被发现。那么，到底是什么东西把它们联结在一起的呢？又是什么必然性把它们联结在一起的呢？为什么联结在一起的正好是这些陈述而不是其他陈述呢？福柯认为，把这些陈述联结在一起的也是这些陈述模式的构成规则。这些陈述模式的构成规则也可以从三个维度来加以分析：

（1）谁在说话。或者说，这些陈述是由谁制作出来的？谁有权力和资格使用这些语言？谁从这些语言中得到他的特殊品质和声望？他的地位如何？等等。例如，在医学话语中，有权力和资格使用这种语言来作出医学陈述的人就是医生及各种辅助人员。在不同的话语中，有权力和资格使用它并能够从这种话语中得到特殊声望和地位的人应该是不一样的。

（2）在什么地方说话。或者说，这些陈述被制作、获得合法性并加以应用的地点是哪里。例如，对于现代社会中的医学话语来说，这样的地点就是医院、私人诊所、化验室、图书馆或资料室等。不同的话语，有不同的制作、合法性和应用场所。

（3）在什么情景位置上说话。即这些陈述是说话者在什么情景当中

---

[1] 谢里登：《求真意志：米歇尔·福柯的心路历程》，尚志英、许林译，上海人民出版社，1997年，第129页。
[2] 福柯：《知识考古学》，第56页。

（相对于对象）处于什么主体位置上制作出来的。以医学话语而言，各种陈述可能是由说话者处于以下不同情景位置而制作出来的：向患者提问时的"提问主体"、倾听患者叙述时的"听的主体"、阅读相关表格时的"看的主体"、描述疾病类型时的"观察主体"等。

陈述模式的构成就是由上述各种方面之间关系的整体所规定的。

3. 概念的构成

对概念构成（概念在其中出现和流动的那些陈述领域的组织）规则的分析也包括三个方面：

（1）概念接续（succession）的形式。又包括：(a) 陈述系列的各种秩序（orderings of enunciative series），例如推理、连续蕴涵、论证的秩序，或者描述的秩序、所遵从的概括或说明模式、它们所覆盖的空间的分布，或者描述性统计的秩序、在以线性方式前后接续的陈述中时间性事件的分布方式，等等。(b) 各种陈述的从属类型（types of dependence），例如"假设—证明"、"判断—批评"和"一般规律—特殊应用"等。这些类型并非总是与陈述系列之间明显的接续方式相同一或相重叠的。(c) 各种修辞模式（rhetorical schemata）。根据这些修辞模式，一系列陈述得以结合在一起（描述、演绎、定义——它们的接续刻画着一个文本的结构特征——如何被结合在一起）。

（2）概念共存（coexistence）的形式。在一个陈述群或话语单位中，概念共存的形式至少可以通过以下几种方式勾画出来：(a) 在场领域（field of presence）。通过这种形式，在其他地方形成、被某种话语所采用并被承认为真理的所有陈述（涵盖精确的描述、充分的推理或必要的假设，其中包括那些被批评过、争论过、评价过乃至被拒绝和排斥过的陈述）都得以直接再现在一个陈述群或话语单位中。(b) 伴随领域（field of concomitance）。它包括一些所涉对象范围完全不同、所属话语类型也截然不同的陈述，这些陈述在被研究的陈述当中活动，它们或者是被用于类比性确证，或者作为一般原则和为某个推理过程所接受的前提，或作为可被用于其他内容的模式，或作为比某些命题必须服从的权威更高一级的权威而起作用。（c）记忆领域（field of memory）。它包括那些不再被接受或被争论，因此不再界定某个真理实体或有效性范围，但却与形成、发生、转变、连续性和历史的不连续性关系密切相关的陈述。

（3）可被合法地应用于陈述的介入（干预）程序（procedures of intervention）。这些程序在不同的话语构成中是不同的。这些程序可以从以下方面显示出来：各种重写的技术（例如使古典自然学家能够在分类图表中重写某些线性描述的技术，这些分类图表与中世纪和文艺复兴期间确立的亲属关系和列表无论在规则上还是在构型上都不相同），用某种或多或少形式化和人工化的语言对那些以自然语言连接起来的陈述加以改写的方法，将定性陈述翻译为定量公式（或者反过来）的各种模式，用来增加陈述的近似性和提高其精确性的各种手段，通过扩展或限制的途径来重新限定陈述之有效性范围的方式（例如古典自然史研究中关于结构特征的陈述，其有效性范围在图内福尔和林奈之间的时期受到了限制，而在布丰和朱西厄之间的时期则被加以扩大），人们将某种陈述类型从一个应用领域转用于另一个应用领域的方式（例如将植物特性转用于动物分类，或者将对有机体表面特征的描述转用于对内部要素的描述），以及对先前已经提出但以分离形式存在的诸命题加以系统化的各种方法，或者对已经联结在一起的诸陈述在一个新的系统化整体中重新加以配置的各种方法，等等。

上述分析内容涉及概念构成的方方面面。有的涉及形式结构的规则，有的涉及修辞实践；有的涉及一个文本的内部构型，有的则涉及不同文本之间的关系模式；有的只是某一阶段的特征，有的则具有遥远的起源和深远的影响。但福柯认为，对于一个话语构成来说，使它得以确定其特有概念群的东西是上述有关内容关联的方法，如：描述性或统计秩序与重写技术相联结的方式，记忆领域与一个文本内统治着诸陈述的分层和从属形式的联结方式，用来增加陈述的近似性和提高其精确性的模式与用来对先前形成的陈述进行批评、评论和理解的模式相联结的方式，等等。正是这样一些关系的群体形成了一个概念构成的系统。

4. 主题的构成

在主题构成的分析方面，涉及的主要是陈述者用来构成某一主题的基本策略。它也包括三个方面的分析工作：

（1）确定话语的可能衍射点。每种话语中都可能存在着一些既等值（因为它们是在同样的条件下、在同一规则的基础上以同样的方式形成的，并且位于相同的层次上）又不相容的成分（不同的对象、陈述类型或者概念），这些既等值又不相容的成分本身隐含了主题或理论选择方面的多种可能性。对话语之可能衍射点的分析使我们认识到，一种话语（譬如 18 世纪的财富分析）并不是某些不同概念（如货币、需求对象的交换、价值形式和价格、地租等）简单地同时组合或前后连接的结果，相反，它只是打开了一个可能的机会空间，使得各种相互排斥的建筑物能够同时或者轮流出现。

（2）确定某一主题被选择的内在权威或根据，即"话语的权威或根据"。并非话语在主题或理论选择方面所隐含的所有可能性都能被实现。在特定时间、空间条件下，能够实现的选择往往只是其中的一个或一些。为了说明在所有可能的选择当中已经作出的那些选择，我们就必须描述指导着人们作出这些选择的特殊权威（根据）。福柯认为，这样一种特殊的权威或根据，首先存在于被研究的话语所属的话语丛（discursive constellation）中的不同话语之间的关系当中。同一话语丛中各话语之间存在着各种不同的关系。例如，某种话语可能起一种形式系统的作用，其他话语只是这一系统在不同语义场中的应用；相反，它也可能起一种可在一个更高的抽象水平上被应用于其他话语的具体模式的作用。它还可能与其他话语处于类比、对立、补充或相互限定的关系之中。这些关系的整体形成了一种决定原则，它在一个特定的话语内部允许或者排斥一定数量的陈述，即那些本来是可能的（就其自身的构成规则来说没有任何东西能够证明其缺席的正当性）但却在一个更高的层次和更广阔的空间范围内被某个话语丛所排斥的概念系统、陈述系列和对象群体。可见，一个话语构成并不能完全占据它的对象构成、陈述构成和概念构成系统向它开放的所有空间；由于策略选择构成系统的作用，它在本质上永远是不完全的。此外，一个特定的话语构成，当被置于一个新的话语丛中加以理解时，就能揭示出一些新的可能性。

（3）确定某一主题被选择的外在权威或根据，即"非话语的权威或根据"。实际作出的理论选择还依赖另一种权威或根据。这种权威或根据首先包括用被研究的话语在一个非话语实践领域（a field of non-discursive practices）中必须执行的功能来加以刻画（例如普通语法在教学实践中所起的作用，财富分析在政府的政治和经济决策、处于上升阶段的资本主义的日常实践及古典时期的社会政治斗争中所起的作用）。其次也包括话语的挪用规则和过程（the rules and processes of appropriation），因为无论是在我们这个社会还是其他社会中，话语财产（说话的权力，理解的能力，合法地和直接地接近已形成的陈述库，以及在决策、机构和实践中投资这项话语的能力）事实上总是保留给某个特殊人群的（例如在17世纪以来的资产阶级社会中经济学话语从来就不是一种共同的话语）。最后，这种权威或根据还包括了与话语相关的欲望的位置（possible positions of desire in relation to discourse）：话语事实上可以成为一个幻觉性再现的场所、一种符号化的要素、一种禁忌形式、一种被衍生之满足的指南。

福柯指出，如果我们能够描述某种话语（如古典时期的经济话语）的各个衍射点如何相互衍生、相互调整、相互包含（一个关于价格的选择点如何从一个关于价值概念的决定中衍生出来），已作出的选择如何依赖该话语所在的话语丛，这些选择是如何与该话语在非话语实践领域（如资本主义的日常实践）中所执行的功能、被挪用的过程以及在利益和欲望的实现过程中所起的作用相联结，那么我们就能够确定这个话语的策略（主题）构成系统。

福柯认为，通过上述四个方面的分析，我们就可以对一个特定的陈述群或话语单位作出确认。之所以能够如此，是因为对象构成、陈述模式构成、概念构成和主体构成这四个方面之间存在着一种相互依附或制约的关系。这种依附或制约关系使得并非所有的主体位置、陈述之间所有的共存类型、所有的理论策略都有同等的可能性，而只有被前（或后）一个构成所允许的才有可能性。例如，对象的构成系统就排除了某些陈述模式，同时接纳了另一些陈述模式；给定主体的位置，也就相当于排除了陈述之间的某些共存形式。反过来，某种理论策略的选择也必然包含了对某些概念构成和陈述模式的排斥或接纳（例如，在重农主义者的文本中就不可能找到功利主义者的分析中存在的那种整合数据资料和测量的模式）。

福柯强调，话语构成勾勒的主要是在特定的话语实践中必须被加以运用的规则系统，而不是固定不变的对象、陈述模式、概念组合和理论策略。一个话语构成系统就是一个在特定的话语实践中作为规则起作用的复杂的关系网络。在一个特定的话语实践中，这种复杂的关系网络规定了这样那样一种对象的形成和转变，这样那样一种陈述的制作和创新，这样那样一种概念的使用和演变，以及这样那样一种理论策略的选择和修订所必须关联到的东西。因此，界定一个话语构成系统，就是要通过描述一种话语实践的规则来刻画一种话语或一个陈述群。在特定的话语实践中，它的对象、陈述模式、概念和理论策略都可以发生变化，但只要规定它们出现和转变的实践规则不变，其所属的话语构成也就不变。

话语构成不等于我们通常所说的学科，前者在外延上要远远大于后者。首先，相互独立、有着明确界限的学科（如生物学、经济学、精神病学等）是19世纪以后才有的概念。在这之前，没有所谓的"学科"，但却始终有着相关的话语（自然史、财富分析、神经疾病方面的描述和分析等），而且正是这些话语构成了相关"学科"产生的一个前提。其次，在相关学科产生之后，与这一学科密切关联的那一话语也不仅限于此一学科范围之内。例如，即使是在19世纪之后，精神病话语在外延上也大大超出了精神病学这一学科，而广泛地存在于司法文件、文学作品、哲学思考、政治决策以及日常谈话等领域。因此，尽管我们常常会使用"生物学话语""经济学话语""精神病学话语"之类的词语，但我们必须注意不要把它们同某个学科的话语相混淆。

三、福柯中期的话语分析：权力谱系学

如前所述，大致在 1969 年之前，福柯在自己的著作（主要是《疯癫与文明》《临床医学的诞生》）中，尽管对影响知识（或话语）形成与变迁的各种因素，或者说对知识（或话语）形成与变迁的"来源"也有所讨论，但总体上看其兴趣主要在于描述和探讨知识（或话语）本身的构成与转化规则。但在 1970 年左右，福柯的研究主题或侧重点渐渐发生重要转变。他开始把知识（话语）的"来源"问题作为自己的核心主题，开始从所谓的"知识考古学"研究转向所谓的"权力谱系学"研究。这一转变在《尼采、谱系学、历史》《话语的秩序》等文章，以及《规训与惩罚》《性经验史》第一卷等著作中，逐渐显现和成形。在这一转变过程中，福柯逐渐形成了一个后来产生了深远影响的观点，即在现代社会中，权力和知识是相互渗透、相互建构的。福柯的话语分析工作的焦点也由此转向对现代社会中的权力及其与话语之间关系的探讨，试图由此获得对现代社会中的权力运作和话语形成机制的一种恰当理解。[1] 不过，在这一过程中，福柯对权力概念的理解以及对权力与知识之间关系的看法前后也有一个较大的变化。

1969—1970 年间，福柯在法国万森大学哲学系开设了一门有关"生命科学认识论"和尼采的课程，这门课程的主要思想后来发表在一篇以《尼采、谱系学、历史》为题的文章中。福柯研究主题的上述转变首先就是在这篇文章中得到明确表述的。在这篇文章中，福柯借对尼采相关思想的引用和解释，仔细地讨论了通常的历史研究与他从尼采那里借鉴来的"谱系学"研究之间的区别，为他自己以后准备展开的研究确定了基本的方法论原则。

---

[1] 福柯后来在回顾自己的研究经历时明确说："我越是进行持久的研究，就越是认识到，对话语的形成和知识的谱系所进行的分析，不应该根据意识的种类、感知的方式和思想的形态来进行，而应该从权力的战略和战术的角度出发。"（福柯：《权力的眼睛——福柯访谈录》，严锋译，上海人民出版社，1997年，第 212 页。）

顾名思义，与那种主要任务在于运用各种不同的程序和方法，从纷繁复杂、层次重叠的各类"档案"中找出事物的分类和构成规则的"考古学"不同，"谱系学"的主要任务则是要探询那些不同的类型和构成规则所从何来，探询它们产生与演变的序列和线索。就此而言，谱系学研究和人们通常所说的历史研究似乎有着共同之处。然而，福柯指出，谱系学研究与人们通常所说的历史研究之间事实上有着许多重要的区别。这些区别当中最重要的之一就是：历史研究总是试图去追寻事物的"起源"，而谱系学研究则只试图探询事物的"来源"和"涌现"。

福柯揭示，在尼采的"谱系学"著作中经常被使用的 Ursprung 一词实际上有两种不同的含义。一种含义等于"起源"，另一种含义则等于 Herkunft（来源）或 Entstchung（出现、发生）。至少是在某些时候，作为谱系学家的尼采拒绝研究"起源"之类的问题。为什么会这样呢？福柯解释说，这是因为"起源"研究实际上包含以下一些基本预设：首先，它预设事物从源初到现在始终没有发生根本的变化，始终保持着某种基本的同一性，因而它总是把那些与自身不同的东西当作偶然的、外在的东西加以清除。其次，它预设事物在其源初状态时更接近本质，因而要比以后的状态更珍贵、更完美。再次，它预设起源才是关于事物的真理之所在，而在后来的发展过程中这种真理则有可能被遮蔽。这些预设和尼采的思想是相冲突的。尼采及其谱系学认为：事物并没有什么始终如一的、不变的本质，"一切事物背后都有着'完全不同的东西'：……事物没有本质，或其本质是用完全不同的形象一点点制造出来的"[1]。只要我们认真地去追溯，我们就会看到，"在事物的历史开端所发现的，不是依然保持着的事物起源的同一性，而是各种其他事物的不一致，是不协调"[2]。历史的开端也不是人们想象的那么高贵，而是卑微的："人们试图通过展示人的神圣的降生来唤醒他的自主感：现在这成了一条死路；因为在它的入口处站着一只

---

[1] 福柯：《尼采、谱系学、历史》，王简译，载杜小真编选：《福柯集》，上海远东出版社，1998年，第148页。
[2] 同上书，第149页。

猴子。"[1] 最后，起源也非真理之所在。在历史的重重面纱之后隐藏着的并不是真理，而是"一段名为真理的错误的历史"[2]。因此，谱系学决不去追寻"起源"，它只探寻"来源"。

Herkunft 一词的含义就是根源、来源，"就是属于同一族群的古老归属——在同样高贵或同样卑贱者中结成的共血脉、共传统的族群"[3]。来源分析虽然也要涉及"群""类"，但它并不试图在个体、情感或观念中寻找那种使它们成为同类的一般特征，"而是要去辨认细微、独特、属于个体的标记"，将这些标记逐一区分，梳理出它们相互连接的复杂网络。来源分析也不试图重建历史的连续性，相反，它是要确定来源的复杂序列，坚持那些在自身散落中发生的东西。来源研究也不奠定什么"基础"，相反是要触动那些被认作是禁令的东西，破碎那些被认作是统一的东西，呈现那些被想象成自身一致的东西的异质性。最后，来源分析还要深入人类的肉体，从肉体和历史、真理等的关联当中去探询历史和真理的来源。

Entstchung 一词的含义则是涌现、显现："事物涌现出来的那一刻。"人们在倾向于到不间断的连续性中寻找来源的同时，也常常把事物的涌现当成最后的终结。而其实，尼采（以及福柯）认为，"表面上看来的最终结局，实际只是一系列征服的插曲"。不仅如此，涌现也总是产生于权力的纠结状态，是冲突、反抗和斗争的结果。例如，一个动物或人类种属的涌现和巩固就总是它们与各种持续不变的恶劣环境长期搏斗的结果。"作为种，它要求自身成为坚忍、一致、形式简洁的东西，以便在冲突和反抗中获胜并生存下来。"涌现是各种力量相互对峙、相互争斗的舞台。因此，"Entstchung 分析应该揭示权力的活动、相互斗争的方式、与环境相对抗的搏斗，以及为避免退化获得新生所作的努力"。[4] 就人类社会而言，"从某种意义上说，在这无场所的舞台上演出的戏剧总是千篇一律的：统

---

[1] 尼采：《漫游者和他的影子》。转引福柯：《尼采、谱系学、历史》，载杜小真编选：《福柯集》，第149页。
[2] 同上书，第150页。
[3] 同上。
[4] 同上书，第153页。

治者和被统治者反复上演的戏剧。一部分人对另一部分人的统治，这就是价值分歧的开始；一个阶级对另一个阶级的统治，这就是自由观念的萌生；人们对生存必需的东西的攫取，给它们加上原本没有的持存，或者说粗暴地将它们相互同化，这就是逻辑的创造"[1]。在人类社会中，各种规则，以及作为这些规则之解释的不同的道德、观念、形而上学概念，实际上都是作为统治者与被统治者之间相互斗争的产物而涌现出来的。"一切规则，其自身是空洞、野蛮、无目的的；它们制定出来服务于一定对象，屈从于某些人的意愿。历史的伟大游戏，属于占有法则的人，属于占据使用法则的位置的人，属于乔装改扮、歪曲规则、颠倒地运用规则、使它们反过来反对规则制定者的人。"[2]而对规则的这种占有和运用，在很大程度上就是通过解释规则来实现的。就此而言，"谱系学就是解释史：作为不同解释出现的道德、观念、形而上学概念的历史，自由观念和禁欲生活的历史"[3]。谱系学要把这些规则和解释作为历史舞台上权力斗争的事件展现出来。

可见，在《尼采、谱系学、历史》一文中，福柯已经明确揭示了话语（各种解释或观念）和权力斗争之间的紧密关联（话语既是权力斗争的产物，同时又为权力斗争服务），指出了话语在权力斗争中的重要作用（权力斗争在一定程度上是通过对规则的解释即话语的使用来进行的）。在当选法兰西学院院士后以《话语的秩序》为题发表的就职讲演中[4]，福柯进一步指出，话语的这种重要作用必然使任何社会中的人都对它产生一种焦虑和恐惧，这是一种"当感到这种话语活动（不管它看上去是多么单调、灰暗）的背后存在着可直接想象到的权力和危险时的焦虑；当怀疑那些言词虽然由于长期使用而失去了一些棱角，但在它们的后面却有过许多斗争、凯旋、伤害、统治和奴役时的焦虑"[5]。这种对话语的焦虑必然促使任何社会的人意识到必须对话语进行控制，使话语的生产、流通和分配在特定秩

---

[1] 福柯：《尼采、谱系学、历史》，载杜小真编选：《福柯集》，第154页。
[2] 同上书，第155页。
[3] 同上书，第155—156页。
[4] 其英文版则以《关于语言的话语》为题，并作为《知识考古学》一书英译本的附录于1971年发表。
[5] Michel Foucault, "The Discourse on Language," in *The Archaeology of Knowledge*, Pantheon, 1972, p.216.

序的规制下有序地进行。这种秩序就是"话语的秩序"。对这种"话语的秩序"加以揭示和分析，就是这篇文章的主要任务。

在这篇文章中，福柯明确表述了这个关于"话语秩序"的假设，这个假设就是："在每个社会，话语的生产都是由一定数量的程序来控制、选择、组织和再分配的，这些程序的作用在于防范话语的力量和危险，应对偶发事件，规避其沉重而可畏的物质性。"[1]

福柯紧接着指出了在"我们这样的社会"中用来"控制、选择、组织和再分配"话语的一些基本程序。这些程序由一系列规则构成。这些规则大致可以分成"外部规则"、"内部规则"和"使用规则"三组。

首先是这样一组规则，它们主要是从话语的外部对话语的生产、流通和分配进行控制。由于其首要功能是排斥某些东西，使之不能进入话语的生产、流通和分配过程，因此，也可以将其称为排斥（exclusion）规则，它又是由以下三类规则构成的。

（1）禁律（prohibition）。即对说话的内容、场合和主体权力所作的限制。有各种各样的禁律，其中最基本的是以下三种：关于言语对象的禁律（我们没有随意谈论任何事情的权利），关于言语环境的禁律（我们不能随心所欲地在任何时候、任何场所谈论某些事情），以及关于言语主体的禁律（不是每一个人都有权随便谈论什么）。这三个禁律相互关联、彼此加强和互相补充，构成一个持续变化的复杂网络。福柯认为，这些禁律明确地揭示了表面上看无足轻重的话语同欲望与权力之间的联系。

（2）区分和拒斥（division and rejection）。即对说话者进行划分，只接受和认可其中某些类型说话者所说的话，而对另一些类型说话者的话加以拒斥。其中最主要的区分便是"理性"与"疯狂"这两种范畴之间的区分，以及相应而来的前者对后者的拒斥。即使在今天，这种看上去古老的区分也依然在发挥作用，"只不过是起作用的路线不同，通过的是新体制，产生着不同的效果而已"[2]。

---

[1] Michel Foucault, "The Discourse on Language," in *The Archaeology of Knowledge*, p.216.
[2] Ibid., p.217.

（3）求真意志（will to truth），或真理和谬误的对立。即对话语本身进行分类，将其中一些确定为"真实的"并因此而加以接受，另一些则确定为"虚假的"并因此而加以排斥。福柯指出，表面上看这种区分与前面所述"理性"与"疯狂"之间的区分不同，它依据某些"客观的"标准来作出，因而似乎既不是任意性的也不是体制性的。但事实上，真理与谬误的划分也是一种历史的、可修正的和制度性的话语限制系统。例如，在公元前6世纪，"真理"就是某些能够正确言说之人根据一定的仪式来表述，具有支配力因而人们必须加以服从的话语。而到了一个世纪之后，真理就不再与权力的具体操作紧密相连，不再取决于何为话语或话语所为，而在于它所说为何。同样，求真意志也必须依靠制度来加以维持。它不仅要有书刊、出版、图书馆、学术社团和实验室等一整套的教育制度与实践相伴随，更要有一个社会中运用、开发、划分和分配知识的方式相伴随。不仅如此，这种如此依赖制度的支持和分配的求真意志往往会向其他形式的话语施加某种压力和约束力，以至于（在我们的社会中）几乎所有其他形式的话语如文学、经济伦理甚至法律等，都力图将自己建立在真理话语之上，努力从真理话语中寻找自身的基础和依据。最后，必须认识到的是，虽然在三种排斥程序中真理意志最具隐蔽性，但实际上它依然是和权力与欲望密切相连的。福柯质问道："虽然自希腊人以来，真理话语不再是满足欲望或行使权力的话语，但在真理意志，在这种要在真理话语中言说的意志中，如果起作用的不是欲望和权力，又能是什么呢？"[1]

在上述三种排斥规则中，福柯最重视且谈论得最多的是第三种规则即求真意志。这主要是因为近几个世纪的时间里，出现了一个重要的趋势，即其他两种排斥规则都持续地趋向第三种，第三种日益加强对其他两种的同化，试图修正它们并为它们提供坚实的基础；前两者变得日益脆弱和不确定，逐渐为求真意志所侵蚀，而求真意志却日渐强大、深入和难以改变。

---

[1] Michel Foucault, "The Discourse on Language," in *The Archaeology of Knowledge*, p.219.

第二组规则则是从话语的内部对话语的生产、流通和分配进行控制。这组规则可称为净化（rarefaction）规则，因为"这是一些话语用来对自身施以控制的规则，一些有关分类、秩序和分配原则的程序。此时我们涉及的似乎是要控制话语的另一维度：事件和偶然性"[1]。这组规则主要包括以下三条规则。

（1）评论（commentary）规则。这组规则将话语分成两类，一类是基本或原始的话语（例如那些原创性的宗教教义、法律条文、文学作品和科学论文等），另一类则是不断地对基本或原始话语进行复述、诠释和评论的派生话语。这两者之间的界限虽然不是稳定的、持续不变或绝对的（原来处于基本或原创地位的文本可能会逐渐模糊和消失，而那些本来属于评论的派生文本却可能逐渐占据基本或原创文本的地位），但这种区分本身却是始终存在的。这种区分一方面允许人们不断去构建新的话语，另一方面则要求人们在对那些基本的、原始的文本进行评论时，"无论运用何种技巧，唯一发挥的作用就是最终说出在文本深处一直被默默表达的东西"[2]。

（2）作者（author）规则。这一规则要求人们从一组特定著作或陈述的作者那里去寻求它们的统一性和意义的来源。但在不同的时期和不同的领域当中，这一规则的地位和作用是可以不同的。在科学话语中，一个科学文本在中世纪时必须被归于一位作者，因为这是其具有真实可信性的标志；但17世纪以后作者这一功能在科学话语中日渐丧失。而在文学话语中，情形却正好相反。自17世纪以来作者的功能日渐加强，过去可以匿名流传的那些作品，现在必须说明是谁创作的："作者被要求对以其名义出版的那些作品的统一性负责；被要求揭示其文本中的隐含意义；被要求展示自己的个人生活以便人们考察他们的经验以及使作品得以诞生的那些真实故事；作者是给那令人烦恼的虚构性语言以统一性、连贯性及使之与现实相连的人。"作者规则在某种程度上是对评论规则的一个补充："评

---

[1] Michel Foucault, "The Discourse on Language," in *The Archaeology of Knowledge*, p.220.
[2] Ibid., p.221.

论通过以重复和相同为形式的认同行为来限制话语中的偶然因素,作者规则则是通过以个性和自我为形式的认同行为来达到同样的结果。"[1]

（3）学科（discipline）规则。学科规则和评论规则有所不同。学科是一个无名的系统,它是由一组对象、一套方法、一串所谓的真实命题、一套相互渗透的规则和定义以及技术和工具来加以界定的,任何一个希望和有能力使用它的人都可以随意使用它,而无须去碰巧发明了它的人那里追问它的意义及有效性。学科也无须像评论那样,将某一有待重新发现的意义、有待重复的同一性作为自己的出发点,而只是将构成新陈述的某些必要条件作为前提。一个学科若要持续存在,它就必须具有永无止境地提出新命题的可能性。这种新命题并非一定要被最终确认为"真理"（因此,学科并不是关于某一事物的全部真理的总和；学科中既包含着真理也包含着谬误）,但却必须符合某些必要的规则或条件,这些条件要比单纯的真理性条件严格和复杂得多。例如,自17世纪末起,一个命题要想成为"植物学"的命题,就必须是关于植物的可见结构及与其近似的那些系统,或其流体的行为,而不能继续保留其象征价值及古人赋予它的那些效能和特性。因此,学科规则允许人们去建构话语,但也只能在一个狭窄的框架之内。"学科在话语的生产中构成了一个控制系统,它通过一种以持续激活规则为形式的认同行为来限制话语。"[2]

第三组规则则涉及话语的使用权限。它不是用来控制话语的力量或其出现过程中的偶然性,而是用来确定话语的使用条件,用来对言语的主体进行精选,对话语的使用者施加一定的规范。由于这样一组规则的存在,因此并非所有人都能够随意进入或使用某一话语。"除非符合一定的条件,否则任何人都不得进入有关某一特殊主题的话语。更准确地说,并非所有的话语领域都是同等开放和可进入的；有一些是属于被禁止入内的区域,另一些则是对所有人都开放,没有任何预先的限制。"[3]

---

[1] Michel Foucault, "The Discourse on Language," in *The Archaeology of Knowledge*, p.222.
[2] Ibid., p.224.
[3] Ibid., pp.224-225.

福柯描述了四种此类限制规则。首先是我们称之为仪规（ritual）的那些规则："仪规界定说话者所需具备的资格（在对话、询问或记诵中，谁必须占据什么位置和作出何种类型的陈述）；界定必须伴随话语的姿态、行为、环境，以及一整套符号；最后，它确定言词被假设具有的或强加给的意义，其对受众的效果，以及其约束性效力的限制。""仪规确定了说话者的个体特征和约定角色。"[1]

其次是"话语资格"（the fellowship of discourse）方面的规则。"它的作用是保存或再生产话语，但目的是使话语按照严格的规则只在一个封闭的社群中流传。"[2] 例如，古代行吟诗人所掌握的那种诗歌知识，虽然只是些最终用于仪式性吟诵的知识，但却经由一些极为复杂的记忆技巧而被保护和保存在一个确定的团体内，而学徒年限则决定了一个人是否可以进入这个团体并分享那些秘密话语。在今天的科学、经济、政治或文学等话语中，这种话语资格方面的限制也依然存在。

再次是"信条"（doctrine）方面的规则。信条方面的规则把特定的陈述和言说主体紧密联系在一起，使它们相互限定、彼此忠诚。它通过某些特定的陈述且以这些陈述为基础来分辨言说主体，将后者划分为正统和异端（其作出的陈述在内容与形式上与标准陈述即信条相符合的，即是正统；反之则是异端）；反过来，它又以言说主体为基础来分辨陈述，将后者区分为可接受的和不可接受的，因为信条总是作为忠于某一阶级，某一社会或种族地位，某一民族或利益，某一斗争、反叛、抵制或接受的符号、表现和手段。可见信条规则带来的是双重服从：言说主体服从话语，话语又服从言说群体。

最后是"话语的社会性占有"（social appropriation of discourse）方面的规则。每个社会都会有一些特定的规则和机制来对知识或话语进行分配。教育就是其中最主要的一种。即使在现代社会，表面上看每个人都可以通过教育而接触任何话语，但实际上现代教育在对知识或话语进行分配

---

[1] Michel Foucault, "The Discourse on Language," in *The Archaeology of Knowledge*, p.225.
[2] Ibid.

时依然遵循着社会冲突所标明的路线。"每一种教育体系都是维持或修改话语占有以及其所承载的知识和权力的政治手段。"[1]

福柯指出，话语仪规、话语资格、信条和话语的社会性占有四个方面的划分只是一种理论抽象，事实上在大多数时间里它们都是相互联系、相互渗透，构成了各种宏大的架构，以将不同类型的话语在言说主体之间进行分配，以及使某些特定类型的主体占有那些话语类型。像教育制度、出版制度、法律制度及医疗制度等都是这样的话语控制系统。

福柯指出，所有这些话语控制程序都是源自对话语的一种巨大、无声的恐惧。如果我们希望理解这种恐惧，希望对它的条件、活动和效果作出分析，那我们就必须下决心采取三个决定："这些决定是我们当前的思想倾向于抵制的，并且和我们前面提到的三组功能相对应：质疑我们的求真意志，恢复话语作为事件的特性，以及废除能指的霸权。"[2]福柯说这就是他今后的著作将要完成的任务或包含的主题。

不过，在《尼采、谱系学、历史》《话语的秩序》等文章中，福柯主要是从禁止和控制等消极方面去看权力及权力在话语的出现、保存、分布和流传过程中的作用的，"即把权力看成本质上是一种司法机制，它制定法律，实行禁止和拒绝，产生一系列否定的效果：排除、拒斥、否定、阻碍、掩藏等等"[3]。但到了《规训与惩罚》、《性经验史》第一卷等更晚些的著作，福柯的看法有了较大的变化。在这些更晚近的著作中，福柯开始认为，伴随着西方社会从中世纪社会向现代社会转变，西方社会的权力机制也发生了一次深刻的变化。

福柯提出，综合起来看，在中世纪，西方社会的权力观具有以下特征：

（1）强调权力的中心性。认为所有的权力都是（或都应当是）围绕着一个至高无上的权力中心即国王而自上而下地形成和建构起来。"在西

---

[1] Michel Foucault, "The Discourse on Language," in *The Archaeology of Knowledge*, p.227.
[2] Ibid., p.229.
[3] 福柯：《权力的眼睛——福柯访谈录》，第173页。

方，权利就是国王的权利。"当我们谈到权力以及相关的法律体系等时，"涉及的总是国王，他的权利、权力和最终的极限。……在每一种情况下我们谈论的都是国王的权力"。[1]

（2）强调权力的法律性。认为权力主要是通过法律来实施，由法律来保障的。"在君主的独裁统治和绝对权力建立的过程中，罗马法的复活扮演了一个技术性的和参与性的角色。"[2]"权力的纯粹形式存在于立法者的实践之中，……它的行为方式是法律论证性的"；"人们总是将权力图解为法律的形式，并将其效果定义为服从。面对作为法律的权力，只有服从——被'臣服'——的人才被承认为它的臣民"。[3]

（3）强调权力的否定性和禁忌性。权力与其对象的关系被认为是否定性的，"如抛弃、排斥、拒绝、阻碍、隐藏或遮掩。……权力不会'干'别的，只会说不，如果它产生了什么，那么就是缺席或断裂"。而且权力总是被认为只能通过禁忌的方式来控制其对象："你不应接近，你不应接触，你不应享用，你不应体验快感，你不应开口，你应表现自己"，等等。采取的手段则无非是对各种违反禁忌的行为进行惩罚。[4]

（4）强调权力的统一性。权力对对象的控制方式在任何层次上都被认为是一样的。"自上而下，总体决策也好，细枝末节的干涉也好，无论它依赖于何种办法或制度，它总是以一种统一的和大规模的方式出现"；"从国家到家庭，从君主到父亲，从法庭到各种日常小小的惩罚，从社会统治机构到组成臣民本身的各种结构，人们都可以找到权力的一般形式，只是规模不同而已"。[5]这种一般的权力形式就是犯禁和惩处、合法与不合法、统治和服从等。

福柯将具有上述特征的权力模式称为权力的"司法—话语"模式。这种模式既是中世纪西方社会的人们对权力的基本认知，在很大程度上其实

---

[1] 福柯：《权力的眼睛——福柯访谈录》，第229页。
[2] 同上。
[3] 福柯：《性经验史》，佘碧平译，上海人民出版社，2000年，第61、62页。
[4] 同上书，第60、61页。
[5] 同上书，第61—62页。

也是中世纪西方社会中权力机制的主要情形。然而，大约从17世纪开始，随着社会经济过程的转型，西方社会的权力机制逐渐发生重大的变化。

福柯认为，中世纪西方社会中的权力模式是与特定的社会历史形式相联系的。在这种社会历史形式下，由于生产过程本身的组织和管理不是权力的直接任务，因此权力主要是一种"攫取"的权力，一种"把一部分财富据为己有的权力，以及向臣民勒索财物、服务、劳动和生命的权力。这里，权力首先是获取的权力：获取东西、时间、肉体和生命的权力"[1]。在这种社会历史形式下，人的肉体和生命对于权力而言没有直接的经济价值，相反，为了维护权力的效力，权力及相关法律总是将剥夺人的生命作为其最重要的手段。它是一种通过或者让你死或者让你活的办法来加以保障的权力。然而，随着资本主义生产方式的逐步发展，权力的性质也逐渐发生了重要的变化。在资本主义的生产过程中，对生产过程的组织和管理开始成为权力的核心任务之一。权力不再仅仅是或首先不是对已经生产出来的财富进行攫取的权力，而首先是一种生产性的权力，"是一个旨在生产各种力量、促使它们增大、理顺它们的秩序而不是阻碍它们、征服它们或者摧毁它们的权力"[2]。与此相应，作为生产过程的基本要素之一，人的肉体和生命对权力而言也开始具有直接的经济价值，对肉体和生命加以悉心的维护、强化、控制和管理成为权力的主要日常活动之一。"如果不把肉体有控制地纳入生产机器之中，如果不对经济过程中的人口现象进行调整，那么资本主义的发展就得不到保证。"[3] 现在，权力不再是一种以死亡为主要内容的"死亡权力"，而是一种以强化和管理生命为主要内容的"生命权力"，"权力的主要作用是确保、维护、强化、增加生命和理顺生命的秩序"；"权力的最高功能从此不再是杀戮，而是从头到尾地控制生命"；"以君主权力为代表的旧的死亡权力现在被对肉体的管理和对生命

---

[1] 福柯：《性经验史》，第98页。
[2] 同上书，第98页。
[3] 同上书，第101—102页。

的有分寸的支配小心翼翼地取代了"。[1] 随着权力性质的这种转变，权力的主要运作机制或技术手段也逐渐发生转变。[2] 权力性质的这种转变，要求一种既能够提高人们的劳动力和活动性能、提升他们的生命价值，而又不至于使他们变得更加难以驾驭的权力机制或技术。这种机制或技术不可能单靠以往那种以国家机器为中心、以法律为主要形式、以禁止为主要内容的权力体系来提供，而必须在这种传统的权力体系之外来加以构成。自17世纪以来，这种新的权力机制或技术确实逐渐生成。它有两种主要的形式。其中之一（也是首先形成的技术）是人体的"规训"技术，它是以被视为机器的肉体为中心而形成的，"如对肉体的矫正、它的能力的提高、它的各种力量的开发、它的功用性和顺服性的同步发展、它被整合进有效的经济的控制系统之中，所有这些都是由具有规训特点的权力程序来保障的"。福柯将这种规训技术称为"人体的解剖政治"。另一种技术则是人口的调控技术。"它是以物种的肉体、渗透着生命力量并且作为生命过程的载体的肉体为中心的，如繁殖、出生和死亡、健康水平、寿命和长寿，以及一切能够使得这些要素发生变化的条件；它们是通过一连串的介入和'调整控制'来完成的。"[3] 福柯将这种技术称为"人口的生命政治"。肉体的规训和人口的调控构成了生命权力机制展开的两极。与传统的"司法—话语"权力模式相比，由这两种新的权力形式构成的权力模式具有许多完全不同的特征。在这种权力模式中：

（1）权力不再是某种可以获得的、夺取的或分享的东西，不是某种可以保留或丧失的东西，不是一种所有权。权力只是众多的力量之间的关系，是这些不平等的力量相互作用的产物。"权力不是一种制度，不是一个结构，也不是某些人天生就有的某种力量，它是大家在既定社会中

---

[1] 福柯：《性经验史》，第 99、101 页。
[2] "在 17 世纪和 18 世纪，我们看到一种重要的现象的产生，一种新的权力机制的出现或者说发明，这种权力机制拥有高度特殊的技术程序、全新的工具、完全不同的机器。"（福柯：《权力的眼睛——福柯访谈录》，第 237—238 页。）
[3] 福柯：《性经验史》，第 100 页。译文略有改动。

给予一个复杂的策略性处境的名称。"[1]因此，不要试图去"寻求谁拥有权力和谁被剥夺了权力；也不应寻求谁有认识的权力和谁被迫处于无知状态之中"，而"应当探求各种力量关系在相互作用过程中所隐含的变动图式"。[2]

（2）权力（或更准确地说，权力关系）不是通过法律系统来实现，而是通过一系列的技术或策略来实现的。因此，这种权力关系并不是一种外在于其他形式的关系（经济过程、认知关系、性关系等），而是内在于这些关系的东西。"它们是在此产生出来的分享、不平等和不平衡的直接结果。"[3]与此相应，这种权力也不再主要是否定性和禁止性的，而主要是生产性的。它们通过对人们的肉体、灵魂、话语的强化和生产而非禁止和限制来发挥自己的作用。"权力能够生产。它生产现实，生产对象的领域和真理的仪式。个人及从他身上获得的知识都属于这种生产。"[4]

（3）权力不是来自宏观社会结构的某个中心（国家机器），而是"来自下层"，来自微观世界中无数异质的局部领域（家庭、工厂、学校、军队、修道院、监狱、医院等）。这些起源各不相同的权力及其机制不是完全同质的东西，其"原则和普遍基础不是统治者与被统治者之间的整体的二元对立"[5]，而是"有自己的历史，自己的轨道，自己的技术和战略"[6]。因此，在考察这种权力关系时，"重要的不是要推算权力从中心朝向基层的渗透程度，不是要推算它怎样在社会最微小的元素层面对自己进行再生产的程度；而是应该分析权力的不断升级，它从无限小的机制开始，……然后看这些权力的机制怎样被不断一般化的机制和不断普遍化的支配所投入、殖民化、利用、卷入、改变、转移、扩展，等等"[7]。福柯将这种新

---

[1] 福柯：《性经验史》，第67—68页。
[2] 同上书，第72页。
[3] 同上书，第68页。
[4] 福柯：《规训与惩罚》，刘北成、杨远婴译，生活·读书·新知三联书店，1999年，第218页。
[5] 福柯：《性经验史》，第68页。
[6] 福柯：《权力的眼睛——福柯访谈录》，第233页。
[7] 同上。

的权力观称为权力的"微观物理学"。他认为,权力关系的微观性、局部性、非中心性、多元性决定了反抗权力的斗争不应该也不可能是马克思主义者所设想的那种全局性、总体性、中心性、一元性的政治斗争模式,而同样应该是微观、局部、非中心性、多元的。这些斗争将弥散于家庭、监狱、工厂、学校、医院等微观场所,并且具有无数既相互联系又相互区别的阻力点和反抗策略。

(4)权力是通过网状的组织来运作和实施的。"权力并不在独占权力的人和无权而顺从的人之间制造差异。权力可以看成是在循环的过程中,具有一种链状的结构。它从不固定在这里或那里,不是在某某人的手中,不像商品或是财富。权力是通过网状的组织运作和实施的。不仅个人在权力的线路中来回运动;他们同时也总是处于实施权力的状态之中。他们不仅是被动接受的对象;他们也是发号施令的成员。"[1]在这种网状的权力结构中,权力关系既是有意向性的(有个人的意向过程参与其中),又是非主观的(不是作为主体的个人选择或决定的后果)。"既不是统治阶层、控制国家机构的集团,也不是手握最重要的经济决策大权的人控制着在社会中起作用的整套权力网络。"[2]个人只是权力的效应以及权力的运载者。

随着权力机制的转型,权力与知识/话语之间的关系以及权力在知识/话语出现、保存、分布和流传过程中的作用方式也逐渐发生重大变化。权力不再像以往那样主要通过禁止和否定的形式来控制知识/话语的出现和分布,而是直接成为知识/话语的生产者和建构者。在这种新的权力运作机制中,权力的实施必须以一系列有关对象和过程的知识/话语的形成与使用为手段。这些相关知识/话语的形成与使用是权力关系和权力机制的内在组成部分。没有这样一些知识/话语的形成与使用,权力就无法有效运作。因此,这些权力关系的实施或实现过程,必然也就是相关知识/话语的形成和使用过程。权力通过知识/话语的直接生产来对知识/话语的形成、保存、分布和流传发挥作用。具体来说:

---

[1] 福柯:《权力的眼睛——福柯访谈录》,第233页。
[2] 福柯:《性经验史》,第68—69页。

第一，特定领域中的权力关系为特定知识/话语的形成提供了可能的认识对象。例如，"如果性经验成为一个认识的领域，那只是因为权力关系使之成为可能的研究对象"；当然，反过来看，"如果权力能以其为对象，这是因为认知的技术和话语的程序能够塑造性经验"。[1]

第二，特定领域中的权力关系也为特定知识/话语的形成提供了必要的条件和途径。实际上，权力实施的某些程序和技术，同时也就是相关知识/话语形成的程序和技术。例如，在"规训"权力的实施过程中，对规训过程进行检查的程序和技术就同时形成了一大批按人头、按时间汇集的详细档案资料，从而使把普通个人当作描述、分析和比较对象的各种"人的科学"（临床医学、精神病学、教育学、犯罪学、社会学、经济学等）成为可能（在这之前，只有帝王将相或英雄人物才能够成为书写的对象）。

据此，福柯指出："我们应该完全抛弃那种传统的想象，即只有在权力关系暂不发生作用的地方知识才能存在，只有在命令、要求和利益之外知识才能发展。或许我们应该抛弃那种信念，即权力使人疯狂，因此弃绝权力乃是获得知识的条件之一。相反，我们应该承认，权力制造知识（而且，不仅仅是因为知识为权力服务，权力才鼓励知识，也不仅仅是因为知识有用，权力才使用知识）；权力和知识是直接相互隐含的；不相应地构建一种知识领域就不可能有权力关系，不同时预设和建构权力关系就不会有任何知识。因此，对这些'权力—知识关系'的分析就不应建立在'认识主体相对于权力体系是否自由'这一问题的基础上，相反，认识主体、认识对象和认识模式应该被视为权力—知识的这些基本连带关系及其历史变化的众多效应。总之，不是知识主体的活动产生某种有助于权力或反抗权力的知识体系，相反，权力—知识，贯穿权力—知识和构成权力—知识的过程和斗争，决定了知识的形式及其可能的领域。"[2]"权力关系造就了一种知识体系，知识则扩大和强化了这种权力的效应。"[3]由此可见，在

---

[1] 福柯：《性经验史》，第71页。
[2] 福柯：《规训与惩罚》，第29—30页。
[3] 同上书，第32页。

现代社会，权力是通过"制造"或"生产"知识来对知识/话语的形成、保存、分布和流传发挥作用的。指出现代社会中权力与知识/话语的这种生产性、建构性关系，是《规训与惩罚》、《性经验史》第一卷等福柯中期著作的基本目的。

无疑，权力机制的转型和权力—知识连带关系的形成，进一步强化了知识或者话语的多元性：既然权力不是来自宏观社会结构的某个中心，而是来自微观社会世界中无数异质的局部领域（家庭、工厂、学校、军队、修道院、监狱、医院等），既然这些各不相同的社会领域中具有性质、特点完全不同的权力及其机制，既然在现代社会的任何一个领域中总是存在着权力和知识之间的连带关系，那么，一个必然的结论就是：每一个微观社会领域中形成的权力—知识体系及其机制都是各自不同、各有特色的，既不能把它们视为完全相同的东西，也不能将它们视为是从某个统一的中心散发出来的不同变体。与此相连的一个结论就是：在现代社会，过去那种因知晓某些放诸四海而皆准的"普遍真理"而自诩什么都懂的"普遍知识分子"将逐渐衰落，取而代之的将是那些通晓某个或某些领域中的权力—知识的"特殊知识分子"。后者只是特定群体的代言人，而非整个社会的代言人。[1]

四、福柯晚期的话语分析：主体的构成

如前所述，在《性经验史》第一卷中，福柯原本的计划是要从上述权力—知识连带关系，或者说得更准确一点，从权力与知识/话语所具有的生产性、建构性关系视角撰写一部有关西方人性经验方面的历史。按照福柯自己的说法，他原本的计划是"要写一部有关性的话语的考古学。这些话语指明在性这个领域中，我们做什么，我们被迫做什么，人们允许我们

---

[1] 不过，福柯关于权力—知识连带关系、权力—知识体系的微观分化现象主要是随着权力机制的转型而发生在现代社会的看法，也引发出一个问题：在前现代社会里，或者说在权力机制没有发生转变之前，权力和知识之间是否就不存在连带关系？权力和知识是否就是各自相对独立地形成和变化的？遗憾的是，对于这些问题，福柯似乎并没有作出明确的回答。

做什么，不允许我们做什么；还有，对于性行为，我们被允许说什么，不允许说什么，不得不说什么"[1]。在《性经验史》第一卷中，福柯严厉地批评了那种只从压抑的角度来理解18世纪以来现代西方社会中权力和性活动及性话语之间关系的流行观念，认为这种观念既不符合历史事实，也未能恰当地揭示在现代西方社会中真正起作用的权力机制，因而也就不能对这种真正起作用的权力机制进行批判和质疑，甚至还有可能已经与这种机制交织在一起。福柯指出，虽然源自17世纪的性压抑机制确实在一定程度上得到了延续，但18世纪以来，伴随着"人口生命政治"问题的出现，一种新的权力机制也开始浮现。在这种新的权力机制中，不仅性问题具有非常重要的地位（性被认为是几乎所有病症或肉体不适等危及身心现象的原因），而且对性不再是单纯地以压抑手段来进行控制，而是通过各种相关的话语来进行调节和管理。"性不再仅仅是惩罚或者宽容的对象，而是管理的对象。要把它置于有用性的体系之中，为了大家的福祉而去规范它，让它在最佳状态之中发挥作用。性不仅仅是被批判的对象，它还是被管理的对象，它属于公共的权力，它要求有各种管理的程序，它还必须由各种分析的话语来承担。"由此也导致了作为权力运作手段的各种性话语（例如性科学等）的快速增长与泛滥："性话语在权力运作的范围内不断增殖：权力机构煽动人们去谈论性，并且谈得愈多愈好，权力当局还坚持要听到人们谈性，并且让性现身说法，发音准确，事无巨细。"[2]因此，所谓的"性经验"是性科学及相关话语实践的产物，"正是话语的'结构'"，即"它们固有的技术，其运作的必要性，它们所采用的策略，它们背后的权力效果"，而不是它们的表象系统，决定了它们说出的东西的根本特征。因此，"性经验的历史——即作为真理的一个特殊领域在19世纪发生作用的历史——首先必须从话语历史的观点来研究"。[3]《性经验史》一书的本来目标，就是要从权力—知识的连带关系来"探讨过去三百年来性知

---

[1] 福柯：《权力的眼睛——福柯访谈录》，第6页。
[2] 福柯：《性经验史》，第13页。
[3] 同上书，第51—52页。

识形成的方式；以它为对象的话语增殖的方式；以及最终导致我们为这些话语想要产生的真相付出了极其高昂的代价的原因"[1]；回答"在一种特定的性话语和对呈现于历史上和某些特定地方（如孩子的身体、妇女的性与控制生育的行为等）的真相的探究中最直接和最具体的权力关系是什么？它们又如何让这些话语存在的？反过来说，这些话语是怎样为这些权力关系服务的？"[2]等问题。福柯还具体构思了全书的内容，计划从"女人肉体的歇斯底里化""儿童之性的教育学化""生殖行为的社会化""反常快感成为精神病的对象"四个方面来展开这一探讨。然而，在《性经验史》后面几卷最终公开出版时，人们却惊讶地发现，福柯偏离了其原初的计划，将自己关注的焦点转向了古希腊人的性经验如何通过一种伦理的方式得以构成这一新的研究领域。按照福柯自己的表述，在这些最后呈现在读者面前的篇幅中，他"不再把性放在知识和权力的领域里来研究，而是进一步回溯，去考察，对于主体而言，性作为一种欲望究竟是怎样构成的"[3]。福柯的学术生涯也因此被认为进入了一个被称为"自我伦理学"的阶段。

　　为什么会发生这样一种关注焦点或研究主题方面的转变？对于这一问题，福柯自己曾经在《性经验史》第二卷的导言部分等处多次作出说明。根据福柯的说法，他在撰写《性经验史》第一卷时，"绝对是要打算写一部关于从16世纪开始的性的历史的研究，分析这种知识一直到19世纪的演化过程"[4]。但在这一过程中，福柯开始思考为什么人们会把性经验变成一种道德经验这样一个问题。为了回答这个问题，福柯将自己对性经验的考察时限往前推展，一直追溯到公元前5世纪和公元前4世纪古希腊人的性问题。通过这一追溯或对性经验的"谱系学"研究，福柯发现，古希腊人在性行为方面虽然也存在着一些约束，但这些约束既不是以法律或道德禁忌的形式存在，也不是以某种外在于个体的权力机制对个体行为进行管

---

[1] 福柯：《性经验史》，第55页。
[2] 同上书，第71页。
[3] 福柯：《权力的眼睛——福柯访谈录》，第17页。
[4] 同上书，第118页。

理的形式存在，而是以个体自我约束的伦理形式存在。这就向人们提出了一个新的问题：我们是不是需要对个体的"自我"或人们通常所谓的"主体"形成和存在的方式重新加以考察？因为，至少在性经验史的研究中，如果我们不加入对个体"自我"或"主体"之形成和存在方式的考察，不把个体"自我"或"主体"之形成和存在方式这一因素考虑进来，而只是像福柯之前的著作那样，单纯"把性放在知识和权力的领域里来研究"，却不去进一步考察"对于主体而言性作为一种欲望究竟是怎样构成的"，那么，似乎就难以对古希腊人的性经验进行适切的描述和分析。因为，如前所述，在其早期以"知识考古学"为主题的学术生涯中，福柯探讨了作为认知之"历史先天性基础"的"知识型"或"话语构成"在人们认知世界（包括人们自身）过程中所具有的关键作用，确认了包括作为主体的人在内的所有知识／话语对象都是人们在特定知识型或话语构成规则的引导和约束下构造出来的，不存在任何完全外在于／独立于特定知识型或话语构成的知识／话语对象。在其中期以"权力谱系学"为主题的学术生涯中，福柯又探讨了权力在话语的生产、分布和流传过程中所具有的关键作用，确认了权力—知识之间连带关系的存在，因而也就是确认了所有知识／话语对象都不过是人们在特定权力—知识关系中构造出来的，并且首先是作为特定权力关系运作的结果出现的，不存在任何完全外在于／独立于特定权力—知识连带关系的知识／话语对象，其中当然也包括被视为"主体"的人。这意味着，对于福柯来说，无论是在其学术生涯的早期还是中期，人，即使是被视为"主体"的人，其实都不过是特定权力／话语体系的产物，都无法逃脱特定权力／话语体系的引导和约束。但这样一来就无法回答古希腊以自我约束为主要方式的个体其"主体性"到底是如何形成和建构起来的这样一个问题。正是基于这样一种考虑，福柯在《性经验史》第一卷之后决定转变自己的关注焦点或研究主题，从关注16世纪以来西方人的性经验是如何在权力／话语的连带关系中被构成的这一问题，转向关注自古希腊以来西方人作为性经验的主体是如何形成和变化的这一问题。在《性经验史》第二卷的导言中，福柯明确提出："如果不对欲望和欲望主体进行一种历史的和批判的研究，即一种'谱系学'的研究，那么我们就难以分析 18 世纪以来性经验的形成和发展机制。因此，我不想写出一部欲望、色欲或力比多前后相继的概念史，而是分析个体们如何被引导去关注自身、解释自身和承认自身是有欲望的主体的实践。""这一谱系学的理想就是探究个体们如何被引导去对自身和其他人施加一种欲望的解释学。""总之，为了弄清现代个体如何能够体验到自身是一种'性经验'的主体，我们必须首先分析数世纪来西方人被引导去认识自身是有欲望的主体的方式。"[1]

当然，这并不是说，福柯要抛弃自己之前形成的包括主体在内的言说对象都是由权力和知识建构起来的这一理论观点，而只是意味着，要想对自古希腊至今西方人的性经验及其在不同历史阶段的变化作出适当的描述和解释，而不是仅将我们的任务限定在对 16 世纪以来西方人性经验的形成和变化加以描述和解释这一范围之内，那么，我们就不仅需要考虑到权力和知识这两大因素，还必须加上主体的形成这一因素，将性经验置于权力、知识和主体三者（而非只是权力和知识两者）之间的相互关系中去理解。福柯说："谈论作为一种特殊的历史经验的'性'，这也假定了我们能够支配可以用来分析构成性经验的三条轴线以及它们的特点和相互关系的工具：有关性的知识构成、规范性实践的权力系统和个体能够也应该被塑成性主体的形式。"[2] 福柯认为，对于前两者，可以从他以前研究医学和精神病学时所形成的知识考古学及研究惩罚权力与规训实践时所形成的权力谱系学那里获得，但最后一个方面的研究所需要的工具却还付之阙如。因此，福柯又说："为了分析所谓的'主体'，我们现在必须开始第三次理论变革。最好是探寻个体是根据哪些自我关系的形态和样式被塑造和被认可为主体的。在对探寻真相的种种游戏的相互关系（如 17 世纪和 18 世纪的许多经验科学）的研究之后，以及在对与权力关系相关的探寻真理的各种游戏（如惩罚实践）的研究之后，另一种工作似乎要落在我们的身上：研究自我关系中的探寻真相的种种游戏，研究自我是如何被塑造成主体，同

---

[1] 福柯：《性经验史》，第 121 页。
[2] 同上书，第 120 页。

时又把所谓的'有欲望的人的历史'当作参照领域和研究领域。"[1]这是一种有关自我或主体构成的历史研究,但"这一历史不是认知真理的历史,而是一种对'探寻真相的游戏'和存在得以历史地被塑造成经验(即能够和必须被思考的东西)的真假游戏的分析。当人发现自己是疯子时,当他自视为病人时,当他认识到自己是正在说话和工作的活生生的存在时,当他自我判决和惩罚罪行时,他是通过哪些探寻真相的游戏来反思自己的存在的呢?人又是通过哪些探寻真相的历程而认识到自己是有欲望的人呢?"[2]

在《性经验史》第二卷的导言中,福柯给自己规定的具体任务就是要探索这样一个问题的答案:"为什么性行为及其活动和快感成了一种道德关注的对象?"[3]有人可能会回答说:这是"因为性行为是基本禁忌的对象"[4]。然而,福柯指出,这个答案是不正确的。在古希腊,对性行为的道德关注并非总是与禁忌系统有着直接的关联:许多成为道德关注对象的性行为并不是禁忌系统的对象。这些道德所针对的恰恰是人们被认为可以行使权力、权利、权威和自由的行为领域,如"在人们许可范围内的快感享受,丈夫婚外恋不受到限制的婚姻生活,与男童的关系"等。[5]事实上,在古希腊人那里,许多对性行为的道德关注都是一些自由的个体自愿进行的一种可称为"生存艺术"或"自我技术"的反思性实践的结果。在这样一些实践中,个体对自身性行为的某些方面产生了质疑,在这些质疑的基础上形成了一些个体认为可以使自己的生存变得更加完美的道德规范。通过这样一种实践,人们"不仅确定了各种行为的规则,而且还试图自我改变,改变自己独特的存在,把自己的生活改变成一种具有审美价值和反映某些风格标准的作品"[6]。据此,福柯认为,他要做的具体工作就是"指出古代的性活动和性快感是如何在自我的实践中被置疑的,并且展示各种

---

[1] 福柯:《性经验史》,第121—122页。
[2] 同上书,第122页。
[3] 同上书,第124页。
[4] 同上书,第125页。
[5] 同上书,第135页。
[6] 同上书,第125页。

'生存美学'的标准的作用"[1]。按照福柯制订的新计划，这项工作将通过《性经验史》一书三个重新撰写的部分来完成。第一部分"快感的享用"，"研究的是性活动在古代希腊文化和公元前4世纪里被哲学家和医生们置疑的方式"；第二部分"关注自我"，"研究的是在公元最初几个世纪里希腊文献和拉丁文献表现出的这种置疑"；最后一部分"肉体的祝福"，则准备讨论"肉体的理论和教士守则是如何形成的"。[2] 它们将分别构成《性经验史》一书的第二、三、四卷。

为了展开这一研究，在《性经验史》导言部分，福柯还进一步考察了古希腊罗马，尤其是古希腊的性道德与中世纪基督教性道德之间的关系。福柯指出，许多人都能发现古希腊罗马的性道德与基督教性道德之间的区别，如基督教把性与罪恶、死亡联系在一起，古希腊罗马则赋予性以一种肯定的价值；基督教将性的合法性限制在一夫一妻制家庭范围内，古希腊罗马则更为宽容；基督教严格地排斥同性之间的性关系，古希腊罗马则对这种关系表示赞美；基督教认为严格的节制、永恒的贞洁和童贞具有最高的道德和精神价值，古希腊罗马则并非如此；等等。但福柯认为这些说法并不确切，因为只要仔细考察，我们就能发现古希腊罗马的性道德和基督教甚至现代欧洲社会的性道德之间实际上存在着许多连续性，能够看到许多标志着基督教伦理和现代欧洲社会道德的永恒主题、忧虑和要求，如对过度性活动的恐惧、对夫妻之间彼此忠诚的推崇、对同性恋的贬斥、对节制或摒弃性快感的赞许等，这些早就出现在古希腊罗马的思想中了。福柯认为，古希腊罗马性道德和基督教乃至现代欧洲社会性道德之间的主要区别，不在于某些主题和原则方面，而在于其被个体"主观化"为自我实践，或者说在于其将个体构建为特定道德行为主体的具体形式方面。为了说明这一点，福柯区分了两种不同类型的道德形式：一种是"以准则为目的"的道德，另一种则是"以伦理为目的"的道德。对于前一类型的道德来说，"重要的是集中研究实施准则，要求人们了解并遵守准则，制裁违

---

[1] 福柯：《性经验史》，第126页。
[2] 同上书，第127页。

犯者"，其被"主观化"为个体实践或将个体构建为道德行为主体的过程"基本上是以半法律的形式发生的，道德主体将他的行为与一条法规或一系列法规进行对照，以免因为违反法律而受到惩罚"。[1]而对于后一类型的道德来说，"行为的准则和规则体系可能还未发展完全。严格遵守行为准则相对来说可能不太重要，至少与个人在努力将自己塑造成一个道德主体时，对他同自身的关系以及对他的不同的行为、思想和感情的要求相比，是这样的。这里所强调的是种种与自我之间的关系的形式，实现这些关系的方法和方式，为使自己成为认知对象而做出的努力，以及使个体能够改变自己的存在模式的行为"[2]。福柯指出，尽管在不同的历史时期，这两类道德之间的关系各不相同，有时并行，有时相互竞争，有时相互冲突，有时相互妥协，但古希腊罗马时期的道德似乎更趋向于成为后一类型，而基督教道德则相对更趋向于前一类型。因此，我们在对自古希腊以来的西方性道德历史进行具体考察时，就不应去问在基督教等后来的性道德中，哪些准则是从古希腊借鉴而来的、哪些是新提出的之类的问题，而应去问性道德如何被主观化为个体实践或将个体构建为道德行为主体的形式及其变化这类问题。

福柯从性道德的本体对象（性道德要处理的对象是行为的哪些方面）、约束形式（个体被要求去承担的道德义务之形式）、自我技术（个体用来改变和完善自我的具体方式）和实践目的（个体通过道德实践试图达到的目的），或者说西方性道德的本体论、义务论、技术论和目的论这四个方面，并以人们在处理健康、家政、求爱和认知等方面日常事务的实践中，围绕与自身肉体的关系、与妻子的关系、与同性的关系和与真理的关系所形成的道德主题及相关经验为素材，来对自古希腊至基督教时期西方人将性道德主观化为个体实践或将个体建构道德行为主体的具体模式进行考察。我们可以参照这一框架，将福柯在《性经验史》等著述中对古希腊至基督教时期西方性道德及其性经验模式的演变大致归结为表 9-1 所示的过程：

---

[1] 福柯：《性经验史》，第 140 页。
[2] 同上书，第 140—141 页。

表 9-1　古希腊罗马至基督教时期的性道德及性经验模式的演变

	本体论	义务论	技术论	目的论
古希腊罗马	性活动	生存美学	自我艺术	成为有节制的自由主体
基督教	肉欲	神圣/自然准则	禁欲苦行	成为无欲的纯净主体

简要说来，在《性经验史》重写的第一部分即第二卷中，福柯主要对古希腊人将性道德主观化为个体实践或在性道德领域将个体构建为道德行为主体的形式进行了考察。通过考察，福柯认为，古希腊人性道德的反思对象既不是各种具体的性行为本身，也不是性欲望，更不是性快感，而是把这三者联系在一起的那种运动过程（"由欲望所导致的行为，由行为联系着的快感，由快感引发的欲望"）。在古希腊人这里，性活动被视为一种用来满足人在生命繁衍方面的自然需要，但如果不加节制则又可能给人们的身心健康带来危害的活动。因此，过度和处于被动地位被认为是性活动中两种主要的不道德形式。在这里，性活动及其快感本身并未被看成恶的化身，但是在本体论上，因属与动物共同具有的属性等而被视为一种低级的因而需要用理性来加以约束的东西。古希腊人的性道德所探讨的主要问题是人们应当如何正确或恰当地享用性的快感、欲望和活动，使自己的生存变得具有一种美学风格，而非如何禁绝这种活动。因此，福柯将这种性道德冠以"生存美学"的名称。这种性道德所隐含的、人们需要承担的义务或接受的约束，不是对性活动加以允许或禁止的普遍规则，而是在安排和控制自己性活动的过程中对活动（在需要、时间、情境、方式等方面）的适度性应进行反思和计算（如避免放纵，选择恰当的时机和适当的情境、方式等）。这些义务或者约束也不像在基督教道德和现代法律中那样千篇一律，而是因人而异的。对个体而言，为了履行好这种义务或适应约束，可以用来改变和完善自己的实践方式或"自我技术"主要是各种自我控制（enkrateia）的技术。这些技术的主要特征是：它采取的是个体运用自身的理性同自身的情欲进行斗争的形式，这种斗争是自我与自我的斗争，而非自我与一种异己力量所进行的斗争；且这一斗争不是以一方（理

性）消灭或压抑另一方（情欲）为目标，而是以一方（理性）对另一方（情欲）的控制或调节为目标；它是要在个体与其自我之间形成一种类似于家庭或城邦政治中存在的"统治—服从""控制—驯服"的关系，或者说"主体在快感的道德实践中对自我的'独裁'结构"。[1]对于这些技术，个体不能单纯通过学习而须通过训练（意志锻炼、自我反省、思想审查、良心考验、情欲控制等）才能熟练地加以掌握。[2]最后，这种性道德反思和操练最终要达到的目标是，使个体成为一个始终能够用理性来控制情欲的、真正自由的人（而非一个受到情欲奴役的人），而只有这种理性的人才能具备个人、家庭和城邦治理所需要的真理或智慧，成为一个真正有能力参与家庭和城邦治理的自由公民，对家庭和城邦的治理最终都必须以对个体自我的治理为基础。在《性经验史》一书的第二卷，福柯分别从"以身体为主题的养生法、以婚姻为主题的家政学、以男童为主题的性爱论和有关真理的哲学"几个方面对古希腊的这种性道德进行了细致的描述和分析。

不过，福柯明确指出，作为一种以审美意义上的生活风格为目的的伦理，古希腊人的性伦理具有以下特点：首先，它是个人主动作出的选择，而非被强制接受的规范；其次，它只是男性自由民中少数精英人士的选择，而非多数人的选择；最后，个人选择它的动机是希望过上一种美好的生活，并将这种美好生存的记忆留给他人。[3]

在《性经验史》重写的第二部分即第三卷中，福柯则主要对公元最初两个世纪里希腊人、罗马人将性道德主观化为个体实践或在性道德领域将个体构建为道德行为主体的形式进行了考察。通过考察，福柯认为，古希腊人在性道德方面涉及的所有节制题材在公元最初两个世纪的希腊人、罗马人那里都得到了强化。"它愈来愈强调个体在性活动可能引起的各种

---

[1] 福柯：《性经验史》，第175页。
[2] 色诺芬提出，他和苏格拉底一样都认为，"如果一个人对灵魂不加训练，他就不可能完成灵魂的功能，因而，就没有能力'去做应该去做的事情，避免不应该做的事'"。转引自上书，第177页。
[3] 福柯：《论伦理学的谱系学：研究进展一览》，载汪民安编：《自我技术：福柯文选Ⅲ》，北京大学出版社，2015年，第142、165页。

罪恶面前的脆弱性；它还强调使性活动服从于一种把大家联系起来并且为了大家而被自然地和理性地建立起来的普遍形式。同样，它也强调发展为了确保对自我的控制并且最终达到一种纯粹的自我愉悦而进行所有实践和训练。"[1] 此外，对性活动的节制也越来越多地被视为理性存在者的一种必需而非个体审美意义上的选择等。[2] 导致这种变化的原因则是随着城邦的日益消失，男性在社会生活中的角色发生了变化等。尽管如此，在将性道德主观化为个体实践或在性道德领域将个体构建为道德行为主体的形式方面，这一时期与古希腊时期相比并无根本变化，它与之后我们在基督教那里看到的主体化形式还是有着重要的区别。"性活动在它的形式和效果方面看似罪恶，但是它本身并不就是一种罪恶。它在婚姻中达到自然的和理性的完成；但是除非例外，婚姻不是它不再成为一种罪恶的形式的必不可少的条件。这样，性活动难以在对男童之爱中找到自己的地位，但是对男童之爱没有因此而被谴责是反常的。"[3] 因此，这一时期希腊人、罗马人性道德的主体化形式大体上还是可以被置于古希腊人"生存美学"这一范畴。

然而，基督教性道德的主体化形式就不一样了。如前所述，福柯原计划在《性经验史》重写的第三部分即第四卷中，对基督教将性道德主观化为个体实践或在性道德领域将个体构建为道德行为主体的形式进行考察。据说福柯此部分的手稿已经完成大部分，但在其生前未及出版，福柯去世前又留下遗嘱禁止人们在他去世后将其生前未出版的作品予以出版。这样，我们便无法知道福柯在这一部分对基督教性道德的主体化形式到底做了怎样的具体考察。但在《性经验史》的第二、三卷，及其生前发表的一些讲座稿如《对活人的治理》《为贞洁而战》《自我技术》《论伦理学的谱系学》等文献当中，福柯还是以各种方式对基督教性道德的主体化形式

---

[1] 福柯：《性经验史》，第 537 页。
[2] 福柯：《论伦理学的谱系学：研究进展一览》，载汪民安编：《自我技术：福柯文选Ⅲ》，第 167—168 页。
[3] 福柯：《性经验史》，第 537—538 页。

作了一些概要的勾勒。根据福柯的这些概要勾勒，我们可以看到：与古希腊罗马人不同，基督教性道德的反思对象则是被视为肉欲的性，这种肉欲的性又被视为隐匿在个体内心深处的一种罪恶的渊薮。人们需要承担的义务或接受的约束，是对性活动严格加以限制或禁止的各项普遍性的神圣法规以及与此相关的教士权威。个体用来改变和控制自己的实践方式或"自我技术"主要是各种对欲望进行辨认的技巧和对欲望加以压制的苦行。这种性道德反思和实践最终要达到的目标则是使个体彻底地摒弃自我的肉欲，从而在心灵上达到一种符合上帝意旨的、纯净无我的境界。这些特征，用福柯自己的话来说就是："一种从有限、堕落和罪恶出发的伦理实体；一种服从于作为人格神之意志的普遍法律的方式；一种牵涉到精神认识和净化欲望的解释学的对自我的作用形式；一种忘我的伦理实现的方式。"[1]

《性经验史》一书改变思路后撰写的部分没有太多地涉及现代西方人性道德方面的内容。但在该书第一卷以及一些讲座和访谈当中，福柯零零碎碎地谈到过这方面的问题。综合福柯的相关论述，可以看到，在福柯看来，现代西方人的性道德是从基督教的性道德演变而来的。在这一演变过程中，前者对后者既有所继承又有重要的变革。在现代西方人的性道德那里，反思对象依然是肉体的欲望而非"性活动"及其快感本身（这是承自基督教），但这种肉体的欲望不再被视为一种罪恶，而是一种需要在一定程度上得到满足或释放、如果不加引导和约束就可能给个人和社会带来重要危害的自然需要（这与古希腊罗马人有相通之处）；但在现代西方人这里，人们在性道德方面需要承担的义务或接受的约束并非古希腊人出于自我关注而主动选择的养生或夫妻生活守则一类的"生存美学"实践守则，而是各种相关的普遍规则，但又并非由基督教体制所颁布的那种神圣法则，而是由现代国家权力机构以及相关知识机构（大学、科学院、医院等）所发布的各种理性化规则（基于相关自然科学和人文社会科学知识而

---

[1] 福柯：《性经验史》，第538页。另见《自我技术：福柯文选Ⅲ》第169页的相关论述。

形成的行为规范），这些理性化规则既不像基督教神圣规则那样通过压制的手段来实施，但也不具有古希腊养生或家政守则那样的可选择性；个体用来控制自己的实践方式或"自我技术"，也主要是由相关权力/知识机制确定并通过规训的途径施加于相关个体的、对合理/不合理欲望进行辨认并对不合理欲望加以压制的各种技巧；现代性道德实践的最终目标则既不是要使个体彻底地摒弃自我的肉欲，也不是让个体的生活具有某种审美的风格，而是使个体成为符合现代经济、政治和社会生活秩序之需要的行为主体。

通过上述考察，福柯得到了一个更具普遍意义的结论，即在西方社会中至少存在着三种将人建构或塑造为主体的对象化模式，这就是通过知识/话语来将个体建构为某种主体（如言说的主体、生产劳动的主体、有生命的主体等），通过权力关系来将个体建构为某种主体（如"疯子"或"正常人"，"病人"或"健康人"，"罪犯"或"乖孩子"等），以及通过道德实践来将个体建构为某种主体（"受情欲奴役的人"或"理性的自由人"，"罪恶之人"或"纯净之人"等）。[1] 可见，所谓的"主体"从来就不是一种先验的存在，而是一种由特定的知识/话语体系、权力关系以及道德实践模式建构或塑造出来的东西。福柯说他努力想要表明的是，"主体如何以这种或那种特定形式，如何通过特定的实践活动，诸如真理游戏和权力实践等等，把自己建构成疯癫的或者健康的主体，建构成有罪的或者无罪的主体。我必须拒绝关于主体的先验理论，以便分析一种关系，这种关系或许存在于主体的建构或者不同的主体形式与真理游戏和权力实践活动等事物之间"[2]。

在一些讲座或访谈活动中，福柯多次提到，现代西方人所面临的一个重要问题是：人们虽然已经摆脱了来自中世纪压制性权力的控制，但却仍然受到现代规训式权力（这是现代国家权力与基督教体制造就的"牧师权力"相

---

[1] 参见福柯：《主体和权力》，载汪民安编：《自我技术：福柯文选Ⅲ》，第107—108页。
[2] 福柯：《自我关注的伦理学是一种自由实践》，载汪民安编：《自我技术：福柯文选Ⅲ》，第265页。福柯甚至改变了以前认为自己的研究主题是权力的说法，表示他所有研究的总主题"不是权力，而是主体"（福柯：《主体和权力》，载汪民安编：《自我技术：福柯文选Ⅲ》，第108页）。

结合的产物[1]）的控制；个体虽然不再是一个屈从于压制性权力的主体，但也不是一个像古希腊哲学家、医学家等所构想的那样可以从审美角度对自己的生活方式自由加以选择的主体，而是一个由特定权力——知识连带机制引导和塑造而成的主体。许多现代社会的批判者由于不了解权力关系的实质，误解了现代社会里的权力模式及其运作机制，以为现代社会的权力关系还是像中世纪那样以实施各种禁律的方式运作，因而总是期待将人们从现代社会的权力关系中"解放"出来。殊不知这只是一种永远无法实现的幻想。福柯认为，权力关系总是会存在的，我们不可能完全摆脱权力关系，而只能努力构建一种能够使人们摆脱单方面的宰制、具有更多自由选择空间的权力关系。在这种权力关系中，人们能够把自己建构成一种既与中世纪压制性权力关系下的主体，也与现代社会规训权力关系下的主体有所不同的新型主体。在对哈贝马斯的交往行动理论作出批评时，福柯明确地说："一个社会没有权力关系就无法存在，如果我们所说的权力关系是指个体试图用来指导和控制他人行为的策略的话。因此，问题的关键不在于在一个完全透明的交往乌托邦中来消解权力关系，而是去获得法则、管理技巧、道德、气质以及自我的实践活动，所有这些会让我们以尽可能少的宰制来玩这些权力游戏。"[2]在这方面，古希腊人在性道德方面将自己建构成一种自主伦理主体的方式可能会给我们带来一定的启示。福柯认为，这也是他致力于对古希腊罗马人的生存美学及自我技术的探讨的目的之一。[3]

结　语

综上所述，我们可以将福柯在自己一生的学术探索中想要传达的基本思想大体概括为如下两点：

---

[1] 参见福柯：《主体和权力》，载汪民安编：《自我技术：福柯文选Ⅲ》，第116—121页。
[2] 福柯：《自我关注的伦理学是一种自由实践》，载汪民安编：《自我技术：福柯文选Ⅲ》，第279页。
[3] 当然，福柯也指出，这并非意味着我们要完全回到或照抄古希腊的道德模式。他明确说："今天，对希腊的重新思考并不是要把希腊道德作为自我反思所必需的完美的道德，而是要表明，欧洲思想把希腊思想作为曾经存在的经验加以注意，而这种关注是完全自由的。"（福柯：《权力的眼睛——福柯访谈录》，第115—116页。）

首先，在《疯癫与文明》《临床医学的诞生》《词与物》《知识考古学》等早期著作中，福柯力图表明无论是作为精神病学对象的"精神病"，或作为现代临床医学对象的其他各种疾病，还是语言、自然物、财产关系等知识对象，以及作为各种现代人文科学之核心对象的主体性的"人"，都并非一种现成地在那里等待着我们不断去增进了解的纯粹自在的、给定的现象，而是在历史过程当中由人们在特定"知识型"或"话语构成"的引导和约束下建构起来的。"话语不是关于对象的，更确切地说，倒是话语构成了对象。"[1]因此，不存在任何完全外在于/独立于特定知识型或话语构成的知识/话语对象。而在《规训与惩罚》等后来的著作中，福柯又确认了现代社会中权力—知识之间连带关系的存在，因而也就确认了至少在现代社会中所有知识/话语对象都不过是人们在特定权力—知识关系中构造出来的，并且首先是作为特定权力关系运作的结果产生的，不存在任何完全外在于/独立于特定权力—知识连带关系的知识/话语对象，其中当然也包括被视为"主体"的人。因此，一方面，"在人文科学里，所有门类的知识的发展都与权力的实施密不可分"，"社会"变成科学研究的对象，人类行为变成供人分析和解决的问题等现象，"都是伴随着权力的机制一道产生的"[2]；另一方面，"权力和知识是直接相互隐含的；不相应地构建一种知识领域就不可能有权力关系"[3]。换言之，至少在现代社会中，人类一切经验、思考和言说的对象，都不是一种外在于人们的权力—知识（或话语）体系的给定性存在，而是一种由人们在特定权力—知识（或话语）体系的引导和约束下建构起来的，随着人们的权力—知识（或话语）体系的转变而转变的话语性存在，是"权力—知识的这些基本连带关系及其历史变化的众多效应"[4]。最后，在《性经验史》改变思路之后的几卷中，福柯又试图表明，如果单纯就"主体"的建构而

---

[1] 谢里登：《求真意志：米歇尔·福柯的心路历程》，第129页。
[2] 福柯：《权力的眼睛——福柯访谈录》，第31页。
[3] 福柯：《规训与惩罚》，第29页。
[4] 同上。

言，除了知识／话语和权力—知识话语体系之外，还可以通过"生存美学"一类的道德话语及其实践来将个体建构为某种特定主体（"受情欲奴役的人"或"理性的自由人"，"罪恶之人"或"纯净之人"等）。

其次，在《疯癫与文明》《临床医学的诞生》《词与物》《知识考古学》等早期著作中，福柯即已像库恩在其科学革命的理论当中所作的那样，试图表明人类知识或话语的发展也不是或不完全是一个从起源到成熟的连续的积累和进步的过程，而是一个由相互之间不可通约，因而无法从逻辑上对它们之间的是非对错作出绝对判断的"知识型"或"话语构成"前后更替的过程。就此而言，人类就任何经验、思考和言说对象所形成的"知识型"或"话语构成"，尽管在特定历史时期可以只有一个处于主导性地位，但从长远来看都不会只有一个，而是多元性的。而在《规训与惩罚》等晚期著作中，福柯则更是明确指出，在现代社会中，由于权力机制的转变，一方面，形成了权力—知识（或话语）的连带关系，另一方面，权力又不再是来自社会结构中某个统一的、至高无上的中心，而是来自家庭、工厂、学校、军队、修道院、监狱、医院等微观社会世界中无数异质的局部领域，并且，这些不同社会领域内的权力及其机制并不完全同质，而是"有自己的历史，自己的轨道，自己的技术和战略"[1]。因此，在这些不同社会领域的权力实施过程中，分别形成的权力—知识体系在对象、构成规则等方面必然具有不同的性质和特征，不能视为某种统一的、具有普遍适用性的权力—知识（或话语）体系在不同领域中的特化或应用。换言之，在现代社会，在任一特定时间点上，权力—知识（或话语）体系都必然具有多元性。据此，福柯明确反对各种"通用的、总体化的理论"，认为这种理论只会阻碍我们对弥散在社会生活不同领域的那些局部性的、各各特殊的权力关系及其机制的揭示，提出我们应该将社会研究的焦点放在微观的、局部的日常生活领域，建构一些以"冷僻知识和局部记忆的结合"为特征的"特殊的、局部的、区域性的知识"。

---

[1] 福柯：《权力的眼睛——福柯访谈录》，第233页。

显然，福柯的前一思想，与后实证主义者关于不存在完全独立于人们相关话语体系的经验对象，或后现代主义诠释理论家关于不存在完全独立于人们相关话语体系的符号或文本意义的观点，是完全一致的；而福柯的后一思想，与后实证主义者关于科学知识之多元性，或后现代主义诠释理论家关于意义诠释之多元性的观点，也是异曲同工或殊途同归的。正是基于福柯的思想在"话语建构论"和"话语多元论"这两个基本方面与后实证主义、后现代主义诠释理论所具有的这种一致性，我们才将福柯的话语分析或者权力话语分析理论与后实证主义和后现代主义诠释理论一道，归入后现代主义，将其作为社会理论领域里后现代主义思潮的重要样本之一来加以理解，只不过还需要补充一点：福柯的社会理论既是一种带有后现代主义色彩的社会理论，又是一种在一定程度上受到马克思主义影响，因而带有强烈批判色彩的后现代主义社会理论，尽管福柯否认自己是一个马克思主义者（但他也曾明确表示自己的理论与法兰克福学派的批判理论之间具有高度的一致性）。

第十章 德勒兹和加塔利的精神分裂分析理论[1]

德勒兹和加塔利是后现代批判理论的另一对代表人物。凯尔纳和贝斯特在他们的《后现代理论：批判性的质疑》介绍德勒兹和加塔利思想的那一章中，一开始就对德勒兹和加塔利作了这样的评价："德勒兹和加塔利致力于后现代冒险，试图创立一种新的思维形式、写作形式、主体性形式以及政治形式。尽管他们都未采用过后现代话语，并且加塔利甚至还把后现代话语攻击为一股新的犬儒主义和保守主义浪潮，但是，他们都坚持不懈地致力于废除统一、等级制、认同、基础、主体性以及再现等现代信仰，并颂扬理论、政治以及日常生活中的差异性与多样性等相反原则，就此而言，他们都是典型的后现代立场的代表人物。"[2]

德勒兹和加塔利的后现代批判理论集中体现在他们两人合作的两卷本著作《资本主义与精神分裂》当中，尤其是第一卷《反俄狄浦斯》当中。我们大体上可以把德勒兹和加塔利的后现代批判理论概括为以下三个方面：（1）为欲望正名；（2）对压抑欲望的各种话语、符码及制度的批判

---

[1] 本章由本书作者与解玉喜合作完成，其中引言、结语和第一部分第一自然段由本书作者撰写，其他部分由本书作者在解玉喜所撰原稿基础上删减而成，各节标题则为本书作者拟定。加塔利（Félix Guattari）亦有翻译为瓜塔里的。

[2] 凯尔纳、贝斯特：《后现代理论：批判性的质疑》，张志斌译，中央编译出版社，2004年，第98—99页。

性分析；（3）对将人类从这些压抑性的话语、符码及制度中解放出来的道路、方案的探讨。以下简述之。

一、为欲望正名

对欲望的肯定和强调是德勒兹和加塔利思想中的一个重要特征。传统马克思主义把物质生产力的发展看作推动社会运动变化的重要力量，把是否有利于物质生产力的发展当作衡量一切社会制度正当与否的基本标准，或者说是当作对一切社会现象进行评价和批判的理论基石。在德勒兹和加塔利那里，"欲望"则起到了"物质生产力"这个因素在传统马克思主义理论当中所起的那种作用。在德勒兹和加塔利的社会理论中，推动社会运动变化的基本力量不是物质生产力，而是"欲望"；衡量一种话语或社会制度正当与否的基本标准，或可以用作对一切话语或社会制度进行评价和批判的理论基石，也不是被衡量、被评价的这种话语、社会制度是否与生产力的发展相适应，而是它们是否与人们的"欲望"生产相适应，是否有利于人们的"欲望"的生产和流动。在《反俄狄浦斯》以及其他一些著作中，德勒兹和加塔利明确地表达了这样一些思想：

欲望是一种无目的、无方向的流。德勒兹和加塔利肯定了弗洛伊德的功绩：他发现了作为力比多能量流动的欲望的存在。但他们认为，弗洛伊德并没有在自己的理论和实践中贯彻这一点，将欲望本能化。而德勒兹和加塔利不仅重新肯定欲望的存在，并将欲望的本质推到极致。加塔利曾如是谈他和德勒兹对欲望的观点。他说，"对于我和德勒兹而言，欲望是先存于主体和客体对立的所有东西，是先存于再现及其生产的东西。欲望是所有的一切，它构成了外在于我们的世界和情感。同时，它也从我们每个人身上流溢出来。在这种背景下，我们想提出一种新的观念以明确这种欲望在什么方式上不是一些未分化的律条，也不是危险、怀疑和乱伦的。因此我们谈到了机器，即欲望—机器，是为了指出这里与结构无关。机器组织和联结流。机器不对人、器官、物质流以及符号流进行区分"[1]。德勒兹将欲望界定为"是一种非表意（a-signifying）符号系统，透过它，无意识之流在社会领域中得以产生"。欲望是由无意识以各种类型的"综合"引发的情感与力比多能量的持续生产。作为一种自由的生理能量，欲望追求包容性的而非排外性的关系，同物质流及局部客体建立随即的、片断的、多样化的联系。不存在任何欲望的表达主体，也没有任何确定的欲望对象，"欲望的唯一客观性就是流动"。[2] 德勒兹和加塔利是一元本体论者，他们肯定欲望是唯一的实在体，同时强调欲望是一个无方向的、无目的的流动实体。

欲望是一种机器。德勒兹和加塔利还把欲望和机器联系起来，形成了独特的欲望—机器概念，以这个概念来阐释欲望的运作。在每个地方它（欲望）是机器——真正的机器而不是比喻：机器驱动着其他机器，也被其他机器驱动着，伴随着全部必要的接合和联结。……因此我们每个人都是能工巧匠（handyman）：每个人都有自己的小机器。[3] 机器不同于有机体（organism），有机体是一个有限的、具有同一性和目的的整体；机器也不同于机械（mechanism），机械是具有特定功能的封闭机器。而机器只是联结，没有来由，没有目的，也没有封闭的同一性。那么欲望机器是如何发挥功能的呢？就是通过机器彼此之间的联结。"总之，机器与其他机器相联结，构成了一个连续的物质的生产之流，每一个机器就成为这个流的一个中断（break），但同时每个机器也是这样的流，或者在同其他机器的联系中生产着这样的流。"德勒兹和加塔利指出，欲望机器有三个基本特征。第一个特征是物质性联结。欲望机器是与一种持续的物质流相联结的。[4] 一个欲望—机器同另一个欲望—机器的联结，在某种意义上是

---

[1] James Overboe, *Articulating a Sociology of Desire Exceeding the Normative Shadow*, University of British Columbia, 2004, p.2.
[2] 凯尔纳、贝斯特：《后现代理论：批判性的质疑》，第 113 页。
[3] Gilles Deleuze and Félix Guattari, *Anti-Oedipus: Capitalism and Schizophrenia*, trans.by Robert Hurley, Mark Seem and Helen R.Lane, Athlone Press, 1984, p.1. 汪民安、陈永国、马海良主编：《后现代性的哲学话语——从福柯到赛义德》，浙江人民出版社，2000 年，第 36—37 页。
[4] Gilles Deleuze and Félix Guattari, *Anti-Oedipus: Capitalism and Schizophrenia*, p.36.

对这个欲望—机器生产的中断或者打断，但这是其不断进行生产的必要条件，决不意味着机器的死亡，正是这种联结使得欲望—机器能够持续发挥功能。欲望机器的第二个特征是符号化联结。"每个欲望机器都会形成某种符号并储存在内部。这种符号是不可或缺的，它记录和传递着欲望机器与身体每一区域的联结方式，而且也记录着每一区域同其他所有区域的联结方式。而这些相关的数据、信息以及传递就构成了与之前联结不同的析取性联结网络。"[1]这种联结网络是由如拉康所说的能指链构成的，每个链条实际上是对某个物质性联结过程（包括联结的每一种方式、路径）的记录。这个符号网络是包容、无目的、无中心的。欲望机器的第三个特征是剩余性联结。"即在欲望机器旁边会产生一个主体，作为紧邻欲望机器的一个部分发挥作用。"[2]这个主体不是确定的或个体认同的主体，它仅仅是位于欲望机器边缘的一部分，而且其自身划分为与符号网络的某个链条以及物质性生产之流的一部分相对应的部分。总之，德勒兹和加塔利使用"欲望机器"这个概念的目的就是想说明欲望是生成性的，与物质性能量流相连，同时形成非表意的符号系统，最终产生与上述过程相应的主体。

欲望是生产性的，而非与匮乏相联系。在弗洛伊德看来，欲望遵循快乐原则，但是现实并不总能够具备充分的保证欲望流动的条件，因此欲望总受到现实原则的调节。这种总是将欲望和现实条件的匮乏相联结的观点遭到了德勒兹和加塔利的批评。德勒兹和加塔利指出，以往对欲望的理解都囿于欠如之相，即一直认为获得所欠缺的东西是欲望的根本特性。由无意识欲望产生的，只限于实际中欠缺的幻想，无意识欲望所必经的去势幻想，也只不过是欠缺在威压性相之下的表现而已。[3]德勒兹和加塔利反对用匮乏来界定欲望的本质，认为匮乏是由社会虚构出来的，社会试图通过对匮乏加以管理以建立和稳固各种形式的社会组织。德勒兹和加塔利则

---

[1] Gilles Deleuze and Félix Guattari, *Anti-Oedipus: Capitalism and Schizophrenia*, p.38.
[2] Ibid., p.40.
[3] 篠原资明：《德鲁兹——游牧民》，徐金凤译，河北教育出版社，2001年，第92页（德鲁兹即德勒兹）。

将生产性引入欲望，认为欲望是一个生产的过程，能生产出一定的剩余价值，尽管存在量的差别。因此欲望与匮乏无关，也不会受制于匮乏。"德勒兹则将欲望看成是生产性的、积极的、主动的、创造性的、非中心性的、非整体化的，欲望是和尼采的意志类似的一种创造性力量，它具有革命性、解放性和颠覆性，它应该充分地施展出来。"[1]

总之，德勒兹和加塔利通过以上几个方面为欲望正名，试图恢复欲望流动、生产性的本质，以期使欲望摆脱唯心主义的牢笼，成为唯物主义的欲望。在他们看来，欲望与社会活动和自然活动共存，是无边界的、自由流动的能量。正如克莱尔·科尔布鲁克（Claire Colebrook）概括的那样，在德勒兹和加塔利那里，欲望是积极的和生产性的力量，它不是起源于匮乏，即不是渴求我们没有的东西。欲望始于联结，生命努力就是要保持和增加这种联结，主要就是通过与其他生命欲望的联结。而且，欲望的联结和生产最终形成社会整体。[2]

二、对压抑欲望的各种话语、符码及其制度的批判性分析

正如凯尔纳和贝斯特指出的那样，德勒兹和加塔利"在一种后现代的语境中重写了（'欲望在其本质上是革命的'这一）赖希原理，将欲望诠释为本质上是非中心化的、片断的、动态的。欲望'运作于自由的综合领域，在那里，任何事情都是可能的，并且，它总是寻求超出任何社会体所能容许的更多的目标、接触和联系，追求'游牧且多音的'而非'隔离且单音的'流动"。"因此，对于一个社会来说，其首要的任务就是要驯服和压制欲望，将其'辖域化'到一个封闭的结构当中。'为欲望制码……乃是社会的首要任务。'"[3]

在《反俄狄浦斯》一书当中，德勒兹和加塔利详细地描述和分析了历

---

[1] 汪民安：《德勒兹的世纪》，《中华读书报》2000年8月2日，第22版。
[2] Claire Colebrook, *Gilles Deleuze*, Routledge, 2002, p.91.
[3] 凯尔纳、贝斯特：《后现代理论：批判性的质疑》，第111—112页。

史上出现过的几种不同的社会体制用以疏导和控制欲望的具体方式。

正如很多人都已经指出的那样,"机器"的意象是德勒兹和加塔利著作中最常见的一种意象。不仅欲望是一种机器,书本是一种机器,社会也是一种机器。社会机器的主要功能就是对这个欲望机器的生产过程进行管理,也就是对各种欲望之流进行管理。德勒兹和加塔利认为,"社会机器与任何文字上的比喻无关,因为它展示的是一种不变的动力(immobile motor),并进行各种各样的干预:各种能量流被分割,要素被从能量相互联结的链条上分离出来,并对要执行的这个任务的部分进行安排。对这些流进行编码意味着所有这些操作。这是社会机器的最高任务,因为生产分配是与从能量联结之链的析取相适应的,结果是每个成员都获得一定的份额,这个过程是在欲望和命运的全球性系统中进行的,这个系统组织生产的生产、记录的生产以及消费的生产"[1]。在这个意义上,社会机器(social machine)就是对欲望或曰欲望之流进行编码的装置。社会机器借助社会体(socius)来实现对流的编码过程。"对欲望编码——因为对解码(decode)的欲望流动的恐惧以及痛苦——是社会体的事业(business of socius)。"[2] 通过社会体的种种操作构建出一个象征秩序,然后将欲望引导进这个象征秩序,最终实现对欲望的编码,这就是社会机器的基本任务。

德勒兹和加塔利认为,迄今存在三种不同的社会样式(或社会机器):未开化社会(savage society)、野蛮帝国社会(barbarian society)、文明社会(civilized society)。这三种不同的社会样式对应着三种不同的社会体。未开化社会是一架领土机器[3],野蛮帝国社会是一架君主专制机器,文明社会却是一架资本主义机器。[4]

德勒兹和加塔利具体分析了不同的社会机器是怎样对欲望进行编码

---

[1] Gilles Deleuze and Félix Guattari, *Anti-Oedipus: Capitalism and Schizophrenia*, pp.141-142.
[2] Ibid., 139.
[3] 即辖域化机器(territorial machine),是社会体的第一种形式,它是源初的记录机器,是覆盖一定社会领域的"巨大机器"(megamachine)。Gilles Deleuze and Félix Guattari, *Anti-Oedipus: Capitalism and Schizophrenia*, p.141.
[4] 于奇智:《欲望机器》,《外国文学》2004 年第 6 期。

的：未开化社会、野蛮帝国社会分别通过领土机器和君主专制机器将欲望符码化，即将欲望规训到具有"神性"的象征性事物上；文明社会则利用资本主义机器（主要通过商品经济扩张的形式）将以前两种方式被编码的欲望解码，同时通过公理—经济交换的逻辑将欲望再行编码。实际上，欲望机器只是在文明社会才能在欲望生产过程中展现出精神分裂症的本来面貌，同时又对欲望生产实施了比以往更为有效的规训。

（一）未开化社会：领土机器—土地社会体—符码化的表现系统

未开化社会的辖域化机器对欲望进行编码的方式是器官的集体性投资（the collective investment of organs），因为能量流的编码已到了这样的程度，以至能进行生产和中断的器官作为部分客体开始出现、进入循环，并分布于社会体内部并依附它。器官的集体性投资[1]把欲望嵌入社会体并把社会生产和欲望生产聚合成地域范围内的一个整体。辖域化机器对流进行编码，对器官进行投资，并刻写在身体上。记录和铭写的社会体的核心在于它对生产性力量的所有权，分配生产的媒介或代理者，并存在于各种各样与此相关的操作过程中。一个与所有成员以及身体各部分有关并具有法则性力量的评价系统协调和控制着这个过程。享受自己权利和义务的个体让自身的全部躯体在某种法则下经历刻写，这种法则把个体的器官及其训练都委托给了集体。[2]正如尼采所说的，这种法则要发挥作用，必须通过压抑生物性记忆、建构另外一种记忆才能实现。这种记忆是一种集体的、话语的记忆，不再是事件的记忆，是符号的记忆而不是效果的记忆。这种组织的过程就构成了残酷系统。残酷系统是一种在身体上实现并在上面刻画、击打（belabor）它的文化运动。这种文化不是意识形态的运动：恰恰相反，它强迫生产进入欲望，反过来，它把欲望嵌入社会生产以及再生产。它使得人或者其器官成为社会机器的一个部分或者齿轮。[3]

---

[1] 器官的集体性投资其实就是个体器官成为同其他个体器官联系起来构成的整体的一部分。
[2] Gilles Deleuze and Félix Guattari, *Anti-Oedipus: Capitalism and Schizophrenia*, p.144.
[3] Ibid., p.145.

德勒兹和加塔利特别关注血缘关系及联姻关系对于未开化社会中社会生产的意义。血缘关系是管理的、等级制的联系，联姻关系则是政治和经济的联系。德勒兹和加塔利指出，通过血缘关系生产出权力关系；通过联姻关系生产出经济关系。未开化社会的社会体是地域，血缘关系及联姻关系在既定地域的结合便形成了家系。德勒兹和加塔利认为马克思主义者正确地指出了亲属关系（kinship）在未开化社会中居于主导地位，并且是由经济和政治因素决定的。一种亲属系统不是一种结构，而是一种实践，一种惯例，一种方法，甚至是一种策略。[1] 亲属系统是疏导、限制物品、人力、特权和声望并对它们进行编码的网格，人们正是通过血缘关系（filiation）以及联姻关系（alliance）来对欲望和生产过程进行组织和调控的。[2]

在未开化社会，对欲望生产进行压抑的社会机器是领土机器（territorial machine），土地是其社会体，铭刻人们的原则就是居住地。领土机器的功能就是压抑由血缘关系及联姻关系产生的联结——在土地这个社会体上形成国家之前削弱家系。[3] 那么，如何达到这样的效果呢？最主要的就是通过以血缘关系为基础形成的家族及以联姻关系为基础形成的联盟将人们的行为置于一定的地域内，地域由此成为区别人群的标准。在地域内，人的一切都被准则化，每个人的一切行为都受到纪律的约束，生活的每一瞬间都是社会的。通过地域有效地监控人们是不是对具有"神性"的象征性事物保持应有的敬意，惩戒措施通常是严厉的体罚。在这种社会样式中，由于社会生产与自然条件密切相关，个体将生产的不足和富余理解为自然力量，尤其是土地的恩赐或者惩罚，所以个体同自然之间形成债务关系，剩余产品被用来祭祀自然或那些代表了自然神力的图腾。

在反生产系统中，围绕债的流动会产生这样一种现象，即某种特别的剩余物品会短期地积聚起来，这些物品通常被赋予某种特殊的重要价值。德勒兹和加塔利称之为符码的剩余价值（surplus-value of code）。符码总是

---

[1] Gilles Deleuze and Félix Guattari, *Anti-Oedipus: Capitalism and Schizophrenia*, pp.146-147.
[2] Ronald Bogue, *Deleuze and Guattari,* Routledge, 1989, p.97.
[3] Gilles Deleuze and Félix Guattari, *Anti-Oedipus: Capitalism and Schizophrenia*, p.146.

体现在具体的事物中，社会的集体性符码决定什么是有价值的和值得积累的。在原始社会，由于何种物品被赋予重要意义是随着不同的部落而不同的，所以防止了权力向某一个家庭或部族的集中。[1]这个类型的社会代表着原始的共产主义，一个前阶级社会，在这里权力在整个社区流动，并不指向一个群体或个人。在未开化社会，家庭与其他领域渗透在一起，个体的欲望生产和社会生产是紧紧结合在一起的。

在未开化社会中，由地域的社会体形成了什么样的表现系统呢？这种地域化的表现系统可以从三个方面进行分析。第一，起初的激情（intensity）的不流动（influx）状态调控着所有表现：这种状态是欲望的代表。因为这种状态相当于未编码的或解码化的欲望之流。第二，压制性表现是联姻关系。第三，这种压制性表现对被压制的代表的压制的效果就产生了乱伦禁忌：这是被置换的欲望的代表。[2]由此可以看出，乱伦禁忌是由欲望流动在一定条件下生产出来的，而且它反过来又发挥了对欲望进行压抑的功能。但这时还不会形成现代的俄狄浦斯，因为这时的乱伦禁忌还没有和具体的人联系起来。

那么，这种表现系统又是通过什么样的手段得以保留和传递的呢？德勒兹和加塔利同意德里达的看法，认为未开化社会拥有自己的"文字"：土地上的舞蹈、墙上的图画以及身体上的标记都是图形系统（graphic system），一种土地图形学（geo-graphism），一种几何学。[3]言说的声音、书写在身体上的印记以及视觉构成了回应以及保留的区域，构成了残酷剧场。[4]但是，这种书写不是由能指和所指构成的最初的语言，因为图形系统不是根据声音结合在一起的，也不受制于声音，而是与其联结起来。说的话和铭写在身体上的符号之间没有任何相似性，而是以一种多样化的方式相互作用。社会的表现系统要得以保持和传递，必须在个体中构建一种

---

[1] Eugene W. Holland, *Deleuze and Guattati's Anti-Oedipus: Introduction to Schizoanalysis*, Routledge, 1999, p.64.
[2] Gilles Deleuze and Félix Guattari, *Anti-Oedipus: Capitalism and Schizophrenia*, pp.164-165.
[3] Ibid., pp.188, 222.
[4] Ibid., p.189.

有关符号如何被组织的记忆。在未开化社会中,组织记忆的方式是把符号直接铭写在身体上,这构成了一种残酷系统(a system of cruelty)。但这种残酷与那些用来解释人类历史的病态或者自然暴力无关,而是在身体上实现、在身体上铭写以及利用身体的文化运动。这种文化不是意识形态运动;相反,它把生产嵌入欲望,把欲望嵌入生产和再生产。残酷系统把人或者器官铭刻成为社会机器的一个部分或者齿轮。[1] 总之,在未开化社会里,领土机器构建了以事物的神圣性为基础的欲望的象征性表达——图腾,通过符号在身体上的铭写,使图腾成为象征秩序的中心,进而使个体把其误认为自己全部的和唯一的欲望,欲望被编码了,并通过身体的愉悦以及痛苦的感受保证其记忆的效果。

(二)野蛮帝国社会:君主专制社会机器—君主社会体—过度符码化的表现系统

在野蛮帝国社会中,国家开始形成。但是德勒兹和加塔利指出,国家的出现没有源头,是作为灾难降临到未开化社会的原始部落中的,决不是由某个源头而来的演进性发展。德勒兹和加塔利说,"未开化社会体系的衰亡常常是无源头而来(comes from without),历史是偶然性以及偶遇(encounter)的历史"[2]。野蛮帝国社会的编码机制是野蛮社会体(barbarian socius)或君主专制机器。"君主专制机器的出现可以概括为出现了新的联姻关系和直接的血缘关系。君主挑战了原来社区中旁支的联姻关系以及扩展的血缘关系。君主强加了一种新的联盟系统而且把自身放在同神性的血缘关系中:人们必须跟随他。"[3] 德勒兹和加塔利称之为新的、过度编码的血缘关系以及联姻关系。不过要注意的是,辖域化机器与此共存,不过仅仅作为国家机器(State machine)的一个工作部分存在。……地域化的联姻关系不是被取代了,而仅仅是与新的联姻关系结合在一起;地域化的血

---

[1] Gilles Deleuze and Félix Guattari, *Anti-Oedipus: Capitalism and Schizophrenia*, pp.144-145.
[2] Ibid., p.195.
[3] Ibid., p.192.

缘关系也不是被取代了，而仅仅是与直接的血缘关系结合在一起。[1]"这时社会机器也发生了巨大改变：辖域化机器被取代了，出现了国家这个巨型机器，这个机器呈现出金字塔状，君主在塔尖，是这个机器不变的动力，在塔侧表面是官僚制装置，农民在塔底，作为这个机器的工作部分发挥功能。"[2]如果说在未开化社会中居住地是在社会体上铭刻的原则的话，那么在野蛮帝国，这种居住地的原则则是一种去地域化运动的结果，即把土地作为对象进行划分并迫使人们从属于帝国主义铭刻方式、新的社会体。帝国主义的铭刻方式是控制（countersect）所有的联姻关系和血缘关系的分流，并使它们汇聚到具有神圣性的君主的直接血缘关系中，以及君主与其他人的新的联姻关系中。所有在未开化机器中被编码的流都被强迫进入一个瓶颈（bottleneck），在这里君主专制机器对它们进行过度编码。过度编码构成了国家操作的本质。[3]在野蛮帝国社会，专制君主被理解为具有神性的自然的代理人，未开化社会中的债务关系转变为臣民同专制君主之间无限的债务关系，个体对家庭或部族的责任变成对这个君主的责任，剩余产品以贡品的形式进献给君主并被消费。此时，未开化社会里存在于各个部落中的那些符码的剩余价值因为离开部落而失去了任何意义（因为它们对于君主没有任何意义）。因此，在某一帝国内统一的单一价值代表（比如黄金）出现了，并成为具有一定特权的普遍价值形式，剩余价值被过度编码了（over-coding）。

在野蛮帝国社会，未开化社会形成的表现系统中的要素关系发生了很大变化。首先，图形（graphism）沿着声音成一直线，依赖声音，并成为书写。其次，图形根据声音而扁平化，形成了一个符号链之外的客体——一个沉默的声音，整个链条看起来好像与之相连、依赖它，从而线性化了。[4]可见，在未开化社会中，表现系统中要素之间的多样化的联结

---

[1] Gilles Deleuze and Félix Guattari, *Anti-Oedipus: Capitalism and Schizophrenia*, p.196.
[2] Ibid., p.194.
[3] Ibid., p.199.
[4] Ibid., p.205.

关系，变成了一种从属关系。这时，符号的组织方式是恐怖系统。声音、图形以及视觉朝着专制君主的统一体汇聚。通过对君主的神性的各种表现不断传播，以建立阶级区分和等级制，对欲望的各种形式的编码服务于外在的政治权力和直接的社会控制。因为专制君主成为并占据着表现秩序的中心，欲望在象征系统内也被过度编码了。这时对人们的欲望进行规训的手段又增加了各种律法和规则，这些律法和规则的适用范围大大超过了未开化社会中的各个部落。

（三）资本主义社会：资本主义社会机器—资本社会体—公理化的表现系统

资本主义社会是德勒兹和加塔利批判的主要目标。他们认为，资本主义社会的发展是一个从欲望生产转向欲望压抑、从非地域化转向再地域化、从解码转向再编码的过程。同以往任何一个社会都不同，资本主义社会是一个比较特别的社会类型，因为它在为欲望解码的同时又对其再编码，用抽象的公理（货币经济以及围绕此形成的生活逻辑和模式）代替了原有的编码机制（打碎了原有的领土机器和专制君主机器，代之以文明资本主义机器）。"它（资本主义社会）使每一个体成为他们自己身体或器官的所有者，能够自由地支配自己的劳动力。所以资本主义社会是普遍的非准则化或者普遍的解则。一方面是生产者的解则，即原始积累使农民离开土地和家园，成为无产阶级；另一方面是财富流动的解则，在这种全面的解则运动中，古代的礼仪、曾备受尊敬或被奉为神圣的每一种形式必须被涤除，它是对一切旧的准则的彻底否定，它无须求助神圣者和信仰。资本主义是一种反传统的制度，它在摧毁旧的信仰和禁令的同时，造就了自主的个体和流动的解放。然而，资本主义并没有为极乐的游牧生活和绝对的个体创造条件，反而在解则的同时又创造出准则，在'非地域化'（即去辖域化）之后又'再地域化'（即再辖域化）。国家、祖国和家庭等一切又回复和重现了。资本主义的现代国家又给人的生活方式和生产方式以及社会的每一方面制定出新的准则，现代资本主义造成了历史上所见到的对欲望生产的最严酷的压抑。欲望的两极——欲望的生产和欲望的压抑——也是在资本主义社会的发展中体现出来的,早期资本主义是一种精神分裂、欲望生产的社会,现代资本主义社会是一种制止精神分裂、压抑欲望的社会。整个资本主义社会的发展就是一个从欲望生产蜕变为欲望压抑的过程。"[1]在资本主义文明社会,血缘关系和联姻关系被严格地限制在核心家庭中,或者说已经被看成私域,身体成为个体的私有财产,欲望得以从原来的压抑中释放出来,欲望生产得以进行。但是,随着资本主义的发展,个体的身体及其欲望不得不完全成为资本主义社会机器的一个部件,并遵循着商品和经济的原则运转,欲望的生产重新被压抑了,而且是以非常抽象的形式。总之,未开化社会中延续的血缘关系以及旁支的联姻关系,以及野蛮帝国社会中新的、过度编码的血缘关系以及联姻关系,被资本主义社会中工业资本的新新血缘关系(new-new filiation)和商业资本及财政资本的新新联姻关系(new-new alliance)所取代。[2]联姻关系和血缘关系不再是通过人而流动,而是通过货币而流动。[3]人的再生产同经济领域发生分离,而且人的再生产成为经济运转机器的一个部件。但德勒兹和加塔利并没有提出消灭资本主义的政治纲领,只是要更新资本主义,使它适应人,解放人的一切欲望,实现"欲望生产"。

资本主义社会的社会体是资本。其记录和铭刻的原则是社会公理——主要就是经济和商品的逻辑。债务关系的主要形式变成个体对资本欠下的债。资本成为生产的目的,消费不再是生产的目的。

资本主义机器中对欲望之流进行管理的最大特征是其社会公理性。对资本主义的界定可以通过社会公理(social axiomatic)进行,社会公理在每一个方面都同符码(code)不同。首先,货币作为普遍等价物(general equivalent),代表了一种抽象的量,这种抽象的量与流的本质无关。其次,作为没有限度的抽象量,货币不能与具体化过程相脱离,否则它就无

---

[1] 冯俊等:《后现代主义哲学演讲录》,商务印书馆,2003年,第525—526页。
[2] Gilles Deleuze and Félix Guattari, *Anti-Oedipus: Capitalism and Schizophrenia*, pp.228, 270.
[3] Eugene W. Holland, *Deleuze and Guattati's Anti-Oedipus: Introduction to Schizoanalysis*, p.78.

法变成资本，也无法利用（appropriate）生产。再次，作为包括在具体化过程中所有符码结构之结果的这些发展条件，无极限呈现出新的意义，即缺少使这些抽象量具体化的限制，除非它能实现欲望之流的真正流动。最后，公理不再需要任何信仰的过程，而且资本主义不断生产出幻象，并通过各种机制让人们如此去做。[1] 在这样的表现系统内，资本主义社会同其他社会样式最大的不同可以概括为抽象性的最大化。按照抽象的经济和商品原则塑造出各种幻象，欲望被这些幻象俘获，从而失去了其社会性和生产性以及流动性，而且不断进行着这些幻象的再生产。

需要指出的是，这三种社会样式必须从谱系学的角度来理解，它们之间不是随时间的推移连续、平滑地梯次演进的，而是非连续性演变的。这些社会样式其实是潜在地、共时性地存在着，只是由于偶然因素的激发，它们才呈现为现在的接续顺序。每一种社会样式的编码机制在另一种社会样式中其实也存在并继续发挥着作用，只是不再居于中心位置。

总之，德勒兹和加塔利区分了与未开化、野蛮帝国社会以及文明社会相对应的三种社会机器。第一种是辖域化机器，在土地这个社会体上对流进行编码。第二种是先验的帝国主义机器，在专制君主或其使用的装置上对流（物质和能量的）进行过度编码。它生产出了第一次去地域化运动，但是又为地域性的社会增加了一个重要统一体，这个统一体把各种流汇集起来，对它们进行过度编码，并占有和使用这些符码。第三种是现代的内在性机器（资本主义机器），在资本—货币的社会体上对流进行了解码（这是第二次去地域化运动），[2] 但同时又对其进行新的辖域化。在这样的历史图景中，欲望生产与社会生产之间的关系越来越分化，以致在资本主义社会，欲望生产最终被经济领域驱逐和利用，退出社会领域而被囚禁于核心家庭中。

每一种社会机器都生产出表现的一种特殊类型，表现系统的各种要素在社会体的表面上被组织起来。与野蛮辖域化机器相应的是意涵联结系统（system of connotation-connection）；与野蛮君主专制机器相应的是屈

---

[1] Gilles Deleuze and Félix Guattari, *Anti-Oedipus: Capitalism and Schizophrenia*, pp.249-251.
[2] Ibid., p.261.

从离接系统（system of subordination-disjunction）；与文明资本主义机器对应的则是协同联合系统（system of co-ordination-conjunction）。解辖域化、公理和再辖域化是现代社会体欲望表现系统的三个表层要素。[1] 在第一种组织方式下，表现系统是代表不同事物的符号的联结所形成的意指链（signifying chain）；在第二种组织方式下，表现系统是由服从并代表同样的事物的符号形成的意指链；在第三种组织方式下，表现系统是由同样的抽象物的符号形成的意指链。前两种表现系统是欲望生产在精神世界中的幻象，幻象的背后总还能发现欲望生产的痕迹。第三种表现系统则是抽象的欲望生产在精神世界中留下的幻象。在家庭领域，欲望生产被抽象化为俄狄浦斯情结，在社会领域则被抽象化为货币、商品经济的逻辑和原则。总之，欲望生产被彻底地遮蔽起来。

三、精神分析、精神分裂分析与人类解放

如上所述，资本主义制度与之前各种制度之间的一个重大差别是，资本主义必须解构以往社会制度给欲望构造的符码才能为自己的形成和发展开辟道路，而这种"解辖域化"的一个重要后果便是在人们的精神领域引发了精神分裂。当然，正如凯尔纳和贝斯特指出的那样，在德勒兹和加塔利的分析中，"精神分裂并不是一种疾病或一种生理状态，而是一种在资本主义社会状况下产生的具有潜在的解放力量的精神状态，是一种彻底解码的产物"[2]。然而，这种具有潜在解放力量的精神状态却遭到了精神分析的束缚和压抑。德勒兹和加塔利认为，尽管弗洛伊德等精神分析学者发现了作为力比多能量流的欲望的存在，但他们却试图通过自己的那一套分析性运作来淡化、破坏和消除它。从这个意义上讲，精神分析实际上是资本主义制度的同谋。

精神分析通过许多不同的方式来达到对欲望的束缚和压抑，但其中最

---

[1] Gilles Deleuze and Félix Guattari, *Anti-Oedipus: Capitalism and Schizophrenia*, p.262.
[2] 参见凯尔纳、贝斯特：《后现代理论：批判性的质疑》，第 117 页。

主要的方式即是将欲望"俄狄浦斯化"。所谓将欲望"俄狄浦斯化",即是在其理论和治疗实践中将欲望的运作范围局限在由"父亲—母亲—子女"三角关系组成的家庭内部,简化为一种或者恋母或者恋父的"俄狄浦斯情结"。按照德勒兹和加塔利的描述,欲望本是没有固定目的和固定指向,更没有性别偏向的,但精神分析学者却将欲望的流动简化为一种只能指向男性或女性自我、指向父亲或母亲的运动,其结果是使欲望的运动受制于一个俄狄浦斯三角的先验的限定。由于欲望对象只能在父亲和母亲两者中选择,个体欲望的流动便受到双重束缚:无论选择父亲还是母亲,都会陷入与另一方的俄狄浦斯冲突之中。"总之,双重束缚不是别的东西,就是俄狄浦斯。正是在这个意义上,俄狄浦斯呈现出在两个极端之间摆动:神经症的忍痛和规范的内化。无论哪一边都是俄狄浦斯,这就是双重束缚。"[1]对于个体而言,要么将俄狄浦斯情结通过各种方式加以压抑,要么承受俄狄浦斯危机可能导致的精神创伤。通过这样一种分析性运作,精神分析既遮蔽了欲望流动的多种可能性,也遮蔽了欲望在家庭之外更为广泛的资本主义经济和政治运作过程中所遭受的压抑,从而在一定程度上维护了资本主义体制。正是精神分析与资本主义之间的这种联盟,才使得资本主义社会对欲望的压制显得更加有效和隐蔽。

德勒兹和加塔利认为,要使欲望之流获得真正的解放,就必须抛弃精神分析这样一种符号系统,转而采用一种新的分析方法或符号系统,即他们所说的"精神分裂分析"。精神分裂分析是唯物主义的精神病治疗法,是直接同精神分析相对的一种方法。精神分裂分析理论建立在对精神分析理论的深刻批判的基础上,突出地表现了对资本主义化的"俄狄浦斯"及其各种具体化形式的批判。所谓的"反俄狄浦斯"就是冲破俄狄浦斯化的表现系统;分析的对象不是对欲望的压抑而是欲望的"逃逸轨迹";不是俄狄浦斯化的三角关系无意识而是作为过程的能动无意识。[2]正如两位作者所说:"精神分裂分析是一种先验分析和唯物分析。它的批判性意义就

---

[1] Gilles Deleuze and Félix Guattari, *Anti-Oedipus: Capitalism and Schizophrenia*, p.80.
[2] 方成:《精神分析与后现代批评话语》,中国社会科学出版社,2001年,第126页。

在于对俄狄浦斯的批判，或把俄狄浦斯推向自我批判。它试图探索一种先验的无意识而不是形而上的无意识，物质性的无意识而不是意识形态的无意识，分裂的无意识而不是俄狄浦斯化的自我无意识，非表现性的无意识而不是想象性的无意识，现实的无意识而不是象征性的无意识，非表现性的无意识而不是结构性的无意识，最后，微观的、实体性的、解剖性的无意识而不是宏观的、群体性的无意识，生产性的无意识而不是表现性的无意识。"[1]

德勒兹和加塔利阐述了精神分裂分析的基本任务。他们认为精神分裂分析有两方面的任务。一方面是消极或者毁灭性的任务，即清除俄狄浦斯化的"无意识"：毁灭俄狄浦斯，毁灭自我的幻象，毁灭超我的傀儡，毁灭罪恶感、法则和去势。[2] 精神分裂分析必须尽可能快地开展这项工作，但同时必须以极为耐心和极为关切的态度进行。[3] 这个过程不仅是打破精神分析的俄狄浦斯幻象，而且是打破社会各种幻象和总体性建构的过程。对于精神分裂分析而言，这个过程就是一种反转的行动，即恢复无意识的内在性使用，而不是如精神分析那样的非合法性使用。德勒兹和加塔利指出这个过程包括如下内容。"去俄狄浦斯化，打破父亲—母亲的网络，解构与此有关的信念以恢复欲望机器的生产，并能在经济和社会的投资水平上使战斗性的分析发挥作用。只要这些机器没有发挥作用就会一无所得。这意味着干预是非常具体的，取代俄狄浦斯化的精神分析师的仁慈的虚假的中立性，他们需要的和理解的只是父亲—母亲，我们必须用恶意的公开的活动取而代之。"[4] 对精神分析实践的种种程序、原则予以中断和放弃，这就是精神分裂分析的破坏性的任务。

精神分裂分析另一个方面的任务则是积极或建构性的任务。它又包括以下两项。

---

[1] Gilles Deleuze and Félix Guattari, *Anti-Oedipus: Capitalism and Schizophrenia*, pp.109-110.
[2] Ibid., p.311.
[3] Ibid., p.318.
[4] Ibid., p.112.

第一项任务就是要去发现主体中独立于任何俄狄浦斯式描述的欲望机器的本质、形成和发挥的功能。精神分裂分析的任务就是要了解一个主体的欲望机器是怎样的，如何发挥功能，进行着怎样的综合，什么样的能量迸发出来，又有哪些成分没有爆发，在每个情境中，形成了怎样的流、链条和生成物。而且这项积极的建构性任务与上述毁灭性的任务是不可分的，即摧毁克分子的聚合以及妨碍机器功能发挥的结构和表现。[1] 这个积极或者建构性的任务主要是针对精神分析对个体欲望的压制。精神分析制造了俄狄浦斯陷阱，同时又使得无意识掉入这个陷阱，这是压抑之线。而精神分裂分析跟随的是逃逸之线以及所有通向欲望机器的指示。如果说毁灭性任务是消解俄狄浦斯陷阱的压制以及这种压制依赖的基础，那么精神分裂分析第一项建构性任务的核心就是要消解压制依赖的樊篱，要把对欲望的明显、目的性压制转换成欲望真正发挥功能的条件；确保这种功能的发挥是以一系列强度的吸引和生产的方式进行，从而把失败整合进吸取的功能，把零度即停滞状态纳入强度，最终使欲望机器重新启动。[2] 实际上，上述过程就是确定精神分析对欲望的不正当的转换的条件，并对其进行逆向的转换——让其精神分裂，从而使欲望生产得以再次启动。

第二项任务则是要去分析社会领域中无意识欲望的投资（investment）。其目标是分析在经济和政治场域力比多投资的明确本质，并揭示出欲望在主体中是如何被训导去渴求对自身的压制的。[3] 要完成这项任务，必须处理好与此相关的四个命题。

第一，每一种投资都是社会性的，都依赖一种社会和历史的场域。这一点是强调欲望生产不仅仅是精神和心理的过程，还是与自然、与社会和历史紧密联系在一起的。每一种欲望生产同时也就是社会生产。在一定的自然、历史以及社会情境中，个体的欲望生产迫于来自这些因素的选择性压力（selective pressure）而产生聚合。德勒兹和加塔利用分子

---

[1] Gilles Deleuze and Félix Guattari, *Anti-Oedipus: Capitalism and Schizophrenia*, p.338.
[2] Ibid., p.339.
[3] Ibid., p.105.

（molecular）和克分子（molar）[1]两个概念描述两种不同的聚合和构成方式，代表了两种不同的投资方式。德勒兹和加塔利用克分子表示偏执狂式的、符号的（signifying）以及结构化的整合之线，检视着反常的再辖域化过程；分子表示精神分裂的、机器性的以及弥散的逃逸之线，是精神分裂式的解辖域化运动。[2]"克分子代表了物质整体，而分子代表了它的各组成部分。分子是无意识本身，虽然它可能被克分子组织（例如家庭）的各种再现所捕获，但这并不是说克分子和分子的区别就是个体和社会的区别。克分子和分子是并存于无器官体上的，而且是非常紧密地重叠在一起的。"[3]在德勒兹和加塔利看来，正是在这个意义上，社会生产是在某些决定性条件下的欲望生产。这些决定性条件是社会场域的群性形式，这些条件产生的效果就是分子构成变成了克分子聚合。[4]既没有存在于社会机器之外的欲望机器，也没有与欲望机器割裂的社会机器。欲望机器与社会机器是密不可分的，它们共同构成了一个生产过程。因此，坚持欲望生产与社会投资的一致性是分析社会领域欲望生产的重要前提。

第二，在社会投资中将群体或欲望的无意识力比多投资同阶级或利益的前意识投资相区分。二者虽然都是欲望在一定社会条件下的聚合，但有着本质的不同。前者是机械和生产性的过程，是欲望的真实表达；后者则是组织化的过程，服务于特定的目的，是被扭曲的欲望的再生产。这个任务是针对社会对群体欲望的编码过程，也回答了赖希提出的"为什么群众渴望法西斯主义？"这个问题。德勒兹和加塔利认为，这是由欲望的无意识的力比多投资同利益的前意识投资的不一致导致的，欲望的无意识力比多投资已经被利益的前意识投资淹没，因此群众才会意识不到自己真正的

---

[1] 在这里，德勒兹和加塔利借用了物理学的术语。在物理学上，把物质中能够独立存在的相对稳定并保持该物质物理化学特性的最小单元称为分子。一定重量的物质，在数值上等于它的分子量，单位用克表示，这个量就称为一个克分子。简单说，克分子是一定数量分子的聚合体。德勒兹和加塔利用这两个术语表示微观的欲望的流动和生产总是同宏观的组织化的欲望生产分不开的，后者是前者在一定条件下的聚合形式的表现。

[2] Gilles Deleuze and Félix Guattari, *Anti-Oedipus: Capitalism and Schizophrenia*, p.340.

[3] 黄文前：《德勒兹和加塔利精神分裂分析的基本概念及其特点》，《国外理论动态》2007年第10期，第71页。

[4] Gilles Deleuze and Félix Guattari, *Anti-Oedipus: Capitalism and Schizophrenia*, p.343.

欲望之流，沉浸在这些和利益、权力有关的前意识投资中。因此，精神分裂分析的目标是分析经济和政治领域的力比多投资的本质，并展示在主体中，欲望是怎样被改装去渴求对自身的压制——在这里，死亡本能的作用是在这个循环中把欲望同社会领域联结起来。德勒兹和加塔利区分了消极的无意识投资和革命性的无意识投资。他们将消极的无意识投资定义为与统治阶级利益相符合的投资，它依循欲望术语，但根据资产阶级的逻辑运作，是俄狄浦斯情结的来源。革命性的无意识投资则是这样一种欲望，它穿越了统治阶级和被剥削阶级的利益，并使欲望流动，突破分割和其俄狄浦斯应用。[1]

第三，同家庭领域的力比多投资相比，社会领域的力比多投资处于主要地位。如果割裂欲望与外界的联系，割裂了欲望的经济和社会投资以及反投资，那么欲望就无法存在。德勒兹和加塔利认为，精神分析从家庭的角度分析欲望的力比多投资，就是割裂了欲望与外界的重要联系。精神分析成为让人昏沉的药物，在躺椅上的治疗期间，精神分析中奇特的个人依赖关系使得病人忘记了驱使他们来此的经济依赖关系的首要性。[2]俄狄浦斯化的家庭主义，包括其最现代化的形式都不能帮助我们看到精神分裂式的社会生产。所以，必须关注社会领域的力比多投资。精神分析要不知疲倦地拆解自我及其预设；解放自我封闭以及压抑着的前个人的单子性；使欲望流动，能够传播、接纳或者截取；在同一性的条件状况之下建立分裂和突破；重新组装使个体彼此冲突以及群体化的欲望机器。[3]

第四，区别力比多社会投资的两个端点：将妄想的、反动的、法西斯的一端与分裂的革命的一端相区别。在德勒兹和加塔利看来，前者让欲望的生产从属于统治（sovereignty）的形成以及由此而来的群体聚集（gregarious），而后者则恰恰相反，它摧毁现存权力，并把群体的聚集归

---

[1] Gilles Deleuze and Félix Guattari, *Anti-Oedipus: Capitalism and Schizophrenia*, p.105.
[2] Ibid., p.357.
[3] Ibid., p.362.

属于欲望生产的分子性多样性。[1] 社会投资的这两种形式也可以用克分子及分子的社会投资来概括。[2]

执行精神分裂分析任务的主体，是向任何将其置于家庭主义樊篱的企图宣战的人。德勒兹和加塔利认为，精神分裂者是革命的代理人。精神分裂者有意搜寻资本主义的真正局限：他是后者引向自我实现的内在趋势，是它的剩余产品，它的无产阶级，它的清道天使。它混杂了所有代码，是译解欲望之流的传达人。[3] 要指出的是，德勒兹和加塔利并不是要依靠精神分裂症患者来进行革命，相反，他们对此保持相当的警惕，因为他们恰恰是资本主义压制的产物。"用德勒兹和加塔利的话说，'精神分裂症'指非地域化欲望，这一欲望是由资本主义产生的，而且得到了德勒兹差异哲学的支持。他们不是把这一意义上的精神分裂症视为需要医治的疾病，而是视为需要培养的价值观。"[4] 他们要倡导的是作为过程和体验的精神分裂，精神分裂是受内在的欲望力量驱动的，而不仅仅是历史责任或者阶级利益；它不是体验本质的某个方面，而是革命所必需的主观心理条件。这是一种微观的欲望政治革命理论。这种微观的欲望政治革命在一定的条件下聚集并成为一种群体运动，但这种群体运动不是遵循某种既定革命纲领、有着严格分工以及组织化的严明的运动，而只是个体欲望的自由流动，以及同其他自由流动的欲望相联结，并在一定的社会条件下以群体的形式表现出来。奥康让（Guy Hocquenghem）就遵循这样的革命逻辑和形式。与德勒兹和加塔利一样，奥康让认为，"真正的革命中心是不存在的，'中心'存在于边缘。他说，我们应该对被理解为人类延续的恋母情结的整个'文明'的基础提出疑问。他还说，我们应该和傅立叶一样，与

---

[1] Gilles Deleuze and Félix Guattari, *Anti-Oedipus: Capitalism and Schizophrenia*, pp.366, 376.
[2] Ibid., p.340. 如前所述，德勒兹和加塔利在分析第一个命题时曾用克分子和分子描述欲望聚合的两种形式。但他们也指出，自己有时也用这两个概念来描述社会投资的两种不同形式。克分子的社会投资指固定的、双维线性化的（biunivocalizing）投资，也是一种消极的或者法西斯主义倾向的投资；分子的社会投资指游牧的、多音的投资，具有革命倾向的投资。要指出的是，这两个方面的界限并不清晰可辨，它们是扭结在一起。因此，我们要进行仔细和准确的鉴别。
[3] 乔治·瑞泽尔：《后现代社会理论》，谢立中等译，华夏出版社，2003年，第177页。
[4] 加里·古廷：《20世纪法国哲学》，辛岩译，江苏人民出版社，2005年，第417页。

支撑资本主义秩序的'文明',即'欲望在其中成为聚合能量的解释性框架'进行斗争。因此,与德勒兹和加塔利一样,奥康让希望自发的工人运动、生态运动、社区政治和'经验政治',以及同性恋运动能够成为激进变革的推动力。自发运动拒绝标记法则,而且是产生于某些特定的欲望情势,它拒绝传统的政治逻辑,并彻底打乱了政治世界"[1]。

结　语

从上面的叙述中我们可以看到,作为后现代批判理论的另一对代表人物,德勒兹和加塔利的思想与我们前面述及的福柯思想之间存在着一定的不同之处。凯尔纳和贝斯特曾经指出他们与福柯之间的一些明显区别:

第一,他们关于现代性的观点就与福柯有些不同。"最明显的是,福柯倾向于对现代性作总体化的批判,而德勒兹与加塔利则试图阐明并赞赏它的积极的、解放性的方面,亦即由资本主义经济动力所引起的对力比多流的解码"。

第二,"和福柯不同,德勒兹和加塔利的著作与其说是对知识和理性的批判,莫如说是对资本主义社会的批判;因而,他们的分析比福柯的分析更倚重传统马克思主义的范畴。

第三,"尽管所有这三位理论家都强调从理论上揭示统治之微观结构的重要性,但德勒兹和加塔利同时还较为清楚地说明了宏观结构的重要性,并且提出了对国家的详细批判"。

第四,尽管"三位理论家都试图消解并清除资产阶级的、人本主义的主体",但各自运用的方法还是有所不同:"福柯的办法是运用批判的考古学和谱系学,把主体还原为话语和规训实践的产物,而德勒兹和加塔利的办法则是对自我和超我作'分裂分析',以此解构主体并解放动态的无意识"。[2]

---

[1] 杰佛瑞·威克斯:《20世纪的性别理论和观念》,宋文伟译,江苏人民出版社,2002年,第132页。
[2] 参见凯尔纳、贝斯特:《后现代理论:批判性的质疑》,第100—101页。

第五，另一个可能更为重要的差别则存在于他们同福柯对"欲望"的态度和看法上：在福柯那里，欲望顶多只是在其后期著作中成为一个次要的主题，但对德勒兹和加塔利来说它却具有头等的重要性；福柯强调权力的生产特性，拒斥有关欲望的"压抑假说"，而"德勒兹和加塔利却不假思索地谈论欲望的'压抑'"；"德勒兹和加塔利热情地拥护躯体与欲望的解放，这同福柯对古希腊—罗马之自我驾驭主张的赞誉形成了鲜明对照"。

可以说，对一种本能化和本质化之"欲望"的肯定与颂扬，以欲望的满足与否为标准来对社会现实进行观照、分析和批判，是德勒兹和加塔利精神分裂分析理论最重要的特点之一。但凯尔纳和贝斯特却在《后现代理论：批判性的质疑》一书中对德勒兹和加塔利精神分裂分析理论中的这一倾向明确地加以批评。他们写道：德勒兹和加塔利在自己的理论中"诉诸一种不因历史而改变的欲望本质，认为欲望本质上是生产性的和多样性的，这种本质为各种社会体制所压制，并且或许能够获得解放。他们没有想到，即使是欲望的多样性与生产性，也可能是在某种历史条件下形成的，因而有可能是明显的现代产物。因此在他们的理论中，仍然保留着一个本质上是本体性的而非文化性的欲望领域，而这一点却是福柯在其更为严密的历史框架中力图予以摒弃的"[1]。

然而，尽管如此，就像凯尔纳和贝斯特所说的那样，德勒兹和加塔利的理论与福柯等人的理论也存在着许多相同之处。例如，"像福柯那样，他们的中心关怀是：现代性是一种史无前例的统治阶段，这种统治以弥散于社会存在和日常生活的所有层面的规范化话语和制度的增殖为基础"；尽管他们的著作都在一定程度上依赖传统马克思主义的范畴，"但同福柯

---

[1] 凯尔纳、贝斯特：《后现代理论：批判性的质疑》，第137页。不过，凯尔纳和贝斯特在这里还认为，"事实上，在德勒兹和加塔利对欲望的解释中，存在着一种本质化冲动和历史化冲动之间的紧张关系。一方面他们认为欲望乃是社会地和历史地构成的，然而另一方面，他们又诉诸一种不因历史而改变的欲望本质"（同前书，第107页）。笔者觉得凯尔纳和贝斯特关于德勒兹和加塔利"认为欲望乃是社会地和历史地构成的"的说法好像不太准确。德勒兹和加塔利的确相信欲望受到了历史上各种社会体制及其相应符码系统的建构，但他们认为这些建构过程多是对欲望的一种扭曲。这正是他们努力加以反对的东西。他们努力追求的是一种不再为社会体制及其相应符码系统所建构的、本真的欲望状态的满足和实现。

一样，他们也绝不把自己看成是马克思主义者，并且拒斥辩证法，采用一种后现代的差异、视角和片断逻辑"；"这三位理论家都拒斥现代主义的统一的、理性的、表现式的主体概念，并试图促成新的非中心化的主体类型的出现，这种新型主体摆脱了被他们视为僵化且统一的认同恐怖，可以自由地扩散且多元化，并且可以被重构为新的主体性与躯体类型"。[1]

而就本书所关注的主题来说，在一种更为一般的理论层面上，我们可以看到，尽管存在着诸多差异，但在德勒兹和加塔利的社会理论中，我们依然可以发现所有后结构主义者或后现代主义者所共同拥有的两个理论倾向：

首先，是对表现主义的批评。

和其他后现代主义者类似，在德勒兹和加塔利那里，符码也不是作为一种对现实加以再现的手段，而是作为一种对现实（例如欲望及其生产过程）加以建构的手段逐渐形成和发展起来的。

与此相应，和其他诸多后现代主义者一样，德勒兹和加塔利也将对符码的分析置于其精神分裂分析理论的核心位置，社会被视为对欲望进行编码的机器。只不过在他们这里，符码既不是被当作一种积极的、肯定的建构力量，也不是被当作一种中性的建构力量，而是被当作一种（对欲望的流动来说）消极的、否定性的建构力量，被批判地加以分析。对此，瑞泽尔曾经作过明确的评论。他写道："对于大多数后结构主义者与后现代主义者来说有一点是确定的，即符码具有至关重要的作用——这对德勒兹和加塔利来说也同样如此。符码被视为具有压制性并且需要被破坏掉，而精神分裂的作用正在于破坏这种符码，尤其是符码的一个方面——俄狄浦斯，那个'专制的能指'。精神分裂之流是'反对语法的暴力，对能指的合谋一致的破坏，川流不息的非理性之流，返转回来困扰一切关系的呼喊'。"[2]

其次，是对多元主义（或差异、不确定性）的肯定和赞颂。

---

[1] 参见凯尔纳、贝斯特：《后现代理论：批判性的质疑》，第100—101页。
[2] 瑞泽尔：《后现代社会理论》，第178页。

在其早期的一些著作如《差异与重复》中，德勒兹就提出了一种以强调差异为特征的本体论思想。这种强调差异、不确定性的思想在《资本主义与精神分裂》第一卷《反俄狄浦斯》一书中也得到了明确的体现（强调欲望取向的不确定性、多元性、非中心性、无目的性；强调欲望联结的多样性；反对将欲望之流纳入某一种流通渠道；等等）。在《资本主义与精神分裂》的续卷《千高原》一书中，这种强调差异和多元性的思想得到了进一步的发挥（强调以块茎思维来取代根茎思维）。

正因为如此，我们才把德勒兹和加塔利的社会理论与福柯的社会理论一道，列入后现代社会理论的范畴，作为后现代社会理论的范例之一来加以阅读和理解。

第十一章　鲍德里亚与后现代社会理论

鲍德里亚是当代西方社会理论界最有影响的人物之一，也是被公认为难以归类的理论家之一。例如，鲍德里亚是一位社会学教授，因此很自然地被人们称为社会学家，但鲍德里亚自己却说："我既不是社会学家也不是反社会学。……社会学只是我在大学栖身的地方。"[1]同样，很多人都认为鲍德里亚是一个后现代主义者，甚至是最有影响的后现代主义者，但鲍德里亚自己在很长一段时间里却对后现代主义持一种根本否定的态度，他说"我没有主张过这种无聊的东西。……我不承认在这方面对我所做的所有论述"[2]。但正如瑞泽尔、凯尔纳等人所指出的那样，无论鲍德里亚如何认定自己，一个不争的事实是，正是他的许多思想对当代西方那些自认为是后现代主义者或后现代社会理论家的人产生了据说即使不是最重要也是极为重要的影响。因此，任何讨论后现代主义或后现代社会理论的文字都不能不将对其相关思想的讨论纳入其中。本章的目的就是要来承担这一令作者倍感艰巨的任务。

鲍德里亚著述繁多，但其主题基本不变，即从一种与马克思主义和弗洛伊德精神分析学说等传统社会理论有所不同的角度，来对当代资本主义社会出现的一些新变化进行描述和分析，试图为人们理解这些新变化提供

---

[1]　参见瑞泽尔：《后现代社会理论》，谢立中等译，华夏出版社，2003年，第105页。
[2]　同上书，第104页。

一个比传统社会理论更为适切的理论框架。参照鲍德里亚在其著述中所采用的理论立场或分析框架,我们可以将他的学术历程粗略地划分为两大阶段,即前期和后期。在其学术研究的前期,鲍德里亚主要是用一种结构主义的分析框架来对当代西方资本主义社会进行描述和分析;但在其学术研究的后期,他用来对当代资本主义社会进行描述和分析的理论立场则发生了比较大的变化,转向了一种被人认为具有浓厚后现代主义色彩的分析框架。我们据此线索来对鲍德里亚的相关思想作一简要梳理和分析。

一、对消费社会的结构主义分析

鲍德里亚早期的思想深受列斐伏尔、罗兰·巴特、拉康等人的影响。出版于1968年的《物体系》一书是鲍德里亚最早的代表性作品,在这部著作中,鲍德里亚主要就是运用罗兰·巴特所阐述的结构主义符号学理论,对当代资本主义日常社会生活中由各种消费物品构成的物品体系进行描述和分析,为其后来从"消费社会"角度对当代资本主义社会进行描述和分析奠定了一个基础。

如前所述,罗兰·巴特曾经参照索绪尔的结构主义语言学理论,构建了一个据称比语言学抽象和概括程度更高的、具有浓厚结构主义色彩的一般符号学理论体系。在这个符号学理论体系中,巴特特别强调了直接意义(denotation,也译为"本义"等)和含蓄意义(connotation,也译为"引申意义""延伸意义"等)两者之间的区别,并以此来对当代西方发达资本主义国家里的诸多现代"神话"进行分析和解释。巴特的这一思想对鲍德里亚产生了深远而又重要的影响。可以说,在其学术生涯的前期,鲍德里亚对当代资本主义社会所作的诸多分析都是对这一思想的运用和进一步发挥。为了更好地理解这一点,我们先来对巴特的这一思想作一简要回顾。

如我们所知,能指和所指的区分是索绪尔结构主义语言学的基本原理之一,巴特的结构主义符号学理论不仅继承了这一原理,将其扩展到一切意指系统,而且进一步提出了直接意指/含蓄意指这样一种新的区分,认为不仅一个符号的表达面即"能指"和内容面即"所指"可以构成一个直接的意指系统,而且由此构成的直接意指系统本身也可以作为一个新的表达方式("能指")而与其所唤起的新内容面("所指")一起构成一个新的、间接或含蓄的意指系统。正如其以《巴黎竞赛》杂志上的那张封面图片为例所作的说明那样:作为能指的封面照片与它所表达的意涵(一个黑人士兵正在行法国军礼)构成了一个直接意指系统,而这个直接意指系统本身又可以作为一个新的表达形式而唤起一个更深一层的意涵,即"法国是一个伟大的帝国,她的所有子民,不分肤色,都忠实地在她的旗帜下服务","黑人(可能是来自法国殖民地)对法国的效忠最好地表明了殖民主义并非像贬损它的人所说的那么坏"等,由此构成了一个新的、间接的或含蓄的意指系统。"殖民主义"具有正当性的现代神话就是以这个含蓄意指系统为基础构成的。巴特也正是用这套以直接意指/含蓄意指的区分为核心的后结构主义符号学理论来对"现代神话""流行体系"等当代资本主义社会中的社会现象进行分析和解释。[1]

巴特的上述理论对鲍德里亚产生了重要影响。可以说,在其早期的许多著述中,鲍德里亚基本上都是以上述理论为基础来对当代资本主义社会进行描述和分析。《物体系》就是他这类尝试的第一部重要著作。在这部著作中,鲍德里亚参考借鉴巴特的上述结构主义符号学理论,来对当代资本主义社会中由各种消费物品构成的物品体系(及其与人的关系)进行描述和分析。鲍德里亚认为,在传统社会里,人们是根据物品所具有的象征价值而非单纯根据物品的使用价值来对待物品的。例如,家庭中的每一个房间,或者房间里的每一件家具等,都不仅具有技术方面的使用价值,而且具有社会方面的象征价值(如主卧和中央的大床是父权的所在等),它们共同组合成一个象征传统父权制家庭关系的有机体,其空间秩序具有功能单一性、不可变动性、等级性等特征。然而,在当代资本主义社会中,情况却发生了很大的变化。在当代社会,随着家庭和社会关系的变化,物

---

[1] 参见本卷第七章第一部分中的相关叙述。

品所具有的象征价值逐渐消失了。物品的功能从象征关系中解放了出来，逐渐演变成了一种更多地具有符号价值的存在物。作为具有符号价值的物品，它们组合起来构成了一种独特的符号体系，其生成和变化与其他任何一种符号一样都遵循结构主义符号学的那些基本原理，如能指与所指的区分、能指与所指之间关系的任意性、符号意义取决于其与所在符号系统中其他所有符号之间的差异性、句段关系和联想关系的区分、直接意指与含蓄意指之间的区分等。因此，我们便完全可以运用结构主义符号学的那些原理来描述和阐释当代资本主义社会中消费物的结构和运动。鲍德里亚在《物体系》一书中所做的工作，就是要从作为符号的消费物品对人所具有的意义，或者说"人对物的真实生活体验"这个角度，来考察当代资本主义社会中消费"物"的结构和体系，试图以这种考察来探索在当代资本主义社会，"人类究竟通过何种程序和物产生关联，以及由此而来的人的行为及人际关系系统"。[1]

在《物体系》一书中，鲍德里亚将当代资本主义社会中的物品体系从结构上划分为四个子系统。他先是依据直接意指和含蓄意指的区分将作为符号的物品分为两大类型，即根据作为符号的物品对于消费者所具有的直接意涵来确定的物品系统和根据物品对于消费者所具有的含蓄意涵来确定的物品系统。在前一类物品系统中，又根据物品的直接意涵是基于其实用功能还是心理功能而进一步区分为两个子系统，即"功能性系统"和"非功能性系统"；在后一类物品系统中，也根据物品的含蓄意涵是由其实用功能还是心理功能延伸而来进一步区分为两个子系统，即"元功能及功能失调系统"和"意识形态系统"。

功能性系统，是由消费者依据作为自己所拥有的消费品系统元素之一所具有的实用功能，来自由加以摆布和调用的那些物品如家具、灯具、衣物、汽车等构成的。对于消费者来说，这些物品的意义主要是直接来自其作为技术产品所具有的实用功能，但不仅仅是来自它们各自独立满足消

---

[1] 鲍德里亚：《物体系》，林志明译，上海人民出版社，2019年，第3页。

费者某种自然需求（衣食住行等）的实用功能，而更主要的是来自它们作为元素之一在由它们共同组成的物品/符号系统中所具有的实用功能。"物的功能体系，其系统一致性来自各物品（及它们的各个面向、色彩、形式等），在系统中失去自我特殊的价值，只拥有作为符号的一般性功能。"[1]消费者以这些被视为只具功能性的物品以及它们的色彩、材质和形式等为元素，对它们之间的关系进行筹划和调控，自由地排列组合，构造出一种具有独特氛围的符号性空间结构。

非功能性系统主要是由各种古物或收藏品构成的物品系统。与上述物品相比，这些物品都是一些在现实生活中缺乏可满足消费者某种"自然"需求之客观实用功能的物品。它们在历史上曾经拥有过这种功能，但随着时间的流逝，这些功能已逐渐消失。不过，"非功能"并非指完全没有功能，而是指缺乏满足消费者客观自然需求方面的实用功能，但它们却可以作为时间的符号、起源的符号、先辈的符号、匮乏的符号、真确性的符号、占有的符号以及自我实现的符号等，来发挥满足消费者主观认同等心理或意义需求方面的功能。

元功能及功能失调系统则主要是由各种自动化物品如机器人、各种新奇但毫无用途的小发明等物品组成的。鲍德里亚认为，这些物品是作为从物品的功能性意义中延伸出来的一种含蓄意义，即作为"越是能够自动满足人类某方面需要的物品在功能上就越完美和卓越"这样一种可以被称为"自动化主义"观念的产物而出现的，即使这种自动化事实上经常是以技术上的退化——如变得复杂化和单一化，或者功能上的错乱——如太阳能蛋壳剥除机一类无实际意义的怪异发明来实现的。"事实上，这些物品的功能是主观的，也就是说，它们是去满足一些强迫性顽念。"[2]

最后，是意识形态系统。当代社会中几乎每种消费物品如汽车、电视机、冰箱、服装等，都是以模范/系列的二元对立形式存在的。虽然也存在一些真正独一无二、可以称为模范的物品，绝大多数物品都是以系列

---

[1] 鲍德里亚：《物体系》，第68页。
[2] 同上书，第127页。

的方式被生产出来,但归属于该系列的物品却都被打造成一种具有模范风格的东西:"没有一件物品宣称自己是系列性的产品,所有的物品都把自己当作模范。任何一样东西都可以一个差异来使自己和他者区别开来:颜色、配件、细节。这一个差异一直都被当作足够表现物品的特性。"[1] 换言之,这些处于同一系列的物品之间在本质功能方面并无根本差异,而只在颜色、配件、外貌等非本质功能方面具有一些无关紧要的边缘性差异。但正是这些边缘性的差异造成了物品及其消费者选择方面虚假的多样性,给消费者提供了一种对资本主义社会意识形态所宣称的"个性化"和"自由"生存原则的(实则是虚幻的)体验。因此,这类物品的意义是基于其所具有的边缘性差异在消费者主观的自由体验以及社会/阶级地位等身份认同方面所具有的含蓄意义或派生功能而获得的。这和非功能性系统中的物品如古物或收藏品既有相通之处又有不同之处:相通之处在于两者对于消费者的意义都是基于其主观认同功能而非实用功能;不同之处则在于古物或收藏品本身原本就是些缺乏实用功能的物品,而意识形态系统中的物品则都是具有实用功能的。从某种程度上说,意识形态系统物品的存在正是消费者将古物、收藏品一类缺乏实用功能之物品的意义建构模式进一步引申到其他具有实用功能之物品上来的结果,故可视为由非功能性物品系统延伸而来的含蓄意义物品系统。

在《物体系》一书的结论部分,鲍德里亚对当代资本主义社会中"消费"活动的含义作了简要的讨论。首先,与人们通常将消费理解为一种满足自身需要的活动不同,鲍德里亚对消费给出了一种新的界定。他将"消费"和人们满足自身需要的活动区分开来,认为购买、享受、吃穿住用等活动均非"消费"活动,尽管这些活动是消费的必要条件。"消费"实际上是一种意义的表达活动。他说:"消费并不是一种物质性的实践,也不是'丰产'的现象学,它的定义,不在于我们所消化的食物、不在于我们身上穿的衣服、不在于我们使用的汽车、也不在于影像和信息的口腔

---

[1] 鲍德里亚:《物体系》,第 156 页。

或视觉实质,而是在于,把所有以上这些[元素]组织为有表达意义功能的实体;它是一个虚拟的全体,其中所有的物品和信息,从这时开始,构成了一个多少逻辑一致的论述(话语)。如果消费这个字眼要有意义,那么它便是一种符号的系统化操控活动。"其次,与人们通常将物质性产品直接视为消费对象不同,鲍德里亚对物和消费之间的关系也给出了一种新的理解。他认为,物质产品只是满足人们需要的对象,而非消费的对象。与此不同,"要成为消费对象,物品必须成为符号"。换言之,在当代资本主义社会,"消费者"所"消费"的主要不是物品的使用价值(当然也不是物品的象征价值),而是物品的符号价值:购买一套独栋住宅,一辆装饰豪华的小轿车,一件最新系列的服装或家具,或一件古物或收藏品,等等,都不是或主要不是基于它们的使用价值或交换价值,而是基于它们的符号价值。而和所有其他符号一样,物品的意义也并非来自人们的主观界定,而主要是"来自它和所有其他的符号—物之间,抽象而系统性的关系。……它被消费——但(被消费的)不是它的物质性,而是它的差异"。[1] 再次,鲍德里亚进一步指出,在消费活动中,物品转变成系统中的符号,这种转换同时也包含着人与人之间关系的改变。人与人之间的关系现在变成了一种消费关系:在这种关系中,人与人之间的联系是通过对作为符号的物品的"消费"来实现的。或者说,消费活动所完成的实际上是人与人之间差异关系的建构或生产。"被消费的东西,永远不是物品,而是关系本身。在物品构成的系列中,自我消费的是关系的理念,而系列便是在呈现它。"[2] 例如,购买一款在功能或款式方面与众不同的汽车(或其他产品),实际上是在通过这样一种差异来构建消费者在社会关系中的一种特定身份认同,而这种过程必将是永无止境的。正因为如此,和满足需要这种在一定时段内可以达到饱和状态的活动不同,消费过程是永无止境的。"消费似乎是克制不住的,那正是因为它是一种完全唯心的作为,

---

[1] 鲍德里亚:《物体系》,第213页。
[2] 同上书,第214页。

它和需要的满足以及现实原则,没有任何关系。"[1]

鲍德里亚对消费活动所作的上述探索在《消费社会》一书中得到了进一步的发挥。在这本书中,鲍德里亚依据上述对"消费"活动的特定理解,将当代资本主义社会界定为"消费社会",以与之前以生产为本的早期资本主义社会即"生产社会"相对应。在消费社会中,"消费"代替"生产"成了社会的核心问题。或者说,是"消费"而非"生产"控制着整个社会生活。在这本书中,除了对当代资本主义社会中的"消费"现象继续加以描述和刻画之外,鲍德里亚对消费社会的社会逻辑展开了更为深入的探讨。从一种带有浓厚马克思主义色彩的理论立场出发,鲍德里亚指出,物品或消费的符号化既是物质生产力大幅提升的结果,也是资本主义经济、社会体系之结果。这可以从两个不同的视角加以理解。一方面,从经济增长的视角来看,物质生产能力的不断提升导致资本主义社会逐渐进入加尔布雷思所谓的"丰盛阶段"。随着物质产品的不断丰富,过去长期困扰人们尤其是中下社会阶层成员的物质匮乏逐渐被消除,社会成员的各种"自然"需求相继得到满足;然而,由于资本主义经济生产的根本目的是不断获取更多的剩余价值,在社会成员的各种"自然"需求逐渐获得普遍满足的情况下,资本主义生产将会失去进一步增长所必要的需求空间。为了获得这种新的空间,资本主义经济体系必须设法在社会成员的"自然"需求之外创造出一些新的需求,物品或消费的符号化就是资本主义经济体系为了开拓经济持续增长的空间而在人们的"自然"需求之外所发展出来的新需求,即对物品或消费活动在社会文化方面之符号意义的需求。[2] "当代资本主义的基本问题不再是'获得最大的利润'与'生产的理性化'之间的矛盾(在企业主的层次上),而是在潜在的无限生产力(在技术结构的层次上)与销售产品的必要性之间的矛盾。在这一阶段,体制

---

[1] 鲍德里亚:《物体系》,第217页。
[2] 鲍德里亚解释道:这并不是说"自然"需求或物品的自然用途就不存在了,而"只是要人们看到作为当代社会一个特有概念的消费并不取决于这些。因为这些在任何社会中都是存在的"(波德里亚[鲍德里亚]:《消费社会》,刘成富、全志刚译,南京大学出版社,2000年,第71页)。

必须不仅控制生产机器而且控制消费需求。"[1]由于符号的意义是由其与所在符号体系内部所有其他符号之间的差异决定的，而不是由其自身能指与所指两者之间的关系决定的，因此，假如符号体系（在此便是作为符号的物品体系）本身是开放的而非封闭的，不断有新的符号元素（如物品的功能、形状、颜色等）加入其中，那么作为符号的某一物品所具有的意义就会处于不断的变化更新之中（鲍德里亚此处的分析其实已经超出了一般结构主义理论的立场，带有后结构主义的色彩），从而持续不断地激发出对它的新需求，持续不断地为经济增长开辟出新的空间，使资本主义经济体系内部生产与需求之间的矛盾不断消解。另一方面，从社会秩序或社会整合的视角来看，物质生产能力的大幅提升使得诸多过去只能为少数社会上层人士所享用的稀缺物品，如住房、汽车、冰箱、洗衣机、彩色电视等逐渐扩散到所有的社会阶层，成为大众消费品，过去在很大程度上基于对稀缺物质产品的占有和享用来维持的阶级或阶层界线日益模糊、淡化，在物质生活方面人人平等的理想似乎已经实现。然而，由于资本主义社会体系本质上是以社会不平等的持续存在为特征的，社会成员在物质产品或消费方面至少从形式上看所享有的平等与资本主义社会体系的这种不平等特征是矛盾的。为了维护这种社会不平等，资本主义社会体系也必须在物质产品的占有和享用活动之外创造出一种新的匮乏，以便创造出一种新的不平等。物品或消费活动符号化也正是能够达到这样一种目标的绝佳途径：如上所述，作为社会文化方面的符号，这些物或消费品的意义主要不是基于其在满足人们"自然"需求方面所具的使用价值，而是基于它们与其所在符号体系中所有其他符号之间的差异。因此，生产商完全可以通过为现有的某种物品（如小汽车）添加一些只具符号价值（不具实际使用价值）的边缘性差异（与众不同的颜色、内部装饰或漂亮的尾翼等）来使之具有新的"个性"和稀缺性，成为社会优势地位的符号，创造出一种新的意义，从而使社会成员之间的不平等得以通过是否拥有占有和享用此类具新意之

---

[1] 波德里亚:《消费社会》，第60--61页。

符号物的能力和机会再生产出来，使资本主义社会的不平等秩序得以维持。"这种对地位和名望的追求是建立在符号基础上的，也就是说，它不是建立在物品或财富本身之基础上而是建立在差异之基础上的。"[1]在这种情况下，虽然"驾驶两马力车子的富人不再令人赞叹，但却更加令人难以捉摸了：通过消费的方式，通过风格，他与众不同，独树一帜。从炫耀到审慎（过分炫耀），从量的炫耀到高雅出众，从金钱到文化，他绝对地维系着特权"[2]。

　　事实上，促成物品或消费符号化的上述两个方面是相辅相成的。一方面，为解决"潜在的无限生产力"与现实的有限"自然"需求之间的矛盾而创造出来的物品或消费的符号化，正是资本主义社会中的不平等得以维持的重要原因：假如物品或消费不曾符号化，那么，随着物质生产力的不断增长，人们的"自然"需求普遍获得满足，社会不平等确有可能趋于消失。正是物品或消费的符号化，使得人们所追求的目标从种类和数量都变化有限的"自然"需求转变为一个开放的符号—物品系统中其意义可以无限变化的符号需求[3]，从而使得人们在消费方面的差异以及建基于此的社会不平等永远无法消除。另一方面，这种得到维持的、永远无法消除的社会不平等又正是资本主义经济得以持续增长的基本条件。人们对于具有新特征的符号—物品的追求，其实正是对更优越的社会地位和声望的追求。任何一种具有新特征的符号—物品在产生之初总是稀缺的，只能为少数占有优势地位的社会成员所获得，从而成为这种优势地位的象征符号，并为众多消费者所追逐。但这种物品在社会地位方面所具有的符号价值并不是永恒或固定地附着于其上的。"物品在其客观功能领域以及其外延领域之中是占有不可替代地位的，然而在内涵领域内，它便只有符号价值，就变成

---

[1] 波德里亚：《消费社会》，第85页。
[2] 同上书，第40页。
[3] 差别"永远不会终结。而且唯有它才能阐明消费的基本特点，它的无限特点——用某种需求和满足理论无法解释的那一面。因为用热能平衡或使用价值来计算，饱和的界限肯定马上会达到。但是我们所见的显然是恰恰相反的东西：消费节奏的加速，需求的连续进攻，使得巨大的生产力和更为狂热的消费性之间的差距拉大。……符号……始终要参照其他符号，使得消费者始终不满足"（同上书，第49页）。

可以多多少少被随心所欲地替换的了。""作为含义要素的洗衣机可以用任何其他物品来替代。"[1] 随着产量的逐渐提升,这种符号—物品日益扩散到更多的消费者当中,从而逐渐丧失其原有的作为社会优势地位之象征符号的意义。这时生产商便需要设计出一种具有更新特征的符号—物品来取代前一种符号—物品,使之成为社会优势地位的新象征符号,并吸引众多消费者前来追逐……如此循环不已,才使资本主义社会里的生产过程得以不断扩展,经济增长得以维持。而这样一种循环过程之所以能够持续,则正是由于始终存在的社会不平等现象导致人们永无止境地追求具有优势地位含义的新的符号—物品,使得人们的这种追求成为一种永远无法得到最终满足的欲望。如果"我们承认需求从来都不是对某一物品的需求而是对差异的'需求'(对社会意义的欲望),那么我们就会理解永远都不会有圆满的满足,因而也不会有需求的确定性"[2]。因此,即使在物质极度丰盛的当代资本主义社会中,增长和社会不平等(包括贫困)其实也是事物的一体两面:"不平等的功能就是增长本身。对于'不平等的'社会秩序来说,对于特权的社会结构来说,这是自我维系的必要条件。"[3]

鲍德里亚还指出,在消费社会中,表面上看消费者在消费活动中具有一定的自由或自主性,但实际上一方面消费者可选择的符号—物品的意义是由其与其他符号—物品之间的差异决定的,而非由消费者自主赋予的,另一方面消费者的选择行为本身在很大程度上也深受经大众传媒等途径而深入人心的种种消费社会意识形态的引导和约束,并非具有完全的自主性。因此,所谓消费者的自主性,不过是消费社会的一个神话。然而,鲍德里亚并不赞同将这种现象描述为人的一种"异化"状态,反对将消费社会视为"彻底异化"时代的说法。他认为,关于人的异化状态的说法实际上预设了一种先验的人性或需要的存在。但在消费社会中,先验性已经终结:"在消费的特定模式中,再没有先验性,甚至没有商品崇拜的先

---

[1] 波德里亚:《消费社会》,第67页。
[2] 同上书,第69页。
[3] 同上书,第39页。

验性，有的只是对符号秩序的内在。""在当代秩序中不再存在使人可以遭遇自己或好或坏影响的镜子或镜面，存在的只是玻璃橱窗——消费的几何场所，在那里个体不再反思自己，而是沉浸到对不断增多的物品／符号的凝视中去，沉浸到社会地位能指秩序中去，等等。在那里他不再反思自己、他沉浸于其中并在其中被取消。消费的主体，是符号的秩序。……主体的蕴涵不再是哲学及马克思主义意义上的'异化了'的一种本质的蕴涵，也就是说不再是被剥夺了、被异化恳请所把握、而变得不同于自身的一种本质的蕴涵。已经不再有本来意义上的'同一'、'同一主体'、因此不再有同一之相异性，因而也不再有本来意义上的异化。"[1]

二、从政治经济学到符号政治经济学

以上述有关消费社会及物品或消费符号化的论述为基础，鲍德里亚进一步发展出了一套关于符号政治经济学批判的学说。在《符号政治经济学批判》一书中，鲍德里亚对物品在人类社会生活中曾经有过的各种价值及其运作逻辑进行了总结，提出物品在人类社会生活中曾经有过四种价值，即使用价值（具有满足人们某种生活需要的属性，如供自己使用的手表）、经济交换价值（具有可以用来与他人的物品进行交换的属性，如准备出售或典当的手表）、象征交换价值（具有成为人们之间特定关系之独特象征的属性，如作为礼物的手表）、符号／交换价值（具有特定符号意义的手表，如作为优越社会地位之表征的手表）。鲍德里亚认为，它们的生产和运作分别遵循不同的逻辑，即使用价值的功能逻辑、交换价值的经济逻辑、象征性交换逻辑和符号／价值的逻辑（换个角度说，也可以分别称为操持运作逻辑、等价逻辑、模糊逻辑和差异性逻辑，或者实用的逻辑、市场的逻辑、礼物的逻辑和地位的逻辑）。[2] 相应地，在这四种价值和逻辑类型中物品也就分别作为器具、商品、礼物和符号而存在。这四种

---

[1] 波德里亚：《消费社会》，第 226 页。
[2] 鲍德里亚：《符号政治经济学批判》，夏莹译，南京大学出版社，2009 年，第 47—49 页。

价值和逻辑既相互区别——例如，作为用来满足人们某种生活需要的器具，手表与其特定功能之间具有某种必要的关联，不可被任意其他物品如洗衣机等所替代；作为用于交换的商品，手表只要具有能被参与交换的他人认可的经济属性即可；作为礼物的手表，则可以被任意其他同样能成为礼物的物品如衣物等所替代，但无论是什么物品，一旦被确定下来作为象征情侣关系、友情关系等特定人际关系的礼物就不再能更替了；[1]而作为社会地位之表征符号的手表，则可以被符号—物品体系中任何一种基于差异性逻辑而具有相同表征意义的物品如某款名牌上衣等所替代——但又可以相互转换，例如，在商品生产过程中使用价值可以转换为经济交换价值，在象征性交换过程中使用价值可以转换为象征交换价值，在消费过程中使用价值可以转换为符号／交换价值等；反过来，在日常生活中经济交换价值可以转换为使用价值，在象征性交换过程中经济交换价值也可以转换为象征交换价值，在消费社会的日常生活（也包括某种特定的消费活动如艺术品拍卖活动）中经济交换价值也可以转换为符号／交换价值等；在象征交换价值与其他几种价值类型之间，以及符号／交换价值与其他几种价值类型之间也同样存在着这种相互转换的关系。[2]

以此为据，鲍德里亚讨论了马克思的政治经济学理论，认为后者只考察了上述诸种物品价值和运作逻辑类型当中经济交换价值的生产和运作逻辑，而没有考察其他几种价值及其运作逻辑，尤其是没有考察符号／交换价值的生产和运作逻辑，因此存在着缺陷，需要用一套能够包含其他几种物品价值及其运作逻辑的新政治经济学批判理论来加以补充。鲍德里亚写道："政治经济学在广泛的意义上将所有的价值（劳动、知识、社会关系、文化、自然）都转变为经济交换价值。每一事物都被抽象化了，并再度进入到世界市场之中，其中货币充当着最为出色的一般等价物，以上种种观点获得优先的认可。然而由此同样必要，同样被一般化的过程被忽视

---

[1] "象征性的介质可以是相对任意的，但主体—物的关系是受束缚的。象征性话语是一种约定俗成"（鲍德里亚：《符号政治经济学批判》，第50页）。
[2] 详见上书，第115—119页。

了——这一过程既没有颠覆生产，也不是作为生产的残留物，或者生产的一种延续：它是一个广泛地将经济交换价值转换为符号/交换价值的过程。这是一个作为符号/交换价值体系的大写的'消费'过程。它不再是传统政治经济学所界定的消费（即在生产循环的范围内，经济交换价值向使用价值的反复转换），而是作为一种经济交换价值向符号/交换价值转换的消费。基于这一点，必须打破仅仅通过交换价值和使用价值来说明政治经济学的观念，必须作为一种大写的'一般政治经济学'来整个地重新分析，其中符号/交换价值的生产与物质商品以及经济交换价值的生产都是通过同一种方式，并在同一种过程之中。由此，对于符号生产以及文化生产的分析不能作为与物质生产相对的、外在的、隐蔽的'上层建筑'；这将成为一场政治经济学的革命，符号政治经济学全面入侵了理论与实践的领域。"[1]

与此相应，鲍德里亚指出马克思的政治经济学批判只是对经济交换价值进行了批判，而没有对使用价值和符号/交换价值进行批判。因此，一个从马克思主义出发并试图超越它的新的一般政治经济学批判理论，必须"将对政治经济学的批判延伸到对使用价值的批判中去"，"将对政治经济学的批判延伸到对符号以及符号体系的批判，这种延伸为的是表明能指的逻辑、能指的游戏以及能指的流通是怎样如同一种交换价值体系一样被组织起来"。[2] 鲍德里亚认为，在上述四种物品价值及其运作逻辑中，只有象征交换因其所具有的互惠性、模糊性（或非计算性）和去权力化等特征而值得肯定，其他三种都应该加以批判。《符号政治经济学批判》一书就是鲍德里亚站在象征交换价值捍卫者和复兴者的立场上来对其他三种价值及其运作逻辑，尤其是使用价值和符号/交换价值及其逻辑，进行批判的一个初步尝试。

在《符号政治经济学批判》以及更早一些的著述中，鲍德里亚曾经多次指出：马克思在其政治经济学理论中只区分了物品所具有的两类价

---

[1] 鲍德里亚：《符号政治经济学批判》，第 102—103 页。
[2] 同上书，第 123 页。

值,即使用价值和(经济)交换价值,并且对使用价值持一种正面的、积极的、肯定的态度,认为交换价值只是人类社会发展到商品经济时代的产物,在商品经济没有出现之前人们从事生产劳动只是为了获得劳动产品所具有的使用价值,资本主义社会的主要问题就是将商品经济发展成一个几乎将所有劳动产品都囊括于内的经济体系,致使交换价值成为社会生活的主导价值,导致了剥削、异化以及各种经济社会弊端的产生,人类社会未来的理想状态就是要通过消灭资本主义制度来将人们从交换价值的主导下解放出来,在一个新的更高的基础上使生产劳动重新恢复到以使用价值的获取为目的的状态。鲍德里亚不认同马克思对使用价值及其与交换价值之间关系的看法。在马克思这里,使用价值实际上被看作物之本真的存在状态,交换价值则被视为这种本真性存在的异化形式。和诸多其他人一样,马克思将使用价值界定为物所具有的能够用来满足人的"自然"需要的某种属性,交换价值则被界定为物所具有的能够用来与他人拥有的其他物进行交换的属性;前者是物的自然属性,是人和自然之间特定物质关系的显现,后者则是物的社会属性,是人们之间特定社会关系的显现;前者"总是具体的、特殊的、以自身属性为条件的",具有不可比性,后者则是"抽象和一般的",具有可比性;[1] 前者可以脱离交换价值而独立存在,后者则必须以使用价值为基础或载体;等等。

鲍德里亚认为,事实上使用价值和交换价值一样,也可以是一种社会属性,是人们之间特定社会关系的显现,而且是一种抽象。"它是需求体系的抽象,掩盖在商品和产品所拥有的具体目的及其内在特性这一虚假外表之下。"正如交换价值是一个体系,商品的交换价值不是以生产它自身所耗费的具体劳动为基础来确定,而是以人们对生产其所在体系所有商品所耗费的劳动所进行的抽象为基础来确定一样,使用价值也是一个体系,物品的使用价值也不是由其自身的具体属性确定,而是由人们对其所在体系所有物品具有的有用性所进行的抽象为基础来确定的:"既然使用价值

---

[1] 鲍德里亚:《符号政治经济学批判》,第124页。

和交换价值都是体系,那么它们也必须由相同的抽象的等价逻辑、相同的符码所规划,有用性的符码同时也是客体和主体抽象等价的符码:由此,这是一个组合的符码,并包含潜在的计算。"[1]

鲍德里亚指出,交换价值之所以必须且可以以使用价值为载体(没有使用价值的物品就不会有交换价值),正是因为物品的使用价值同样具有抽象性、可比性,是因为"等价的逻辑已经进入到了有用性之中。即便使用价值不能在数量上成为可计量的,它仍然具有等价逻辑。包含了某种有用的价值,所有的物在物之中都已经是可比的了。因为它们都成为了具有相同的有理函数的公分母,具有相同的抽象规定性"[2]。从表面上看,使用价值是物品具有的能够用来满足人们特定需要的特定属性,但实际上,在任何时候,包括被视为"自然"需要在内的人之"需要"本身都是特定社会体系的产物。在前资本主义社会,人们的需要是由古老的象征性社会及其意识体系所规定和约束的。只有到了资本主义时代,作为社会理性化进程的共同结果,个体的需要从传统的象征体系中解放出来而逐渐具备了个人化的外表,物的使用价值也从同一体系中解放出来而具备了客观功能性的外表:"从那以后,物被世俗化了,功能化了,合理化了,它由此成为了政治经济学对某种美好理想的承诺,因为'人总是根据自己的需要来吃东西的'。"但实际上,物的使用价值也不过是资本主义经济、社会及其符号体系建构的产物:"有用性、需要、使用价值:没有一个能够指认出主体的目的,从而呈现出主客之间不定性的关系,或者呈现出主体之间的象征交换。相反,它们所指认的只是被经济学所构造的个体自身与自己的关系——更有甚者,指认出主体与经济体系之间的关系。在此,并不是个体在经济体系中展现了自己的需要,而是经济体系引导着个体的功能以及相应的物与需要的功能性。"[3]因此,与那种"仅仅关注人类的需要与物所包含的能够满足需要的有用的特质之间的关系"的"人类学幻想"相反,

---

[1] 鲍德里亚:《符号政治经济学批判》,第 125 页。
[2] 同上书,第 126 页。
[3] 同上书,第 127 页。

"使用价值本身就是一种社会关系。正如同在交换价值的意义上,生产者从来不是作为创造者而存在,而总是作为抽象的社会劳动力而存在。同样,在使用价值的体系中,消费者从来不是作为欲望和享乐的主体存在,而总是作为抽象的社会需求力而存在"[1]。使用价值和交换价值都是资产阶级基于同一逻辑而建构出来的两类相辅相成的物之价值:"交换价值与使用价值,它们具有相同的逻辑,它们二元结构的存在强化了经济学。"[2]交换价值和使用价值之间的关系,并非一种对立的关系,而是一种共谋共存的关系:使用价值并没有自己的自主性,它只不过是交换价值的附属物或者化身,[3]或者只是交换价值的一种实现而已。[4]使用价值体系"不但与交换价值和商品成为同类,而且还极具深度,并且相当完美地表达了后者"[5]。

在《生产之镜》一书中,鲍德里亚对马克思相关理论的思想根源进行了更为深入的分析。鲍德里亚认为,马克思之所以给予使用价值(以及作为使用价值满足对象的"需要"和使用价值生产要素之一的劳动)高度的肯定,在很大程度上是 18 世纪以后西方启蒙哲学发展的一个结果。鲍德里亚追溯道:在西方世界,直到 17 世纪末,"自然还仅仅意味着规律的总和","这种规律奠定着世界可知性并保证着人与事物之间能够交换各自意义的秩序。在最终的意义上,自然指的是上帝"。在这里,虽然"主体和世界已经具有各自的位置,但这并不是在控制和剥夺自然的意义上来说的,或者相反,把自然当作原始神话加以神化",而只是意味着"自律的主体对自然的统治构成了他的实践,以便达到意义的平衡"。[6]然而,

---

[1] 鲍德里亚:《符号政治经济学批判》,第 126 页。
[2] 同上书,第 131 页。
[3] 同上书,第 134 页。
[4] 同上书,第 132 页。在《生产之镜》中,鲍德里亚则说:"使用价值的假设——假设具体价值超越抽象的交换价值,商品的人类学意义存在于它对主体的直接有用性关系这一时刻——仅仅是交换价值体系的结果,使用价值是从交换价值体系中产生和发展的。使用价值根本不是超越政治经济学的领域,它只是交换价值的地平线。"(鲍德里亚:《生产之镜》,仰海峰译,中央编译出版社,2005 年,第 3 页。)
[5] 鲍德里亚:《符号政治经济学批判》,第 130 页。
[6] 鲍德里亚:《生产之镜》,第 36—37 页。

到了18世纪，情况发生了变化。随着"主体对自然的统治"进入技术支配的时代，主体和自然客体之间产生了明确的分裂：自然不再被单纯视为规律的总和，而是也被看作可以用来满足人们各种物质生活需要的潜在力量，"但这是在生产原则的符号下实现的。……在科学、技术、生产的客观标记下，自然成为最大的所指，最大的指涉。人们把它当作'现实'的理想载体，它就变成了现实"，但这是一种从生产劳动的视角来看待的现实，即作为生产力要素之一的现实。因此，"它总是体现为劳动过程中的现实，同时又是改造和誊写中的现实"。[1] 随着自然"被解放"为生产力，个人则"被解放"为劳动力，"生产使自然和个人都成为生产的经济要素，成为同一个理性化过程的两个条件"。从此，自然被视为既具有客观必然性，又可以通过能用合理的方式把握这种客观必然性的科学和技术来加以支配和再生产的对象："自然在本质上是一个被支配概念，没有任何其他含义。在这个意义上，正是科学与技术，通过分离的方式把自然无限地再生产出来，才实现了自然的本质。"[2]

在包括政治经济学在内的资产阶级意识形态中，不仅自然界，而且为支配自然和基于对自然的支配所形成的一切现象，如私有财产、市场、竞争、劳动和资本等，也都被视为与自然界同样的一些"自然"现象。马克思通过自己的研究论证了私有财产、竞争机制和市场、劳动和资本等现象的社会历史属性，将它们"去自然化"，从而部分地打破了这种来自启蒙时代的"自然"神话，但马克思并没有质疑下面这些"自然主义的观点"：产品的最终用途在于满足人的需要，而自然的最终用途则在于通过劳动对它的改造形成用来满足人们需要的各种产品。按照这种自然主义观点，"自然的功能是由劳动建构的，与此相应，主体的功能是围绕着需要建构的，从属于使用价值的人类学领域。这种使用价值被启蒙理性所描述，并以某种抽象的、线性的、不可逆的终极性规定着整个文明（这种文明把自身强加到其他文明身上）。随后，这种特定的模式

---

[1] 鲍德里亚：《生产之镜》，第37页。
[2] 同上书，第38页。

延伸到了个人和社会实践的全部领域中"[1]。因此，总体上看，马克思保留了启蒙哲学的许多观念。鲍德里亚说，马克思没有认识到，这种被视为既具有客观必然性，又可以通过人们的劳动对它进行的改造而具有无限生产潜力的"自然"，本质上不过是包括政治经济学在内的资产阶级意识形态的产物。在以功利主义或者工具理性化原则为核心特征的资本主义经济、社会体系及其意识形态出现之前的社会中，上述意义上的"自然"并不存在。鲍德里亚认为，在前现代社会，人和自然之间存在着一种象征交换关系，但"当人把自己与自然同时打上生产的烙印时，人就放逐了他和自然之间的任何象征交换关系"[2]。"在原始人的象征交换中，原始人并没有将自己与自然联系在一起。……必然性、规律只同自然的客观化有关。""原始交换根本不知道充当着人的本体论尺度的'自然规律'。"[3] 正是对上述自然概念的保留，马克思未能真正彻底地超越资产阶级的政治经济学。

鲍德里亚进一步分析说，随着自然被重写，历史也被从生产的角度来重写。正如自然（和人）被从生产的角度视为一种具有无限潜力的生产要素一样，人类社会的历史也被从同样的角度视为生产方式的演变史，根据"生产方式"的概念或范式来重写。其实，和从生产的角度来重新看待"自然"概念一样，生产方式的概念也不过是人们用来建构社会历史的一种新符号而已："生产的范式没有重新解释处于自身之外的自然，生产方式的范式也没有重新解释已经存在的历史。相反，生产的概念和生产方式的概念在它们的时空中'生产'和'再生产'着自然和历史的概念。这种模式生产着这种双重的时间和空间视域：自然只是生产的空间，历史只是生产的轨道。它们不需要自己的名字，因为它们只不过是符码的放射物，是获得了现实力量的指涉模拟，在它们的背后，符码获得了合法性地

---

[1] 鲍德里亚：《生产之镜》，第 40 页。
[2] 同上书，第 41 页。
[3] 同上书，第 42 页。

位。"[1] 按照这种依据生产方式概念来重写的历史，无论是现代资本主义社会还是这之前或之后的社会，都被视为某种围绕着物质生产这个世俗目的、以特定生产方式为基础而组织起来的社会。但正如鲍德里亚反复强调的那样，在前资本主义诸社会形态中，实际存在的情况并非如此。正如在原始社会中，人们并不将自然（以及他人）视为可以用来满足自己各种物质生活需要的对象一样，人们也不将自己与自然（以及他人）之间的关系视为一种支配与被支配的关系，而是一种象征交换的关系。所谓"象征交换关系"，按照鲍德里亚的解释，是这样一种交换关系：在这种关系中，人们不是出于对物的使用价值、经济价值或符号价值的追求而交换各自所拥有的物，而是出于对人和人之间特定互惠关系的维持这一目的、将物作为人们之间特定互惠关系的象征（礼物）来交换各自的物品。这种互惠关系和单方面的权力是相互排斥的。为了维持这种互惠关系，处于象征交换关系中的双方就不能出现单方面的给予或接受的行为（否则就会形成给予方对接受方的单方面的权力），而必须持续不断地进行象征性的礼物交换，从而形成一种给予和接受（或获取和回报）的循环链。"在这种交换中，关系是联结性的，排除了任何剩余：任何不能被交换或象征地分享的东西，都会打破这种互惠，构建着权力。或者说，这种交换排除了所有的'生产'。"[2] 因为任何"生产"都是以更好更多地满足生产者自身的生存"需要"为目的，都不仅要对自身的付出进行补偿而且力求有更多的剩余产品，因而都意味着对生产过程中所付出的劳动或努力与其最终产品的衡量。事实上，这种"生产"只是资本主义社会而非所有社会的特征。对于原始人来说，各种收获物都不是来自自身的劳动或努力，而是来自自然、上帝以及他人的赠予，来自人和自然、上帝以及他人之间的互惠关系。因此，为了维持这种互惠关系，原始人必须持续不断地将部分收获物作为礼物在祭祀和耗费中返还给上帝或自然。"如果没有回礼和祭礼来'抚慰精

---

[1] 鲍德里亚：《生产之镜》，第52—53页。
[2] 同上书，第63页。其中的"互惠"（reciprocity）一词在原译文中为"相互性"，此处依据社会学、人类学界的习惯改为"互惠"，下同。

灵',原始人就不会伐树或耕作。"这里"既没有以技术手段生产有用物品为目的的行为,也没有以神秘方式追求同样目的的行为"。[1]因此,将原始人的行为界定为出于物品的有用性而进行的生产劳动是非常荒谬的。

以萨林斯关于原始社会的人类学研究成果为依据,鲍德里亚还认为,用生产力水平低下、不能形成剩余产品来解释原始社会的象征交换关系也是荒谬的:原始社会不是没有剩余,而是如上所述,是为了"防止超越社会权力的经济结构的出现"[2]、维系以互惠为核心的社会结构而故意消耗剩余[3]。同样,奴隶和奴隶主之间存在的实际上也是一种象征交换关系:"在主人与奴隶之间存在着互惠的关系——但这不是现代和心理学意义上的两个个体化主体之间的双重作用的关系,这种关系在个人主义—利他主义语境中界定我们的道德,而是责任意义上的关系,是交换结构意义上的关系——这时,自律主体间交换关系的详细说明,以及(我们所知道的)区分还不存在。这是象征的层面,而不是自律主体交换的层面,也不是作为商品的物体(劳动力、食品、防护物)交换的层面。"[4]在主人和奴隶之间的确存在着支配关系,但这种支配关系不同于雇主和自由劳动者之间那种带有主—客体性质的支配关系:"支配,与异化和剥削不同,并不包括被支配物的对象化,而总是带有互惠因素的责任。"[5]封建社会中工匠的劳作和交换也具有象征交换的特征:就像艺术家的劳作一样,"工匠把自己的劳作看作是象征交换关系,而不是把自己看作'劳动者',把物品看作是'劳动的产品'。工匠对材料的劳作中存在的东西,是对他所做劳作的连续回应,没有任何生产的合目的性(这种合目的性就是将材料纯粹而又简单地改造为使用价值或交换价值)"[6]。因此,"正如人们不能将铁匠和他

---

[1] 鲍德里亚:《生产之镜》,第67页。
[2] 同上书,第72页。
[3] "象征的社会关系是给予和接受这一无法中断的循环,在原始社会中,它包括对'剩余'的消耗和对反生产的考虑,一旦积累(物品不用于交换、取而不还、赚取而不浪费、生产而不破坏)、风险打破了这种互惠,权力也就随之产生。"(同上书,第129页。)
[4] 同上书,第78—79页。
[5] 同上书,第80页。
[6] 同上书,第83页。

的锤子的关系、农民和他的犁或土地的关系看作是与'生产资料'的关系一样,工匠与他的作品的关系也不是一种'生产力'作用于另一种'生产力'的关系"[1]。可见,如果单纯从物质生产方式的角度来解读主人和奴隶之间的关系,或封建社会工匠和农民的劳作,就只能看到一些形式性质的东西,遗漏其中真正具有意义的内核,忽视其与资本主义社会中雇主和自由劳动者之间关系的本质区别,而且还会错误地将前者视为其实在资本主义社会才会出现的异化——剥削关系的不发达状态,将从前者向后者的转变视为一种进步,从而像从生产方式角度来理解原始社会时出现的情况一样,完全失去了历史意识。"所有这些事实说明了一点:以劳动、生产、生产力、生产关系来说明前工业组织,在我们看来,是不合适的,对封建的和传统的组织也同样如此。"[2]

鲍德里亚还从认识论的角度对此进行了分析。鲍德里亚认为,马克思的历史唯物主义理论之所以会以物质生产过程作为所有人类社会生活的基础,主张从物质生产的角度,用生产力、生产方式和生产关系等概念来解读不同历史阶段的人类社会,从认识论的角度来说,除了资本主义政治经济学体系的根本矛盾在马克思的时代还没有充分发展出来,妨碍了马克思对生产或经济决定论观点之局限的认识之外,最根本的原因就是马克思忽略了概念本身的历史性,没有意识到任何概念都是从特定社会历史情境中产生的,因而本身就是这一特定社会历史情境的产物,只适用于这一特定社会历史情境,不能随意地扩展使用于其他特定社会历史情境。像自然、需要、劳动、生产、生产力、生产关系、生产方式、使用价值、交换价值等概念,都是从资本主义社会中产生出来的,本身都是资本主义这一特殊社会历史情境的产物,只适合用来理解资本主义社会的经济社会现实,而不能将它们作为普遍概念推广运用于资本主义之前或之后的社会历史情境。将原本具有历史性的概念普遍化为超历史概念的结果,一方面是导致了概念或符码的"帝国主义"或"种族中心主义",在由这种概念所构成

---

[1] 鲍德里亚:《生产之镜》,第82页。
[2] 同上书,第86页。

的社会历史理论面前,"所有可能存在的社会都被唤来回应这种解释"[1],从而使得我们只能根据这些概念得以形成的那个社会(例如资本主义社会)来解释其他社会,"而不能根据这些社会自身的特殊性来理解它们"[2],导致我们对这些社会的无知,尤其是对象征交换关系这种与资本主义时代的功能关系、经济交换关系和符号交换关系完全不同的社会关系类型的存在及其积极意义的无知。另一方面也使得我们不能正确地认识资本主义社会的运作机制和发展轨迹,既不能认识到资本主义的运作逻辑与前资本主义的象征交换逻辑之间的根本断裂,也不能认识到资本主义的运作逻辑本身从经济交换逻辑向符号/交换逻辑的转变,导致了"对资本主义形态的理论的、政治的和策略的无知"[3],从而既不能为改造和颠覆资本主义社会确定恰当的行动方向,也不能为这种改造和颠覆行动制定出恰当的斗争策略。实际上,正如上一部分所说明的那样,鲍德里亚表示,当代资本主义体系的中心已不是物质生产过程,而是符号的运作(因此把符号看作由物质生产过程决定的"上层建筑"现象是不正确的);导致社会反抗的根源也不再是经济上的剥削,而是符码的强制和支配;反抗资本主义的社会力量也不再是传统的无产阶级,而是在符号/交换体系中处于边缘地带的那些群体,如学生、青年、妇女、同性恋者和少数族群等;反抗的形式当然也不再是阶级斗争,而是对现有符号体系进行颠覆和解构;反抗的最终方向也不是建立起一个完全以使用价值的生产或人们"自然"需要的满足为目标的经济社会体系,而是向象征交换关系的回归;[4] 等等。

---

[1] 鲍德里亚:《生产之镜》,第 31 页。
[2] 同上书,第 72 页。
[3] 同上书,第 92 页。
[4] "资本主义致命的毛病并不是它不能经济地和政治地将自己再生产出来,而是它不能将自己象征地再生产出来。……这种象征关系是资本的政治经济学模式无法生产出来的,政治经济学模式的唯一过程就是价值规律以及分配和无限的积累。这是对象征关系的根本否定,它所生产的不再是用于象征交换的东西,而这些非象征交换的商品滋养着社会的权力和剥削关系。""根据资本主义的运行目的,它无法为浪费、礼物、牺牲的复活提供空间,因此也无法为象征交换的可能性提供空间。"(同上书,第 129—130 页。)

三、"拟像秩序"与后现代社会

如上所述，在其学术生涯的前期，从研究对象方面来看，鲍德里亚强调作为自己研究对象的当代资本主义社会已经不再是以前那种以生产为本的资本主义社会，而是一个以消费为本的资本主义社会。与前者相比，它在许多方面都发生了重大变化。尽管如此，鲍德里亚并没有将"消费社会"明确地与"后现代性"联系起来。从研究模式方面来看，在对消费社会进行分析时，鲍德里亚也主要是从结构主义的立场出发，将人们消费活动中的"物"作为一种"符号—物"体系，参照结构主义符号学的基本原理，来对当代资本主义社会的运作机制及其基本逻辑进行分析，并以此为依据对传统马克思主义的政治经济学进行批评，在此基础上试图为我们理解当代资本主义社会提供一套新的理论框架。这套新的理论框架虽然与传统马克思主义和诸多旧的非马克思主义经济学、社会学理论都有很大不同，但总体上看仍然处在结构主义这种现代主义话语体系的范畴之内，尽管有时可能出现某些超出现代主义话语体系基本原则的倾向，但鲍德里亚并没有从中明确引申出一些带有后结构主义色彩的研究结论。然而，到了其学术生涯的后期，无论是从对自身研究对象的性质所作的判断方面来看，还是从其所采用的分析模式方面来看，鲍德里亚的理论倾向都或隐或显地发生了一些变化。一方面，他开始将自己所分析的社会变迁与"现代性/后现代性"的争论联系起来，认为自己所描述和分析的社会变迁过程正是人们所谓的从现代性向后现代性的变迁过程。另一方面，他的分析模式也被人们认为越来越具有后结构主义/后现代主义的色彩，并逐渐为他带来了"后现代主义"代表人物的声名，乃至一开始对后现代主义者这一称号不怎么认同的鲍德里亚自己后来也半推半就地认可了这一标签。

诚如凯尔纳和贝斯特所指出的那样，鲍德里亚前期的著作实际上就已经包含许多"原型后现代"的主题，如消费社会及其符号的迅速增长、媒体及其信息、环境设计与自动控制系统、当代艺术与符号文化等问题，这些主题在其后期著述中得到进一步发挥，以至于鲍德里亚越来越确信："由生产、工业资本主义以及符号的政治经济（学）所支配的现代性纪元已告结束，与此相对应，一种由类象和新的技术、文化和社会形式所构成的后现代性纪元业已降临。"凯尔纳和贝斯特甚至认为，鲍德里亚在其有关后现代性的文本中"放弃了先前对消费社会的分析，所用的范畴也完全脱离了政治经济学，因为在他看来，这些范畴已不再适用于当代社会"。[1]

不管凯尔纳和贝斯特的描述是否言过其实，可以确认的一点是：在其后期的著述中，除了坚持将象征交换视为传统社会的基本特征之外，鲍德里亚的确提出了一种与其在先前的著作中提出的理论框架有所不同的新理论框架，用以对资本主义社会进行描述和分析。这一理论框架可以称为"拟像秩序"（order of simulacra）理论。在《象征交换与死亡》一书中，鲍德里亚首次对这一理论框架进行了比较详细的阐述。

在《象征交换与死亡》一书的第二章，鲍德里亚开篇便提出了"三级拟像"的说法。鲍德里亚认为，自文艺复兴以来，西方社会先后出现了三种拟像，即仿造（counterfeit）、生产（production）和拟真（simulation）。鲍德里亚写道：

> 自文艺复兴以来，与价值规律的变化平行，先后出现了三种拟像秩序：
> ——仿造，这是自文艺复兴到工业革命这一"古典时期"的主导模式；
> ——生产，这是工业时代的主导模式；
> ——拟真，这是当前符码统治阶段的主导模式。
> 第一级拟像是在价值的自然规律基础上运作，第二级拟像是在价值的商品规律基础上运作，第三级拟像是在价值的结构规律基础上运作。[2]

---

[1] 凯尔纳、贝斯特：《后现代理论：批判性的质疑》，张志斌译，中央编译出版社，2004年，第152—153页。
[2] J. Baudrillard, *Symbolic Exchange and Death*, trans. by L.H.Grant, Sage, 1993, p.50.

"仿造"（以及作为"仿造"之典范的"时尚"）是文艺复兴以来出现的第一种拟像秩序，是资本主义早期发展的产物。鲍德里亚写道："仿造（以及时尚）是和文艺复兴一起出现的，是和封建秩序的解构一起出现的，这种解构是由资产阶级秩序和差异符号层面上的公开竞争完成的。"在此之前的种姓社会或等级社会中，不会有仿造，也不会有时尚，因为这两者都是以符号或能指与所指之间关系的任意性为前提的，而在种姓社会或封建社会甚至古代社会中，符号的任意性都不存在。在这些社会中，对符号的意义（或能指与所指之间的关系）都有全面的、确定的规定，且没有阶级的变动："一种禁忌在保护符号，保障符号的完整清晰性：每一种符号都没有歧义地指向一种地位。"在这些社会中，"符号数量有限，传播范围也有限，每个符号都有自己的完整禁忌价值，每个符号都是种姓、氏族或个人之间的相互义务：因此它们不是任意的"。[1] 对符号意义的混淆将会被视为对事物秩序本身的违反而受到惩罚。

随着资本主义的发展，符号的确定性才开始动摇，符号的任意性才逐渐出现："符号的任意性开始于能指不再用不可逾越的相互性连接两个人，而是指向一个失去魅力的所指世界的时候，这个所指是真实世界的公分母，对它而言，任何人都不再有义务。""这是强制符号的终结，是获得解放的符号的统治，所有阶级都可以没有区别地玩弄符号。竞争的民主接替了法定秩序特有的符号内婚制。这样人们就同阶级之间名望价值／符号的变迁一起，必然地进入仿造。因为，人们从符号受到限制的秩序（一种禁忌在打击符号的'自由'生产），过渡到了符号的按需增生。"但是，"这种增生的符号与那种有限传播的强制符号不再有任何关系：前者是后者的仿造"。[2]

尽管如此，刚从确定性解脱出来的符号仍然试图寻找或者说"模拟"一种确定性、必然性：虽然"现代符号是不加区分的（它从此只是竞争的），它摆脱了一切束缚，可以普遍使用，但它仍然在模拟必然性，装出

---

[1] 波德里亚（鲍德里亚）:《象征交换与死亡》，车槿山译，译林出版社，2006年，第68页。
[2] 参见上书，第68—69页。

与世界有联系的样子"。过去的符号（能指和所指之间的关系）是从社会强制中获得它的确定性、必然性，而现代符号（能指和所指之间的关系）则试图照旧从某种"真实"指涉中获得自己的确定性、必然性。这种"真实"指涉就是刚被建构出来的"自然"。鲍德里亚说："现代符号正是在'自然'的拟像中找到了自己的价值。"[1] 各种仿制品，如假背心、假牙、仿大理石室内饰物、巨大的巴洛克式舞台等，正是在文艺复兴时期与"自然"一起出现的。这些"大自然"的"仿造"物，正是新兴资产阶级试图按照自己的意志改造世界的"普罗米修斯式野心"的最初体现。"仿大理石和巴洛克艺术的壮举显示了仿造的形而上学和文艺复兴时期人类的新抱负——这是世俗造物主的抱负，即把任何自然都转变为唯一的、戏剧性的实体，以此作为资产阶级价值符号下的统一社会性，超越各种各样的血统、等级或种姓。……它表达的是新阶级粉碎符号的专有权之后，完成任何事情的可能性。"[2]

"生产"则是资本主义发展到工业化阶段的产物。伴随着工业革命出现的是一种新的、完全摆脱了确定性的符号和物体，这就是通过工业技术人为设计和制造出来的符号和物体。这些符号或物体的意义既不是由社会强制确定的，也不是由对自然存在的仿造而来，而完全是由人类依据某些技术性符号体系设计出来，并因此而可以大规模、成系列地批量生产。"这是一些没有种姓传统的符号，它们从没经历地位限制，因此永远不需要被仿造，它们一下子就被大规模生产。它们的独特性和来源的问题不复存在：它们来源于技术，它们只在工业拟像的维度中才有意义。"这种被批量生产出来的物品系列是由两个及两个以上完全相同的物体构成的，物体之间的关系不再像在之前"仿造"秩序中那样是一种原型（某个"自然"物）和仿造物之间的关系，"既不再是类比，也不再是反映，而是等价关系，是无差异关系。在系列中，物体成为相互的无限拟像，而且生产

---

[1] 波德里亚：《象征交换与死亡》，第 69 页。对于 simulacra 一词，本章用"拟像"一词来对译，但在所引该书中译本中译为"仿象"；simulation 一词，本章用"拟真"一词来对译，在所引中译本中则译为"仿真"。故本书在对中译本进行引用时也据此对所引文字进行相应调整，下同。

[2] 同上书，第 70 页。

物体的人也是如此"。[1] 可见,"生产"并不是一种普遍存在的活动,它只是"作为一个特殊阶段而介入符号秩序的","只是拟像世系中的一段插曲。确切地说,这段插曲就是通过技术来生产无限系列的潜在同一的存在(物体／符号)"。[2]

"生产"的重要特点就是它的无限复制性,这种具有无限复制性的活动虽然不再是对"自然"的仿造,而是对"自然"秩序的挑战,但仍然不过是一种拟像,只不过是一种第二级的拟像而已。鲍德里亚用"自动木偶"和"机器人"之间的差别来说明第一级拟像"仿造"和第二级拟像"生产"之间的差别:自动木偶是对人这种自然物的仿造,机器则是人的等价物;前者扮演人并作为伙伴与人一道参与戏剧和社会游戏,后者则从事劳动并在操作过程中将人作为等价物占为己有;作为人的表象,前者总是被通过与人进行对照而不断地加以改进以便成为人的完美形象,后者则完全不再与人相比,不再追求与人相似,因为它不再是某种既定存在的表象:对于机器人(以及所有通过机器生产出来的产品)而言,"存在和表象在生产和劳动的唯一实体中融合了"。概言之,"第一级拟像永远不能消除[仿造物和被仿造物之间的]差异:它意味着拟像和真实之间永远都有可以感觉到的争吵。第二级拟像则通过吸收表象或清除真实(怎么说都行),简化了这个问题——总之,它建立了一种没有形象、没有回声、没有镜子、没有表象的现实:这正是劳动,正是机器,正是与戏剧幻觉原则根本对立的整个工业生产系统"。在这种作为第二级拟像秩序的工业生产系统中,"不再有上帝或人类的相似性或相异性,但有一种操作原则的内在逻辑"。[3] 由于没有了符号或物之间的相似性或差异性,所以机器和机器人便可以大量"繁殖"。这也适用于人本身:正是由于人不再是机器的仿造对象,而成为机器的等价物,他们便可以像机器一样开始大量繁殖:"他们摆脱了各种相似性,甚至摆脱了复制,像生产系统一样增长,从此

---

[1] 波德里亚:《象征交换与死亡》,第 76 页。
[2] 同上书,第 77 页。
[3] 参见上书,第 74—75 页。

他们只是生产系统的微型化等价物。"随之出现的则是机器所体现的"死劳动"对人的"活劳动"的霸权。"这种霸权对生产和再生产的循环而言是必不可少的,人们正是随着这种转向而离开仿造,进入(再)生产。"与此同时,"人们离开价值的自然规律及其形式游戏,以便进入价值的商品规律及其力量计算"。[1]

不知何故,鲍德里亚认为这种以系列化生产为特征的历史阶段是短暂的。他明确写道:"这个系列再生产的阶段(工业机械阶段、生产线阶段、扩大再生产阶段)是短暂的。从死的劳动压倒活的劳动开始,即从原始积累结束开始,系列生产就被模式生成替代了。这是起源和目的性的颠覆,因为各种形式全都变了,从此它们不是机械化再生产出来的,而是根据它们的可复制性(reproducibility)本身设计出来的,是从一个被称为模式(model)的生成核心散射出来的。"[2] 由此,资本主义社会便进入了第三级拟像阶段,即"拟真"阶段。在这里,不再有第一级拟像中那种对原型的仿造,也不再有第二级拟像中那种纯粹的系列:这里只有一些模式,所有形式都通过被调制的差异(modulated differences)而出自这些模式。在第三级拟像秩序中,任何东西"只有纳入模式才有意义,任何东西都不再按照自己的目的发展,而是出自模式,即出自'参照(作为指涉)的能指'(signifier of reference)"。[3] 在这一拟像秩序中,最重要的"不是系列复制性,而是调制(modulation),不是数量等价关系,而是区分性对立,不再是等价法则,而是各项的替换",一句话,这里发生了一场价值的革命,从此支配价值的规律"不再是价值的商品规律,而是价值的结构

---

[1] 波德里亚:《象征交换与死亡》,第 75 页。
[2] 同上书,第 78 页。张一兵在其《反鲍德里亚》一书中也明确表达了对鲍德里亚此处相关文字表述的困惑。张一兵质疑说:"其实,从机械工业到生产线的资本主义工业发展,这是一个并不短暂的时期,它几乎包括了早期资本主义发端(机械工业中的机器、蒸汽机等)一直到 20 世纪前夜的几个世纪的发展。"并且,鲍德里亚紧接着的一句话又将第二级拟像秩序结束的时间点说成"原始积累结束"之时,这和其将"机械工业、生产线"等现象包括在第二级拟像秩序时期似乎也有矛盾。张一兵直认这些文字让人感到"好笑"。见张一兵:《反鲍德里亚》,商务印书馆,2009 年,第 409 页。
[3] 同上。所谓"参照(作为指涉)的能指",指的是在第三级拟像秩序中,所有的能指都已经失去或者说不再有一个"真实"的指涉,而是相互成为另一个能指的指涉。因此,一个能指,既是一个能指,同时也可能是另一个能指的指涉,即"作为指涉的能指"。

规律"。[1]"这场革命就在于断开了价值的两个方面 [即能指与其所指 / 指涉]……参照（指涉）价值为了唯一的价值结构游戏的利益而被摧毁了。结构维度自主化，参照维度被排除，前者建立在后者的死亡之上。生产、意指、情感、实体、历史等各种参照都终结了，这种与'真实'内容相对应的等价关系全终结了，……现在是另一个价值阶段占优势，即整体相关性、普遍替换、组合以及拟真的阶段。拟真的意思是从此所有的符号相互交换，但决不和真实交换（而且只有以不再和真实交换为条件，它们之间才能顺利地交换，完美地交换）。"[2]

与这种拟像秩序的转变相对应的是形而上学思考主题的转变。在仿造的世界中，人们将符号和一切人造物看作"自然"的表象，形而上学思考的主题是这种表象与其所表征的"自然"这种"真实"存在之间的关系。在生产的世界中，人们将符号（sign）和人造物看作凭借自身力量改造世界而创造出来的东西，形而上学思考的主题是通过自身力量改造世界的确定性。而在拟真的世界中，人们将符号和人造物看作在生产阶段就已经失去真实指涉的符号在特定符码（code）的操控下随机生成的结果，形而上学思考的主题则是符码及其运作结果的非决定性问题。鲍德里亚说："人类建构的各种巨大拟像从自然法则的世界，走到力量和张力的世界，今天又走向结构和二项对立的世界。存在和表象的形而上学之后，然后是能量和确定性的形而上学之后，然后是非决定论和代码（符码）的形而上学。自动控制、模式生成、差异调制、反馈、问 / 答，等等：这就是新的操作形态。"[3] 在这三种秩序当中，仿造和其他两种拟像秩序之间的区别一目了然：在仿造的世界中，符号及其他人造物只是某种更为真实的存在的表象，它们作为能指是有一个真实的存在作为自己的指涉的。但其他两种拟像秩序之间的区别似乎不那么明确，因为它们都是一种失去了指涉的能指。尽管如此，参照鲍德里亚的描述，我们还是可以意识到它们之间的

---

[1] 波德里亚：《象征交换与死亡》，第 78 页。
[2] 同上书，第 4 页。
[3] 同上书，第 80 页。

区别：虽然在生产的世界中符号及其他人造物失去了指涉，但它们还是被视为作为主体的人类力量（如劳动力）的产物。而在拟真的世界中，符号及其他人造物不但脱离了任何指涉，而且不再受作为主体的人类力量的控制。相反，一切符号及其他人造物都是由某种符码生成、由这些特定的符码所操控的。计算机的数据编码和生物体的遗传密码就是拟真世界中两种具有原型意义的符码类型。此外，问卷调查或全民公决过程中使用的问/答编码，也是在当代社会中得到普遍应用的一种符码类型。"我们在按照全民公决的方式生活……任何符号、任何信息（不论是'功能性'日用品，还是时装的某个线条，或是任何一种电视信息、选举民意测验或民意调查），都作为问/答呈现在我们面前。整个交流系统都从语言的复杂句法结构过渡到了问/答这种二元信号系统——不断'测试'的系统。然而，正如我们所知道的，测试和全民公决是拟真的完美形式：答案是从问题中归纳出来的，它事先就被设计好了。"[1]

符码本身也是一些能指，但是以另一些能指（符号）为指涉的能指，因而是一些更为抽象的能指，指涉其他能指的能指。这些符码包含一些特殊的信号，"这些信号不可解读，没有可能的阐释，如同在'生物'体深处隐藏多年的程序母型——这样的黑匣子中酝酿着所有的指令和所有的回应"[2]。但它们却是一切物体或信息的生成母型。因此，今天，当人们要去理解某个符号或物体时，既不能去寻找它的客观指涉，也不能去寻找它的主观所指，而是要去寻找在它背后生成和支配它的符码，如数据编码、遗传密码以及问卷调查或全民公决过程中使用的问/答编码。今天，面对一切符号或物体，对于信息接收者来说所要求的过程都是解码或译码，"因此信息的任何阅读都只是一种对代码的持续检查"。因为在今天，"每个图像、每个传媒信息都是测试，而且周围的任何功能性物体也都是测试——即在'测试'一词的精确意义上，按照程式或分析模式，释放某些回答问题的机制。今天，物体不再有传统意义上的'功能'，它不再为你

---

[1] 波德里亚：《象征交换与死亡》，第89页。
[2] 同上书，第81页。

们服务,它测试你们。它和过去的物体不再有任何关系,这就如同传媒信息与事件的'现实'毫无关系。物体和信息,两者都已经是一种选择、一种剪辑、一种取景的结果了……它们把现实分解为一些简单的元素,又把这些元素重新组成一些调整了对立的剧本,这恰巧如同摄影师把反差、光线、角度强加给自己的主题,这恰巧如同测试或全民公决把任何冲突都转译成一种问/答的游戏。现实经过这样的测试,反过来又按照相同的格式测试你们,而你们又根据相同的代码解读现实,这种代码就像微型化遗传密码一样,在现实中写入了每个信息,每个物体。……这使我们对周围世界的总体使用近似于阅读,近似于选择性译码——我们在生活中主要不是使用者,而是阅读者和选择者,是阅读元件"。[1]

今天,几乎所有的社会现实都是由这样一些不再被视为某种"真实"存在之表象的符码生成的(例如,进入消费过程的物品及相关广告是由美/丑、时尚/过时、高级/低级等消费领域的相关符码生成的;影视作品是编剧、导演、摄影、剪辑等各种不同领域的符码生成的;传媒信息是由传媒领域的符码所生成;公众舆论或所谓民意是受民意问卷调查结果的影响而生成,而这些问卷调查结果又是由它们事先确定的抽样和问答编码所生成),由此生成的东西其实也并非"真实"存在的事情本身(消费品并非具有满足人们真实需要之功能的物品,影视作品呈现的并非真实的故事,传媒信息并非真实事件的再现,公众舆论呈现的也并非真实的民意,等等),因为"真实的定义本身是:那个可以等价再现的东西"[2](而这些东西却并非对"真实"存在之物的等价再现,而只不过是由某种相关的符码所生成)。它们都只是某种"拟真"之物(消费品是对人们真实需要的拟真,影视作品是对真实故事的拟真,传媒信息是对真实事件的拟真,公众舆论是对真实民意的拟真,等等)。尽管如此,这些拟真之物不仅不是"非真实"(unreal),反而比一切"真实"更为真实,对于人们而言它们比所谓的"真实"具有更为真实的效果,因而是一种"超真实"

---

[1] 波德里亚:《象征交换与死亡》,第90—91页。
[2] 同上书,第107页。

（hyperreal），或者"超级现实"（hyperreality）。例如，"公众舆论"就是这种超真实的事物中"最美的样本"："它不是非真实的政治实体，而是超真实的政治实体，这种超级现实完全依赖剪辑和测试操纵而生存。"[1]

更为重要的是，在拟真的世界中，由于一切物体和信息都是由完全脱离了真实指涉、只是将其他能指作为指涉的能指即符码所生成，因而拟真世界里的一切物体和信息其实都不过是各种符号自身的再生产而已。这些物体和信息的生成处于一切社会现实过程之外，完全是各种符码/符号自身循环转换生成的结果，对于它们的真伪人们已经无法加以准确判定。因为"真与假、真实与想象的矛盾过程在这种剪辑的超真实逻辑中被废除了"[2]。例如，民意调查就处在民意的真实社会生产之外，它指涉的只是民意的拟像，即基于先前的民意调查结果而形成的民意。因此，所谓民意其实不过是"在自己的形象中不停地自我重叠"。这就如同国民生产总值并非生产力的真实再现，而只不过是想象中的生产力的不断自我再生产一样。这种处于自我再生产过程中的物体和信息其演化过程充满了不确定性。因为处于这种自我再生产过程中的符号，是一种从过去那种指称某物的义务中彻底解放出来、获得了自由的符号，它"可以按照一种随意性和一种完全的不确定性，展开结构或组合的游戏，这一游戏接替了以前那种确定的等价法则"[3]。鲍德里亚写道：民意调查"能拍出现实的精确照片吗？或者拍出简单倾向的照片？或者确定这一现实在我们甚至连曲率都不了解的拟真超空间中的折射？真、伪？不可判定。有关民意调查的最精细的分析也总是给假设的可逆性留出了位置。……这种不可判定是一切拟真过程固有的特点"[4]。生产过程也是如此："生产内容的所有目的性都被摧毁了，这使得生产可以像代码一样运转，比如像货币符号一样逃进无限的投机中，脱离生产真实的参照，甚至脱离金本位制的参照。货币与符号的

---

[1] 波德里亚：《象征交换与死亡》，第91页。
[2] 同上书，第92页。
[3] 同上书，第4页。
[4] 同上书，第94页。

浮动、'需求'与生产目的性的浮动、劳动本身的浮动——所有这些词项都可以相互替换，它们带来了无边无际的投机和通胀。"[1] 由于符号之所指/指涉即意义的这种不确定性，它们各自都可以漫无边际地扩张自己的外延，致使事物之间所有以前确定的界限现在都消失了：不仅物质生产和符号领域之间、生产和消费之间、劳动和休闲等非劳动活动之间的界限消失了，它们从此可以相互交换各自的内容，而且这种情况到处都在出现："时尚中美与丑的互换、政治中左派与右派的互换、一切传媒信息中真与假的互换、物体层面上有用与无用的互换、一切意指层面上自然与文化的互换。所有那些伟大的人文主义价值标准，具有道德、美学、实践判断力的整个文明的标准，都在我们这种图像和符号的系统中消失了。一切都变得不可判定，这是代码统治的典型效果。"[2] 在其后来的著作中，鲍德里亚将这种事物之间界限消失、相互融合、相互渗透的现象称为"内爆"（implosion），并进一步讨论了各种其他的内爆现象，如幻境和真实、主体和客体、中心和边缘、媒体和现实、政治和非政治等，它由此成为鲍德里亚著作中的一个重要概念。与罗兰·巴特、德里达等后结构主义/后现代主义者将符号所指/指涉的不确定性解读为意义的多样性有所不同，在其后来的著作中，主要基于上述对符号与其所指/指涉之间关联的丧失这种判断，鲍德里亚将这种符号的不确定性及其无限增生解读为意义的丧失。鲍德里亚明确地说："我们所生活的世界，信息越来越多，意义却越来越少。"[3] 其原因或者是"信息生产了意义，但是，它却不能够弥补每一个界面的意指之丧失"，或者是"信息和意指一点关联都没有。它完全是别的东西，隶属于另一个秩序的操作性模型……它是在意义与意义的流通之外"，再或者是信息和意义之间有着"非常丰富且必要的关联，到了某种极端的程度，使得信息变成了意义和意指的杀手，或者把它们中性

---

[1] 波德里亚:《象征交换与死亡》，第 4 页。
[2] 同上书，第 7 页。
[3] 布希亚（鲍德里亚）:《拟仿物与拟像》，洪凌译，台湾时报文化出版公司，1998 年，第 161 页。

化"。[1] 这种意义的不确定或丧失现象也可以称为意义的"内爆"(各种符号意指之间的界限完全消失)。

鲍德里亚指出,正如从仿造秩序向生产秩序的转变一样,这种从生产秩序向拟真秩序的转变实质上也不过是资本统治从一种旧方式向一种新方式的转变,是资本实施和维护自身统治的一种新策略。终结第二级拟像秩序的"并不是革命,而是资本本身。正是资本通过生产方式废除了社会确定性。正是它用价值的结构形式代替了商品形式。而且也正是它在控制着系统目前的全部策略"[2]。这种转变使得资本对社会的统治变得更加稳固,更加难以撼动:"因为这种结构价值规律就像剩余价值一样,是最纯粹而难以辨认的社会统治形式,它无法再在统治阶级或力量关系中找到参照,它没有暴力,它完全被吸收却没有在困扰我们的符号中留下血迹,它在各处的代码中起作用。"[3] 在当代资本主义社会中,资本不再是通过对剩余价值的独占来实施和维护自己的统治,而是相反,是通过对剩余价值的放弃,[4] 通过对被统治者单方向的馈赠,通过难以察觉的模式生成秩序,按照无限的拟真连接[5]来实施和维护自身对全部社会生活的统治。它不仅使由传统生产秩序形成的政治经济学话语失去了效力,而且使基于这一话语而构建的反抗资本主义统治的革命策略同样失去效力:这种革命策略告诉我们革命的目的就在于解放社会生产力,而如果这样,"那么未来就不会再有革命——因为不再有生产"[6]。这种革命策略也告诉我们,革命的力量主要在于作为劳动力的工人阶级,而如果这样,那也不会再有革命,因为不仅"劳动不再是一种力,它成为各种符号中的符号"[7],一种可以和非劳动、休闲以及日常生活中其他一切活动相互替换的符号,因此不再是孕育

---

[1] 布希亚:《拟仿物与拟像》,第 161—162 页。
[2] 波德里亚:《象征交换与死亡》,第 7 页。
[3] 同上书,第 10 页。
[4] 参见上书,第 25 页注释 1。
[5] 同上书,前言,第 4 页。
[6] 同上书,第 10 页。
[7] 同上书,第 11 页。

特殊社会关系的特殊历史实践的力量,而且劳动者在今天已经被提升为享有全权和尊严的"人",因此也不再具有革命精神。面对这种情势,鲍德里亚认为只有借助象征交换的原则,我们才能从根本上摧毁资本主义体系,摆脱资产阶级的统治。鲍德里亚表示,尽管资本主义社会是建立在象征交换关系的瓦解之上(原始社会的象征交换关系是建立在馈赠和回报循环不断的基础上的,这种循环一旦被打断,出现单方面馈赠时,权力就出现了,原始社会也就终结了),当代资本主义社会中资产阶级通过拟真秩序来加以实施和维护的权力和统治,也正是以其对社会大众单方面的馈赠(最低生活保障的馈赠、养老和医疗保障等社会福利的馈赠、传媒和信息的馈赠等)为前提的,但象征交换事实上是任何社会系统都不可能摆脱的义务。基于这一点,我们便可以构建起一种反抗资本主义的新策略,即通过对资本主义体系施与一种让其无法加以回报的反馈赠来使之解体和崩溃的策略。鲍德里亚说:"如果统治来源于系统掌握馈赠的专有权而没有反馈赠这一事实——例如劳动的馈赠,对此只能用摧毁或牺牲来回应,不能用消费来回应,因为消费只不过是这个陷入绝境的赏赐系统又增加的一道螺旋,因此它也就是统治又增加的一道螺旋;例如传媒和信息的馈赠,由于代码的垄断,对此谁也无法进行报复;例如每时每刻都存在的社会的馈赠,即防护的、保障的、社会奖赏和激励的体制的馈赠,对此谁也不再可能摆脱——那么此时唯一的解决办法就是让系统的统治原则本身反转过来对抗系统:这是回应和报复的不可能性。用一种系统除非以自身的死亡和崩溃为代价才能回应的馈赠来对抗系统。因为任何东西,甚至包括系统都不能摆脱象征义务,正是这一陷阱中存在着系统发生灾难的唯一机会。"[1] 而对于手中并不握有比统治阶级更多资源的社会大众来说,这种让资本主义体系无法回报的反馈赠就是自身的死亡,这既包括生理意义上的死亡,尤其是那些人为的非正常死亡如自杀、车祸等事故,以及恐怖事件造成的死亡等,也包括社会意义上的死亡,如拒绝劳动、拒绝工资、拒

---

[1] 波德里亚:《象征交换与死亡》,第53—54页。

绝消费、拒绝来自系统的任何赐予（包括各种福利、保障以及身份符号）等。[1] "对权力的唯一有效反击是把它给予你们的东西还给它，这只有通过死亡才能以象征方式实现。"[2] 鲍德里亚相信，在这种情况下，"系统将被死亡的挑战包围，受到毒蝎般的攻击。因为系统为了不丢脸而必须回应的这种馈赠，显然只可能是死亡的馈赠。系统本身必须通过自杀来回应死亡和自杀的反复挑战"[3]。"权力为了更好地奴役，会越给越多，而社会或个体为了结束这一切，则可能会一直走到自我摧毁的地步。这是唯一的绝对武器，简单的集体威胁就可能让权力崩溃。"[4]

上述关于拟像秩序的理论为鲍德里亚后期的著作确立了一个基本的论述框架。自《象征交换与死亡》之后，鲍德里亚的著作基本上都可以视为对这一拟像秩序理论，尤其是第三种即拟真秩序理论的进一步补充、发挥和拓展。

例如，在《诱惑》（1979）一书中，鲍德里亚启用了一个新的概念，即"诱惑"（seduction），用它来从一个新的角度对拟真时代的资本主义世界进行描述和分析，认为消除符号意义的确定性、解构各种意义的大叙事、以游戏般的无意义的拟真世界等来诱惑人们，正是当代资产阶级实施和维护自身统治的一种基本策略。"在一个无区别世界中调整的可能性，运动着的整体'游戏'的可能性，这种可能性永远都具有迷惑力……这是一笔快乐的奖金（同时也是一笔焦虑的奖金），奖励给网络中任何一个运动着的微粒。它给我们每个人一种轻微的幻觉眩晕，数不清的或连续不断的分支，连接和断开连接。我们每个人都应邀变成一个微缩的'游戏体系'，一个可能的游戏微型体系，即有一种随机运转的、可自行调节的可能性。这便是游戏的现代意义，'游戏行为'的词义，它蕴含了各种组合

---

[1] "死亡永远不应理解为一个主体或一个身体的真实事件，而应理解为一种形式——可能是一种社会关系的形式——主体和价值的确定性在这一形式中丧失。"（波德里亚：《象征交换与死亡》，前言，第7页注释1。）
[2] 同上书，第63页。
[3] 同上书，第54页。
[4] 同上书，第64页。

的灵活性和多功能性：体系的亚稳状态就建立在这一意义上的'游戏'的可能性上。"[1] 拟真和诱惑正是当今这个无意义世界的两面："我们生活在一个无意义中。但是，如果拟真就是这个无意义的驱魔形式，诱惑则是它的施魅形式。"[2] 换言之，拟真一方面驱除了符号与所指/指涉或意义之间的确定性联系，另一方面又正是以这种无意义本身所构成的诱惑来使人们感受到这个世界似乎仍然具有意义。

在《拟像与拟真》（1981）这本文集中，除了重申三种拟像的理论和以迪士尼乐园、蓬皮杜广场等电影作品、超市、媒体、广告、科幻小说等现象作为实例，来对拟真世界的特点，如由各种"没有原型的真实堆积而成的模式生成"、所指和指涉的丧失、虽是"拟真"却比真实还真、各种对立事物之间界限的消失或内爆、符号意义的不确定性等，进行多方位的描述和解说之外，在其中最后一篇文章《论虚无主义》中，鲍德里亚还明确地将自己对当代资本主义拟真世界的分析与"现代性/后现代性"方面的讨论联系了起来，明确地将处于拟真秩序阶段的资本主义世界称为"后现代性"，而将这之前的资本主义世界称为"现代性"，将从现代性向后现代性的转变称为"后现代主义的革命"。他写道："在意义的侍奉之内（再现、历史、批判性等等），我观察、接受、预设了表象消灭的庞大过程（以及表象的引诱）。这就是19世纪的基本事实。19世纪与现代性的真正革命，在于表象的激进消亡、世界的去魔魅，以及它将自身抛掷到诠释与历史的暴力之内。我观察、接受、预设，以及分析第二度的革命。那是20世纪的，也就是后现代主义的革命。它是意义之破灭的庞大过程，相等于早先的表象破灭。黏住意义不放的人，终究会被意义所杀。"[3]

在《致命的策略》（1983）一书中，鲍德里亚则针对自笛卡尔以来西方哲学常从主体的角度思考人与物之间或主体和客体之间关系的立场，以自己多年来对"物"的探讨为基础，转向从物或客体的角度出发，对人

---

[1] 波德里亚（鲍德里亚）：《论诱惑》，张新木译，南京大学出版社，2011年，第248—249页。
[2] 同上书，第276页。
[3] 布希亚：《拟仿物与拟像》，第302—303页。

与物之间、主体和客体之间的关系重新加以思考，认为物或客体并非像以往人们想象的那样是一种完全被动的存在，物或客体通过一种独特的逻辑或策略来对抗人类或主体，这种逻辑或策略就是"致命策略"（fatal strategy）。所谓"致命策略"，指的是物或客体通常采用的这样一种策略，即通过遵循某种逻辑直至其极限（譬如比假更假、比丑更丑、比隐蔽更隐蔽等）来使按此逻辑运行的系统崩溃，以此来使主导该系统的人类主体性遭到挫败。鲍德里亚认为，这尤其是当代资本主义拟真时代的一种现实情况。在这一时代，"事物已经找到了摆脱令其感到厌倦的意义辩证法的途径：无限制扩张，增强潜力，超越自身而上升到极限"[1]。鲍德里亚甚至直接或间接表示，在拟真阶段的资本主义世界，作为被统治之客体的社会大众，正是有意无意地采用了这种客体的逻辑或策略来对包括大众传媒等力量在内的系统控制进行回应。

在《美国》（1986）一书中，他则将美国视为拟真世界的典型样本，以自身在美国旅行时的所见所闻为材料，对拟真世界进行了生动具体的描绘和分析，认为人们在美国可以看到"完美的拟像，对一切价值的内在性和物质转换的拟像。……他们（美国人）是某个分析现代世界所有可能性变体的报告的理想材料"[2]。

在《恶的透明性》（1990）一书中，鲍德里亚则在前述三种拟像秩序的基础上，补充提出了一种新的拟像秩序，即所谓"分形"秩序。鲍德里亚说："出于分类的需要，我曾经提出一种价值三段论：使用价值的自然阶段、交换价值的商品阶段、符号价值的结构性阶段。价值在其中遵循三种法则：自然法则、商品法则、结构性法则。此论当然不免流于形式，但也有些类似于物理学家每个月都发现一种新粒子的情况。新粒子并不取代那些先前发现的粒子，而仅仅成为它们的后继，加入假定的序列。所以我所做的，是要为各种拟像中的微观物理学引入一种新的粒子。在价值的自然阶段、商品阶段、结构性阶段之后，是价值的分形阶段。"鲍德里亚

---

[1] 波德里亚（鲍德里亚）：《致命的策略》，刘翔、戴阿宝译，南京大学出版社，2015年，第3页。
[2] 波德里亚（鲍德里亚）：《美国》，张生译，南京大学出版社，2011年，第47—48页。

具体解释说:"最初阶段,是有自然所指对象的,价值在对世界的自然使用的基础上发展起来。第二个阶段,建立于普遍的等值基础上,价值依照商品逻辑而发生。第三个阶段,价值为编码所主导,参照各种模式的集合体而发生。第四个阶段,价值的分形阶段,或者说病毒扩散式发展、辐射状发展阶段,并不存在任何参照(指涉)对象,价值向各个方向、向一切空隙、不借任何参照、只顺从邻接性、呈辐射状发散开来。在分形阶段,无论是从自然的还是普遍的角度来说,任何等值的观念都不复存在了。更确切地说,这个阶段不再有所谓的价值法则,而只有一种价值的传染、价值的普遍转移,或是价值的任意增殖和散布。"[1] 在这种情况下,价值实际上消失了:"严格说来,我们的确不应该再谈什么'价值'了,因为这种蔓延或连锁反应,使得所有价值的估定都变得不可能了。"这和微观物理学中测不准定理所描述的情境一样:"我们不可能用美与丑、真与假、善与恶这些词汇去进行运算,正如我们不可能同时得出一个粒子的速度与位置。善不再是恶的对立面,而再没有什么能以横纵坐标得以定位。就像每一个细小的粒子遵循自己的轨道运行那样,每一个价值或是价值的碎片,在模拟的天空中闪耀片刻,画出一条折线,几乎不与其他的线相交,随之遁入虚空。这就是分形化的模式,也是目前我们的文化所具有的形式。"[2] 在这种文化形式下,各种从其先前的确定所指或意义中解放出来的事物、符号或行动,开始像癌细胞一样进入一种无止境的自我繁殖、增生和扩散的过程,并且相互渗透以至于都失去了自身的特性,"参与到一个混乱与蔓延的过程,一个抹去各种区别的病毒性传播过程";"所有范畴都各自受到了污染,某个领域可以与其他的互换,各种体裁混杂而不分"。[3] "在同一时刻,一切都是性的,一切都是政治的,一切都是审美的。"[4] 然而,"当一切都是政治的,那就没有什么是政治的了,而政治这

---

[1] 鲍德里亚:《恶的透明性——关于诸多极端现象的随笔》,王晴译,西北大学出版社,2019年,第5页。
[2] 同上书,第5—6页。
[3] 同上书,第7—8页。
[4] 同上书,第9页。

个词就不再有意义。当一切都与性有关时,那就没有什么是关于性的了,而性也因此失去了它的关键作用。当所有的事物都是审美的,那么也就不存在美丑之分了,而艺术本身也就消失了"[1]。现在的一切,无论是性、生产、政治、艺术等等,都不再是这些概念原初意义上所指的那种事物,而只不过是那一事物的拟真而已。通过这一变化,"资本(如果还可以叫作资本)成功地逃离了自身本该有的结局。自此之后,它的运作超出了它自身的各种目的,完全摆脱了任何约束"[2]。鲍德里亚由此得出一个结论:从此,"再也没有先锋、政治、性或是艺术值得我们期待,或者能让我们以欲望、革命、形式解放为名义作出激进的批判。这种革命运动的日子已经远去。现代性的光辉进程,并没有像我们曾经期待的那样促成各种价值的蜕变,而是导致了价值的散布和退化,而其结果,为我们带来了全盘的混杂,让我们无法从各种事物的审美、性和政治计算中重新得到其原则"[3]。

而在《完美的罪行》(1995)一书中,鲍德里亚则将其关于拟真时代"真实"消失的思想进一步发挥,在哲学思维的层面上,对人们曾经信奉的"实在"是如何被人们以各种方式建构出来,在今天这个拟真时代又是如何经由各种方式逐渐消失这一过程,进行了概括性的描述和分析——这一"真实"不留痕迹地逐渐消失的过程被鲍德里亚称为一桩"完美的罪行":"本书写的是一桩罪行——谋杀实在罪的始末。也是消除一种幻觉——根本的幻觉、对世界的根本性的幻觉的经过,实在不会在幻觉中消失,而是幻觉消失在全部的实在中。"[4]

---

[1] 鲍德里亚:《恶的透明性——关于诸多极端现象的随笔》,10 页。
[2] 同上书,第 11 页。
[3] 同上书,第 10 页。正如许多学者指出的那样(见凯尔纳、贝斯特:《后现代理论:批判性的质疑》,第 173—175 页;孔明安:《物·象征·仿真——鲍德里亚哲学思想研究》,安徽师范大学出版社,2010 年,第 101—102 页;等等),鲍德里亚关于价值的分形阶段与结构化阶段(以及相应的拟像秩序)之间区别的解说并不清晰。按照鲍德里亚的解说,我们能够大致弄清楚的一点是:在价值的结构化阶段,符号仍然遵循"能指的意义来源于符号之间的差异"这一结构主义符号学法则;而在价值的分形阶段,符号似乎不再遵循这一法则,而是遵循不规则地任意同形增生的分形几何学法则。除此之外,鲍德里亚在《恶的透明性》中对价值分形阶段所作的描绘与其在《象征交换与死亡》中对价值结构化阶段所作的描述似乎并无根本区别,如果将价值分形阶段看成价值结构化阶段各种特征的进一步发展似乎也可以说得通。实际上,概念界定不清似乎是鲍德里亚许多著述的一个通病。
[4] 博德里亚尔(鲍德里亚):《完美的罪行》,王为民译,商务印书馆,2014 年,第 4 页。

如此等等。限于篇幅，不再列举。总而言之，正如凯尔纳和贝斯特等人指出的那样，鲍德里亚后期的许多著述不仅在理论立场上带有浓厚的后现代主义色彩，甚至在内容和形式上也"呈现出一种后现代风格：模仿拼凑过去的文本，混杂各式各样的主题，最后，表现出一种冰封冻结的文本的超真实化。这些文本愈来愈比鲍德里亚更像鲍德里亚，不断地重述他所偏爱的那些理念"[1]。这种评论虽难免有夸张之嫌，但也在一定意义上可以帮助我们理解鲍德里亚的后期著作。

结　语

在国内外有关鲍德里亚思想的研究文献中，一个经常被人们提出来加以讨论的问题是：鲍德里亚到底是不是一个后现代主义者？对于这个问题，众说纷纭，有的人回答是，也有的回答说不是。对于这些不同的回答本身我们不予评论，以下只简要地谈谈笔者自己的看法。

为了避免出现一些不必要的困扰，我们必须先对"后现代"（postmodern）、"后现代性"（postmodernity）和"后现代主义"（postmodernism）这几个概念的含义作一番澄清。

首先，我们必须对上述概念的意涵作一个明确的区分。因为在许多讨论"现代"/"后现代"问题的文献（尤其是这一讨论的早期文献）中，上述几个词常常被人们当作同义词来混合使用，但自20世纪末期以来，在许多文献中逐渐出现了一种趋势，即使用"后现代性"一词来专门指称一种被认为与"现代性"不同的社会历史阶段，使用"后现代主义"一词来专门指称一种被认为与"现代主义"（文学、艺术、哲学和科学）思潮不同的社会思潮或思想取向，而将"后现代"当作一个涵盖"后现代性""后现代主义"（以及"后现代化"等以"后现代"作为词根构成的相关概念所指涉的各类"后现代"现象）的总括性概念。具体到社会学研究领域，出现的趋势则是使用"后现代性"一词来专门指称一种与"现代

---

[1] 凯尔纳、贝斯特：《后现代理论：批判性的质疑》，第168页。

性"不同的社会形态（这种新社会形态的出现意味着社会学研究对象的改变，它给社会学提出的问题是：对于这一新出现的研究对象而言，社会学在概念、命题和研究方法方面是否需要有一些相应的改变？），使用"后现代主义"一词来专门指称一种与"现代主义"不同的社会研究模式（这种新研究模式的出现则意味着社会学在有关社会现实的本质、研究社会现实的程序和方法等本体论、认识论和方法论基本原理方面的改变，它给社会学提出的问题是：我们用来研究社会现实——无论是正在出现的新社会现实，还是作为社会学传统研究对象的那些过往的社会现实——的基本原则、程序和方法是否需要改变？）。因此，在讨论鲍德里亚是不是一个后现代主义者这个问题时，我们便要预先确定：我们所谓的"后现代主义"，到底是在含义上与"后现代"或"后现代性"概念合一的那个"后现代主义"，还是专指一种与现代主义不同的思潮（或社会研究模式）的"后现代主义"？如果不先对这个问题给出一个确定的回答，我们的相关讨论便有可能因各人使用的概念词义并不相同而陷入一种鸡同鸭讲的混乱局面。为了避免出现这种情况，我们确定：我们认为将"后现代性"和"后现代主义"两个概念区分开来，让它们各司其职的做法是合理的。因此，本书将遵从社会学领域中采用此类做法的那些学者的惯例，用"后现代性"一词来专指一种与"现代性"不同的社会形态，用"后现代主义"一词来专指一种与"现代主义"不同的社会研究模式。

其次，我们还必须大致确定，判断一个社会学家的研究对象是否真的属于"后现代性"，以及判断一个社会学家的理论立场、观点是否属于"后现代主义"的标准。尽管没有人否认20世纪中期以来西方社会正在出现种种新趋势、新现象，但在有关"后现代性"问题的讨论中，围绕这样一些趋势和现象是否真的构成了或将会构成一种可以称为"后现代性"的新社会形态这一问题，却存在不同的回答，而这些不同的回答很大程度上则是源于学者们对"现代性"的基本特征所作的不同界定。例如，如果将工业化、城市化、阶级分化等现象界定为现代性的基本特征，那么，后工业化、逆城市化、非阶级分化等现象的出现就意味着"后现代性"的出现；而如果并不是把工业化、城市化、阶级分化等现象视为现代性的基本特征，而是将理性化、动态化、反思性等视为现代性的基本特征，那么我们要是将后工业化、逆城市化、非阶级分化等现象解读为以不同形式对这些特征的延续，那这些现象就依然可以归入现代性的范畴，而不必视之为一种"后现代性"现象。[1] 与此类似，对于"后现代主义"一词的含义，不同的学者也有不同的界定，基于这些不同的界定，对于同一个人所主张的某种观点是否属于后现代主义这一问题也就会出现不同的回答。这些不同的回答一定程度上也依赖我们对"现代""现代主义"概念的界定。例如，如果我们将"现代"理解为任何处于当前、现在的时间点，将"现代主义"界定为在当下居于主流的知识或文化思潮，那么，"后现代主义"就可能被界定为此后任一时期对此时的主流知识或文化思潮进行反叛、挑战和解构的知识与文化倾向；而如果我们将"现代"理解为 16—17 世纪以来的这一特定历史时期，将"现代主义"理解为在这一特定历史时期内逐渐成为主流的知识和文化观念，如理性主义、"逻各斯中心主义"、普遍主义、进步主义、主客体辩证法等，那"后现代主义"就可能被界定为对这些特定的观念进行反叛、挑战和解构的那种知识和文化思潮；等等。我们不打算在这里就上述两方面的相关讨论中出现的分歧各方孰是孰非进行辨析，而是直接将我们准备使用的相关判定标准陈述如下。第一，对于一个学者所研究的对象是否属于"后现代性"现象，我们将直接依据该学者本人的判断来加以判定：只要该学者本人依据自己的事实材料和判断标准确认自己所描述和分析的对象是一种与"现代性"不同的"后现代性"，那么，我们就将其归入研究后现代性现象的学者之列，而不考虑他人对该学者的说法持何种看法。其次，对于一个学者的理论立场、观点是否属于"后现代主义"这一问题，我们将依据本书作者自己对"现代主义""后现代主义"概念的理解来加以判定。基于本书作者的理解，我们将 16—17 世纪以来在西方形成和传播开来，主要由传统实在论、表现主义、相符真

---

[1] 参见笔者在《现代性、后现代性社会理论：诠释与评论》一书（谢立中、阮新邦主编，北京大学出版社，2004 年）导言第二节中所作的相关叙述。

理论、本质主义、普遍主义等基本信条（也可以简单地概括为"传统实在论"加"一元主义"两大信条）所组成的一套知识和文化理念称为"现代主义"，而将对其发起挑战，主要由话语建构论、反表现主义、多元主义、反本质主义、反普遍主义等基本信条（也可以简单地概括为"话语建构论"加"多元主义"两大信条）所组成的一套知识和文化理念称为"后现代主义"。因此，一位学者，只要他自觉或不自觉地认同后面这套知识和文化理念，并运用它来指导自己的学术研究，我们就可以称其为后现代主义者。

在完成了上述准备之后，以我们前面对鲍德里亚社会理论的叙述为依据，我们便可以大致形成以下这样一个结论：从研究对象来看，鲍德里亚是一个典型的"后现代性"研究学者；但从研究模式方面来看，鲍德里亚却并不是一个典型的后现代主义者，或者可以说，是一个半截子的后现代主义者。

首先，从研究对象来看，不仅自《物体系》一书始，鲍德里亚穷其一生都在努力证明，与之前的资本主义社会相比，当代资本主义社会在诸多方面都已经发生了根本性的变化，而且如前所述，尽管数量不多，鲍德里亚还是在其某些作品如《拟像与拟真》一书中，明确地将处于拟真阶段之前的资本主义世界称为"现代性"，而将从这一被称为现代性的阶段向拟真时代的转变称为"后现代主义的革命"。[1] 在另一个场合，鲍德里亚则更明确地使用了"后现代性"这个概念来指称他所描述的无意义的当代西方社会，他说"后现代性既非乐观主义的亦非悲观主义的。它是在历史的废墟上进行游戏。这就是何以我们是'后……的'。历史已经终结了，我们正处于无意义的后历史中"[2]。此外，国内外研究后现代性的学者，也都

---

[1] 鲍德里亚此处仍然和我们前面所说的许多早期探讨后现代性问题的学者一样，将"后现代性""后现代主义"等概念不加区别地混同使用。按照区分后的概念，鲍德里亚在这里所使用的"后现代主义"一词应该用"后现代性"一词来加以替换，因为鲍德里亚在这里用它所指涉的实际上是作为其研究对象的社会文化状况，而非他自己在研究过程中所采用的研究模式（有关社会的本体论预设，以及从中引申出来的社会认识论和方法论原则）。

[2] 转引自夏光：《后结构主义思潮与后现代社会理论》，社会科学文献出版社，2003年，第315页。

将鲍德里亚对消费社会、符号经济或拟真秩序所作的描述和分析，当作西方社会确实发生了从现代性向后现代性这样一种转变的主要依据或理论资源。这些都足以让我们确定，将鲍德里亚视为一个典型的后现代性问题方面的研究学者，应该是可以接受的。

其次，从研究模式方面来看，依据本书作者所确定的标准，鲍德里亚却并不能被视为一个典型的"后现代主义"者，而只能说是一个非典型的，或者说不彻底的、不充分的、半截子的后现代主义者。一方面，我们可以看到，鲍德里亚不仅将自己的研究对象视为一种与传统的现代性（生产社会、商品社会）不同的后现代性（消费社会、拟真社会），而且他用来对后现代性进行分析的主要理论和方法论模式，也是被本书作者视为后现代主义理论模式之一的后结构主义（鲍德里亚也明确地将罗兰·巴特等人的后结构主义符号学理论视为自己的主要理论源泉之一）。诸如将消费社会或拟真社会中包括"物"在内的各种社会现象都视为符号或作为符号之符号的符码建构、生成的结果，否认此类社会世界的"自然"实在性，同时将拟真时代的符号视为完全与其所指/指涉即"实在"无关的能指，不是从其与实在之间的关联而是从符号的结构性差异来探寻符号意义的来源，并从这种能指与所指/指涉之间确定性关联的消失（以及符号之间差异及对立关系的高度开放性、流动性或不确定性）中，得出拟真时代的符号因此实际上失去意义、世界已经成为一个无意义的世界之类的结论等，都是带有浓厚后结构主义/后现代主义色彩的理论见解，或者说，至少是与上述"话语建构论"和"多元主义"这两个后结构主义/后现代主义理论的基本信条有着高度的亲和性。就此而言，将鲍德里亚的社会研究模式归入后现代主义之列，因而称鲍德里亚为一个后现代主义者，似乎也并无不妥。但另一方面，我们又看到，鲍德里亚并非将这种带有浓厚后结构主义/后现代主义色彩的分析模式应用于他所分析的所有社会时期：在象征交换关系主导的前现代社会（原始社会、奴隶社会和封建社会）里，符号和物的意义（能指和所指之间的关联）是由社会的规范体系所规定的；在象征交换关系已经被取代的现代社会，虽然符号和物已经从传统社会的规范体系中解放了出来，获得了自由，但消费社会或拟真社会出现之前的现代社会时期，符号和物仍然在模仿前现代社会的符号和物，仍然试图为能指找到某种确定的所指/指涉，试图从这种被认为与能指之间依然存在着必然联系的所指或指涉（譬如"自然"或者"劳动"）中寻找符号的意义。因此，无论是后结构主义还是结构主义的符号学原理，在这些时代似乎都是不适用的。鲍德里亚事实上也没有将结构主义或后结构主义的符号学原理运用于这些时期。就此而言，从社会研究模式方面将鲍德里亚归入后结构主义/后现代主义者之列，似乎又显得不太合适。综合起来，从社会研究模式方面来看，我们似乎只能称鲍德里亚为一个非典型的，或者说不彻底的、不充分的、半截子的后现代主义者。

不过，必须立即加以澄清的一点是：说鲍德里亚在对消费社会或拟真社会之前的社会（包括前现代社会和早期现代社会）进行分析时，采用的不是后结构主义甚至结构主义的分析模式，并不等于说他采用的就是传统实在论范畴内的各种分析模式（实证主义、诠释学、现象学等）。当鲍德里亚说在前现代社会（原始社会、奴隶社会、封建社会）中符号和物的意义是由社会规范体系确定时，他并没有说这些符号和物的意义是来自某种像"自然"一样的客观实在——从某种意义上，我们仍然可以体会到，这些符号和物依然是人们在特定话语体系下建构起来的。同样，当鲍德里亚说拟像社会的第一阶段即仿造阶段，虽然符号和物已经从传统的社会规范体系中解放了出来，但人们依然模仿前现代社会，试图从能指与所谓"自然"等"真实"存在之间的必然联系中为符号寻找到一个确定的意义时，鲍德里亚也并没有将这种被当时的人们当作客观真实来加以看待的"自然"视为实证主义者等传统实在论者眼中的那种"实在"（完全独立于人们话语体系的"自然而然"的实在），而是明确地指出这种被人们视为"真实"存在的所谓"自然"，其实也不过是一种人们通过特定话语体系（启蒙话语等）建构出来的"真实"，将符号视为对这种所谓"真实"的表现，试图从符号与这种"真实"的必然联系中为符号寻找确定的意义，其实是当时的人们尚未完全摆脱前现代社会中"符号和物总有一个确定意义"这一习惯之影响的结果。就此而言，在对消费社会或拟真社会之前的社会（包括前现代社会和早期现代社会）所作的分析中，鲍德里亚虽然不是一个后结构主义甚至结构主义者，但也不是一个传统意义上的实在论者。意识到这一点，对于我们恰当地理解鲍德里亚的思想应该还是具有意义的。

第十二章　利奥塔的后现代状况理论

无人会对法国哲学家利奥塔在后现代社会理论研究领域中的重要性加以置疑。正如许多人已经指出的那样,"在许多圈子里,利奥塔都被称赞为一位杰出的后现代理论家。他的《后现代状况》一书使得'后现代'一词几乎家喻户晓,并且在过去十多年的后现代争议中受到了广泛讨论","利奥塔的许多观点对于当前的后现代理论具有极其重要的意义"[1];"对20世纪晚期社会和文化方面最困难问题的任何反思来说,让–弗朗索瓦·利奥塔的工作都是不可取代的。在关于后现代状况的定义中,他既给了我们一个看待这些问题的观点,也给了我们将这些问题联系起来加以考虑的最重要理论"[2]。因此,了解利奥塔的后现代论述便成为我们无法回避的一项任务。以下我们仅对利奥塔在后现代问题方面最重要的一些思想作一简单叙述和评论。

一、合法化及其不同类型

利奥塔并非自始至终都是一个后现代主义者。利奥塔有关后现代问题的论述主要集中在《后现代状况》《公正游戏》《迥异》《异教主义》

---

[1]　凯尔纳、贝斯特:《后现代理论:批判性的质疑》,张志斌译,中央编译出版社,2004年,第190—191页。
[2]　威廉姆斯:《利奥塔》,姚大志、赵雄峰译,黑龙江人民出版社,2002年,第1页。

及《关于合法化的备忘录》等后期著述中。在这些有关后现代状况的著述中,利奥塔所关注的核心问题其实主要是当代西方社会中行动规范和科学知识所面临的合法性危机。和哈贝马斯相似,利奥塔有关后现代问题的全部论述,基本上都可以看作对西方现代社会在行动规范和科学知识方面所遇危机的一种反应、一种诠释,以及一种应对方案。

按照利奥塔的解说,所谓"合法化"指的是一种过程,通过这种过程,一个"立法者"被赋予权力或得到允许来颁布某种为社会政治活动或知识探究活动中的行动者必须遵守的行为规范或指令。"假设有一条民法,它的陈述如下:某类公民必须完成某些行动。此处的合法化是一种过程,通过这种过程一个立法者得到允许来颁布这条作为规范的法律。假设有一条科学陈述,它的规则如下:一条陈述必须呈现某种集合的条件才能被认为是科学的。这里的合法化也是一种过程,通过这种过程,一个处理科学话语的'立法者'得到允许来规定上述条件(通常包括内在一致性条件和实验可证性条件),以便让一条陈述成为这个话语的一部分,并且得到科学共同体的重视。"[1]

按照利奥塔的论述,无论是立法者的合法化还是知识的合法化,都有过两种不同的类型。这两种过程都需借助叙事这种特殊的知识类型来进行,只不过一种是借助传统的叙事(如神话叙事),另一种则是借助现代的解放叙事。

一提到"知识",人们通常都将它与现代科学知识等同起来。但事实上,这种等同是错误的。利奥塔指出,有两种不同的知识形态,一种叫作"叙事知识",另一种才是"科学知识"。"一般地说,知识并不限于科学,甚至不限于认识。""认识是全部指涉或描写物体的陈述,不包括其他陈述,属于认识的陈述可以用真或假判断。"[2]科学知识是"认识"的种类之一。"但人们使用知识一词时根本不是仅指全部指涉性陈述,这个词

---

[1] 利奥塔尔(利奥塔):《后现代状态:关于知识的报告》,车槿山译,生活·读书·新知三联书店,1997年,第13页。本章后面可能根据表述习惯对少量引文文字略作修改。
[2] 同上书,第40页。

中还掺杂着做事能力、处世能力、倾听能力等意义。因此这里涉及的是一种能力，它超出了确定并实施唯一的真理标准这个范围，扩展到了其他的标准，如效率标准（技术资格）、正义和/或幸福标准（伦理智慧）、音美和色美标准（听觉和视觉），等等。按照这种理解，所谓知识就是那个能让人说出'好的'指涉性陈述的东西，但它也能让人说出'好的'规范性陈述、'好的'评价性陈述……它不是关于某一类陈述（例如认知性陈述）的能力，它不排除其他的陈述。相反，它对话语的许多目的而言都具有'好的'性能：认识、决定、评价、改变……由此出现了它的一个主要特点：它与各种能力扩展而成的'建构'相吻合，它是在一个由各种能力构成的主体中体现的唯一的形式。"[1]

不过，在科学知识出现以前的年代，叙事是知识的主要形式。"不论观察者提出什么样的剧本来戏剧性地理解这种习俗状态的知识和科学年代的知识之间存在的差别，他们都承认一个事实，这就是在传统知识的表达中叙事形式占有主导地位。"[2] 传统的叙事知识有以下主要特性：（1）"这些民间故事本身讲述的就是我们所说的正面或反面建构（'教育'），即英雄们的尝试获得的成功或遭到的失败。这些成功或失败不是建立社会体制的合法性（神话功能），就是表现既定的体制（传说、童话）所具有的正反整合模式（幸福的英雄或不幸的英雄）。因此，这些叙事一方面可以规定能力标准——这是叙事被讲述时所处的那个社会的标准，另一方面可以用这些标准来评价社会实现的或可能实现的性能。"（2）与科学这种发达的知识形式不同，叙事知识"自身接纳了多种多样的语言游戏：叙事中很容易加进指涉性陈述（例如关于气候、季节、动物、植物的状况）、道义性陈述（它们规定相同的指谓或不同性别的亲属、儿童、邻居、外国人等应该做的事情）、疑问性陈述（例如挑战的插曲：回答一个问题、选择一样奖品）、评价性陈述，等等。叙事带来或实施各种能力的标准，这些能力在叙事的紧密组织中相互结合，形成有序的排列，这就是这种知识的

---

[1] 利奥塔尔：《后现代状态：关于知识的报告》，第 41 页。
[2] 同上书，第 42 页。

特点"。[1]（3）叙事往往需要遵守一些规则，这些规则以如下方式对叙事"位置"（发话者、受话者、主人公）加以安排："占据发话者位置的权利建立在双重事实的基础上，一是曾经占据受话者位置，二是由于带有姓名而被一个叙事讲述过，即曾经在其他叙述单位中处于故事指涉的位置。"[2]（4）叙事往往具有固定的形式、晦涩的语言和单调的旋律，因而很容易被遗忘。但这正表明了以叙事作为关键能力形式的集体不需要回忆过去。叙事将过去和现在紧密地联系在了一起。（5）最重要的一点是，叙事知识本身不存在"合法性"的问题。"一种推崇叙事形式的文化，正如不需要回忆自己的过去一样，大概也不需要特殊的程序来批准自己的叙事。我们很难想象如下三点：第一，这种文化为了让叙事者机制在叙事语用学中享有特权而把它从其他机制中分离出来；第二，它审查这个与受述者和故事失去联系的叙述者所具有的叙述权；第三，它分析或回顾自己的合法性。我们更难想象它能把关于叙事的权威交给一个不可理解的叙述主体。这些叙事本身就有这种权威。"[3]

传统叙事所具有的上述特性，使它得以成为传统社会里人们行动规范和知识合法化的基本手段。借助它，人们不仅获得了各种其有效性毋庸置疑的知识，而且还具备了使叙事涉及的那个世界里的人、物、行动及其规则合法化的能力。"叙述所传递的知识并非仅仅涉及陈述功能，它同时确定为了能被听见而应该说的东西、为了能够说话而应该听的东西以及为了能够成为叙事的对象而应该（在故事现实的场景中）玩的东西"；"叙事的传统同时也是标准的传统，这些标准的传统界定了三种能力，即说话能力、倾听能力和做事能力，共同体与这些能力本身以及与这些能力所处的环境的关系在这里成为游戏。一组构成社会关系的语用学规则与叙事一起得到传递"。[4]"叙事拥有收集、整理，传递描述，还有规定、评价和感情

---

[1] 利奥塔尔：《后现代状态：关于知识的报告》，第 43 页。
[2] 同上书，第 44—45 页。
[3] 同上书，第 47 页。
[4] 同上书，第 45 页。

的内在能力,这一传统传递了和名字相联系的义务,和有关特殊情形的规定,并简单地通过把它们置于卡辛纳洼人的名字的权威之下,使它们合法化。"[1]因此,在借助传统叙事来完成合法化程序的世界里,叙述过程本身同时就是使叙事所涉及的世界里的人、物、行动及其规则合法化的过程:光是被讲述这一事实本身就足以使叙事所涉及的世界里的人、物、行动及其规则合法化。这种借助传统叙事知识来完成的合法化过程,构成了合法化的第一种形式。

合法化的第二种形式则主要存在于现代社会。这种合法化机制的主要特征是:(1)合法化成为一个明确需要解决的问题。(2)表面上看,它无须再借助叙事知识来完成,但最终还是离不开叙事知识的帮助。

我们先来看知识的合法化过程。现代社会中占据主流地位的知识是科学知识。科学知识的特点是:(1)科学知识只采纳一种陈述即指涉性陈述,排除其他陈述。而一个陈述的可接受性标准是它的真理价值。"如果我们能够就一个指谓说出真实的陈述,我们就是学者;如果我们能够就一些只有专家才理解的指谓说出可证实或可证伪的陈述,我们就是科学家。"[2](2)科学知识与构成社会关系的其他语言游戏相分离。"它不再像叙事知识那样是社会关系的一个直接因素,而是一个间接因素,因为它成为一种职业,带来一些机构……这些机构由一些有资格的对话者主持,即由那些专业人员主持。"[3]这样就产生了一个新问题,即科学机构与社会之间的关系问题。(3)只对陈述者的能力有要求,对受话者的能力和指谓的能力都没有要求。(4)与叙事知识不同,科学陈述不能从它被讲述这个事实本身获得任何有效性。科学知识必须通过证实或证伪的途径来获得承认;因此,"合法性"问题始终是并且只是科学知识特有的一个核心问题。(5)科学游戏意味着历时性,即科学陈述的发话者不仅必须了解以前

---

[1] 利奥塔:《关于合法化的备忘录》,载包亚明主编:《后现代性与公正游戏》,谈瀛洲译,上海人民出版社,1997年,第177页。
[2] 利奥塔尔:《后现代状态:关于知识的报告》,第54页。
[3] 同上。

的各种陈述，而且还必须使自己的陈述与过去的陈述有所不同。因此，"这种历时性以储存记忆和追求创新为前提，它显示的基本上是一种积累过程"[1]。

表面上看，通过排除以被讲述本身来作为有效性的基础，通过将证实或证伪作为判断知识有效性的标准，科学知识似乎获得了一种比之传统叙事知识更为坚实可靠的合法化途径。这虽然令科学知识常常不得不面临质疑，常常不得不为自己的合法性问题而苦恼，但另一方面却也使得科学知识往往可以以一种自负的态度君临天下，尤其是在面对传统叙事知识的时候。"叙事知识并不重视自身合法化的问题，它通过传递的语用学，不借助辩论，也不提出证据，就使自己获得了信任。因此它不理解科学话语的问题，但又确实表现出一种宽容：起初它以为科学话语是叙事文化中的一个品种。"但反过来则不一样："科学知识考察叙事陈述的有效性时发现，这些陈述从来没有经过论证。科学知识把它们归入另一种由公论、习俗、权威、成见、无知、空想等构成的思想状态：野蛮、原始、不发达、落后、异化。叙事是一些寓言、神话、传说，只适合妇女和儿童。在最好的情况下，人们试图让光明照亮这种愚昧主义，使之变得文明，接受教育，得到发展。"[2]利奥塔认为，这种不平等关系是由这两种语言游戏特有的内在规则造成的，它构成了自西方起源始的整个文化帝国主义史。

尽管如此，其实科学知识并不能完全抛弃叙事知识。虽然科学知识自以为通过将自己与"客观事实"相对照，通过所谓的"证实"或"证伪"过程，就能够使自身获得合法性，但科学史却向我们屡屡表明，科学无法单纯依靠这种过程来使自己合法化（被人承认为有价值）。而"只要科学语言游戏希望自己的陈述是真理，只要它无法依靠自身使这种真理合法化，那么借助叙事就是不可避免的"[3]。这种情形实际上不仅自柏拉图时代

---

[1] 利奥塔尔：《后现代状态：关于知识的报告》，第56页。
[2] 同上书，第56—57页。
[3] 同上书，第60页。

即已开始[1]，而且经中世纪[2]一直延续到现在。即使在今天，科学家们还是要在一定程度上求助于叙事来使自己的陈述合法化。"一个明显的证据：那些有了某种'发现'而在电视或报纸上接受采访的科学家都做什么呢？他们讲述一部由完全不是史诗的知识构成的史诗。这样他们就遵守了叙事游戏规则，这些规则不仅在传媒的用户中保持着巨大的影响，而且在科学家的内心深处也保持着巨大的影响。这并不是一件平淡无奇的小事：它涉及科学知识与'通俗'知识或残余的'通俗'知识的关系。国家可以花费大量金钱以便科学能以史诗的面目出现：国家通过史诗使自己变得可信，引起公众的赞同，这是它的决策者所需要的。"[3]可见，科学知识的合法化最终还是必须依靠叙事知识来完成。

再来看行动规范的合法化过程。在现代社会，行动规范或指令的合法化也是通过与传统叙事不同的另一种程序来实现的。这种程序被利奥塔称为"协商"（deliberative）程序。它包括以下基本环节：（1）协商确定一个最高目标，这个目标被表述成一句权威的用语（称之为任务）。"这是一句疑问指令句：我们应当是什么样的？这句话充满了可能的意思：幸福的、智慧的、自由的、平等的、有钱的、艺术化的、美国化的？"（2）协商确定我们怎样才能够这样。"这样，我们从一个纯粹的、几乎是道德的指令过渡到了一个假设的指令，例如：如果你想这样，那就做那样。"（3）列出达到这一目标的手段清单："对形势的分析，对盟友和敌人双方可获得的储备力量的描述，还有对它们的各自利益的定义。这是一种完全不同的话语样式，因为它是严格认知性的——它是专家、高手、顾问和咨询者的话语，在研究、报告、民意测验、索引、统计等等中使用。"（4）确定在这些清单中我们能够做的有哪些。（5）对有关第（4）点的行动方案进行

---

[1] "正是在柏拉图写的《对话集》的形式中，合法化的努力向叙事缴械投降了，因为自始至终，每一篇对话都具有科学讨论的叙事形式"；"事实上，柏拉图开创科学的话语并不科学，这正是因为他想使科学合法化。如果不求助于另一种知识——叙事，科学知识就无法知道也无法让人知道它是真正的知识"。（利奥塔尔：《后现代状态：关于知识的报告》，第61页。）

[2] "古代、中世纪和古典的伟大哲学至少有一部分就是科学合法化话语。这是一种持续的痛苦。"（同上书，第62页。）

[3] 同上书，第59—60页。

争辩。在争辩中,"参加协商的每一方都致力于证明对方是错的,并说明为什么。……目的不仅是驳倒对方,而且是说服第三方(法官、主席或者选举人的集体)"。(6)随后是一个关键环节,即对行动方案进行最终判断和抉择的环节,"它可以采取决议、纲领、投票或裁决的形式"。(7)最后一个环节是:使判断或抉择合法化(确认人们有权利作出这样的抉择)。"然后它必须被转化成执行性的指令(政令、命令、法律、通知),而异议必须受到惩罚。"[1]

表面上看,这种合法化程序与借助传统叙事来实现的合法化程序也是截然不同的。在传统叙事那里,被叙述的一切都被视为毋庸置疑;而在现代协商程序里,一切内容似乎都是可争论的。然而,仔细审视上述程序,我们就会发现这种合法化程序依然离不开叙事的帮助。仔细审视上述程序,我们就会发现不仅其中存在一些内在矛盾,如"指令性的用语(我们应当这样做)怎么能够从描述性话语(这是我们能够做的)当中推断出来呢?我们如何能够把指令和将要把它合法化的规范性用语联系起来呢?"[2]等,而且,最重要的是,将这一整套程序统一起来的是第一个环节,即对"我们应当是什么样的"这一问题的回答。而对这一问题的回答实际上充斥着不确定性。要克服这种不确定性,就依然必须借助某种能够把人们的认知或意志统一起来的宏大叙事。

可见,无论是现代科学知识的合法化也好,还是现代社会中人类行动规范或指令的合法化也好,最终都必须借助叙事知识来完成。当然,现代科学知识或行动规范的合法化所必须借助的这种叙事知识不再是过往的那种传统叙事知识,而是一种新的、现代的叙事知识。和神话一类的传统叙事一样,这种新的、现代的叙事也"发挥了合法化的功能:它们把社会和政治制度与实践、立法的形式、道德、思想形式和象征体系合法化。但和神话不同的是,它们不是把这种合法性建立在一个原初的'创立'行为的基础上,而是建立在要实现的未来,也即要实现的理念上面。这一(自

---

[1] 利奥塔:《关于合法化的备忘录》,载包亚明主编:《后现代性与公正游戏》,第179—180页。
[2] 同上书,第180页。

由、'启蒙'、社会主义、普遍繁荣的)理念具有合法化价值,因为它是普遍适用的。它赋予了现代性特有的形式:事业,也即指向一个目的的意志"[1]。

正是靠着这样一种现代叙事,上述知识和行动规范的合法化程序才得以实现内在统一和正常运转。而这也就意味着:这种现代叙事一旦衰落,上述知识或行动规范合法化程序的内在统一和正常运作就将发生问题,现代社会的合法性就将面临危机。而这正是人们在后现代状态下所面临的情境。

二、宏大叙事的衰落与现代社会的合法性危机

利奥塔认为,现代社会中曾被人们用来实现科学知识和行动规范合法化的叙事主要有两大版本。利奥塔将它们称为现代社会的两个宏大叙事。这两个宏大叙事,一个偏重于政治,另一个偏重于哲学。"两者在现代历史中,尤其在知识和知识机构的历史中都非常重要。"[2]

第一个宏大叙事可以称为"自由叙事"或"解放叙事"。在这一版本的叙事中,故事的主体是人民,故事的主要内容是人民如何通过自己的实践活动去实现自己的解放。"在这个版本中,知识不能在自身找到有效性,它的有效性不在一个通过实现自己的认识可能性来获得发展的主体中,而在一个实践主体中,这个实践主体就是人类。"知识只有作为人类达成自己某种实践目的的手段,才能获得自己的有效性或合法性。在这种叙事中,"激励人民的运动本原不是自我合法化的知识,而是自我建立或自我管理的自由。这个主体是一个具体的主体,或者说它被假定是一个具体的主体,它的史诗是自我解放的史诗,这是相对于一切阻碍它自治的事物而言的";在这一叙事中,"重要的不是,或者说不仅仅是让那些属于真理范畴的指涉性陈述(例如'地球围绕太阳旋转')合法化,而是让那些

---

[1] 利奥塔:《关于合法化的备忘录》,载包亚明主编:《后现代性与公正游戏》,第181页。
[2] 利奥塔尔:《后现代状态:关于知识的报告》,第67页。

属于正义范畴的规范性陈述（例如'必须摧毁迦太基'或'应该把最低工资定在 X 法郎上'）合法化。从这个角度讲，实证知识的作用只是让实践主体了解执行规范时所处的现实。它限定'可执行'——人们可以做的事情，但它不管'应执行'——人们应该做的事情。一个行动是否可能，这是一回事；它是否公正则是另一回事。知识不再是主体，它服务于主体，它唯一的合法性就是让道德有可能成为现实"。一句话，"实践主体说出的规范性陈述在这里享有特权，这种特权使规范性陈述在原则上独立于科学陈述，对实践主体而言，科学陈述从此只具有信息功能"。[1]

另一个宏大叙事则可以称为"思辨叙事"。在这一叙事版本中，叙事"的主体不是人民，而是思辨精神。它不像在大革命后的法国那样体现在一个国家中，而是体现在一个系统中。合法化语言游戏不是政治国家性质的，而是哲学性质的"。在这里，叙事的主要内容是思辨精神如何通过自身的运动将所有原本分散的知识及其对象连贯起来，构成一个自我实现、自我丰富的统一的发展历程。"在这里，思辨是关于科学话语合法化的话语所具有的名称。学院是功能性质的，大学是思辨性质的，即哲学性质的。这种哲学应该重建知识的统一性，因为知识在实验室中、在大学前的教育中已经分散为各种特殊的科学。哲学只有在一种语言游戏中才能做到这一点，这种语言游戏通过一个叙事，或更准确地说通过一个理性的元叙事，像连接精神生成中的各个时刻一样把分散的知识相互连接起来。""这种哲学不以实用原则解释知识的研究和传播。它根本不认为科学应该为国家和/或市民社会的利益服务。它根本不关心人文主义原则，即人类通过知识达到尊严和自由这种原则。德国唯心主义依靠的是一种元原则，这种元原则把知识、社会和国家的发展建立在实现'主体的生命'（费希特称之为'神圣的生命'，黑格尔称之为'精神的生命'）这一基础上。从这个角度看，知识首先是在自身找到了合法性，正是它自己才能说出什么是国家，什么是社会。但它为了充当这一角色，必须改变自己所

---

[1] 参见利奥塔尔：《后现代状态：关于知识的报告》，第 73—75 页。

处的层面，即不再是关于自己的指涉（自然、社会、国家，等等）的实证知识，而成为关于这些知识的知识，即成为思辨的知识。知识用'生命''精神'等名称命名的正是它自己。"这种思辨叙事带来一个重要后果："在这种机制中，关于所有可能存在的指谓的所有知识话语都没有直接的真理价值，它们的价值取决于它们在'精神'或'生命'的进程中占据的位置，或者说取决于它们在思辨话语所讲述的哲学全书中占据的位置，思辨话语在引述这些知识话语时，也在为自己阐述自己知道的东西，就是说也在自我阐述。从这个角度看，真实的知识永远是一种由转引的陈述构成的间接知识，这些转引的陈述被并入某个主体的元叙事，这个元叙事保证了知识的合法性。"对于这种思辨叙事来说，"一切话语都是如此，即使它们不是知识话语，比如它们是法律话语或国家话语。当代的诠释学话语就来自这种预设，这种预设最终保证了存在着需要认识的意义，这样它就使历史，尤其是知识的历史具有了合法性。各种陈述成为自身的自义语，它们被放入一种相互生成的运动中：这就是思辨语言游戏的规则。大学就像它的名称所提示的那样，是这种游戏的专门机构"。[1]

在现代社会的形成和发展过程中，上述两种不同的合法化叙事曾经交替占据主导地位，从而对现代科学知识和社会制度的构建产生了深远的影响。然而，在后工业社会和后现代文化情境中，形势却发生了根本性的变化。在后工业社会和后现代文化情境中，随着科学技术的飞跃发展以及资本主义向社会更广大领域的巨大扩张，出现了一种被利奥塔称为"去合法化"的过程。过去在现代社会中对知识合法性起重要作用的两大叙事逐渐遭受人们的质疑，以致最终"宏大叙事失去了可信性，不论它采用什么统一方式：思辨的叙事或解放的叙事"[2]。

表面上看，这种去合法化趋势是科学技术飞速发展和资本主义极力扩张的结果，但其实这种去合法化的种子或萌芽早就潜藏在上述两大现代合法化叙事自身之中。

---

[1] 参见利奥塔尔：《后现代状态：关于知识的报告》，第 70—73 页。
[2] 同上书，第 80 页。

首先来看思辨叙事。思辨叙事本身对知识而言具有一种暧昧性。"思辨机制表明，知识之所以被称为知识，只是因为它在一个使自己的陈述合法化的第二级话语（自义语）中引用这些陈述来自我重复（自我'提升'）。这也就是说，……实证科学不是一种知识，它的消失为思辨提供了养分。因此黑格尔承认，他的思辨叙事自身含有一种对实证知识的怀疑。"可是，"科学没有找到自己的合法性就不是真正的科学。如果那种应该使科学合法化的话语本身看来也像'粗俗'的叙事一样属于一种前科学知识，科学便会降到最低的地位，即意识形态或权力工具的地位"[1]。科学不会甘于处于如此境地，它会坚持自己被思辨话语宣布为经验论的游戏规则，并反过来将其应用于前者，从而不可避免地导致前者逐渐被侵蚀，最终"解开了应该定位每门科学的百科全书般的巨网，使这些科学摆脱了束缚"[2]。思辨哲学以及从属于它的大学体制也就逐渐丧失了（对知识及作为知识对象的国家、社会等事物的合法性加以确认的）合法化功能。

再来看自由或解放叙事。利奥塔指出，"它内在的侵蚀力量并不亚于那种在思辨活动中起作用的侵蚀力量，但它涉及的是另一个方面的问题。它的特征是把科学的合法性和真理建立在那些投身于伦理、社会和政治实践的对话者的自律上"[3]。这种合法化一开始就有问题：正如康德早就论证过的那样，具有认知价值的事实性陈述和具有实践价值的规范性陈述之间没有任何逻辑关联。"没有什么能证明：如果一个描写现实的陈述是真实的，那么与它对应的规范性陈述（其作用必然是改变现实）就是公正的。""它表明科学话语是一种语言游戏。这种语言游戏有自己的规则，但完全没有管理实践游戏的使命。"这样一来，便为一种重要的后现代思潮开辟了道路："科学玩的是自己的游戏，它不能使其他语言游戏合法化，例如规范性语言游戏就不受它的控制。但首先是科学不能像思辨假设

---

[1] 利奥塔尔：《后现代状态：关于知识的报告》，第81页。
[2] 同上书，第83页。
[3] 同上。

的那样使自己进一步合法化了。"[1] 对科学话语和规范话语相互独立和不可通约的认识促成了语言游戏的多样化,社会本身似乎也正在这种语言游戏的扩散中分崩离析。因为"社会关系是语言性质的,但它并非仅由一根纤维织成。这是一个至少由两类遵循不同规则的语言游戏交织而成的结构,实际上语言游戏的数目是不定的"[2]。就像维特根斯坦所说的那样:"我们可以把我们的语言看作是一座古城:那儿有迷宫般的小街道和小广场,有新旧房屋和历代扩建的房屋,而且古城还被大片的新区环绕,新区有笔直的街道,街道两旁是式样单一的建筑。"[3] 新的语言补充旧的语言,就像旧城之外形成新的郊区一样。统一的思辨叙事现在"分解为叙事性语言元素的云团,但其中也有指涉性语言元素、规范性语言元素、描写性语言元素等,每个云团都带有自己独特的语用学化合价。我们大家都生活在许多语用学化合价的交叉路口。我们并不一定构成稳定的语言组合,而且我们构成的语言组合也并不一定具有可交流的性质"[4]。在这种情形下,"没人能使用所有这些语言,这些语言也没有共同的元语言,系统——主体的设想是一个失败,解放的设想与科学毫无关系,我们陷入这种或那种特殊知识的实证主义,学者变成科学家,高产出的研究任务变成无人能全面控制的分散任务。思辨哲学,或者说人文哲学,从此只好取消自己的合法化功能,这解释了哲学为什么在它仍然企图承担合法化功能的地方陷入危机,以及为什么在它出于现实考虑而放弃合法化功能的地方降为逻辑学研究或思想史研究"[5]。

利奥塔将前述那种依靠元叙事来使科学知识和行动指令合法化的情境称为"现代",而将对这些元叙事的怀疑称为"后现代"。他写道:"当这种元话语明确地求助于诸如精神辩证法、意义阐释学、理性主体或劳动主体的解放、财富的增长等某个宏大叙事时,我们便用'现代'一词指称这

---

[1] 利奥塔尔:《后现代状态:关于知识的报告》,第83—84页。
[2] 同上书,第84—85页。
[3] 同上书,第85页。
[4] 同上书,引言,第2—3页。
[5] 同上书,第85—86页。

种依靠元话语使自身合法化的科学。"相应地,"简化到极点,我们可以把对元叙事的怀疑看作是'后现代'"。[1]

有必要对利奥塔的上述论述作一点讨论。因为,很遗憾,尽管利奥塔看上去言之凿凿,但笔者还是觉得,利奥塔在这里的有关论述似乎存在着一定的逻辑混乱或含混之处。

利奥塔关于思辨叙事与科学知识之间关系的论述,似乎就存在着一个含混之处。在前面,他曾经认为科学知识是通过思辨叙事来获得自身合法性的,科学本身无法为自己提供合法性。但是在后面谈到思辨叙事为何逐渐衰落时,他却以科学知识对思辨叙事的侵蚀来加以说明,而科学知识之所以会侵蚀思辨叙事,又是因为科学知识不满意思辨叙事"像'粗俗'的叙事一样属于一种前科学知识",这让科学知识总是感觉没有"找到自己的合法性","不是真正的科学"。后面这种说法实际上意味着在科学知识看来,思辨叙事并不能为其提供真正的合法性。顶多可以说,人们曾经想用思辨叙事来为科学知识提供合法性,但科学本身似乎并不接受这一点,并反过来坚持以自己的游戏规则来解构前者,因而最终导致思辨叙事的衰落。因此,所谓科学知识的去合法化,去掉的是人们曾经用过但科学知识本身却未曾认可的那种合法化机制,而非科学知识本身认可的合法化机制。尽管如此,思辨叙事一旦趋于衰落,科学知识的合法性的确会陷入危机,因为科学知识本身确实无法为自己找到合法性。

类似的矛盾或含混似乎也存在于利奥塔关于自由解放叙事与科学知识合法性之间关系的论述当中。在前面论述自由解放叙事与科学知识合法性之间关系的时候,利奥塔表述的是这样一种观点:科学知识的合法性是由自由解放叙事来加以确认的,知识只有作为人类实现自己某种实践目的的手段才能获得自己的有效性或合法性。"实证知识的作用只是让实践主体了解执行规范时所处的现实",它没有反过来对自由解放叙事的合法性加以确认的资格和能力。它只"限定'可执行'——人们可以做的事情",

---

[1] 利奥塔:《后现代状态:关于知识的报告》,引言,第1—2页。利奥塔还明确地把"后现代"与"后工业社会"或"信息社会"联系起来,把前者理解为在后者的条件下知识或文化所处的一种新状态。

而"不管'应执行'——人们应该做的事情";"知识不再是主体,它服务于主体,它唯一的合法性就是让道德有可能成为现实"。因此,"规范性陈述在这里享有特权,这种特权使规范性陈述在原则上独立于科学陈述"。然而,到了后面论述自由解放叙事衰落之原因时,利奥塔的叙述逻辑似乎反了过来。他意图证明:自由解放叙事的衰落是由于科学无法使它合法化("科学玩的是自己的游戏,它不能使其他语言游戏合法化")。这既与他之前的论述相矛盾,也不能不使人感到困惑:按照前面的说法,自由解放叙事的合法性本来就不是由科学知识来加以确认的,那何来自由解放叙事的衰落是由于科学知识无法使它合法化一说?因此,不是利奥塔前面关于自由解放叙事独立于科学知识的说法有误,就是其后面关于自由解放叙事的衰落是由于科学无法使它合法化的说法有误。笔者认为,如果我们接受康德关于事实性陈述和规范性陈述之间不可互推的看法,那么利奥塔关于自由解放叙事独立于科学知识的说法就是可以成立的,而这同时也就意味着利奥塔关于自由解放叙事的衰落是由于科学无法使它合法化的说法是不适当的。其实,大概利奥塔自己后来也感觉这里的分析有点牵强,因而在其他地方他又试图以其他理由来解释自由解放叙事的衰落。例如,在《关于叙事的旁注》一文中,利奥塔就认为,在后现代状态下,人们对解放叙事的普遍怀疑是由各种解放叙事以及与此相联系的现代性事业的失败所引发的。这种失败有好几种形式,几个象征的名称。其中最重要的一个象征就是"奥斯威辛"。"'奥斯威辛'可以被作为悲剧性地'未完成'的现代性的范式性名称。""在'奥斯威辛',……整个民族被从生理上毁灭了","这是现代性的罪恶";"合法化的大叙事在这样的情形之下如何还能拥有可信性呢?"等等。[1] 而一旦解放叙事的合法性遭到怀疑,为其服务的那些科学知识的合法性自然也就值得怀疑了。

不过,总的来说,虽然利奥塔的具体论证存在着问题,但利奥塔关于科学知识无法为自己提供合法性基础、科学知识的合法性基础必须由某种

---

[1] 参见利奥塔:《关于叙事的旁注》,载包亚明主编:《后现代性与公正游戏》,第168—169页。

叙事来加以提供、正是这些合法性叙事的衰落导致了科学知识的合法性危机等这样一套论述的基本观点却还是可以成立的，只是我们需要对这套论述的细节重新加以梳理。

三、后现代状况下知识和行动规范的合法化机制

那么，在合法化元叙事衰落之后的"后现代状况"下，科学知识和行动规范靠什么来使自己合法化呢？

面对元叙事日趋衰落的后现代状况，至少出现了两种不同的合法化危机应对方式。

第一种合法化危机应对方式来源于实际生活中的决策者们。面对上述情境，在政府和企业决策者当中，首先出现了一种被利奥塔称为"通过性能来达到合法化"的知识和行动规范评估机制。这些决策者"力图采用一种输入—输出的（系统论）模式，按照一种包括元素可通约性和整体确定性的逻辑来管理（上述）这些社会性云团。他们为了权力的增长而献出了我们的生活。不论在社会正义问题上，还是在科学真理问题上，权力都是以系统性能的优化来作为合法化的标准"。利奥塔充满忧虑地指出："在我们的全部游戏中实施这一标准将带来某种或软或硬的恐怖：你们应该成为可操作的，成为可通约的，否则就消失吧。"[1]

就知识的合法化过程而言，利奥塔认为，这种以系统性能优化为标准来实现合法化的逻辑，在某种程度上是当代社会科学知识内部举证过程日益复杂化的一个结果。如前所述，科学知识的一个重要特点就是，它的提出者需要举出人们可以重复确认的事实材料为依据，对自己的陈述加以证明。随着科学研究日趋深入，人们需要采用越来越多的技术手段来获取举证所需要的事实资料，以超越我们的感官在感受范围和能力方面所具有的天然限制。然而，技术手段的发明、使用和维护都是有成本的，"那些为了举证而优化人体性能的仪器要求额外的消耗"。这样，科学研究这种游

---

[1] 利奥塔尔：《后现代状态：关于知识的报告》，引言，第3页。

戏便与另一种游戏——财富的游戏联系了起来。因为，"如果没有金钱，就没有证据，没有对陈述的检验，没有真理。科学语言游戏将变成富人的游戏。最富的人最有可能有理。财富、效能和真理之间出现了一个方程式"。[1] 为了获得研究所需要的经费，研究人员不得不寻求与政府和企业合作，希望从它们那里获得必要的资助。而这种寻求之所以可能并逐渐成为现实，是由于工业革命使政府和企业认识到如下互逆命题："没有财富就没有技术，但没有技术也就没有财富"。政府和企业对科学研究活动进行资助，可以改进科学研究的技术手段；而科研技术手段的改进所获得的新知识，反过来又可以提高整个经济或社会系统的性能，从而创造出更多财富和其他社会资源，并增进政府和企业的权力。"举证在原则上只不过是为了得到科学信息受话者的赞同而进行的论证的一部分，因此它受到另一种语言游戏的控制，这种语言游戏的赌注不是真理，而是性能，即最佳输入输出比。国家和/或企业为了证明新的赌注而放弃了唯心主义或人道主义的合法化叙事：在今天的出资者话语中，唯一可信的赌注是权力。购买学者、技师和仪器不是为了掌握真理，而是为了增加权力。"[2]

可是，权力或性能话语和科学话语不是两种完全不同的、不可通约的语言游戏吗？既然这样，前者如何能够对后者加以合法化呢？利奥塔认为，两种语言游戏之间的差异确实给权力或性能合法化带来了某些障碍，但"性能在增加举证的可能性时，也确实增加了有理的可能性：大量进入科学知识中的技术标准不会始终不影响真理标准"；"'对语境的控制'，即不顾那些构成语境的对话者而实现的性能改善，有可能等于一种合法化。这是一种通过事实达到的合法化"。[3] 通过权力以性能优化为标准来进行的合法化就这样确立了。"科学与技术的关系颠倒过来了。此时论证的复杂性似乎很有意思，这特别是因为它迫使证明方法变得十分繁琐，性能从中得到好处。国家、企业、合资公司在分配研究经费时服从的正是这

---

[1] 利奥塔尔：《后现代状态：关于知识的报告》，第94页。
[2] 同上书，第95页。
[3] 同上书，第96页。

种增加权力的逻辑。那些不能证明自己对优化系统性能做出了贡献（哪怕是间接的贡献）的研究机构将被经费的洪流所遗弃，并且注定要衰落下去。"[1]

这种凭借系统性能优化来合法化的逻辑不仅影响着科学知识的获取过程，而且影响到科学知识的传递即教育过程。"预期的结果是高等教育为社会系统达到最佳性能而作出最大贡献。因此，高等教育应该培养社会系统所需要的能力。"[2]这些能力分为两大类：一类是迎接当代世界竞争所需要的能力，例如所有涉及电信的专业能力等。另一类则是系统内部稳定和运作所需要的那些能力：医师、教师、工程师、管理人员等方面的能力。在这个去合法化的语境中，"大学和高等教育机构所需要培养的不是各种理想，而是各种能力"；"知识的传递似乎不再是为了培养能够在解放之路上引导民族的精英，而是为了向系统提供能够在体制所需的语用学岗位上恰如其分地担任角色的游戏者"。大学生也发生了变化且将继续变化。"他不再是一个来自'自由精英'的青年，他也不再或近或远地关心社会进步、人类解放的伟大任务。"[3]"职业学生、国家或高等教育机构提出的问题不论明确与否，都不再是：这是否真实？而是：这有什么用？"[4]

除了影响科学知识的获取和传递过程之外，凭借系统性能优化来合法化的逻辑也影响到了社会生活的其他领域，成为社会生活其他领域行动规范的主要合法化准则。

第二种合法化危机应对方式则来自部分对现代性的解放理想继续抱持坚定信念的学者。哈贝马斯是其中的代表性人物。哈贝马斯认为，启蒙思想家提出的那些自由解放的理想并没有错误，错误的是启蒙思想家对实现这些现代解放理想之手段或道路的设计：启蒙思想家试图通过一种只是简单地从个人主体角度来理解的理性即"工具理性"的运用，来实现自由

---

[1] 利奥塔尔：《后现代状态：关于知识的报告》，第 97—98 页。
[2] 同上书，第 103 页。
[3] 同上书，第 104 页。
[4] 同上书，第 108 页。

解放的理想，单纯地从主体认知世界和改造世界的成效方面来理解和评价"理性"的作用，把一切不能增进主体认知和改造世界之成效的因素都视为"非理性"加以排斥，其结果自然是上述"最佳性能"逻辑成为社会生活的主导力量（哈贝马斯将这种现象概括为"系统"对"生活世界"的殖民），并最终使自由解放的现代性理想连带遭到人们的怀疑。因此，面对自由解放叙事以及与之相连的现代性工程所遭受的挫折，我们要做的并不是将它们彻底抛弃，而是要寻找一条真正能够实现现代性理想的道路或途径。哈贝马斯指出，这种能够真正实现现代性自由解放理想的手段或道路就是：将一切知识和行动都置于人们在一种理想的沟通情境下、借助"沟通理性"、通过自由平等的对话而形成的相关共识的引导下，以这样一种共识来作为一切知识和行动规范合法化的基础。哈贝马斯相信，通过这样一种方式，我们就能够在摆脱系统性能逻辑的前提下重建现代社会（知识和行动规范）的合法性。

利奥塔认为，上述两种合法化危机应对方式都是有问题的：

首先，最佳性能逻辑不仅包含着一些内在困境，造成了社会经济领域的许多矛盾，制造了对社会成员个体的严密控制和恐怖气氛，而且与后现代时期正在浮现的科学知识在基本倾向上完全相悖。最佳性能逻辑建立在决定论的假设上："因为性能由输入输出比确定，所以必须假定引进输入的系统处在稳定状态，它的'轨迹'是有规律的，可以建立可导连续函数，这种函数能够恰当地预测输出。"[1]但量子力学、原子物理学和数学等学科领域中的最新知识进展（如测不准原理、突变论等）却表明，这种古老的决定论思想必然遭到质疑。从这些新的研究成果中，我们可以得出如下思想："可导连续函数作为知识和预测的范式所具有的优势正在消失。通过关注不可确定的现象、控制精度的极限、不完全信息的冲突、量子、'碎片'、突变、语用学悖论等，后现代科学将自身的发展变为一种关于不连续性、不可精确性、突变和悖论的理论。它改变了知识一词的意义，它

---

[1] 利奥塔尔：《后现代状态：关于知识的报告》，第116页。

讲述了这一改变是怎样发生的。它生产的不是已知,而是未知。"[1]利奥塔指出,后现代科学知识的这种特征意味着上述建立在决定论基础上的、以系统性能优化为标准的合法化机制可能是难以奏效的。譬如,"如果承认社会是一个系统,那么对系统的控制就要求精细地确定它的初始状态,这种确定是无法实现的,所以这种控制不可能是有效的"[2]。

其次,对于哈贝马斯提出的以在平等对话条件下形成的共识作为知识和行动规范合法化的标准这种观点,利奥塔认为这既是不可能的,也是不充分甚至有害的。不可能,是因为"共识"是人们从未达到过的远景。按照库恩的分析,"共识"充其量只能在一个有限的范围(某个范式的范围)内逐渐产生。然而,违反共识的意见分歧总会出现。"总有人来扰乱'理性'的秩序。我们必须假定有一种力量,它使解释能力失去稳定,它通过颁布新的智慧规范而显示出来,或者说通过提出科学语言游戏的新规则而显示出来,这些规则将界定新的研究领域。"[3]不充分甚至有害,则是这种共识有可能成为"系统为了保持并改善性能而操纵的一个要素,它成为卢曼所说的行政程序对象,它此时只是手段,真正的目的是获得可以使系统合法化的力量"[4]。

利奥塔揭示,哈贝马斯关于"共识"的呼吁包含两个基本预设:"首先假设了所有对话者都会赞同那些对所有语言游戏都普遍有效的规则或元规范","其次假设了对话的目的是共识"。[5]但这两个假设都是站不住脚的。

第一,正如康德已经证明的那样,各种语言游戏显然是异态的,它们遵循异质的语用学规则。因而我们最终会发现,根本不存在一种对所有语言游戏都有效的普遍性规则。

第二,"共识只是讨论的一个状态而不是讨论的目的。更确切地说,

---

[1] 利奥塔尔:《后现代状态:关于知识的报告》,第125—126页。
[2] 同上书,第119页。
[3] 同上书,第131页。
[4] 同上书,第130页。
[5] 同上书,第138页。

讨论的目的应该是误构"[1]。直言之,"共识违背了语言游戏的异质性。发明总是产生在分歧中。后现代知识并不仅仅是政权的工具。它可以提高我们对差异的敏感性,增强我们对不可通约的承受力。它的根据不在专家的同构中,而在发明家的误构(paralogy)中"[2]。

利奥塔还认为,哈贝马斯的主张事实上是由以下信仰推动的:"人类作为集合的(普遍的)主体通过调节所有语言游戏中允许使用的'招数'来追求自身的共同解放,任何一个陈述的合法性都在于它对这一解放所作的贡献。"[3]而由于上面指出的"规范的异质性和追求分歧"这双重事实,这一信仰正在消失。因此,哈贝马斯对共识的吁求既是一种由于违背语言游戏性质而无法实现的乌托邦,又是一种由于缺乏合法性而不应该被人们接受的过时理念。

在对上述两种新合法化模式进行批评的基础上,利奥塔提出了自己关于后现代状况下知识和行动规范合法化机制的构想。利奥塔认为,其实,后现代知识已经"暗示了一种(另类的)合法化模式"。这既不是最佳性能的模式,也不是共识的模式,而是被理解为误构的差异的模式。[4]这一模式的基本内涵就是:"任何陈述都应该得到考虑,只要它包含与已知事物的差异而且可以证明。"它意图表明的是:"科学的模式是一个'开放系统',在这个系统中,陈述的相关性在于'产生思想',即产生其他的陈述和其他的游戏规则。科学中没有可以转写和评价一切语言的普遍性元语言,正是这一点阻止了与系统的同化,最终也阻止了恐怖。"[5]

利奥塔指出,话语的多元化是后现代情境下人们正在接受的一种观念或立场。人们先是逐渐认识到,不同语言游戏(科学语言游戏、规范语言游戏、描述语言游戏等)相互之间是不可通约的。例如,叙事知识和科学知识就是两种完全不同的语言游戏。"我们不能从科学知识出发来判断叙

---

[1] 利奥塔尔:《后现代状态:关于知识的报告》,第138页。
[2] 同上书,引言,第3—4页。
[3] 同上书,第138页。
[4] 同上书,第126页。
[5] 同上书,第135—136页。

事知识的存在和价值，反过来做也不行。"[1]这种不可通约性必然导致知识的多元化状态。除了这种由不同语言游戏之间的不可通约性导致的知识多元化状态之外，这种话语的多元化在科学语言游戏内部也同样存在。"当人们宣布一个指涉性陈述为真时，人们的预设是一个可以判断并证明指涉性陈述的公理系统已经建立了，而且对话者了解并接受这个系统，认为它在形式上达到了尽可能令人满意的程度。……这样，为了让人接受一个科学陈述而进行的论证，要求人们'首先'接受（事实上根据循环性原则，这种接受在不断地重新开始）那些确定论证方法的规则。"[2]而随着科学研究的不断深入，人们终于认识到：不存在唯一的、为所有时代的所有科学研究人员认可的公理系统或方法论规则。作为专家间共识的公理系统或方法论规则也是多元的。因此，能够论证指涉性陈述的形式公理系统的多元性原则代替了普遍性元语言的原则。"在目前的科学语用学中，区分、想象或误构活动的功能是呈现这些元规范性陈述，即'预设条件'，并要求对话者接受其他规范性陈述。最终使这样的要求变得可以被人接受的唯一的合法化标准是：这将产生思想，即产生新的陈述。"[3]

利奥塔指出，这种以追求分歧（dissent）为标准的合法化机制不仅适用于科学话语，而且应该适用于社会话语。因为社会话语更是充满了异质性，"它是由各种错综复杂的异态陈述网络构成的怪物（包括指涉性陈述、规范性陈述、性能性陈述、技术性陈述、评价性陈述，等等）。我们没有任何理由认为可以找到全部这些语言游戏共有的元规范，没有任何理由认为一种可检验的共识能够包容全部元规范，这些元规范的作用是调节在集体中流传的全部陈述"[4]。鉴于此，利奥塔提出要以"公正"来取代"共识"作为我们追求的价值。他认为，"共识成为一种陈旧的、可疑的价值，但公正却不是这样，因此应该追求一种不受共识束缚的公正观念和公

---

[1] 利奥塔尔：《后现代状态：关于知识的报告》，第56页。
[2] 同上书，第91—92页。
[3] 同上书，第137页。
[4] 同上。

正实践"[1]。而承认语言游戏的异态性就是朝这个方向迈出的第一步。"这显然意味着放弃恐怖,恐怖假设并力图实现语言游戏的同态性。"[2]承认以下这个原则则是朝这个方向迈出的第二步:"如果定义每一种语言游戏和游戏'招数'的那些规则存在着共识,这种共识也'应该'是局部的,即它是从实际的对话者那里获得的,经常可以废除。"[3]于是人们将转向大量而有限的元论证,即那些关于元规范的、在时空中受到限制的论证。

四、语言游戏、多元公正与异教主义政治

如上所述,利奥塔否认"共识"的可能性及其价值,提出要以"公正"来取代"共识"作为我们追求的价值。那么,在利奥塔看来,"公正"与"共识"有何不同呢?为何像利奥塔这样一个以追求"误构""分歧"为特征的人会将"公正"作为自己的价值追求呢?

对于上述问题,我们似乎可以在利奥塔的《公正游戏》和《迥异》这两部著作中找到一些答案。

在《公正游戏》一书中,利奥塔反复说明这样一个观点:作为一种行动指令,一种伦理判断,人们对于何为"公正"是不可能形成共同判断(共识)的。而人们对于何为"公正"不可能形成共识的主要原因是:作为一种行动指令,"公正"属于一种特殊的语言游戏,这种语言游戏的特点使得它无法通过理性的讨论来加以协商和推论,因而也就根本不存在就此形成"共识"的可能性。

为了更好地说明这一点,我们需要简单地叙述一下利奥塔在他的后现代问题研究中所采用的语言游戏视角。

在《后现代状况》一书中,利奥塔对他用以对社会现实进行分析的这种语言游戏理论视角作了明确阐述。依照这一视角,社会交往首先就是一

---

[1] 利奥塔尔:《后现代状态:关于知识的报告》,第138页。
[2] 同上。
[3] 同上书,第138—139页。

种语言的交往，是一种语言游戏。"语言游戏是社会为了存在而需要的最低限度的关系，这点我们不用借助鲁滨孙的故事就能让人接受：仅仅因为人们给一个还没出世的婴儿起了名字，他就已经在周围的人叙述的历史中成为指谓（指涉）了，以后他必须通过与这种历史的关系来移位。或者更简单地说：社会关系的问题，作为问题，是一种语言游戏，它是提问的语言游戏。它立即确定提出问题的人、接收问题的人和问题的指谓：因此这个问题已经是社会关系了。"[1]在《迥异》一书中，利奥塔也明确认为政治和社会世界是可以根据语句的衔接和规则来加以理解的，而规则决定了一个句子与另一个句子相联系的方式。他写道："可以这样说，社会是由一个语句世界直接给予的（这个语句世界可以是由一个猫的尾巴展示出来的世界），原则上讲，它的被给予是由语句体系所决定的，尽管它的决定直接就是另外一个语句的决定，而这些语句关联不过是不同话语风格之迥异发生的场所。这也说明，为什么政治学是由语句直接给予的，而这个语句作为一个迥异，为同它连结的方式之相关事务所决定。"[2]

作为语言游戏的社会交往具有以下这样一些特点：首先，"各种类型的陈述都应该能用一些规则确定，这些规则可以说明陈述的特性和用途；这和象棋游戏一模一样，象棋是由一组规则说明的，这些规则确定了棋子的特性，即移动棋子的恰当方法"。其次，它们的规则本身并没有合法化，但这些规则是明确或不明确地存在于游戏者之间的契约（当然这不是说是游戏者发明了规则）。再次，游戏是由规则界定的，没有规则便没有游戏。即使稍微改变一条规则也将改变游戏的性质，一个不符合规则的招数或陈述不属于这些规则定义的游戏。最后，任何陈述都应该被看成游戏中使用的"招数"。最后这一点使我们意识到这样一个方法论原则：说话就是斗争（意思是参加游戏），语言行为属于一种普遍的竞技。而这个方法论原则又将由下面这个原则来加以补充：可观察的社会关系是由语言

---

[1] 利奥塔尔：《后现代状态：关于知识的报告》，第33页。
[2] 转引自威廉姆斯：《利奥塔》，第27页。

的"招数"构成的。[1]在《关于合法化的备忘录》一文中,利奥塔又对最后一点作了进一步的具体阐述。他从语用学角度出发,将语言阐释为社会交往的一个基本环节。他写道:"语言是一个理念的对象。它不像是当'说话者'想交流表达自己的意见时就伸手进去掏摸的一盒子工具。如果我们摆脱这一功能主义的观点,我们就会注意到成百上千的用语,才是唯一既定的东西。我们发现,这些用语并不单单表达意义:不管它们是多么朴实和短命(或者沉默),在它们表现的宇宙之内,它们确定一个说话者、接受者和所指。"[2]在《公正游戏》一书中,利奥塔又进一步对"语言游戏"概念作了这样的解释:"当我们说'语言游戏'的时候,我们始终必须承认这一游戏是和某人玩的;我指的是始终存在着一个接受者。我们对这个接受者发出各种各样的话语。在所有情况里面,我们都在一种游戏之中,一种有规则的游戏,我根据这些规则游戏,以便对和我玩的人发生某种影响。"[3]

社会世界中有许多不同类型的语言游戏,如描述、声明、指令、建议、祷告、乞求、提问、许诺、叙事等。这些语言游戏是完全异质的,相互之间完全不可通约。例如,描述的语言游戏和指令的语言游戏就是两种完全异质的语言游戏:前者是由有关现实世界事实上是如何产生、变化的各种描述性陈述构成的,后者则是由有关人们应该如何行动的各种指令性陈述构成的。这两种语言游戏各自所属的陈述,都完全不可能从对方的陈述中有逻辑地推论出来。不仅描述性语言游戏和指令性语言游戏之间的关系是如此,其他各种语言游戏之间也是如此。例如,描述的语言游戏同艺术的语言游戏之间也是不可通约的,"在这两种游戏之间没有共同的尺度"。在《公正游戏》一书中,利奥塔则提到语言游戏和语言之间的一点区别。他认为,"语言是可翻译的,不然它们就不是语言了;但语言游戏是不可翻译的,因为要是它们可翻译的话,就不是语言游戏了。这就像有

---

[1] 参见利奥塔尔:《后现代状态:关于知识的报告》,第17—19页。
[2] 利奥塔:《关于合法化的备忘录》,载包亚明主编:《后现代性与公正游戏》,第173页。
[3] 利奥塔:《公正游戏》,载包亚明主编:《后现代性与公正游戏》,第44页。

人要把象棋的规则和策略翻译成跳棋的"。[1] 不同语言游戏之间的这种不可通约性，使得任何一种企图建立某种可以对所有语言游戏都适用的普遍性规则的做法要么归于失效，要么成为一种极权主义行为（将自己的意志强加于所有人）。

在各种语言游戏中，指令性语言游戏是一种特殊的语言游戏。指令性语言游戏的一个重要特点就是，它所包含的那些指令性陈述完全不可能从有关事实到底如何的任何描述性陈述（即使是已经成为"共识"的描述性陈述）中推论出来。换句话说，指令性陈述是无"理"可言的。而有关何为"公正"的陈述就是指令性语言游戏当中的一种陈述。利奥塔明确指出，有关何为"公正"的"这些判断是不可解释的，也就是说不可推断的"[2]；因此，"我们没有公正的标准"[3]；也"没人能够说出公正的本质是什么"[4]；"这是种特殊的语言游戏，断言的语言游戏。这一语言游戏没有源头；它不是可以推断出来的。……这意味着任务就是增加和完善语言游戏"[5]。指令性陈述"从来没有牢固的基础"。试图为某种"公正"指令寻找一种理由，并通过说服大家接受这些理由而使之成为一种"共识"性质的行动指令，是一件完全不可能的事情。"我们不可能通过一条结论，来获致公正。"[6] "'为什么'的问题在其严格意义上永远得不到真正的回答。"[7] 也正是因为此，利奥塔才把"公正"看作"一种不受共识束缚的"观念，一种和"共识"截然不同甚至相反因而值得每一个强调差异的人去追求的东西。这就是利奥塔提出要以"公正"来替代"共识"作为我们追求的价值的主要原因。

但是，假如"公正"一类的行动指令真的像利奥塔说的那样无法从描

---

[1] 利奥塔：《公正游戏》，载包亚明主编：《后现代性与公正游戏》，第43页。
[2] 同上书，第35页。
[3] 同上书，第59页。
[4] 同上书，第60页。
[5] 同上书，第38页。
[6] 同上书，第27页。
[7] 同上书，第38页。

述性陈述中有逻辑地推断出来，是无"理"可言的，那么，它们是从何而来的？我们又是根据什么来确定它是该被遵守还是不该被遵守的？[1]

对于这个问题，利奥塔认为，"公正"一类的行动指令主要有两个来源。一个来源是被当作传统看待的那些叙事，这主要是发生在传统社会里的情形。在这种情况下，"我们向来不过是指令的接受者"[2]而已。另一个来源则是我们自己先验的感觉或判断力，这主要是发生在现代社会里的情形。"对我们现代人来说，我们并未接收到任何指令"，我们必须自己判断什么是我们应尽的义务。并且，在这种情况下，"我们是不用任何标准来作出判断的。我们处于亚里士多德所谓的审慎个人的位置，他在无任何标准的情况下作出有关公正和不公正的判断"。利奥塔反复强调，我们用来对何谓"公正"这一问题作出判断的主要依据是我们先验具有的感觉或判断力。他写道："我的意思是，在每件事情上，我都有一种感觉，这就够了。这是一个感觉的问题。"[3]"康德说过，存在着快感和痛苦，弗洛伊德也说过这一点。这是驱使我们作出判断的东西。"[4]"作出判断的驱动力不是来源于欲望就是来源于快感和痛苦的官能。"[5]"对于'为什么'的问题我没有答案，它是属于……先验层次的。也就是说，现在我感觉到有一个反对某种特定事物的指令，而我认为它是公正的。"[6]

毫无疑问，假如在现代社会中，我们对于何谓"公正"的判断主要是来自我们先验具有的感觉或判断力的话，那么，由于人们在先验具有的感觉或判断力方面可能存在的差异，我们对于何谓"公正"的判断也就可能出现差异；而又由于这些不同的判断无"理"可言，无法借助理性的讨论来使人们就它们各自的对错优劣作出共同认可的结论与选择（哪怕是暂时

---

[1] 这是《公正游戏》一书中访谈者对利奥塔提的问题："如果这些陈述不能被推导出来，人们为什么遵循它们呢？换句话说，我们为什么必须公正？"（利奥塔：《公正游戏》，载包亚明主编：《后现代性与公正游戏》，第31页。）
[2] 同上书，第27页。
[3] 同上书，第24—25页。
[4] 同上书，第36页。
[5] 同上书，第38页。
[6] 同上书，第64页。

性的结论与选择），因此，现代社会里人们对于何谓"公正"的判断就必然呈现出一种多元化的态势。可见，"多元公正"本当是现代社会的一个基本特征。

然而，现实生活当中的情况却并非如此。在很长一段时期，处于现代情形之下、已经摆脱了传统神话叙事影响的人们并未认识到各种语言游戏之间的不可通约性。他们依然孜孜不倦、锲而不舍地建构各种新的、现代的宏大叙事，试图以这些宏大叙事为基础，来为各种本来不可通约的语言游戏确立一个共同的尺度，来为"真理""公正"等知识或行动指令寻找一个可以为所有人和所有游戏共同接受的判断标准，结果是导致了各种类型的极权主义，并最终导致人们对各种现代叙事的怀疑，导致这些现代叙事的衰落。

面对宏大叙事的衰落，哈贝马斯等人仍然试图以由理想沟通情境下的对话所获得的共识作为人们知识和行动指令的合法性基础。正如前面所述，在利奥塔看来，这样一种呼吁既无法实现又可能导致新的专制。利奥塔坚持语言游戏相互之间不可通约的观点，坚持"公正"一类的指令性陈述不可能通过理性的讨论来获致共识的观点，坚决反对一切试图为各种语言游戏确立一个共同基础的做法，反对为"公正"之类的判断确立一个统一标准的做法。为此，他提出了"异教主义"这样一种理论和政治立场。

按照利奥塔的说法，所谓"异教"只是关于"社会"的一个理念，这个理念将"社会"视为"最终是各种各样的语用关系的集合"，"这一集合的特殊之点是包容在这一异教世界里的不同语言游戏相互之间是不能交流的。它们不能被合成一种统一的元话语。……这一社会世界是由多种游戏组成的，其中任何一种都不能断言它能表述所有其他游戏"。[1] 而所谓"异教主义"，简单地说，就是一种坚持语言游戏的多样性、坚持语言游戏之间不可通约因而不可归并统一成一种"元话语"的理论和政治立场。

---

[1] 利奥塔：《公正游戏》，载包亚明主编：《后现代性与公正游戏》，第49页。

至于这一立场的具体含义,利奥塔在不同地方有略微不同的表述。归纳起来,大致有这样一些说法:(1)异教主义"只是一个名称,对指称人们不用标准来作出判断的情形来说,(这一名称)并不比别的名称好,也不比别的名称差。而且人们不单单在有关真理的问题上,还在有关美(有关审美效果)的问题上,有关公正,即政治和伦理的问题上作出判断,而且都不用标准。这就是我说的异教主义的意思"[1]。(2)"我们应当成为异教主义者",意味着"我们必须把小叙事的增加尽量最大化"。[2](3)"什么构成了异教主义?它在于这一事实,即每个游戏是按其本来面目来玩的,这意味着它不把自己作为所有其他游戏的游戏或唯一真正的游戏。……异教主义便是接受这一事实,即我们可以玩多种游戏,而就有趣的事就是玩着法而言,这些游戏中的每一种本身就是有趣的。"[3](4)"异教主义者是艺术家,因为他们能够从一种游戏跳到另一种游戏,而且在每种游戏中(在最佳状态下)他们试图想出新的着法。……而且要做到这一点时,不给其中任何一种游戏以特殊地位,不说:这是种好的游戏。这才是异教主义。"[4]

异教主义既是一种理论立场,也是一种政治立场。与追求共识和统一标准的理论立场相适应,在现代状况下,人们也总是要为各种社会冲突的解决确立一个共同的价值标准或行动规范,以作为判断冲突双方是非对错的依据。然而,如果语言游戏之间是不可通约的,共同的价值标准或行动规范是不可获致的,那么这种现代社会的政治模式也就是不可继续的。利奥塔认为,在后现代(各种现代的宏大叙事已经遭受普遍怀疑)的状况下,我们应该采用另一种政治模式,也就是一种与异教主义理念相适应的政治模式。为了更简洁地说明现代政治模式与后现代政治模式之间的区别,利奥塔使用"诉讼"(litigation)和"迥异"(differend)来对这两种不同的政治模式分别加以描述。所谓"诉讼"是这样一种冲突解决模式,

---

[1] 利奥塔:《公正游戏》,载包亚明主编:《后现代性与公正游戏》,第 26 页。
[2] 同上书,第 51 页。
[3] 同上书,第 52—53 页。
[4] 同上书,第 54 页。

在这里，预先存在着某种双方必须接受的价值准则或行动规范，冲突双方可以且只能遵照这一价值准则或行动规范来对双方的是非对错加以判断和裁决。在这里，一方被裁决为"是"即意味着另一方被裁决为"非"。然而，在"迥异"这种政治模式中，情况就完全不同。在这里，不存在为冲突双方共同接受的价值准则或行动规范，因而无法根据相同的规则来对双方的是非对错进行判断和裁决。"'迥异'产生于不可通约的语言游戏之间的冲突。在一种语言游戏中，当这种游戏为表达或理解一个错误提供了框架的时候，这个错误就能够被感觉到，也能够加以公正地裁定。然而，这同一个错误也有可能从另外一种语言游戏来加以裁定，而这个语言游戏与先前的游戏是不可通约的。……在这种情况下，这个错误就变成了一个迥异。"[1]因此，"与诉讼不同，在迥异中，由于缺乏可用于双方论点的判断规则，发生在（至少）两方之间的冲突不可能得到平等的解决。一方的合法性并不意味着另一方缺乏合法性。然而，如果把迥异仅仅当作诉讼来处理而将某种单一的规则应用于双方以解决迥异，那就至少会对一方犯错误，或在双方都不承认该规则的情形下对双方都犯错误"[2]。

结　语

由上可见，利奥塔有关后现代状况的论述大体上是由两个方面的论点组成：一是主张社会世界是一种话语建构；二是主张这种话语建构的多元性。

首先，和几乎所有后现代主义者一样，利奥塔也突出地强调社会现实的话语建构性质。他明确地将人们之间的社会关系视为一些通过一定的语言交往形成的"语言游戏"，将社会世界视为一个由无数"语言游戏"构成的世界，而每一种"语言游戏"都是一个由特定的人在特定语言游戏规则的引导和约束下建构起来的特殊领域，而非一个完全外在于人们的语言

---

[1] 威廉姆斯：《利奥塔》，第150页。
[2] J.F. Lyotard, *The Differend: Phrases in Dispute*, University of Minnesota Press, 1988, p.xi.

体系（严格来说，应该是"话语体系"）的独立自主的世界。用利奥塔自己的话来说就是："社会是由一个语句世界直接给予的（这个语句世界可以是由一个猫的尾巴展示出来的世界），原则上讲，它的被给予是由语句体系所决定的。"[1] 大概也正是基于这样一种认识，利奥塔才将关于"后现代知识状况"的论述作为其对于道德、政治等其他方面"后现代状况"之论述的基础来加以看待，不仅在时间上将前者置于后者之前，而且从逻辑上看也是将后者建立在前者的论述之上。

其次，和所有后现代主义者一样，利奥塔也不遗余力地强调"语言游戏"（或话语体系）的多元性，不遗余力地强调和追求"差异"。利奥塔在自己的著述中反复申明，社会世界是由许多不同类型的语言游戏构成的，这些语言游戏完全异质、相互之间完全不可通约。而不同语言游戏之间的这种不可通约性，使得任何一种企图建立某种可以对所有语言游戏都适用的普遍性规则的做法要么归于失效，要么成为一种将自己的意志强加于他人的极权主义行为。利奥塔据此坚决反对一切试图为各种语言游戏确立一个共同基础的做法，反对哈贝马斯等人关于将社会建立在共识基础之上的呼吁，反对为社会"公正"之类的判断确立一个统一标准的做法，并提出"异教主义"这样一种立场来作为自己的理论和政治立场，呼吁建立一种与异教主义理念相适应的政治模式即被他称为"迥异"的模式，来作为人类社会与政治生活的理想模式。除了明确使用"后现代"一词来描述当代西方社会的各种新状况之外，正是利奥塔对"语言游戏"之不可通约性或多元性的这种极力强调，以及对"差异"而非"共识"的极力推崇，才使得他成为西方世界里最重要、最有影响的后现代主义者之一，也使得他的后现代论述成为后现代主义社会理论当中最重要的组成部分之一。

---

[1] 转引自威廉姆斯：《利奥塔》，第 27 页。

第十三章　拉克劳和墨菲的后马克思主义

后现代主义思潮在马克思主义者当中也产生了一定的影响，促进了一种被称为"后马克思主义"的理论立场的形成和发展。厄尼斯特·拉克劳（Ernesto Laclau）和尚塔尔·墨菲（Chantal Mouffe）就是"后马克思主义"理论立场的持有者当中最有影响的代表性人物。他们两人合著的《领导权与社会主义的策略：走向激进民主政治》一书以及拉克劳的《我们时代革命的新反思》一书被视为他们阐述其"后马克思主义"理论立场的经典文献。

像哲学社会科学中的许多概念一样，在当代哲学社会科学文献中，"后马克思主义"也是一个含义模糊的概念。对于部分学者来说，"后马克思主义"术语中的"后"字，其意义就像"后工业社会""后现代主义""后结构主义"等术语中的"后"字一样，主要是用来表示这些术语所指称的现象与其所欲"后"之的那些现象之间所存在着的一种连续又断裂的关系，甚至是对其所欲"后"之的那些现象的否定和超越；而这一术语中的"马克思主义"一词则被等同于马克思本人所阐述的那些通常被人们称为"经典马克思主义"的理论观点。据此，"后马克思主义"这一术语就被用来指称在"经典马克思主义"之后形成的那些与"经典马克思主义"之间存在着一定的继承关系，又试图通过克服"经典马克思主义"的某些"局限"来"超越""经典马克思主义"的理论立场。按照这种理解，不仅拉克劳和墨菲的理论可以称为"后马克思主义"的，而且在"经典马克思主义"之后形成和发展起来的许多其他试图修正或超越经典马克思主义的"马克思主义"理论,如卢卡奇、葛兰西、阿多诺、马尔库塞等被人们称为"人道主义的马克思主义"的那些理论,阿尔都塞、埃尔斯特、罗默等人的理论,图雷纳的行动社会学理论,乃至伯恩斯坦等被人们称为"修正主义"的那套理论,都可以被归入"后马克思主义"之列。[1]

笔者认为,对于任何一个概念都不存在唯一确定的理解(更不存在唯一"正确"的理解)。对于同一个概念的内涵和外延,人们完全可以有不同的界定,这些不同的界定之间并无所谓是非对错之分。因此,对于上述"后马克思主义"的概念界定,笔者也无意作过多的讨论。笔者在此只想说明一点:在本章中,笔者所使用的"后马克思主义"一词在含义上与上述用法并不一致。笔者所称的"后马克思主义",仅仅意指这样一种理论立场,这种理论立场试图将"马克思主义"与"后现代主义"两种理论立场结合起来,借用"后现代主义"的一些理论资源,从"后现代主义"的立场、视角出发来讨论"马克思主义"所关注的一些核心问题。因此,这一意义上的"后马克思主义",其准确称呼似乎应该是"后现代主义的马克思主义","后马克思主义"只不过是对它们的一种简称而已。这种意义上的"后马克思主义"者,其范围则相对有限,除了拉克劳和墨菲两人之外,主要代表人物大概还可以加上斯拉沃热·齐泽克(Slavoj Žižek)和斯图亚特·霍尔(Stuart Hall)等人,但其中以拉克劳和墨菲两人的观点最为典型。在本章中,我们即以拉克劳和墨菲的理论为例,来对这种"后现代主义的马克思主义"意义上的"后马克思主义"作一简要梳理。

一、"正统"马克思主义面临的危机及其回应

在《领导权与社会主义的策略》一书的导论中,拉克劳和墨菲一开篇便说明了自己在书中要阐述的"后马克思主义"理论与传统马克思主义

---

[1] 参见周凡:《后马克思主义概念的发生学探察》,载周凡、李惠斌主编:《后马克思主义》,中央编译出版社,2007年。

理论之间存在的是一种既连续又断裂的关系，因而依然是一种马克思主义的理论，而非一种完全否定或摆脱马克思主义的理论。两位作者说："我们正处于一个后马克思主义的领域中，……如果我们在本书中的知识工程是**后**马克思主义（*post*-Marxist）的，它显然也是后**马克思主义**（post-*Marxist*）的。"之所以是"**后**马克思主义"的，是因为他们所阐述的理论与传统马克思主义相比有很大的不同：两位作者明确宣称，他们"正在与深深内在于 [包括马克思主义在内的] 理论中的一些东西——即凭借其一元论的范畴去获取本质或深层历史意义的志向——决裂。……拒绝建立在一个普遍化阶级（universal class）本体论优先立场基础上的任何认识论特权"，因而"不再可能去坚持马克思主义阐述的主体性和阶级概念，以及它关于资本主义发展历史过程的幻象，当然也包括其关于没有对抗的共产主义透明社会这个概念"。[1]而之所以又是"后**马克思主义**"的，则是因为他们依然是在马克思主义的话语体系内展开自己的理论探讨。不过，在这本书中，虽然作者们详尽讨论了自己的理论与马克思主义之间的差异，但出于一些我们不太清楚的原因，两位作者并未对自己的理论立场与后现代主义思潮之间的关联作出明确的说明。这种关联是在该书的第二版序言中才得到明确说明的。在该书的第二版序言中，两位作者在指出自己的一个核心论点是将"社会"理解为"话语空间"之后解释说，虽然这一观点中的核心范畴"话语"可以追溯到 20 世纪的三个主要哲学流派，即分析哲学、现象学和结构主义，但这一观点中的核心理念——我们只有借助话语而不是绕过话语这个中介才能接近事物本身——则主要是来源于这三个流派后期解体时期的思想成果：分析哲学中的后期维特根斯坦哲学理论、现象学中的海德格尔存在主义理论、结构主义思潮中的后结构主义理论，以及波普尔、库恩、费耶阿本德等人的后实证主义科学哲学理论。两位作者明确写道：虽然"所有这些思想潮流都在某种程度上滋养着我们的思想，不过，后结构主义则是一个我们在其中发现了我们的理论反思主要源

---

[1] Laclau and Mouffe, *Hegemony and Socialist Strategy: Towards a Radical Democratic Politics*, Verso, 2001, Introduction, p.4.

泉的领域，而在后结构主义当中，解构和拉康主义的理论对于我们阐明自己的领导权理论来说又具有决定性的重要意义"[1]。

那么，为什么要构建一种与传统马克思主义不同的"后马克思主义"理论呢？为什么要从包括后结构主义和后实证主义等理论在内的"后现代主义"立场或视角出发，来构建这样一种与传统马克思主义不同的马克思主义理论呢？在《社会主义策略，下一步在哪儿？》《领导权与社会主义的策略》和《我们时代革命的新反思》等著作中，两位作者对此作出了细致的回答。

先看第一个问题：为什么要构建一种与传统马克思主义不同的"后马克思主义"理论？对于这个问题，两位作者的回答归纳起来就是：要构建一种与传统马克思主义不同的"后马克思主义"理论，主要原因在于20世纪中叶以来西方发达资本主义社会在社会结构方面发生了新变化，传统的那套社会主义策略显得不合时宜了，传统马克思主义陷入了明显的理论危机，必须通过一种理论方面的创新来走出这一危机。

众所周知，传统的社会主义策略是建立在传统历史唯物主义理论的基础之上的。传统的历史唯物主义理论认为，在人们的各种社会关系中最为根本的是人们在物质生活资料的生产过程中所形成的那些关系即"生产关系"，"这些生产关系的总和构成社会的经济结构，即有法律的和政治的上层建筑竖立其上并有一定的社会意识形式与之相适应的现实基础"；而生产关系又是由物质生产力的发展状况所决定的，必须与生产力的发展状况相适应；当物质生产力发展到一定阶段，便会"同它们一直在其中运动的现存生产关系或财产关系（这只是生产关系的法律用语）发生矛盾。于是这些关系便由生产力的发展形式变成生产力的桎梏。那时社会革命的时代就到来了。随着经济基础的变更，全部庞大的上层建筑也或慢或快地发生变革"。[2] 当生产力发展到一定历史阶段，人们会由于在生产资料占有

---

[1] Laclau and Mouffe, *Hegemony and Socialist Strategy: Towards a Radical Democratic Politics*, Preface to the Second Edition, p.xi.

[2] 马克思：《〈政治经济学批判〉导言》，《马克思恩格斯选集》第1卷，人民出版社，1995年，第32页。

方面的差别而形成权力和利益不同的地位集团即阶级，人们在生产过程中所形成的关系本质上就是阶级关系，其中一些阶级占据着统治地位，另一些则处于被统治地位。在这种阶级关系的基础上，则形成了一个庞大的与阶级性生产关系相适应的上层建筑。特定的阶级性生产关系与相应的上层建筑结合起来就形成了特定形态的阶级社会。在特定的阶级社会中，当生产力发展到与现存的生产关系发生矛盾因而需要对之进行变革，用新的生产关系（及相应的上层建筑）取而代之的时候，自身利益与现存生产关系紧密相连的统治阶级就会通过各种努力来维护现存生产关系，阻挠社会变革的发生，自身利益与新的生产关系紧密相连的那个或那些阶级则会通过各种努力来推动对现存生产关系的变革，用新的生产关系来替代现存生产关系。因此，对现存生产关系及其上层建筑的变革能否顺利完成，就取决于代表新旧生产关系的那些阶级主体之间的对抗或斗争。只有当代表新生产关系的阶级在斗争中取得了胜利，社会变革才能顺利实现，反之则会延滞。按照这种观点，社会关系本质上是利益关系，社会关系的变革本质上就是物质利益关系的变革，而社会历史变革的行动主体只能是或主要是植根于物质生产过程的阶级。将这种观点运用到对资本主义社会进行变革的社会主义运动中来，自然就会得出以下结论：资本主义社会和社会主义社会本质上都不过是特定的利益关系形态，从资本主义社会向社会主义社会的变革本质上也不过是利益关系方面的变革，这种社会变革的行动主体只能是或主要是在资本主义生产过程中形成的、分别代表新旧生产关系的两大阶级，即无产阶级和资产阶级，其中资产阶级是维护旧生产关系和阻碍这一社会变革的主要力量，无产阶级则是推动和实现这一社会变革的主要力量。

　　自从马克思主义诞生以来，西方发达资本主义国家里的无产阶级政党就是在这样一种社会历史观及相应的社会主义变革策略的指导下开展社会主义运动的。但是，由于种种原因，马克思曾经期待和预言在发达资本主义国家里将会很快发生的这种从资本主义社会向社会主义社会的历史性变革一直未能如期实现。这给传统马克思主义和社会主义运动都带来了一定的挑战。到了 20 世纪中后期，传统马克思主义和社会主义运动所面对的挑战变得更为严峻：一方面，随着西方发达资本主义国家从工业社会向后工业社会转变，传统意义上的无产阶级在社会结构中的比重日益缩小，上述以无产阶级作为行动主体来实现社会主义转变的行动策略实施起来就显得更为艰难，以致按这种策略来开展的传统社会主义运动遭受挫折。面对这种困境，社会主义者到底该作何选择？是坚持上述行动策略，还是根据社会历史发展的新形势对社会主义运动的策略进行调整？如果选择后者，又该如何调整？这是西方社会里的社会主义者不能不加以严肃思考的重大问题。另一方面，与上述趋势相伴而来的一个新现象，是各种新型社会运动如"新女权主义，少数族群、民族和性少数的抗议运动，人口边缘阶层发动的反制度化生态斗争，反核运动，资本主义边缘国家各种非典型化的社会斗争"等的逐渐兴起。拉克劳和墨菲认为，"所有这些都意味着社会冲突在更广阔的区域范围内的扩展，它们正在开创一种潜在的，甚至不只是潜在的，走向更自由、民主和平等社会的可能性"。但是，这些新兴的社会运动与传统意义上的社会主义运动之间是一种什么样的关系？按照上述传统马克思主义理论及其社会主义策略，这些新兴的社会运动本质上与社会主义运动之间似乎并没有什么共同之处，顶多是后者在反对资本主义的斗争中可以暂时加以利用的同盟军而已。这种看法真的正确吗？对于社会主义者来说，这些问题也是无法回避、必须加以思考的。拉克劳和墨菲提出，这两个方面的挑战都促使马克思主义者去对传统的马克思主义理论及其社会主义策略进行反思，以恢复马克思主义在指导社会主义运动方面的有效性。两位作者明确写道："左翼思想今天站在十字路口，过去'明显的真理'——经典的分析形式和政治推理、冲突之中各种力量的本质、左翼斗争和目标的意义——受到了瓦解这些真理之基础的巨大历史转变的严重挑战。"[1]"处于危机之中的是整个社会主义概念，它停留在作为大写革命角色的无产阶级本体论中心之上，作为从一种社会类型到另一种社会

---

[1] Laclau and Mouffe, *Hegemony and Socialist Strategy: Towards a Radical Democratic Politics*, Introduction, p.1.

类型之转变的基本因素，依赖于会导致要素空洞化的完美整体和同质化集体意志的幻象前景。当代社会的复杂性和多样化特征不可改变地消解了那种政治虚构的最后基础。"[1] 为了克服这些理论危机，马克思主义必须进行理论创新。

再看第二个问题：为什么要从后现代主义视角出发去进行这种理论创新，构建一种与传统马克思主义不同的"后马克思主义"理论？对于这个问题，两位作者的回答归纳起来则是：只有从后现代主义的视角出发，才有可能在马克思主义理论内部实现一种"哥白尼式的革命"[2]，从而使马克思主义理论真正能够与变化了的社会现实相适应。为了说明这一点，两位作者对马克思、恩格斯逝世后马克思主义内部所经历的一系列理论变革过程以及这些理论变革所取得的成就和具有的局限进行了回顾和分析。

拉克劳和墨菲认为，传统社会主义策略的危机在19世纪末20世纪初德国一类发达资本主义国家的无产阶级社会主义运动中已经初现。19世纪后期，随着资本主义生产方式扩展到更多的生产部门，以及不同部门发展水平的不平衡，在德国等发达资本主义国家里，无产阶级内部的利益日趋分化，导致无产阶级反抗资产阶级的斗争行动也日趋分裂和碎片化，如何将无产阶级的利益及其斗争整合成一个统一的社会主义革命运动，是马克思主义者及其领导下的无产阶级政党不得不面对的一个严肃问题。按照传统马克思主义的理论，阶级关系植根于人们在生产关系中的不同地位，人们在特定生产关系中占据的不同地位本身就足以使人们形成作为特定社会集团的阶级。但现实情况与此判断似乎并不相符。面对理论与现实之间的这种矛盾，部分马克思主义者试图在坚持马克思主义"正统"观点的前提下，对后者作出一定的调整，使之能够与现实协调起来。例如，考茨基等人认为无产阶级之间的这种分裂只是一些暂时的或偶然的现象，它们只是无产阶级的阶级意识相对滞后于现实发展的一个结果；随着资本主

---

[1] Laclau and Mouffe, *Hegemony and Socialist Strategy: Towards a Radical Democratic Politics*, Introduction, p.2.
[2] 拉克劳、墨菲：《社会主义策略，下一步在哪儿？》，载周凡、李惠斌主编：《后马克思主义》，第52页。

义经济过程的进一步开展，无产阶级在阶级认同中产生的分裂、无产阶级不同主体立场之间日渐增加的分离必然被经济基础的未来发展所克服，无产阶级迟早会形成统一的阶级认同（当然，在这一过程中，需要有知识分子的参与）。这种观点事实上导致了一种消极无为的革命策略，阻碍了社会主义革命运动的发展。另一些马克思主义者则稍微走得远一些。例如，卢森堡逐渐意识到：在资本主义社会，无产阶级的碎片化是必然的，无产阶级的阶级统一不会是资本主义经济发展过程的必然结果，而是只有在反对资本主义社会的革命进程中才得以形成。不仅如此，这种在革命过程中形成的、带有一定偶然性的阶级统一，又主要是由将每一个孤立的、碎片化的斗争所隐含的对于整个革命过程具有的意义揭示出来的象征性（符号性）动员过程来实现的，因而是一种象征性的统一。和卢森堡相似，一些奥地利马克思主义者也意识到，在奥地利这样一个其经济基础并非由纯粹资本主义经济构成的国家中，无产阶级的阶级统一只能是政治斗争和意识形态建构的结果，而非经济发展的自然产物。他们也试图以各种方式来限制"历史必然性"的有效领域，如阿德勒"破除了自然主义的社会关系概念，通过阐释一些像'社会的先验因素'（social a priori）之类的概念将一种严格意义上的话语因素引入社会客观性的构建之中"，"把上层建筑的形成设想为建立在意识形式之上，而不是自然主义的生产力运动之上"；鲍威尔则认为在垄断资本主义时代，由于精神因素和国家力量在经济发展过程中的重要作用，经济基础和上层建筑之间的界限已模糊不清，不能严格地加以区分，因而将社会主义斗争及其行动主体的确定根据单纯限定于经济领域的做法已经不合时宜。

显然，卢森堡和奥地利马克思主义者的这样一些认识，已经在一定程度上背离了认为资本主义经济发展必然造成统一的无产阶级这种传统马克思主义立场，开启了对传统马克思主义进行反思的进程。拉克劳和墨菲认为，按照这一方向进一步思考下去，本来就可以得出关于社会主义行动主体的另一种思路：既然统一的社会主义革命行动主体本身不是由经济发展过程预先决定的，而是由行动过程及其象征/符号性动员过程所构建起来的，那么，这种行动主体就不一定仅限于以在物质生产过程中形成的那些地位群体为基础来加以构建，而是可以把在其他社会领域中形成的地位群体也容纳进来。然而，卢森堡等人并没有走得那么远。他们依然坚持传统马克思主义关于经济基础决定（包括政治斗争的主体及其意识等）上层建筑、社会主义取代资本主义是经济发展的必然趋势、社会主义革命的主体只能是无产阶级等观点。[1] 这就限制了他们对传统马克思主义的反思，并使自己的理论陷入了一种"二元论"：一方面由于坚持"经济决定论"而不能符合政治实践的需要；另一方面对于自己观察到的那些与"经济决定论"不相符合的现象又不能作出合理和充分的理论阐释。

对传统马克思主义理论的进一步突破，只能在一些被称为修正主义者的马克思主义者如伯恩斯坦等人那里发现。伯恩斯坦明确宣称，传统马克思主义就资本主义社会结构所预言的那一"必然"趋势，如中产阶级消失、社会最终分化为资产阶级和无产阶级两大阶级等，随着资本主义的发展并没有出现。相反，不但中产阶级的比重日益增长，而且从经济方面来看，无产阶级也越来越分化。因此，无产阶级的阶级统一不是经济发展的必然结果（在经济基础当中无法为无产阶级的阶级统一找到任何必然的根据），而只能是无产阶级政党主动发挥政治能动性的结果，只能通过代表其普遍或共同利益（而非其中部分利益）的无产阶级政党的领导来实现。但无产阶级政党的这种政治能动性根据何在呢？伯恩斯坦提出了以下观点来作为无产阶级政党发挥政治能动性的根据：历史并非只是一个单纯客观的进程，历史只能被解释为主体和客体相互作用的结果；社会主义也并非建立在对历史进程进行科学分析所得客观陈述之基础上，而是一个建立在无产阶级作为一种伦理主体所作伦理决定之基础上的行动纲领，而这种伦理决定的合理性又是以人性总是处于不断进步的过程当中这种进化论来加以确立的。索雷尔对伯恩斯坦的观点作了进一步的发挥。和伯恩斯坦一样，索雷尔也将无产阶级的阶级统一视为政治观念建构的产物，而非经

---

[1] Laclau and Mouffe, *Hegemony and Socialist Strategy: Towards a Radical Democratic Politics*, pp.12-14.

济发展的自然结果，并将与资产阶级的不断斗争（如工团主义的"总罢工"）看作完成这种建构过程的基本条件。伯恩斯坦和索雷尔的观点都进一步隐含对社会主义革命的行动主体必然是或必须是阶级主体这一传统观点的质疑，而且事实上他们两人也以不同的方式迈出了超越这一观点的步伐。例如，伯恩斯坦认为德国社会民主党并不仅仅是无产阶级政党而且是所有被压迫者的党，索雷尔则使用了"集团"而非仅仅是"阶级"这个概念来称呼革命行动的主体，但伯恩斯坦还是坚持无产阶级才是革命主体中核心的、起领导作用的部分，索雷尔也没有将上述隐含的质疑及相应的结论从自己的观点中明确地引申出来。

在这之后，列宁等俄国马克思主义者以及葛兰西沿着上述方向进一步推进了对传统马克思主义的反思。由于 19 世纪末 20 世纪初俄国的社会经济形态与阶级力量两者的发展出现了"错位"（dislocation），即在社会经济方面俄国已经进入从封建（专制）社会向资本主义（民主）社会转变的时期，但（按照马克思主义理论并参照西欧国家的历史经验应该）作为这一历史转变过程之主要行动力量的资产阶级却还没有发展到有能力来完成这一历史使命的程度，无产阶级不得不代替资产阶级来承担起组织、领导推翻封建专制制度、建立资本主义"民主社会"这一原本属于"资产阶级民主革命"的历史任务。为了顺利完成这一历史任务，列宁等俄国马克思主义者提出了"领导权"（Hegemony）这一概念，用来特指"无产阶级与其在特定时刻不得不承担的异己任务（alien tasks）之间的新型关系"[1]。列宁等人用这个概念来表明如下意涵：作为俄国"资产阶级民主革命"的领导阶级，无产阶级的领导权并非（像西欧国家"资产阶级民主革命"中资产阶级所掌握的领导权那样）基于其在相应的经济基础即资本主义生产关系当中所占据的主导地位，而是基于一种政治性的建构。这样一种基于政治建构而非经济基础的领导权之所以可能，乃是由于要完成的历史任务的资产阶级性质与资产阶级完成任务的能力不协调这一局面（为无产阶级）

---

[1] Laclau and Mouffe, *Hegemony and Socialist Strategy: Towards a Radical Democratic Politics*, p.50. 此处"异己任务"意即与自己原本的"阶级性质"及历史使命不一致的任务。

提供了机会。凭借这一概念，列宁等人得以建构起一个能够超越"阶级"的社会行动主体，即一个在无产阶级领导下，由无产阶级、资产阶级、农民阶级等不同阶级联结而成的"阶级联盟"。但是，列宁等人坚持这种通过政治活动形成的联盟与在经济结构中构成的阶级本质上是两种不同的行动者，而后者才具有更为根本的意义，是行动者利益的载体，进而将阶级联盟理解为既有自己阶级利益又有某些共同利益的各阶级之间的暂时联合，将无产阶级对联盟中各阶级的领导权也理解为最终实现自己阶级利益的一种暂时的过渡性步骤，认为在无产阶级的阶级利益及认同与其凭借领导权要去完成的历史任务之间存在着明确的差别，从而将无产阶级与联盟内部其他各阶级之间的关系理解为一种主要依靠政治权威来加以建构和维持的外在性关系。尽管如此，列宁等人关于"领导权"的思想启发了葛兰西。葛兰西对"领导权"概念作了进一步的发挥，将其改造为不是通过共同利益和政治权威而是通过共享的"观念"和"价值"即共同意识形态来发挥"领导"效用的一种权力，从而使之成为一个有可能彻底摆脱"阶级"利益及认同束缚的概念。然而，葛兰西依然没有迈出这一决定性的步伐。在他那里，掌握领导权的社会力量最终仍然是某个阶级主体——无产阶级或者资产阶级，这就为他的理论思考同样设定了一个界限，使之不能彻底摆脱传统马克思主义"阶级"理论及作为其基础的那种社会本体论的束缚。拉克劳和墨菲认为，要超越传统马克思主义的阶级理论及作为其基础的社会本体论的束缚，我们就必须向前再跨越一步，而这一步只有借助后现代主义的相关概念和视角才有可能迈出，因为这种属于"现代性话语"的社会本体论只有通过"后现代"话语才可能销蚀。[1] 这就是有必要从后现代主义视角出发去进行理论创新，构建一种与传统马克思主义不同的"后马克思主义"理论的主要原因。

---

[1] 拉克劳：《政治与现代性的局限》，载周凡、李惠斌主编：《后马克思主义》，第77页。

二、超越社会的实证性

拉克劳和墨菲认为，包括马克思主义在内的现代性社会本体论话语都是一种本质主义的话语，这种本质主义的话语主张，像各种自然现象一样，"社会"是一种完全独立于/外在于人们对它的认识结果，具备自身固有本质、按照自身内在规律"自然而然"地存在和变化的客观实在；人们的意识不过是对这样一种纯自然性质的客观实在的认知或再现；只有准确地再现了社会现实之固有本质和内在规律的那些认知结果或观念、意识才能成功地指导我们的行动或实践。对马克思主义者来说，"社会"的核心或本质就是人们在物质生产过程当中所形成的生产关系，换言之，人们之间的所有社会关系本质上都是以生产关系为基础或围绕着生产关系这个核心而形成的，"社会"就是人们以生产关系为基础或围绕着生产关系这个核心所形成的各种社会关系的统一体。在这个统一体中，由于生产关系是其他各种社会关系形成的基础，所以被称为社会的"经济基础"；其他各种社会关系是建立在生产关系基础之上的，所以被称为社会的"上层建筑"。"经济基础决定上层建筑"或"上层建筑的状况一定要与经济基础的状况相适应"就成为内在于社会存在和变化过程的基本规律之一。而经济基础或生产关系的状况则是建立在特定生产力的基础之上，是由人们所处历史阶段的生产力发展的状况所决定的。因此，"生产力决定生产关系"或"生产关系的状况一定要与生产力状况相适应"就成为内在于社会存在和变化过程的另一个基本规律。如前所述，马克思主义者的社会主义革命策略（在阶级社会中是以生产过程中形成的阶级关系为基础构造起来的，也需要且只能依据植根于生产关系的阶级主体之间的斗争来变化发展）就是以这一社会本体论为依据而制定的。拉克劳和墨菲指出，考茨基、卢森堡、列宁、葛兰西等人在这种传统社会主义革命策略面临来自实践的挑战时之所以最终无法突破这种策略，主要原因就在于他们不能彻底摆脱上述社会本体论思想对他们所施加的束缚。

拉克劳和墨菲提出，事实上，上述传统马克思主义的社会本体论本身存在一些逻辑上的模糊之处。例如，将整个社会领域划分为"经济基础"和"上层建筑"两大部分，认为前者的状况决定后者的状况，就意味着"经济基础"是可以先于/外在于"上层建筑"的作用而独立存在和变化的。假如"经济基础"不是一种可以先于/外在于"上层建筑"的作用而独立存在和变化的现象，而是需要通过或依赖后者的作用才能存在和变化的，那我们就无法断言在"经济基础"和"上层建筑"两者的关系当中，何者才是"决定"性的因素。[1] 传统马克思主义者用来为"经济基础"在社会生活中的优先性或决定性作用辩护的主要理由是：经济基础是由生产力的状况决定的，而生产力的存在和变化则是一种完全独立于人的主观意志的纯自然的客观现象。拉克劳和墨菲认为，这种关于生产力的看法可能也不符合实际。两位作者以大量关于资本主义条件下的劳动过程的经验研究结果为依据，提出在资本主义制度下，生产技术的发展并非一个纯粹自然的过程，而是充满了资产阶级和无产阶级两大阶级围绕对生产过程的统治自觉或不自觉展开的斗争。"假如资本家在生产过程的核心之处施加统治这一需要没有被认识到，那么，生产力的发展就将变得不可理解。"[2] "没有一系列统治关系的存在，劳动过程就不可能存在。……劳动的分化和专门化与对效率的追求没有任何关系，而是资本努力对劳动过程施加统治的结果。既然工人能够从事社会实践，他就可以抵制强加的控制机制并迫使资本家应用不同的技术。因此，并非资本的纯粹逻辑在决定着劳动过程的发展，后者不仅仅是资本施加统治的场所，而且也是斗争的舞台。"[3] 资本和工人之间的斗争不仅影响了劳动过程及其组织，也影响了生产力扩展的特征和节奏。"因此，生产力是中性的以及它们的发展可以被设想为自然的和线性的这一主题，是完全没有根基的。"[4] 由此，经济基

---

[1] 参见 Laclau and Mouffe, *Hegemony and Socialist Strategy: Towards a Radical Democratic Politics*, pp.98-99。
[2] Ibid., p.78.
[3] Ibid., p.79.
[4] Ibid., p.80.

础相对于上层建筑等领域的独立性、优先性、决定性地位也就失去了理论依据。

拉克劳和墨菲进一步指出，生产力和经济基础对争夺统治权的斗争等政治因素的依赖，也意味着社会行动主体的统一不可能单纯是在经济领域中被建构出来，"因为经济不可能通过它本身并不拥有的单一逻辑来构成统一的主体"[1]。事实上，北美和欧洲有关工人阶级的研究都已经表明，资本家为了维护自己对劳动过程的统治，通过将种族、性别以及统治策略等因素结合起来创造了一种分割的劳动市场，把工人阶级明确地分成了许多不同的部分。导致工人阶级内部产生这种分化的原因，并不仅仅是经济方面的，而且是政治方面的。这使得工人阶级经常被许多难以整合的、相互矛盾的主体立场所控制。这也表明，试图将某种具有特权的主体立场确定为整体行动者"客观利益"之基础的做法，甚至所谓"整体行动者"概念本身，都已经变得毫无意义了。更进一步看，这也意味着人们在经济过程中的地位与其思想状况（包括社会认同）之间失去了必然的逻辑联系，导致一方面社会主义的根本旨趣不可能从经济过程的决定性地位中有逻辑地推演出来，另一方面人们的社会认同也成为一种不确定的东西。他们进而表示，我们需要从经济过程之外去寻找能够帮助我们确定社会主义行动目标和行动主体的根据。传统的马克思主义社会理论已经不能很好地指导社会主义运动的实践，我们需要一种新的社会本体论。

拉克劳和墨菲认为，事实上，"社会"并非像各种本质主义话语所说的那样，是一种完全独立于/外在于人们对它的认识结果，具备自身固有本质、按照自身内在规律"自然而然"地存在和变化的客观实在；人们的意识也并非只是对这种纯自然性质的客观实在的认知或再现。相反，所谓"社会"，其实不过是人们在特定话语构成规则的约束下、通过"连接"实践、以不同"位置"为"要素"构成的一种开放性结构化

---

[1] Laclau and Mouffe, *Hegemony and Socialist Strategy: Towards a Radical Democratic Politics*, p.81.

总体。换言之，"社会"就是"话语"。为了解释这一点，在《领导权与社会主义的策略》一书中，拉克劳和墨菲对于他们所说的"话语"作了说明。

第一，"话语"是一个通过特定"话语构成规则"构成的统一体。所谓"话语"（discourse），按照两位作者的解释，就是一种"来自连接实践的结构化总体"[1]。这里的"连接"一词其英文单词是"articulation"，含有"表达、吐字、发音"和"连接、关节"两个方面的意义。拉克劳和墨菲使用这个词时，实际上是结合利用了它这两方面含义：以表达或话语实践的方式来将原本相互间没有关系的不同元素连接起来。因此，这里的"连接实践"实际上就是表达或话语实践。这些表达或话语实践要去连接的是一些不同的"位置"（position）；这些不同的位置在没有被表达或被话语实践连接起来之前被称为"元素"（element），在被连接起来之后就叫"要素"（moment）；而由通过一定的表达或话语实践连接起来的那些要素所构成的"结构化"的总体，就叫"话语"。而正如福柯所说明的那样，将这些不同的要素连接成一个结构化总体的基础或依据，或者说这些不同的要素之所以最终能够被视为属于同一个话语体系之组成要素的基础或依据，既不是存在于这些要素在逻辑上的一致性，也不是什么先验主体拥有的"先验框架"，或者胡塞尔现象学所说的能够赋予意义的"主体"，或者经验事实的一致性等，而是将这些要素连接起来的表达或话语实践所共同遵循的一些"话语构成规则"。

第二，不存在什么"话语实践"或"非话语实践"之间的差别。人们通常将"话语实践"和"非话语实践"区别开来，认为两者是截然不同的。拉克劳和墨菲则认为这种区别是错误的。理由有二：首先，所有客体或对象都是由特定话语构建出来的，就此而言，难以区分孰为话语性的孰为非话语性的；其次，人们曾经指出的话语或非话语实践之间的那些差

---

[1] Laclau and Mouffe, *Hegemony and Socialist Strategy: Towards a Radical Democratic Politics*, p.105.

别,要么是错误的,要么其实也是由特定话语构建出来的。两位作者进一步指出:(1)这种看法与唯物主义和唯心主义之间的争论无关。因为虽然像地震或砖头落下等事件确是一种独立于我的意志的事件,但它们到底是构成一种"自然现象",还是被构成一种"上帝惩罚意志的表达",却是由特定话语决定的。(2)认为"话语"只是精神性的这种看法本身是对话语的一种误解,这种误解本身是建立在存在一种完全外在于话语的"客观实在"和一种纯粹由思想表达构成的"话语"这类二元对立之基础上的。事实上,维特根斯坦已经表明,任何言语行动或"语言游戏",总是一个由言语和行动不可分割地联结在一起的总体。例如,在建筑工地传送建筑石料的过程中,当A大声叫出"石块"时,B就会立即将他知道要递送的石料递送过去。因此,每种客体的物质性正是话语的一部分,是言语要素和非言语要素共同构成了话语。(3)对话语实践和非话语实践之间差别的否定,也使我们能够放弃来自自然科学的那种"客观性"观念,意识到社会政治生活领域中两个客体之间的关系与自然领域中两个客体之间的关系有着完全不同的性质。像转喻、隐喻等修辞手段并不只是用来反映或再现客观社会现实,而是社会现实本身得以构成的领域或过程的一部分。话语实践、非话语实践之间的二元对立使我们意识不到这一点。

第三,"话语"是一个开放的结构化总体,其中每个要素的意义总是不确定的。受后结构主义思想的影响,两位作者一方面像结构主义者所主张的那样,认为在"社会"即结构化的"话语"总体中,每一个要素的身份认同或意义都是由它在所属话语总体中与所有其他要素之间的差异决定的。另一方面又和结构主义者不同,认为话语总体并非一个封闭的结构化总体,而是一个开放的结构化总体;作为一个开放的总体,总是不断地有新的要素加入话语总体,使得话语总体中的每一个要素与其他要素之间的差异始终是不确定的和无限多变的,进而使得由这种差异决定的、每一个要素的身份认同或意义也成为不确定的和无限多变的。每一个要素的确切意义,就像德里达所说的那样,被无限期地"延宕"

了，或者像拉康所说的那样，处于一种永无止境的迁移之中。两位作者写道："如果我们接受话语总体从来不以简单地被给定或界定的实证形式存在，关系逻辑就会是不完整的并被偶然性所撕裂。从元素到要素的转换就永远不会充分实现。"[1] 借用拉康的概念，两位作者将要素的认同称为一种"漂浮的能指"。拉克劳和墨菲认为，话语总体的这一特点具有非常关键的意义，因为"每个 [话语] 总体的不完整性特征必然促使我们放弃将作为分析领域之一的'社会'视为被缝合（sutured）和自我定义的总体这一前提"[2]。当然，这并不意味着要素的身份认同或意义是绝对不确定的，不能产生任何确定意义的话语只能是精神病话语。给定一个节点，将差异暂时限定，就可以在局部范围内将一个要素的身份认同或意义暂时地、相对地确定下来。这种节点，拉康曾经用锚定点（points of caption）这个概念来加以称呼，拉克劳和墨菲则称其为关节点（nodal points）。因此，要素的身份认同或意义既是不能完全确定的又是可以相对确定的。

拉克劳和墨菲提出，正是要素的认同或意义所具有的不确定性特征，使得话语的领导权具有了发挥作用的可能性。拉克劳和墨菲指出，在一个封闭的社会或话语体系内，由于差异的有限性或确定性，每一个要素的认同或意义也将是绝对确定的。在这样的情况下，不存在任何领导权实践得以发生的可能性，因为在一个完全成功地排除了任何漂浮能指的差异体系中，不可能进行任何话语连接，重复性原则会控制每一个实践，没有任何东西可以被"领导权化"。只有在一种不完整和开放的社会或话语体系中，才存在通过话语实践来将不同元素连接为要素的需要和可能，进而存在着通过在话语方面的领导权来控制这种连接实践的需要和可能。所谓话语方面的"领导"，其内容就是围绕着某个关节点（例如"反法西斯主义"或者"反资本主义"等）来将差异关系（例如"法西斯主义/反法西斯主义""资产阶级/无产阶级"等，事实上包括各要素之间的同和异

---

[1] Laclau and Mouffe, *Hegemony and Socialist Strategy: Towards a Radical Democratic Politics*, p.110.
[2] Ibid., p.111.

两个方面）暂时限定，对相对确定之差异关系中的各个要素的意义进行确认，从而形成一个结构和秩序相对稳定的"社会"领域。在这个相对稳定的社会领域中，人们之间的关系及其身份认同实际上都是通过话语实践方面特定领导权的运作构建出来的。从这个意义上说，话语实践的领导权对于一种稳定的社会结构及其秩序的形成具有十分关键甚至可以说是决定性的意义。因为，如果没有特定话语领导权的存在及其运作，就不可能形成和维持任何特定的社会结构及其秩序，我们所谓的"社会"就将只是一个由许多其意义或认同始终无法确定的要素（一堆始终处于漂浮中的能指）所构成的开放性的结构化体系而已。只有通过特定话语领导权的运作，开放的结构才能相对封闭，稳定的社会结构及其秩序才能形成和维持，组成结构的各要素的意义或认同才能相对确定。而一个曾经处于相对稳定状态的社会结构及其秩序的崩溃或解体，主要也是因为不能被现存话语领导权所连接的"漂浮的能指"日益增多等，使得在其形成和维持过程中起着重要或决定作用的现存话语领导权丧失了效力。因此，特定社会结构及其秩序的形成和存在，在很大程度上依赖特定话语领导权的形成和存在；话语领导权的改变必然导致社会结构及其秩序的改变；话语领导权的消失则将导致稳定的社会结构及其秩序的消失。

由此，拉克劳和墨菲指出，作为一种通过特定的话语实践连接而成的结构化总体，社会的存在和发展既不具有客观性也不具有必然性。在《我们时代革命的新反思》一书中，拉克劳进一步解释了这一点。拉克劳表明，作为话语实践的产物，社会关系具有以下四个方面的特征：

第一，社会关系具有偶然性的特征。之所以如此，首先是因为如上所述，社会领域是一个开放的结构，其中每一个要素的认同或意义原初都是不确定的、充满偶然性的，都是只有在特定领导权的运作下，围绕着某些话语关节点而展开的话语实践，将这些要素连接成相对确定，表面上看似乎具有客观、必然性的结构和秩序之后，才得以相对确定的东西。因此，社会的"客观性"或"必然性"依赖稳定的话语领导权及相应的领导权关系的确立。但是，这种客观性或必然性只是暂时的、相对的，而非永恒不变的、绝对的，是会随着领导权关系的变化而变化的。

第二，社会关系总是一种权力关系（power relations）。由于结构的开放性和差异的不确定性，作为结构要素的行动主体既在结构之中又不在结构之中，主体的认同及其决策是部分独立于结构的，主体因此成为不受结构左右的决策场所。而这种摆脱了结构之客观必然性约束的决策，就意味着对某些不能实行的可能选择的压制（当然，这并不意味着被压制的选择都会具有可能性）。拉克劳认为，在摆脱了结构的强制之后，对某些可能选择的压制就只能是来源于一种权力关系。"如果两个不同群体作出了不同决定，那么，他们之间的关系就是对抗和权力性质的，既然无论他们如何选择都不存在终极的理性基础。就此而言，我们认为所有的客观性都必然预设了对被客观性的确立者加以排除的那些东西的压制。"[1]由此可见，社会认同的建构是一种权力行为，而任何"客观性"都是一种受威胁的客观性。一种客观性如果力图确认自己，就只有通过研究那些威胁到它的事物才有可能。权力是社会得以可能的条件，没有权力的社会是不可能的。社会变革意味着建立一种新权力，而非从根本上取消权力。因此，研究特定社会认同存在的条件，就是要去研究使其可能的权力机制。

第三，社会关系具有政治性特征。这是因为，如上所述，特定"社会"总是在某个或某些社会力量的"领导"下，围绕着特定话语关节点通过特定话语实践对相关社会能指的连接而形成的。在这个过程中，按照占据话语"领导权"位置的社会力量所确定的话语实践规则，原本隐含在开放性结构中的诸多可能性，一部分得到了实现，一部分则被排斥。因此，不同的社会力量就总是要围绕着对话语"领导权"的争夺而进行政治意义上的对抗和斗争。"社会领域因而可以被视为一场阵地战，在那里，不同的政治工程都力求连接围绕其周围的更多的社会能指。"[2]社会结构及其秩

---

[1] Laclau, *New Reflections on the Revolution of Our Time,* Verso,1990, p.34.
[2] Ibid., p.28.

序的状况最终取决于这类斗争的偶然结果。不过，随着被建构起来的社会结构及其秩序的逐渐稳定或常规化，社会制度原初建构的这一偶然性也逐渐被遮蔽和遗忘。只有通过新的对抗和斗争，才能创新发现社会客观性的偶然性特征。

第四，社会关系具有历史性。这是由社会关系的偶然性特征所导致的一个结果。由于社会的结构及其客观性都是通过围绕着话语领导权展开的政治对抗和斗争建构出来的，也会随着这种对抗和斗争不断地发生变化，因此，它自然地具有了历史性。我们只要回溯任何社会结构及其秩序通过这种对抗和斗争得以形成的那些偶然条件，就能理解这一历史性。

拉克劳和墨菲认为，对社会现实的上述理解，使得我们对社会主义运动的主体和目标等策略问题可以有一种全新的认识。

三、领导权与激进民主

如上所述，我们有必要也完全可能制定出一套比传统社会主义策略更具包容性也更符合现实需要的社会变革策略。

拉克劳和墨菲对社会主义运动的目标或任务提出了一个全新的说明。两位作者提出，从一种更为长远的历史视野来看，社会主义运动其实是一个更为广泛的社会历史变革即"民主革命"运动的一部分或一个阶段。这场"民主革命"运动的目标或任务是要消除一切社会压迫或不平等，包括阶级之间的压迫和不平等，但不限于阶级之间的压迫和不平等。这场革命的起点是1789年法国大革命，历经1848年法国街垒战、英国宪章运动、意大利的马志尼和加里波第运动等，其特征都是没有被组织起来的"人民"大众起来反抗"旧制度"中存在的统治和压迫，要求实现普遍的平等。到了19世纪中后期，随着资本主义生产关系的发展，民主革命运动逐渐转变为无产阶级反对资产阶级的统治和压迫、以用社会主义生产关系来取代资本主义生产关系为目标的社会主义革命运动。这种转变反映了工业资本主义发展所带来的新社会现实,即资产阶级对无产阶级的统治和压迫已经成为各种社会不平等现象中最主要和最突出的部分,因而被视为一种政治方面的进步。事实上,如果能够对这种转变作出合理的说明,那么,这种转变的确可能是一种政治方面的进步;但如果对其作出错误的理解,那么,就可能对包括社会主义运动在内的以消除社会不平等为目标的历史进程带来不良的政治后果。拉克劳和墨菲认为,由于将社会结构简化为在生产关系中形成的阶级关系,将现实中发生的各种政治斗争归结为植根于经济领域的各阶级之间的斗争,进而将民主革命归结为代表资本主义生产关系的资产阶级反抗代表封建主义生产关系的封建主阶级的斗争,将社会主义革命归结为代表社会主义生产关系的无产阶级反抗代表资本主义生产关系的资产阶级的斗争,传统的马克思主义理论未能清楚认识到民主革命与社会主义革命之间的关系,从而导致了在社会主义革命的任务和主体等策略问题上的有限立场。为了更好地推动包括社会主义革命在内的、以消除社会不平等现象为目标的社会历史进程,我们有必要对民主革命和社会主义革命之间的关联重新加以审视。

　　拉克劳和墨菲指出,包括传统马克思主义在内的各种本质主义社会理论最主要的一个局限便是,将社会现实归结到一个先验的本质,将各种不同性质的政治斗争归结到或汇聚到一个可以从社会的先验本质中找到根据的统一的斗争领域,把各种不同的行动主体整合为一个以完成这统一的斗争为根本目标的统一的行动主体,它们完全忽略了社会现实的多元性和不确定性。实际上,社会现实既没有固定不变的本质,也没有任何不可避免或自然如此的东西。包括反抗从属关系(relation of subordination)的斗争在内的任何社会历史事件的发生,都不是某种客观形势自然演变的结果,而是由人们在特定话语条件下构建出来的。例如,如果将各种要素连接成一个相对稳定的社会结构的话语体系,将女性构造成一种固定在从属地位上的主体,那么,以反对妇女从属地位为目标的女权主义运动就不可能出现。为了说明这一点,拉克劳和墨菲区分了"从属"(subordination)、"压迫"(oppression)、"统治"(domination)三种不同类型的关系。所谓"从属关系",指的是这样一种关系:在这种关系中,一个行动者(如受雇者、女性等)必须服从另一个行动者(如雇主、男性等)的决定。所谓"压迫关系",指的是这样一些特殊的从属关系:这些从属关系已经将自己转变为社会对抗的场所。所谓"统治关系",则指的是这样一系列特殊的从属关系:从外在于它们的行动者看来,这些关系被视为一种不合法的关系(它们与既定社会形态中实际存在的压迫关系可能一致也可能不一致)。两位作者指出,如果我们假定人类具有一种先天的本质,那么,任何一种否定这种先天本质的从属关系自然同时也是一种压迫关系。但是,如果我们拒绝这种本质主义的立场,否定人类具有某种先天本质,我们就可以意识到,从属关系并不必然是压迫关系,两者是可以分离的:从属关系只是意味着一系列社会行动者的不同位置而已,对于那种将社会认同实证性构建出来的话语系统来说,这些从属关系不仅不是对抗的,而且还是消除对抗的理性条件。只有在特定条件下从属关系才会转变为压迫关系,这一条件就是:处于从属地位之主体的实证性特征被颠覆,导致了对抗的出现。而如上所述,这只有借助一种新的话语体系才有可能。同样,"'农奴''奴隶'等概念本身并不表明一种对抗性的地位;只有在诸如'天赋人权'一类的不同话语形态中,那些范畴的不同实证性才能被颠覆,从属关系才能被建构为压迫关系。这意味着,没有一种能够使'从属话语'中断的外部话语的力量,就不会有压迫关系存在"[1]。因此,对于一种反本质主义的社会理论来说,"中心问题是要辨认指向反对不平等斗争和挑战从属关系的集体行动得以出现的话语条件"[2]。

就此而言,民主话语的出现,正是近代以来西方各种以反对社会不平等现象(从属现象)为目标的社会斗争产生和存在的基本条件。为了展开这种斗争,自由和平等的民主原则必须使自己成为社会想象的新源泉,成为连接社会(话语)实践的基本关节点。在西方社会,这一决定性转变大致发生在18世纪末,尤其是法国大革命时期颁布的《人权宣言》宣告的

---

[1] Laclau and Mouffe, *Hegemony and Socialist Strategy: Towards a Radical Democratic Politics*, p.154.
[2] Ibid., p.153.

人权、自由、平等等原则，为把各种形式的社会不平等视为不合法和反自然的现象提供了话语条件，由此持续激发各种反对从属关系的斗争，把自由和平等不断扩展到了更为广泛的领域。包括英国宪章运动等在内的19世纪诸多工人运动，都是在这一民主话语的影响下发生的，因而实际上是源于法国大革命的民主革命的延续。社会主义的要求也应该被视为这种民主革命的一种内在要求，即将平等原则从政治领域进一步扩展到经济领域，因而也只有借助民主革命建立起来的平等主义原则才能够得到理解。换言之，和其他许多现代社会运动一样，社会主义运动同样是作为以民主话语为基本条件的民主革命运动的一个领域或组成部分出现的。拉克劳和墨菲认为，这样来理解社会主义运动和民主革命之间的关联，我们就能够超越传统马克思主义的理论局限，重新回到民主话语的理论视野，将社会主义运动视为民主革命的一部分，从而将传统的社会主义运动及其斗争策略扩展为一种将其包括在内、内涵和外延与当前发达资本主义国家反对社会不平等的斗争现实更相适应的民主革命运动及其斗争策略。

20世纪下半叶以来，一方面随着国家干预和福利国家的发展，发达资本主义社会的经济危机相对缓解，另一方面随着生产技术和产业结构的变化，传统意义上以产业工人为主体的无产阶级在人口中的比重日益减少。面对这种历史情势，固守传统马克思主义社会理论及社会主义斗争策略的左翼人士对于社会主义变革的前景日益产生悲观情绪。拉克劳和墨菲指出，这种悲观情绪是完全错误的。他们认为，尽管福利国家的扩展表面上看满足了广泛的社会要求，但并不能保证资本主义社会的稳定，相反，在这一扩展过程中出现的复杂性及其矛盾方面却使这一社会形态之下的一整套从属关系的专制本性暴露无遗。因此，完全存在将民主革命沿着一系列新的方向加以扩展的可能性。事实上，一系列具有此类可能性的领域已经被开拓出来，如都市运动、生态主义运动、反权威主义运动、女权主义运动、反种族歧视运动、性少数派运动、和平运动等。这些通常被称为"新社会运动"的斗争形式的共同点就是，它们被视为与人们当成"阶级"斗争的工人运动之间存在着区别，但事实上它们应该被理解为民主革命向在发达资本主义国家里出现的所有新社会关系的扩展。这些新的民主革命斗争与19世纪反对旧制度的民主革命斗争之间既有连续性又存在着断裂：连续性在于两者共享的平等原则——形成于19世纪的自由平等观念现今已经转变为西方社会的"常识"，而且已经从机会平等转向结果平等，从个人平等转向团体平等；断裂则在于新的民主革命斗争的主体是通过与新的从属关系之间的对抗而被建构起来，这些新的从属关系则是产生于资本主义商品关系扩张、国家对社会经济生活的干预日益增强以及社会生活日益同质化的过程之中。这些新社会运动的涌现也导致了各种新政治主体（都市运动者、生态主义者、反权威主义者、女权主义者、同性恋者等）的出现。从传统马克思主义的角度来看，这种现象被视为资本主义的发展所导致的无产阶级革命队伍的人为分裂。但如果我们放弃传统马克思主义那种视统一的无产阶级为现代社会变革的唯一行动主体的观念，那么我们就会认识到，它其实是民主革命得到扩展和深化的反映。甚至对于无产阶级本身的多样化现象我们也可以有一种新的理解：无产阶级并不单纯是生活在特定生产关系之中，而且生活在其他一些社会关系之中，这些多样化的社会关系也会使处在不同社会关系中的无产阶级构建起有所不同的社会认同。拉克劳和墨菲认为，对民主革命及其主体的这种新认识将为我们开辟一个新的理论空间，使我们能够在激进和多元民主的概念基础上去理解新时代的民主革命及其行动策略。

尽管如此，这并不意味着，各种新社会运动必然会朝着激进民主的方向前进。拉克劳和墨菲指出，民主革命只是这样一个领域，得到平等主义想象支持的行动逻辑虽然在其中发挥着作用，但它并不能预先决定这种想象发挥作用的方向，因而这仍是一个充满歧路的领域。其中的每一种运动都可能存在多种不同的形式或方向。例如，女权主义就有多种不同的形式或方向：既有反对男性的女权主义，也有试图重估"女性气质"的女权主义，还有把资本主义作为主要敌人的马克思主义女权主义，等等。这源自将对抗从女性所处的从属关系中建构起来的话语形式的多元性。生态主义也是一样：有反资本主义的生态主义、反工业主义的生态主义、自由主义的生态主义、社会主义的生态主义甚至反动的生态主义等。每种运动形式或方向最终都取决于不同话语形式之间斗争的结果，它们并不必然地具有进步特征。所有反抗社会不平等的斗争，不论是工人斗争还是其他政治主体的斗争，都是一种"漂浮的能指"，其意义都充满不确定性，可以被建构成不同性质和方向。它们将具有何种意义、朝什么方向发展，取决于用什么话语形式来连接或领导它们。哈耶克、弗里德曼等新自由主义或新保守主义者所做的，正是试图利用人们对国家干预和福利国家运作过程中出现的官僚主义现象的不满，来将反权威主义运动引到维护自由市场经济和反平等的等级制传统这一方向。正因为如此，在这些斗争领域中，与右翼人士争夺对这些斗争的话语领导权，对于左翼运动来说，就具有至关紧要甚至决定性的意义。为了做到这一点，我们就必须放弃那种认为社会具有某种独立的客观本质、社会发展具有某种客观必然性的本质主义社会观，意识到话语及话语领导权在社会现实的建构过程中的决定性意义。

对本质主义社会观的放弃不仅意味着我们应该通过对话语领导权的争夺来保障各种新社会运动尽可能地朝激进民主的方向发展，而且意味着我们对民主革命的发生领域、行动主体的组织形式以及社会变革过程中民主理念与领导权事业之间的关系等问题有一种不同于本质主义社会观的理解。本质主义的社会观认为：社会具有某种固定不变的"本质"（如物质生产关系）及由其本质决定的封闭结构和形式，社会变革之所以发生，是因为现存的社会结构和形式与其内在本质之间产生了矛盾，因此社会变革发生的领域主要就是其本质所在的领域（如生产关系领域——对此我们可以准确地加以预料；其他领域的变革则只是为了配合这一领域的变革），社会变革过程中的行动主体主要是统一为一个整体行动者的代表新旧社会结构及形式的两种社会力量（如阶级），社会变革的结果则是用一种与社会本质更相符的封闭结构及形式来替代旧的封闭结构及形式。与之相反，在放弃了这种本质主义的社会观，代之以话语建构的社会观之后，我们就能意识到：首先，由于社会并没有什么固定不变的唯一本质，包括激进民主运动在内的任何社会历史事件的发生都是由人们在特定话语条件下构建出来的，在哪个社会领域中将发生何种具体的激进民主运动，取决于作为该具体激进民主运动发生之条件的特定话语体系的形成和发展，而对此一条件的形成和变化状况，我们并不能作出准确的预料。因此，对于激进民主运动将会在哪个社会领域发生，我们也就无法先验地加以确定。例如，人们通常从"国家—市民社会"的二元架构出发，认为国家和市民社会之间关系的领域是民主斗争的主要领域。而事实上，不仅"市民社会是大量压迫关系，因而也是对抗和民主斗争所在之处"，而且国家同样可以成为大量民主斗争存在的领域。[1] 其次，虽然每一种具体的民主斗争都是建立在自由平等的理念之上，因而必然具有一定程度的共同性或统一性，但由于上述原因，激进民主斗争的领域和主体也必将是非常多元的。由于它们产生在不同的领域和不同的话语条件之下，因而在目标和诉求等方面必然具有各自的特殊性，难以被组织也不应该被组织成一个统一的行动主体，必须为它们各自保留和维持必要的自主性空间。在激进民主运动的多元性、自主性与它们基于平等主义的逻辑形成的集体认同之间不应该存在也不会存在矛盾，因为在一个开放的社会结构中，各类行动主体的认同本身就是模糊可变、充满不确定性的，不同认同之间的关系不是一种非此即彼的关系。最后，激进民主斗争的成功必须以特定领导权关系的建立为条件，没有特定领导权关系的存在，就难以将各种不同类型的民主斗争连接起来消除一种相互支持的阵线，而这种领导权关系的建立却不能单纯以民主理念为基础。单纯以自由平等为原则的民主理念可以引导人们去反抗和消除不平等和从属关系，但却不足以引导人们重建一种能够将特定领导权关系包容其中的新的更为合理的社会结构，后者的形成需要一种与民主理念不同的实证性的社会组织方案。但这种实证性的社会组织方案又不能"实证"到将民主斗争和社会的多元性加以消除的地步。这就要求我们在不同的民主要求和实证性的社会组织方案之间实现最大程度的综合，维持这两者之间的一种不确定的平衡，并将这两者之间的张力尽可能制度化。

---

[1] Laclau and Mouffe, *Hegemony and Socialist Strategy: Towards a Radical Democratic Politics*, pp.179-180.

激进民主的话语不再是普遍的、统一的话语,而是一种复调的声音,这是它与传统社会主义事业不同的地方。它将把社会主义作为反对不平等的民主斗争之一包容于其中,但拒绝传统社会主义策略认为只要消除了资本主义生产关系就可以消除一切不平等的观念,以及它背后的那一整套本质主义社会观。

结　语

正如我们在本章导语部分所述,尽管在国内外相关文献中,"后马克思主义"是一个内涵和外延都非常模糊的概念,人们甚至将吉登斯、布迪厄等人都纳入"后马克思主义"的范围,但我们在本章梳理的、由拉克劳和墨菲所倡导的这种"后马克思主义"社会理论却是一种地地道道的"后现代主义"的"马克思主义"社会理论。

首先,和福柯、德勒兹等同样在不同程度上受到马克思主义批判立场影响的后现代主义思想家不同,拉克劳和墨菲明确地声称自己在社会理论方面的立场依然处在马克思主义的范围之内,声称自己的社会理论既是一种"后……"的社会理论,也是一种"马克思主义"的社会理论,是一种带有"后……"色彩的"马克思主义"社会理论。不过,从前面的叙述中我们也看到,为了证明自己的理论立场依然处在"马克思主义"的范围之内,拉克劳和墨菲也不得不对判断一种社会理论是否属于"马克思主义"社会理论的标准进行修正,先是将这种判断标准所处的领域从社会理论背后的一般理论预设领域(如对于"社会现实本质上是物质的还是精神的"等基本理论问题的不同回答)改变为社会理论所欲达成的社会政治目标领域(如一种社会理论所服务的实践目标是推翻资本主义制度、实现社会主义制度,还是其他什么等),然后又将马克思主义社会理论所欲达成的社会政治目标从"通过用社会主义制度替代资本主义制度的无产阶级革命来实现人类解放"改变为"通过包括经济民主、政治民主、性别平等、族群平等、和平运动等在内的各种民主革命运动来实现人类解放"。事实上,我们可以看到，只有在对社会理论领域中的"马克思主义"立场进行了这样一些修正之后，拉克劳和墨菲关于自己的社会理论依然是一种马克思主义社会理论的宣称才得以成立。尽管如此，我们还是应该承认，拉克劳和墨菲声称自己的理论还是一种马克思主义的理论，至少在某种程度上表明了两位作者对马克思主义的一种认同。

其次，和他们之前的那些马克思主义者不同，拉克劳和墨菲在声称自己的社会理论依然是一种"马克思主义"社会理论的同时，更是明确宣布自己所倡导的"马克思主义"社会理论是一种与之前所有的"马克思主义"社会理论都非常不同的"马克思主义"社会理论。这种不同主要表现在两位作者明确地接受了后现代主义的一些基本理论预设，如包括社会现实在内的所有人们可以经验、思考和言说的对象都是人们在特定话语体系的引导和约束下建构起来的话语性实在，处于不同话语体系引导和约束下的人们必然建构起不同的社会现实，因此，社会世界是一个由在不同话语体系的引导和约束下行动的人们建构起来的诸多话语性实在并存的空间等，并用这些预设来替换包括马克思主义社会理论在内的传统（现代主义）社会理论所持有的一些基本理论预设，如社会现实是一种外在于我们的话语体系、按照自身内在规律"自然而然"地独立存在和变化的给定性实在，人们的意识只是对这种纯自然性质的给定性实在的认知或再现等。拉克劳和墨菲明确地主张应该将"社会"理解为"话语空间"，认为所谓"社会"不过是人们在特定话语构成规则的约束下、通过"连接"实践、以不同"位置"为"要素"构成的一种开放性结构化总体；作为一个开放的总体，其中的每一个要素与其他要素之间的差异以及由此决定的每一个要素的身份或意义都是不确定的和无限多变的，处于一种永无止境的迁移之中；只有借助一定的话语领导权才能将这些要素的意义暂时确定下来并使之连接为一个有序的结构化总体。正是以这样一种拉克劳和墨菲明确承认源自德里达、拉康等人之后结构主义意义理论的基本理论预设为基础，重新审视现代社会中包括无产阶级社会主义革命运动在内的各种"民主革命"运动，拉克劳和墨菲才得以提出一套与传统马克思主义者所提出的革命策略非常不同的斗争策略。也正是基于这一特点，我们才将他们的社会理论与福柯、德勒兹、鲍德里亚和利奥塔等人的社会理论放在一起，作为"后现代主义"社会理论的一个范例加以梳理。

第十四章　面对后现代主义挑战的社会学理论

本编前面梳理的后现代主义者，如福柯、德勒兹和加塔利、鲍德里亚、利奥塔、拉克劳和墨菲等人，除了鲍德里亚是一个身份模糊的社会学家之外，其他几位都不是"纯粹"或"地道"的"社会学家"，而是思想史学家、精神分析学家、哲学家或者"社会学"界之外的社会理论家。那么，对于那些比较纯正、地道的"社会学家"来说，他们会如何看待"后现代主义"思潮呢？在本章中，我们就来关注这一问题。

如前所述，各种后现代主义思潮（后实证主义、新实用主义、哲学诠释学、后结构主义、后现代主义、后马克思主义等）在不同的领域中，以不同的方式对包括社会学乃至所有社会科学、我们称之为西方现代主义哲学和科学的那些知识系统共同持有的基本理论预设，进行了尖锐的批评或解构，提出了一套与西方现代主义知识传统非常不同或者完全相反的基本理论预设，因而对包括现代西方社会学在内的西方现代主义知识系统构成了一种严峻的挑战。面对这种挑战，所有深受西方现代主义知识传统熏陶的人，包括社会学家在内，都不可能完全无动于衷。他们必须思考，面对这样一种新的社会思潮，到底应该如何看待，又应该作出怎样的反应。在本章中，我们拟对西方社会学理论家在面对后现代思潮时的反应作一简要梳理。

参照相关文献，我们大致将西方社会学理论家在面对后现代思潮时所作出的反应概括为三种基本类型：第一种类型，我们称之为后现代主义的拒斥者；第二种类型，我们称之为后现代主义的温和拒斥者或半接受者；第三种类型我们称之为后现代主义的接受者。以下我们对这三种反应类型作一简要叙述。

一、后现代主义思潮的拒斥者

"精神错乱"，"巨大的无意义的虚空"，"心智死寂之时"——多伦多大学的 J. 奥尼尔（J. O'Neill）教授在其所著《后现代主义的贫困》一书中使用这样一些词语来称呼"后现代主义"思潮。至于后现代主义者，奥尼尔说，"应该被理解为一些宗教狂热分子，或者理解为打破上帝偶像的破坏者，而根本不能被视为现代科学和艺术的智者"。[1]

在社会学以及其他一些学科内，对后现代主义思潮加以拒斥是常见的一种反应。J. 奥尼尔只不过是这些人当中的一个典范而已。在《后现代社会理论》一书中，美国社会学理论家瑞泽尔归纳出现代主义者对后现代主义提出的十四条批评意见[2]，这为我们了解这方面的情况提供了极大的便利。我们可以将其概述如下：

（1）后现代社会理论家的论述大多不遵循现代科学标准。瑞泽尔指出，现代主义者对后现代社会理论所作的一个最常见的批评是，后现代社会理论不符合现代科学的标准。对于坚持现代科学取向的现代主义者来说，后现代主义者所说的几乎任何事情都被认为是不可证伪的；即是说，他们的观点不能被经验研究证明为不成立。由于不受科学规范的限制，后现代主义者可以自由地"玩弄"范围广泛的各种观念，也常常不加限制地提出一些范围广泛的一般性概括。后现代社会理论不追求一组协调一致的观念，它本身也不是一组协调一致的观念。事实上，它只不过是由来自不

---

[1] J.O'Neill, *The Poverty of Postmodernism*, Routledge, 1995, p.197.
[2] 瑞泽尔：《后现代社会理论》，谢立中等译，华夏出版社，2003年，第337—349页。

同领域的各种观念组成的大杂烩罢了。因为它是如此的折中，以至于无法给出一个协调一致的社会世界观。后现代主义者不仅放弃了科学，而且放弃了（至少是系统的）知识。

（2）后现代社会理论家的反现代主义立场给自己带来了许多其他问题，其中一个是，他们有一种缺乏明确概念化的趋势。后现代的观念常常是很模糊和抽象的，以至于很难把它们与社会世界联系在一起。与之相关的是，随着写作的进展，后现代主义者使用的术语含义经常发生改变，但是读者没有意识到其初始意义，所以对意义的这些变动并不清楚，从而导致理解上的困难。例如，尽管在福柯的著述中"权力"居于核心地位，但福柯在其早期作品中并没有明确地给权力下过定义，他在后来的著作中所给出的权力定义也是模糊不清的；他也没有在不同的权力类型之间作出明确的区分；他对知识的定义也存在类似问题。这些概念上的缺陷使得人们对他的"知识/权力"理论本身产生怀疑，也使人们难以理解、评价和应用他的观点。德里达也是如此，即经常使用各种不同的术语来描述相同的现象，使得人们难以清楚地把握他说的是什么。

（3）尽管后现代社会理论家对现代理论家追求宏大叙事的倾向进行批评，但他们自己也常常给出各种诸如此类的宏大叙事。例如，福柯就经常批判现代理论家具有提供宏大叙事和总体化这两种倾向。然而，读者却也常常感到福柯的系列著述为我们提供的正是关于诸如疯癫、医学、监狱、性以及人文科学的兴起等方面的一系列宏大叙事。面对这种情况，我们该如何认真地对待福柯对现代宏大叙事的批判呢？

（4）后现代社会理论家常常批判现代社会，但许多现代主义者认为那些批判在效度上是有问题的，因为总的来说它们都缺乏一种用以进行这种批判的规范基础。例如，虽然人们在阅读福柯的著作时，可以强烈地感受到福柯对其所描述的存在于全部"监狱群岛"中的压迫现象的愤怒，然而，读者不知道福柯产生这些愤怒的理由是什么，因为他没有向读者提供一种可以用以进行判断的规范框架。人们虽然可以根据他的著作猜测或拼凑出一个规范框架，但是这并不能代替福柯自己明确表述的框架。由于缺乏这种规范基础，后现代社会理论倾向于鼓励"杂多语言"。而杂多的语言符合掌权者的利益：因为所有的声音都具有同样的有效性，甚至那些来自权力位置的声音也是如此，这样掌权者就可以更好地待在他们现在所在的那个位置上了。

（5）由于后现代社会理论家对于过去的描述和论断经常受其对当前关注的引导，因此人们也常常对其有关过去的描述和论断提出疑问。例如，福柯著作的选题和分析就受其当前关注点的引导。这使得人们想知道，福柯对当代社会中存在的监视程度的关注和愤怒是否会成为他对全景敞视监狱所作分析的基础，是否会导致给予它不恰当的关注。因为一种当前的偏见可以有助于澄清过去的现实，但是它也可以导致歪曲过去，并且其歪曲的程度绝不亚于其澄清事实的程度。

（6）由于后现代主义者对主体及主体性不感兴趣，他们常常缺乏一种能够有效地描述和解释行动者主体能动性的理论。例如，福柯不但没有提供一种可以用来批评社会现实的规范框架，而且缺乏一种有关行动者主体性的理论。所以，当人们想知道如何应对他所描述的那些社会问题，如何从他所描述和分析的那种社会压制中解放出来的时候，福柯却给不出任何见解。人们通常据此认为，福柯提出的无非是一种与韦伯的观念非常相似的关于现代社会的"铁笼"视角。

（7）后现代社会理论家精于批判社会，但是对于"社会应是什么样的"却缺乏任何见解。而且，正是由于后现代社会理论缺乏这种关于未来社会的明确见解，因此对各种可行的政治纲领和目标都具有破坏性。例如，人们就常常指责福柯未能提供一种关于未来社会的积极见解。另一些后现代社会理论家，如鲍德里亚，似乎对自认为可作为另类选择的那种社会提出了某种说法，但人们又发现他的那些说法要么过于浪漫（如关于青年群体以及涂鸦艺术家群体之革命潜力的说法），要么缺乏说服力（如认为只要人们开始与现存系统进行象征性交换，该系统就将崩溃）。

（8）后现代社会理论经常导致极度的悲观主义。一般来说，后现代社会理论对于未来多是一种悲观主义。这种悲观主义，与那种对相互竞争的杂多立场欣然接受的意愿一道，使得后现代主义者缺乏任何坚定的信念。奥尼尔就批评后现代主义者具有一种"达到无意愿的意愿"（will to willessness）。此外，还有一些后现代社会理论家，如德勒兹和加塔利，所提出的精神分裂分析给人的印象似乎就是不断摧毁或解构，这也给人一种悲观主义的印象。

（9）某些后现代社会理论家有一种至少把符码这种现象加以物化的趋势。例如，在鲍德里亚的著作中，符码就倾向于拥有它自己的生命，可促使人们做某些事而不做其他事（如引导人们在消费领域中作出一系列选择）。虽然并不存在这种物化的符码，但鲍德里亚并不能为我们提供一种关于符码是以什么方式与我们的日常思想和行动缠绕在一起的观点。对福柯也可以加以同样的批评，即当他试图明确地对权力加以定义时，也倾向于把权力这种符码物化。

（10）在许多后现代社会理论家的著作中都存在着严重的不连续性，这引起了许多无法解决的问题和歧义。福柯早期比较侧重制度化层面的那些论著与其晚期对自我的那些研究之间就被认为是如此。一个核心的但没有解决的问题是，他早期著作中所关注的那种比较宏观层面上的制度和晚期对比较微观层次上的自我的研究之间究竟有什么关系。同样，在鲍德里亚早期比较现代的著作和晚期极端后现代的著作之间也存在着不连续性：读者很难把他早期对于消费手段方面的物质兴趣与其晚期对于诸如符号、符码之类东西的非物质兴趣联系在一起。

（11）尽管后现代社会理论家在自以为重要的那些社会问题上争吵不休，但他们却常常忽视被许多人认为在我们这个时代具有关键性意义的那些问题。例如，尽管福柯关注当前的压迫问题，但是他对阶级压迫和性别压迫这类重要的、具有核心意义的当代压迫问题几乎只言未发。鲍德里亚也常常被批评为只倾向于把生活还原为映像、模拟之类的东西，而未能适当地讨论在人们的生活中举足轻重的物质生活方面的问题。

（12）当后现代社会理论家试图把后现代的视角与其他比较传统的视角整合到一起的时候，他们却往往无法使任何视角的支持者感到满意。例如，被认为是一个后现代主义者的詹明信就曾努力综合马克思主义和后现代主义，但事实上，他的著作却常常使马克思主义者和后现代主义者都感到不快。

（13）在某些情况下后现代主义者的著作形式也给后现代社会理论家带来了许多问题。例如，鲍德里亚后期著作提供给读者的大多不是经过理性论证和系统阐释的论题，而是一些似乎随机给出的格言警句，它们之间很少或者几乎没有关系。在《美国》一书中，他更是常常不加限定地提供一系列如关于美国（以及许多其他国家）的概括化和总体化的观点，并以非常有限的资料为基础，提出了一些关于美国及其未来的惊人见解。还有人批评他运用自己的一孔之见来概括整个世界的命运，因为他把美国及其命运看成世界其他国家的典范。

（14）尽管有一些女性主义者追随后现代的社会理论，但是作为一个整体，她们仍然对后现代社会理论持特别强烈的批评态度。女性主义者批评后现代主义对行动者主体性的放弃，批判它抛弃一些普适的、跨文化的范畴（如性别以及性别压迫），批评它过度关注差异，批评它对真理的放弃，以及批评它不能发展出一种批判的政治议程，等等。

虽然，正如瑞泽尔自己所表述的那样，上述归纳不一定完全，但对于我们了解后现代社会理论从西方现代主义者那里受到的批评，还是具有相当的参考价值。正是基于这样一些批评，就像奥尼尔所评价的那样，在西方学者中，人们常常抱怨说：这样一些人及其思想为什么应该被我们记住呢？[1]

二、后现代主义思潮的部分接受者

在社会学家当中，对后现代主义思潮持拒斥立场的人当然并不都像奥尼尔那样尖刻。持温和拒斥态度的也不乏其人。齐格蒙特·鲍曼和乔治·瑞泽尔就是其中的两个代表人物。尽管他们也认为后现代主义思潮从

---

[1] J.O'Neill, *The Poverty of Postmodernism*, p.199.

总体上看是一种不可接受的东西，但另一方面他们也都承认后现代主义思潮并不像一些人说的那样一无是处，而是包含许多"对社会学理论非常有用"[1]的观点，对于这些"有用的"观点我们应该认真地加以思考和吸收，用来补充和修正我们现有的社会学研究模式。

鲍曼明确地将"后现代主义"与"后现代性"这两个概念加以区分。他认为，自20世纪中后期以来，西方社会发生了一系列的新变化，使得西方社会正在进入一种与以往被称为"现代性"的社会状态十分不同的新社会状态（"后现代性"）。所谓"后现代主义"思潮的产生和流行，在某种程度上正是部分知识分子对此一新社会状态所作出的一种理论反应。鲍曼坦承，他愿意接受"后现代性"这个概念，但不愿意接受所谓的"后现代主义"立场。与此相应，他试图进一步将从后现代主义立场来讨论社会现象的"后现代社会学"（Postmodern Sociology）与只是以"后现代性"为研究对象的"后现代性的社会学"（Sociology of Postmodernity）明确区分开来，主张后者而反对前者。这种"后现代性的社会学"与"现代社会学"的区别不在于新的工作程序和目的，而在于一种新的调查研究对象。它不能像鲍德里亚等人的"后现代（主义）社会学"那样，无批判地接受和拥抱后现代状况，"将调查的主题表达成调查的来源，将解释物和被解释物混淆起来"[2]。鲍曼指出，像"多元主义、不确定性、变动性、相对化"一类的现象，正是"后现代性的社会学"需要去解释的东西，而不应成为社会学家现成用来作为解释变量的东西。譬如，诊断或鉴别出后现代社会中的道德相对化是一回事，而在社会理论中支持并表达它则是另外一回事。因此，"后现代性的社会学"需要做的是去构造一套能够用来揭示"后现代社会状况"的全新概念（如社会性、栖息地、自我建构、自我组装等）及命题，用以取代"现代社会学"那些已过时了的概念（如社会、阶级、社会化、控制等）及命题，而不是要去在世界观、方法论上简单地接纳和模仿后现代社会的那些特征，彻底放弃现代社会学对"启蒙理想"

---

[1] 瑞泽尔：《后现代社会理论》，第279页。
[2] 鲍曼：《后现代伦理学》，张成岗译，江苏人民出版社，2003年，第3页。

所包含的"希望和雄心"（如以理性为指导来改善人类状况的可能性）的追求，使自己也完全变成一种"后现代主义"的现象。对这样一种"后现代性的社会学"而言，"重要的是这个社会（它的研究对象）已经改变了；它不必承认它早期的追求是被误导和劳而无功的，以及在新形势下关键的创新之处就是抛弃旧的社会学研究方法和'发现'新的社会学研究方法"[1]。在自己晚年的学术生涯中，鲍曼兢兢业业，努力撰写了一大批以"后现代性"为主题的社会学理论著述，如《立法者与阐释者——论现代性、后现代性与知识分子》《流动的现代性》《后现代伦理学》《个体化社会》《生活在碎片中——论后现代道德》《后现代性及其缺憾》等，成为当代西方"后现代性的社会学"方面最重要也最有影响的社会学理论家。但正如鲍曼自己所声明的那样，他不是一个后现代主义者而是一个现代主义者，他的社会理论不是一种"后现代主义"社会理论，而是属于"现代主义"社会理论范畴的一种以"后现代性"而非"现代性"为主题的理论。在关于社会现实的一些最为基本的理论预设方面，鲍曼和我们在本书前三卷中所梳理的那些现代主义社会学家没有根本区别，因此，本书不予多述。

与鲍曼相比，瑞泽尔对待后现代主义思潮的态度似乎更为温和。一方面，和鲍曼相似，他也认为后现代主义者的理论与我们通常所认为的社会学理论之间虽然存在着很大的差异，但这并不意味着我们应该以一种完全拒斥的态度去对待前者。另一方面，和鲍曼只认同后现代主义思潮在研究对象的转换方面给我们带来的启示，而否定作为一种世界观和方法论的后现代主义这种立场相反，瑞泽尔认为作为一种世界观和认识论或方法论的后现代主义正是后现代主义思潮当中最值得我们关注和汲取的内容。他明确提出，在后现代主义者的著作中"显然有一些有益的思想观点，这些观点对社会学理论非常有用，因而需要被翻译过来。更普遍地讲，社会学理

---

[1] Z.Bauman, "Is There a Postmodern Sociology?," in S. Seidman (ed.), *The Postmodern Turn: New Perspectives on Social Theory*, Cambridge University Press, 1994, p.202.

论需要考虑后现代主义者从认识论方面给予的批评和洞察力"[1]。在《后现代社会理论》一书中，瑞泽尔详细罗列了作为世界观和认识论、方法论的后现代主义对于社会学理论可能具有的各种负面的教训与正面的启示，指出这些教训和启示完全可以对社会学理论的发展起到重要的补充和促进作用。

瑞泽尔认为，从后现代主义思潮对现代主义思潮所作的各种批评中，我们首先可以汲取一些对于现代主义立场的认同者来说应该注意的负面教训。这些负面教训中最主要者有：

首先，是现代主义社会学理论对主体性过于强调。对于社会学理论研究来说，这种强调有两方面的意涵。一是在对社会现实进行研究的过程中关注行动者在社会现实的形成和演变过程中所具有的主体性，强调社会现实是一种由具有主体性的行动者的行动或实践建构出来的现象。"从各种马克思主义理论对革命主体的关注，到现象学、符号互动论等学派对个体主体性的学术关怀，这种倾向遍及各个领域。"[2] 二是在对社会学理论经典文本进行研究的过程中关注文本作者的主体性，强调要通过准确掌握文本作者在创作文本时所欲表达的主观意义或原意来理解这些经典文本。后现代主义者则对这种过于关注人的主体性的立场进行了批评，认为所谓人的主体性，正如所谓自然世界和社会世界的客观实在性一样，实际上都不过是特定话语或文本的一种产物。因而，过于关注人之主体性，就可能导致对建构了这种现象的话语或文本的忽略。对于社会学理论研究来说，这种批评也相应地包含两方面的意涵。一方面，这意味着在对社会现实进行研究时，也不应再关注人的主体性，不应再关注人在社会现实的形成和发展过程中所具有的主观能动作用，而应将关注的焦点转换到话语或文本。另一方面，是意味着在对社会学理论的经典文本进行研究时，也应该将关注焦点从文本作者及其主观意义方面转向这些文本本身以及它与其他文本之间的关系。"我们不应该把我们关注的重点放在作者本人以及作者的经历与个性对其思想的影响上，而应更多地关注思想本身及其发展，以及与其

---

[1] 瑞泽尔：《后现代社会理论》，第 279 页。
[2] 同上书，第 281 页。

他思想的关系。""作者身份、天赋、超凡魅力等诸如此类的东西被弱化了,思想本身变得比表述它们的作者更重要。""在后现代世界中,不再有作者,也不再有著作,有的只是各种'文本'。""读者所需要理解的,是在一篇既定'文本'中所表述的不同思想之间的关系,以及这些思想和所有其他相关'文本'中表述出的思想之间的联系。"[1]

其次,是现代主义社会学在建构宏大叙事方面过度热情。"也许后现代社会理论对传统社会学理论最严肃的认识论攻诘,是后者对宏大叙事的历史性依赖,甚至是崇拜。"[2] 在现代西方社会学史上,绝大多数伟大的社会学家,如孔德、马克思、涂尔干、齐美尔、韦伯、帕森斯等,都是因为其所提供的那些宏大叙事而获得其影响和地位的。但是,瑞泽尔认为,"宏大社会学理论显露峥嵘的纪元已经结束"。这首先是因为在当今时代"要相信任何一种单个的理论、答案或观点已经变得更加困难"。而正是后现代社会理论帮助我们认识到这样一个事实,即"任何一种观点都很难单独把握社会世界的复杂性和多样性。对于社会世界的复杂性而言,社会学理论的宏大叙事是对社会世界及其发展的过度简化。一个人只有通过将自己融入地方性叙事的广阔领域,而非兜售或编造一个简单的宏大叙事,才能逐渐对社会世界有更充分的感触"。[3] 此外,后现代社会理论也告诫我们,这种宏大叙事暗含着恐怖主义:"尽管宏大叙事可能会使一些社会群体生活在阳光雨露之中,但它不可避免地会把其他人投入阴影甚至完全的黑暗之中。这种观点让一部分人享有特权,但同时又让其他人注定遭受一种卑微的(如果不是可怕的话)命运。"[4]

再次,是现代主义社会学理论对总体性理论的强烈偏爱。在现代社会学中,几乎每一种理论的倡导者都试图将自己创建或认同的理论视为唯一可以用来解释所有社会现实的理论体系。而"后现代批评已经充分证明,

---

[1] 瑞泽尔:《后现代社会理论》,第280—281页。
[2] 同上书,第279页。
[3] 同上书,第283页。
[4] 同上。

确实所有社会学理论都至多只能解释部分观点,而非全部。社会学理论家们应当永远对其观点中的片面性特征有所警觉,并应该努力防止那种与探求和提倡总体性理论相联系的荒谬和危险"。后现代主义让我们认识到:"从产生伊始,总体化的理论研究取向就给社会学理论的发展带来了很大程度的不良影响。例如,涂尔干把社会学定义为对社会事实的研究,就对社会学造成了很大伤害。当他这样做的时候,就把许多与社会世界密切相关的方面(如社会心理学)排除在考虑之外了。社会学不得不去克服涂尔干以这样一种有限方式来定义社会学理论的范围所造成的那些困难。"[1]

最后,是现代主义社会学理论对抽象本质和客观真理的极端追求。许多社会学理论都预设人类具有这样或那样的抽象本质,而且不同的理论所刻画的人类本质特征也并不一致。显然,人们无法具有这些各不相同的社会学理论所揭示的所有本质特征。后现代主义的反本质主义立场则让我们认识到,"所有这些所谓的'本质特征',或者更多一些,可能存在于人们当中,但没有哪一种可以称为(或者能够成为)这样的人类的本质特征。这种对人类本质特征的探求,同对那样一种总体性(totalization)和那样一种宏大叙事的探索一样,是很难站得住脚的"[2]。此外,几乎所有社会学理论的倡导者都认为自己倡导的这种理论才是唯一可以帮助我们认识社会现实的真理,而后现代主义的反表现主义立场也应该使我们意识到这些真理宣称的不可靠性。各种现代主义社会学理论的真理宣称都是建立在存在着一种独立于人类话语系统的外部实在这种理论预设基础之上的,理论家各自都主张只有自己的理论才是唯一正确地表现了这一外部实在的科学理论,而后现代主义则告诉我们,"现实只能以解释或叙事的方式被感知;没有任何一个权威能够宣称自己知道现实",因而也就没有哪一种理论可以宣称自己是唯一的真理。

瑞泽尔认为,除了上述这样一些值得汲取的负面教训之外,从后现代主义对现代主义的批评中我们也可以得到一些有益的正面启示。其中最主

---

[1] 瑞泽尔:《后现代社会理论》,第285页。
[2] 同上书,第286页。

要的有：

首先，是对一切具有固定中心的结构性存在的解构。瑞泽尔认为："后现代主义社会理论观点的一个中心任务就是解构。尽管解构在本质上是一个消极过程，但它对社会学理论至少有两点积极的贡献。一方面，它包括对所有现存社会学理论的批判性分析、拆解和解构。另一方面，这种解构也可以被积极地认为是通过强烈的批判性审视来加强社会理论的一种努力。"[1]

其次，是应该将社会生活当成文本来对待。瑞泽尔说，后现代主义者将社会现实视为一系列文本，这种观念也为社会学理论家开启了许多可能性："如果我们将社会生活看作是一系列文本，那么由后现代主义者和后结构主义者发展起来的一系列研究技巧和方法（如解构主义），就可以为社会学理论家提供有效的分析工具。社会学理论家可以将其视为目前使用方法的替代物；或者更保守些，作为目前方法的补充。当然，大多数社会学家会把它看作替代物，因为有关文本的整个思想不同于他们对社会世界的现实主义取向。更易被接受的观点也许可以这样加以表述：出于社会学分析的目的，无论社会世界是不是文本，它都可以被当作文本来对待。"[2]更进一步，"既然所有社会生活都能被看作是一系列文本，那么它们也就都能够，也需要加以解构。在此，解构主义与'揭露'这个在许多社会学思想中具有十分重要地位的概念非常相近。即使二者存在一些显著差异，但从揭露社会神话到分解社会文本之间，并不存在一段很长的路程。在这种情况下，正是社会学理论家可以从解构主义那里获得大量的教益"[3]。

再次，是应该对多元化和地方性叙事予以更多的强调。在后现代主义者看来，各种社会学理论也不是什么对客观现实的再现，而只是从其他文本中衍生出来的一些文本而已。这些文本并无什么绝对的是非对错，要想

---

[1] 瑞泽尔：《后现代社会理论》，第290页。
[2] 同上书，第291页。
[3] 同上。

在它们中找出一个唯一正确的真理是不可能的，不同社会学理论的倡导者可以也应该去做的不是固执己见，用自己的观点去排斥其他观点，而是持续不断地进行对话。瑞泽尔写道："由于不存在终极理论和最终答案，因此社会学理论的重点不应是去发现理论或答案。社会学理论的重点也许只应是在那些只有通过持续不断地产生新思想和新观点才获得活力的社会学理论家之间保持一种对话。""与去为某个特定的问题寻求一个答案的做法相反，社会学理论家应当尽量去提出大量的问题，并为每个问题提出大量的答案。"[1] "社会学理论将潜心于探求不同观点之间的共存竞争，而非谋求理论霸权。"[2] 实现理论多元化的一个重要途径就是去建构各种地方性的小叙事。"尽管后现代理论家反对宏大叙事，但这并不意味着社会学家不应该去构建各种叙事，只要他们将自己限制在各种地方性或微型叙事中就行。就其本质而言，社会学理论就应该生产出各种叙事。……只要每一种叙事的构建者并不热望使他们的叙述成为一种宏大叙事，只要将每一种叙事仅仅看作是众多社会学叙事的一种，那么这就是其所应然的方式。此外，社会学理论家必须认识到，各种叙事滋生自许多不同的方面（社会学的其他领域、其他学科等），他们的叙事方式并不内在地优于他人的叙事。""社会学理论家更应该像是鲍曼所说的'阐释者'而非'立法者'。既然不仅在社会学而且在生产社会叙事的许多其他领域中都存在着各种大量的叙事，那么社会学理论家就有必要成为阐释叙事的专家。他们应该能够用其他叙事方式的支持者可以理解的方式，把一篇既定的叙事解释给他们。此外，作为阐释者，社会学理论家能够起到促进各种叙事之间相互交流的作用，并确保这种交流不被曲解。在某种意义上，作为阐释者的社会学家已成为现存叙事的'中间人'。这在后现代多元文化的世界里变得尤为重要。在这样一个世界中，没有任何单一的叙事方式（甚或是少量的叙事方式）能够或应当取得霸权。"[3]

---

[1] 瑞泽尔：《后现代社会理论》，第 292 页。
[2] 同上书，第 293 页。
[3] 同上书，第 293—294 页。

与上述启示相对应的，应该是对理论将会通过真理颗粒的积累而不断进步这一观念的放弃。现代主义社会学理论家总是"被驱策着不要偏离那条将社会学理论导向逐渐地精确和发展起来的笔直而又狭窄的小径。显而易见，这是一种有局限性的观点"。相反，后现代主义所强调的则是持续的新开端而非持续的进步。"在他们的一生中，社会学理论家应该能够在许多新的和不同的方向上启程出发。这与那种认为社会学理论家应该尽早把自己置于一条固定的道路（一种既定理论的凝结）并将自己的全部生涯置于其上的观念形成鲜明的对照。"[1]与此相关的是，社会学理论家不仅应该把关注点放在对以往各种经典理论文本的"阅读"上，而且还应更多地放在对那些我们所知不多的东西的"写作"上。为了做到这一点，社会学理论家所需要的训练不仅是传统的学识方面的训练，还应该包括想象力乃至神秘主义或形而上学思维一类能力的训练。

瑞泽尔最后评论道：大体上看，后现代主义对现代主义发起的挑战"体现了对传统社会学和社会理论家们最根本和最神圣的那些理念的挑战。对于那些在这样一种严峻的挑战面前不得不为自己的理论进行辩护、反思以及或许对自己的某些最根本的观点加以改变的理论家们来说，这种挑战是不无裨益的"[2]。

三、社会学理论的后现代转向

与奥尼尔、鲍曼、瑞泽尔等人在不同程度上明确拒斥后现代主义的立场不同，S.塞德曼（S. Seidman）R.布朗（R.Brown）、S.哈丁（S.Harding）、N.邓津（N. Denzin）、C.勒梅特（C.Lemert）、W.斯科特（W.Scott）和L.埃德尔曼（L.Edelman）等社会学家则对"后现代主义"思潮采取了一种积极认同和明确接受的立场。尽管在对后现代主义基本思想及相应社会研究模式的理解和阐释方面不尽相同，但他们都一致认为，现

---

[1] 瑞泽尔：《后现代社会理论》，第294页。
[2] 同上书，第298—299页。

代主义社会学正日益明显地暴露出它那固有的局限，后现代主义思潮恰恰为现代主义社会学提供了一个可行的另类选择；后现代主义并非只是包含着某些可以用来补充、修正现代主义社会研究模式的观点而已，而是蕴涵着一种与现代主义社会研究模式完全不同的社会研究模式。因此，他们大都致力于将后现代主义的一些基本思想引进吸收到社会学领域，为社会学研究尝试某些新的思路。

在《社会学理论的终结》一文以及《有争议的知识：后现代时代的社会理论》一书的导言部分，塞德曼立场鲜明地表达了他对后现代主义思潮的认同态度。不过，从他的具体论述中我们可以看到，塞德曼主要是从"反基础主义"和"反本质主义"的角度来理解和诠释后现代主义思想的。他将帕森斯以来在西方（尤其是在美国）形成和发展起来的那一套"社会学理论"理解为一套以"基础主义"和"本质主义"为主要特征的有关社会的"科学"话语，认为它们的主要任务就是为社会研究提供一套可以脱离具体的社会历史情境、超越具体的道德价值争论、放之四海而皆准的普遍真理（"一套普遍的语言"、"可以统一和指导所有社会调查的一套普遍存在的""基本前提、概念和社会学解释模型"、"一套普遍主义的认识论原理"），以便为社会学研究奠定一个普遍有效的基础。塞德曼指出，事实表明，社会学理论的这一追求已经失败，社会学理论正陷于危机之中。迄今为止，社会学不仅未能获得一个为人们共同认可的、普遍有效的"语言系统"、"认识论依据"或"解释性模型"（相反，出现了许多以此标榜自己的理论模式），而且还使社会学理论成了一种只有圈内人才感兴趣，被具有特定利益的群体用来排斥、压制其他群体之话语的工具。事实上，正如后现代主义者所指出的那样，不存在普遍有效的理论模型，存在的只是各种各样具有局部性、族群性特征并带有明确"道德意图"的"小叙事"；不存在可以用来判别唯一"真理"的普遍有效的认识论标准，可以用来为理论进行辩护的只是理论所具有的从特定社区或族群的"传统、价值观和习俗来分析的"那些"知识、社会、道德和政治方面的后果"。塞德曼写道："认为基础性话语无可避免的是局部性和族群中心主义的这一观念是后现代主义的关键。后现代主义已经引起了一种怀疑，即人类研究的产物——各种概念、解释、理论——都带有其创造者的特殊偏见和利益的印记。这一怀疑可以表述如下：一个在某一特定历史时刻生活在某一特定社会中，占据着由他或她的阶级、性别、种族、性取向、族群和宗教地位所界定的特定社会位置，因而有着自己特殊的利益和偏见的主体，如何能够提出各种普遍有效的概念、解释和有效性标准呢？我们如何既能够坚持人类是由其特殊社会历史环境所塑造的，又能够宣称他们可以通过创造非局部的、普遍有效的概念和标准来逃离这种嵌入性呢？我们如何能够避免这样一种怀疑，即受到文化束缚的主体用来普遍化其概念策略的每一步骤都不过是将他们特殊的、局部的偏见强加于他人的一种努力？"[1]与这种追求普遍性的基础主义观念相联系的则是现代主义对普遍真理的追求，而隐含在这种真理追求中的其实也不过是一种对支配的欲望。因为声称一种话语是唯一的真理，就等于声称这种话语的使用者拥有比其他话语的使用者更高的权威性，从而将合法性赋予该话语的承载者。不仅如此，当人们求助话语的真实性标准来获取社会认可时，事实上就压制了人们对于话语的实践—道德意涵及其社会结果等问题的思考，从而阻碍了人们对于话语之实践—道德意涵的追求。因此，塞德曼明确提出：我们应该放弃现代主义社会学对于基础、对于普遍真理、对于进步的那样一些理论追求，而应该在后现代主义旗帜的指引下，转向追求一种将自己的分析严格地限制于具体的社会历史情境，与具体的政治和道德论争紧密相连，带有明确道德意图，主要以所在社区或族群的习俗、价值观为理据的局部性（地方性）社会叙事。他说："我建议放弃对于基础的追求，去为我们的概念策略寻找一种地方性的理据。我建议我们应该满足于为我们的概念策略寻求局部的和实用的逻辑理据。不要求助绝对主义者的辩护，不要建构理论的逻辑和经验的决疑法来为一种概念策略辩护，将它们从嵌入的情景中提出来，提升到普遍真理的层面。面对相互冲突的概念策略，我们不

---

[1] S. Seidman, "The End of Sociological Theory," in S. Seidman (ed.), *The Postmodern Turn: New Perspectives on Social Theory*, pp.123-124.

要去追问什么是现实或知识的本质（从而形成一种元理论），我建议我们通过追问它们在知识、社会、道德和政治方面的后果是什么，来对相互冲突的理论视角进行评价。一种概念策略会促进其精确或简练程度吗？它提高了经验上的可预见性吗？它促进了一些什么样的社会价值或生活方式？它导致了与政策相关的信息吗？后现代的确证将关于真理和抽象理性的争论转变为关于社会和知识后果的争论。"[1]

塞德曼将他上面提出的这种社会叙事称为"后现代社会叙事"，试图以之来作为现代主义社会学理论的替代物。这种后现代社会叙事的首要特点就是它的局部性。塞德曼说："我所提倡的后现代社会叙事是以事件为基础的，因而对于事件和空间边界非常注意。说它以事件为基础，意指后现代叙事的首要指涉点是主要的社会冲突和发展。作为以事件为基础的叙事，后现代社会分析也将是高度语境化的。社会事件始终发生在特定的时间和地点，并且与一个特定社会空间里当前和过去的发展紧密关联。"[2]塞德曼认为，如果我们舍弃现代主义社会学理论那些基础主义的外表，那么留下来的内容其实也正是一些社会叙事。如去掉基础主义的外表后，马克思的社会理论留下来的不过是关于社会发展和危机的故事，涂尔干、韦伯或帕森斯等人的社会学理论留下来的则不过是西方现代化的故事。虽然这些叙事描述的是那个时代的主要事件，但和塞德曼倡导的后现代社会叙事相比，这些伟大的社会学理论家所创作的宏大叙事有一个重要区别，即后者通常没有为自己讲述的故事设定一个时间和空间方面的限制：它们都没有将事件放置在特定的社会历史背景中来加以叙述，不是讲述英国、法国或德国等某个国家在某个时期内发生的故事，而是将这些故事建构成发生在整个世界或在整个西方范围内的故事。例如，虽然马克思关于资本主义社会形成和发展的理论主要是以英国、德国等具体国家的材料为依据，但他并没关注这些国家资本主义生产方式发展的独特性或差异，分别讲述它

---

[1] S. Seidman, "The End of Sociological Theory," in S. Seidman (ed.), *The Postmodern Turn: New Perspectives on Social Theory*, p.128.

[2] Ibid., pp.126-127.

们各自的故事，而是建构了一个被认为适用于所有资本主义社会形式的理论。涂尔干、韦伯、帕森斯等人也是如此。塞德曼认为，这是一个局限："即使有人认为马克思的资本主义模式对于分析 19 世纪社会经济变迁过程还有一定的效力，但我相信存在于欧洲社会、盎格鲁 - 美国社会之间，或西方社会与非西方社会之间的巨大社会历史差异将会严重影响工业化过程的形式和运作。个别社会逐渐形成了自己独特的构造和历史轨迹，这些最好是从历史的角度而不是从一般理论的高度来加以分析。"[1] 这些宏伟故事本来都是从特定时期特定国家的发展中取材的，但"这些关于工业化、现代化、世俗化和民主化的宏伟故事，这些认为揭示了多个不同社会统一的社会进程的笼统故事，这些带着过分简化的二元对立（如滕尼斯的社区和社会、涂尔干的机械团结和有机团结）的故事，却试图讲述好几百年的变迁故事。……它们压制了社会之间存在的重要差异；它们延续了西方世界霸权主义的愿望以及沙文主义的愿望；简言之，它们只不过是为了认可某些社会模式的神话"[2]。因此，它们都应该被抛弃，而代之以后现代社会叙事。

后现代社会叙事与现代社会叙事之间的另一个区别是，前者放弃了被后者一直视为理论主题的普遍进步观念。这种普遍进步观念不仅是基督教千年盛世叙事的一种翻版，而且由于这类叙事所说的那些进步故事大都发生在西方，因此实际上具有明显的西方中心主义倾向。与这种进步观念紧密相连的则是普遍的解放观念，即将人类从落后阶段向进步阶段的转变描述为一种从缺乏自由的状态向自由状态的转变，人类历史被视为一个不断追求自由和解放的过程。由于这种从缺乏自由向获得自由的转变首先是在西方世界完成的，因此，社会进步也就无形中被等同于从非西方世界依然处在的落后状态向西方世界已经达到的自由状态的转变。这种普遍进步或解放的故事完全忽略了非西方国家或地区社会变迁过程的独特性和复杂

---

[1] S. Seidman, "The End of Sociological Theory," in S. Seidman (ed.), *The Postmodern Turn: New Perspectives on Social Theory*, p.129.
[2] Ibid., pp.129-130.

性，并由于将其宣扬的这种带有明显西方中心主义色彩的进步观念上升为普遍的道德判准，因而最终成为欧洲沙文主义的修辞手段。而作为这种普遍进步、解放观念之基础的则是一种关于人类普遍本质的理论预设。这种理论将自由视为人类普遍具有的共同本质，人类历史被描述为从这一本质的最初形成，到统治和压迫的出现导致本质的丧失或异化，再到通过反抗统治和压迫的斗争让这一本质最终复归这样一个过程，人类由时空因素和性别、族群、民族、阶级或性取向等社会因素造成的差异则基本被忽视。与此不同，后现代社会叙事则否认这种所有人都统一具备的高度抽象的普遍本质以及相应人类主体的存在，而主张在现实社会中存在的人类个体实际上同时具备多种不同的身份认同，这些不同的身份认同使得人们在利益和观念方面会产生高度的歧异性："没有理由相信南部中产阶级卫理公会教徒中的异性恋妇女与北部工人阶级犹太教徒中的同性恋妇女会有共同的经历或性别旨趣。假定她们在性别方面具有的任何共性将会填平她们在利益和价值观方面的分歧也同样是天真的。"[1] 自然，这种观点也意味着"认为压迫和解放的经历不是平面的或一元的。个体并非要么是受压迫的，要么是自由的。正如某一个体的认同集合是以难以计数的方式变化一样，他或她作为被赋权或被去权的自我的经历也同样是变化和多元的。我们需要从一种关于自我和主体的本质主义语言转向一种具有多元和矛盾的认同、社会关系和社会利益的自我想象上来。我们的社会叙事应该关注这种多元认同的概念；我们的故事应该将那种关于统治和解放的平面的、一元的语言，替换为一种多元的、异质的局部斗争以及关于赋权和去权的多方经历的观念"[2]。

与此相应，后现代社会叙事与现代社会叙事还有一个区别在于，后者要么宣称自己是价值中立的，要么是从某种基础主义的普遍价值观出发来对社会现实进行分析或批判，而前者则不仅宣称自己具有明确的道德取向

---

[1] S. Seidman, "The End of Sociological Theory," in S. Seidman (ed.), *The Postmodern Turn: New Perspectives on Social Theory*, p.133.
[2] Ibid., pp.133-134.

和社会立场，而且不认可从某种普遍的价值观念出发来对社会现实进行分析和批判的做法，而是主张从某种局部性的价值或道德传统出发来对某个特定的社会形式进行分析或评价。社会批判家不应该从某种普遍的价值或道德观念出发来泛泛地指出当前的社会现实有哪些不足，而应该从特定社会共同体所持有的特定价值观出发，对该共同体的现状进行分析和评价，从而使自己的分析和批判具有更多的现实性和针对性。社会学理论家将成为某种特定价值观或道德观的倡导者，但这种倡导是建立于以某种社会学知识来对这种价值观及其社会后果进行说明和论证，并推动公众共同参与讨论的基础之上，而不是像官员和社会活动家那样只是依靠修辞、利益吸引等手段来进行。通过这种方式，后现代社会叙事就能够比以往那些现代主义社会学理论及其宏大叙事更好地发挥自己的社会作用。

与塞德曼不同，R.布朗、C.勒梅特、W.斯科特和L.埃德尔曼等人则更多地从"文本主义"（textualism）、"修辞学转向"的角度来理解和诠释"后结构主义"等后现代主义思潮的基本立场。

在《修辞性、文本性与社会学理论的后现代转向》一文中，R.布朗宣称，后现代主义最基本的思想就是认为"社会和文化实在，以及社会科学本身，都只是一些语言学上的建构而已"，"不仅社会越来越被看作一个文本，科学文本自身也被视为修辞学上的建构。按照这种修辞学的观点，现实和真理都是通过修辞学家及其追随者的再现和解释实践形成的。……知识被视为是诗性地和政治性地建构出来的，被历史性地发展和政治性地制度化的人类沟通行动'制造'出来的"。[1]因此，从后现代主义的立场来看，社会研究就不是一个再现"客观实在"的过程，而更多的是一个以某些修辞学方法、通过符号文本来对"社会实在"加以建构的过程；将对现实的再现确认为一种真理表述的过程，也不是通过使这种表述与客观实在相一致，而是使其与写作和阅读的传统实践相协调。因此，理论可以被视为使事物获得意义和价值的实践，而非仅仅是对完全外在于它们的某种现

---

[1] R.Brown, "Rhetoric, Textuality, and the Postmodern Turn in Sociological Theory," in S. Seidman (ed.), *The Postmodern Turn: New Perspectives on Social Theory*, p.229.

实的再现。理论之所以常常被认为是对客观实在的真实再现，是因为人们对理论用以建构现实的方法非常熟悉因而视之为当然。布朗举例说：看到一份关于美国收入分配的表格，人们一般都认为这张表格的真实性是独立于指导我们阅读和理解图标的统计学、人口学和社会理论概念的。但事实上，对现实的任何再现都是在某种特定视界框架内、从某个特定观点出发完成的。

布朗指出，这种后现代主义的立场具有使我们的社会学研究对象、方法及概念本身激进化的潜力。它引导我们质疑传统的知识和科学探索基础，从一种修辞学的立场来重新理解理论和研究。布朗说，从现代主义者所坚持的基础主义认识论和现代科学方法来看，客观真理是完全独立存在于任何可能用以表达它的符号之外的。在这一理智/符号的二元对立中，理智的权威要高于它的外在表达体系。科学更是依赖这样一个基本预设，即"修辞的"在定义上就是一种同本体论和认识论上的"真实"相分离的东西。而后现代主义者则否定这种分离，主张消除这些二元对立。通过消除这些二元对立，知识被重新定位于符号建构的过程之中，而不再被视为通过符号加以传达的东西；逻辑和理智也从绝对的、先在的高度下降到历史和行动的创造性的文本网络。"与此相应，后现代主义将社会理论和研究的议程从解释和证明转向那些寻求引导和说服他们自己及彼此的学者/修辞学家之间的对话。"[1]

在后现代修辞学家看来，对任何经验的陈述都是一种特定的话语实践，或者说都是一个文本。社会也是一个文本，"文本主义理论也告诉了我们，我们的自我和社会是如何通过修辞性的事件被建构和解构的。按照这一理论，有意义的自我和集体性实在的创造包含各种符号结构在主体之间的调用，通过这种调用，所发生的事情被组织成为事件和经验"。不同的民族构建了整套的范畴体系，借助这套范畴体系，事物的某些方面被置于意识的前台，成为可表述和能意识到的经验，从这一过程中涌现的知识

---

[1] R.Brown, "Rhetoric, Textuality, and the Postmodern Turn in Sociological Theory," in S. Seidman (ed.), *The Postmodern Turn: New Perspectives on Social Theory*, pp.229-231.

则采取了叙事的形式。"这种修辞性建构起来的叙事整体为处于特定符号场景和生活世界中的人们提供了认同模式。它也指导个体或团体去了解什么是真实的和什么是虚幻的,什么是被允许的和什么是被禁止的,什么是不可言说的和什么是必须说的。"因此,正像布鲁尔所说的那样:"一种世界观的创造就是一个创造人类行动者的修辞性行动;它是某个人类共同体持久实践的一项成就。"[1] 由于不同的民族都是借助自己构建的那套范畴体系来建构自己的世界的,因而不同民族建构出来的世界就是不同的。其中每一个世界对于身处这个世界的那个民族的成员来说,都是真实的。但是,那些处于某一世界之外的人,却可能被认为是不真实的因而应该被排斥。这种对异己的话语世界的排斥被认为是在一个群体内部实现社会秩序和社会控制的前提。这种将一种话语世界合法化而排斥其他话语世界的过程,贬低追寻其他意义的价值,迫使不同的声音保持缄默,因此实际上也是一种修辞学的成就。通过这种合法化过程,一种话语被确定为统治话语,其他话语则要么被消除,要么被边缘化,处于被统治、被压制的地位。这种统治关系之后又被当作上帝、自然、传统、历史或理性赋予之物而被具体传递给社会成员,这一过程也是借助各种劝说策略来实现的。通过这一过程,社会及其统治关系最终被视为一种自然的事实而非一种文化的创造,因而有利于现存社会秩序的持续再生产。这一过程也使得社会成员趋于接受现实的社会秩序,将其作为一种现实化的道德规范来加以遵从,由此而修辞性地实现了对社会结构和个人认同的双重建构。

布朗认为,将科学和社会现实隐喻为一种修辞学的建构,有助于我们更合理地对自身所处的社会进行治理。首先,它促使我们抛弃社会结构是一种反作用于个人的客观实体,以及主体行动者是基于明确的意图创造出他们的世界这两种观点,而将社会结构和个人意识都视为一种实践和历史的成就,是行动者在日常沟通过程中围绕着自然和意义实在所发生的修辞斗争的结果。因此,话语既不是日常生活的自然事实,也不是生产力和

---

[1] 参见 R.Brown, "Rhetoric, Textuality, and the Postmodern Turn in Sociological Theory," in S. Seidman (ed.), *The Postmodern Turn: New Perspectives on Social Theory*, p.234。

生产关系的派生现象。这就消解了结构—行动和基础—上层建筑这两组二元对立。其次，既不像实证主义也不像主观诠释学，这种话语理论是批判性的和反思性的，它既明确地承认自己的道德和政治功能，又使我们能够将理论建构理解为各种修辞性策略的调配使用。依据这种批判修辞学观点，我们在建构社会理论时，不仅要关注逻辑命题和经验内容，还要关注语言学的方法和存在功能。社会学理论当然包含提供有关事实或意义的精确真理这一面，但这种真理也隐含着对行动的召唤，它的终极目标是人类的自我理解、批判和解放。

在《后结构主义与社会学》等文字中，勒梅特则重点探讨了他所称的"后结构主义社会学"作为一种经验研究路径的可能性。与布朗类似，勒梅特也认为，后结构主义一类思潮的核心观念就是强调话语对现实的建构性，它包括以下四个基本假设：

（1）理论内在地是一种话语活动。在后结构主义者看来，知识不过就是语言，它的通用名称就是"话语"。当然，这并不是说在这个世界上除了我们所说的文本和话语之外就别无他物了，而只是说这个世界上所有我们能够言说的事物都不过是我们通过话语构建出来的；并不是说奴隶制并不是一个实在的制度而只是我们的一些言辞，而是说奴隶制和其他事物一样也是通过话语建构出来的。

（2）理论文本所讨论的那些经验现实无一例外都是文本性质的。从以下两种含义上说，理论文本所讨论的所有经验现实本身也都是文本性质的。首先，它们都是以书面形式被记录在这种或那种媒体上，如调查问卷的答案、观察记录、书信、企业报告、手抄本、访谈记录、档案文件、人口普查资料等，所有不以此类方式被书写下来的所谓"经验"都不会被用作分析的材料；其次，它们必须是与其他同类的经验文本以及它们的意义得以从中构成的那些理论文本共存于一个互文性的领域，才能成为对构成理论知识有用的材料。

（3）经验文本的知识或科学价值取决于它们与理论文本的这种关系。这也有两方面的含义。首先，如上所述，任何经验事实的意义都是由特定理论赋予它的，一个不能跟任何理论文本联系起来的孤立的经验事实就没有任何意义；其次，反过来，任何理论陈述如果不能与特定的经验事实相联系，也就不能被制作出来。

（4）在某些情形（假如不是全部的话）下，对某一话语所作的解释所产生的应当是更多而不是更少的恰当理解。后结构主义者强调世界的去中心化、去整体化，主张社会认同的碎片化或多元性，否定存在诸如具有统一的普遍本质的人类或男人、女人等，存在的是由多种认同（性别、阶级、宗教、族群、职业等）以不同方式集合而成的各种具体的社会身份，如非洲黑人妇女、白人工人阶级妇女、富有的美国妇女等。

勒梅特认为，以上述基本假设为基础，就可以发展出一种后结构主义的社会研究范式。这种社会研究范式将"把话语既当作对象又当作社会学分析的手段"[1]。勒梅特指出，对于这样一种后结构主义的社会研究范式，人们可能会提出很多疑问，其中的一个重要疑问就是：这种以"把话语既当作对象又当作社会学分析的手段"为特征的后结构主义社会范式，如何能够应用于社会现象的经验研究（而非单纯停留在纯理论构想的层面上）？

在《后结构主义与社会学》一文中，勒梅特尝试着从这种后结构主义的社会学立场出发来对越南战争这一经验现实进行分析，试图通过这一分析来展示"越南战争"这一经验现实所具有的话语建构性质，从而展示后结构主义社会研究范式在应用于经验社会研究方面所具有的潜力。

首先，勒梅特指出，我们所能够谈论的"越南战争"这一经验现实（包括作为其组成部分的"越南""美国对越南的战争方针"等更为具体的经验现实），其实都是通过一些特定的文本以及人们对这些文本的阐释而建构起来并加以维持的"现实"，而非一种完全独立存在于这样一些文本之外的"现实"。勒梅特说："虽然越南的现实对于当今美国或全球的历史而言都很重要，但它依然是一种远不确定的现实。对于大多数试图理解它

---

[1] C. Lemert, "Post-structuralism and Sociology," in S. Seidman (ed.), *The Postmodern Turn: New Perspectives on Social Theory*, p.269.

的人来说，他们最为生动的一些印象都不是来自直接的经验而是来自各种文本——华盛顿林荫道旁的纪念碑，电影，发言人、朋友或亲属的第一手描述，小说，尼尔·希恩在《纽约客》杂志上发表的文章及获奖证书，学院和高中课程，政治家们的修辞性说明，档案材料，缩微胶卷，单片缩影胶片等——的奇特混合。"[1]我们关于越南战争所知的一切，都只能通过对上述这些文本的理解和阐释而来，而不可能从这些文本之外的某个地方找到。"越南的现实在无数的文本中被创造出来，然后被破坏，然后又被创造出来。那里到底发生了一些什么事情？那里又到底是哪里？在美国和越共军队的杂志、约翰逊的回忆录、邦迪的备忘录、五角大楼的文件、影片《现代启示录》、林荫道旁令人揪心的V形纪念碑、改写了家庭历史的死亡、改写了东南亚生态环境的森林破坏、改写了越南边界的一次军事失败等所书写的现实之间存在着什么有意义的区别呢？如何可能存在一种不基于这些文本的越南研究，包括社会学研究呢？在那些文本之外再无任何其他东西，不仅现在没有，而且从一种怪诞的意义上说，之前也没有。"[2]

其次，说越南战争是一种话语建构出来的经验现实而非一种完全独立于话语的经验现实，不仅在于我们只能通过各种文本来了解这一经验现实，还在于这样一种我们今天只能通过各种文本来加以了解的经验现实，它发生时其实也是话语建构的产物。勒梅特分析说，在"二战"结束之后的岁月里，美国很快遇到了一系列问题：一方面，通过这场大战，美国成了历史上最强大的军事和工业大国；但另一方面，它发现，除了自己之外，还有一个超级大国即苏联存在，美国并不是唯一的超级大国。这令部分美国人感到不爽或不安。1947年，一个叫乔治·凯南的美国人通过一份电文阐述了美国应该对苏联及共产主义进行遏制的政策观念。20世纪50年代一个叫麦卡锡的美国人又将这一政策的矛头指向美国国内。虽然麦卡锡的黑色恐怖政策后来遭到美国参议院的谴责，但通过遏制共产主义来维

---

[1] C. Lemert, "Post-structuralism and Sociology," in S. Seidman (ed.), *The Postmodern Turn: New Perspectives on Social Theory*, p.274.
[2] Ibid., p.278.

护美国超级大国甚至唯一超级大国地位的理念却延续了下来。1965年2月5日,越共袭击了美国在越南波来古市的一处军事设施,美国总统约翰逊立即作出反应,在时任苏联总理柯西金正在河内进行访问的情况下对越南北方进行了空袭。当约翰逊尚在犹豫是否要扩大美国对越南军事介入的范围时,2月7日,约翰逊的顾问乔治·邦迪在一份从越南考察回来后提交的备忘录中认为越南形势正在恶化,提出应通过"持续性的报复"来遏制越共,使南越形势逐渐变好的建议。2月24日,约翰逊接受了邦迪的建议,下令对越南北方实施持续空袭。到当年年底,美军对越南北方的空袭达到了55000架次,原来2万名左右的美军顾问也被20万人的美军所替代,美军在越南的行动态势及其性质至此发生了重大变化。可以说,越南战争是美国二战后有关世界形势及美国在世界上的地位的特定话语对约翰逊及其顾问等人发生作用的结果。要理解约翰逊及其顾问等人的行为,就必须了解其言行(如电文、备忘录、政策建议、声明等)背后的话语或互文网络。

通过上述分析,勒梅特认为一种后结构主义的社会研究范式不仅在理论上是合理的,而且在经验上也是可行的,完全可以在社会研究中发挥重要作用。与勒梅特类似,W.斯科特和L.埃德尔曼则分别以文本主义的观点与方法来对女权主义研究中的某些问题和"艾滋病"现象进行分析,提出了一些颇有新意的见解。限于篇幅,兹不赘述。

结　语

综上所述,我们可以看到,面对后现代主义思潮的冲击和挑战,西方社会学理论家的反应并不相同。依据他们的不同反应我们可以将这些社会学家大致分成三类:一是以奥尼尔等人为代表的坚定拒斥者,二是以鲍曼和瑞泽尔等人为代表的温和拒斥或曰部分接受者,三是以塞德曼、布朗、勒梅特等人为代表的积极认同者。作为后现代主义思潮的积极认同者,最后这一类社会学理论家完全接受了后现代主义有关社会现实的那些基本理论预设：社会现实不是一个完全外在于人们的话语体系而独立存在的东西，而是人们在特定话语体系的引导和约束下建构起来的存在；处于不同话语体系引导和约束下的人们将会建构起不同的社会现实；由于不同话语体系之间的不可通约性，对于这些不同的话语体系以及在它们的引导和约束下建构起来的社会现实，我们也难以对它们的是非对错作出绝对的判断；因此，不同话语体系及其构成物的共存是社会世界必然出现的情境；社会学家的任务不是去通过一套程序来判断、甄别这些不同话语体系及其构成物之间到底孰是孰非，而是在承认它们必然共存的前提下，通过反复的说明和沟通过程，来帮助处于不同话语和社会体系下的人们通过对话来达成相互理解，以实现和平共处的愿景。在此基础上，这类社会学家提出了一些与上述基本预设相一致的社会学思路，并试图将这套新的社会学思路落实到具体的经验研究当中。尽管这些带有后现代主义色彩的社会学研究思路目前在西方社会学领域，尤其是经验研究领域并不占据主流，但作为一些从理论上看具有一定根据的社会学研究新思路，仍然值得我们加以关注。

本编小结

在本编中，我们以福柯、德勒兹和加塔利、利奥塔、鲍德里亚、拉克劳和墨菲以及塞德曼、布朗、勒梅特等人的相关理论为例，对后现代主义社会理论进行了概要性的梳理。被我们选入作为后现代主义社会理论家样本的这些思想家在思考和研究的具体问题方面并不完全相同，例如，福柯以权力—话语—主体之间的关系作为自己的研究主题，德勒兹和加塔利以社会—话语—欲望之间的关系作为自己的研究主题，利奥塔以叙事与社会之间的关系作为自己的研究主题，鲍德里亚以符号—社会之间的关系作为自己的研究主题，拉克劳和墨菲以话语—社会—民主之间的关系作为研究主题，塞德曼等人以话语和社会之间的关系作为研究主题等，但至少在两个大的方面他们之间是完全一致的。

首先，无论他们各自侧重研究的具体问题有何不同，他们都是把社会现象（社会关系、社会制度、社会治理、社会变迁等）作为自己的研究对象，由此他们的理论和我们在本卷前两编中所梳理的那些以科学（主要是自然科学，但也适用于以自然科学为榜样的那些社会科学）活动为研究对象的后实证主义者及以理解和诠释活动为研究对象的后现代主义诠释理论家们所建构的理论区分开来，而与我们在前面三卷中所梳理的那些同样以社会现象为研究对象的、被我们归入"现代主义社会学"体系的诸理论联结在一起，共同构成西方社会学理论研究领域中的不同理论类型。

其次，尽管他们在社会研究的一些较基本理论预设稍次一级的理论立场或取向方面可能存在某种差异，例如，拉克劳和墨菲仍然在一定程度上认同马克思主义的理论取向，福柯、德勒兹和加塔利、利奥塔、鲍德里亚等人虽然试图超越马克思主义但却仍然坚持社会分析中的批判取向，塞德曼、布朗、勒梅特等人的理论取向相对而言则要更为平和一些，但在对相关社会现象进行思考和研究时所倚赖的一些最基本的理论预设却是完全一致的。这些最基本的理论预设与现代主义社会学理论所倚赖的那些基本理论预设在立场上正好相反：在现代主义社会学理论那里，作为研究对象的社会现象无论是像在结构论社会学中一样被视为一种独立于社会成员个人行动及意识而存在的外部现象，还是像在建构论社会学中那样被视为一种依赖社会成员个人行动及意识而存在的内部现象，或者像在互构论社会学中那样被视为一种依赖社会结构与成员个人行动及意识之间的相互作用而存在的现象，最终都被视为一种先于／外在于人们所属的话语体系而独立存在的给定性实在，包括社会科学研究在内的所有社会认识活动其实质或目标都是尽可能准确地再现这种给定性实在，只有相对而言最为准确地再现了这种给定性实在的认识结果才是唯一可以被接受的认识成果。与之相反，在后现代主义社会学理论这里，作为研究对象的社会现象（无论是个人行动及其意识，还是社会关系及其结构等）则都被视为一种完全由人们在特定话语体系的引导和约束下建构出来的存在；包括科学研究在内的所有社会认识活动其实质或目标都不是也不应该是再现某种外在于／独立于人们话语体系的给定性实在，而应该是揭示人们在特定话语体系的引导和约束下将这种社会现象建构出来的过程；这一认识或者揭示过程同样也是在认识者自身所属特定话语体系的引导和约束下进行的，由于认识者所属话语体系的不同，这一认识过程的结果自然也会不同，而又由于认识者各自所属的话语体系相互之间缺乏可通约性，因此对于在不同话语体系的引导和约束下所形成的不同认识结果之间的是非对错，我们也就无法作出确定的判断，最终必然导致不同认识结果多元共存。正是在基本理论预设方面所存在的这样一种根本差异，才使得他们所建构的这样一些理论代表了西方社会学理论领域中一种与现代主义社会学理论非常不同的新理论取向。而如我们在本书导论部分说过的那样，如果我们依据不同西方社会学理论类型在基本理论预设方面的特点，出于简洁的需要，将"结构"一词作为"结构论社会学"的关键词、"建构"一词作为"建构论社会学"的关键词、"互构"一词作为"互构论社会学"的关键词的话，那么，基于其在基本理论预设方面主张社会现实和个体行动意义都是人们在特定话语体系的引导和约束下建构起来的、在不同话语体系的引导和约束下建构起来的社会世界或意义世界不可避免地具有多元性或复数性这一基本特征，我们也可以用"复构"一词来作为后现代主义社会学理论的关键词，并相应地将后现代主义社会学理论简称为"复构论社会学理论"。

本卷小结

在本卷中，我们分上、中、下三编分别对西方哲学和社会科学领域后现代主义思潮中三个重要组成部分，即后实证主义科学哲学、后现代主义诠释理论和后现代主义社会理论进行了概要性的梳理。通过这一梳理，我们可以看到，后现代主义思潮的这三个组成部分分别在自然科学、诠释科学和社会理论三个领域向相关的现代主义理论提出质疑和挑战。其中，后实证主义科学哲学家质疑和挑战了作为自然科学研究对象的自然现象是一种先于/外在于人们的话语体系（科学"理论"、"范式"、"研究纲领"等）而独立存在的给定性实在，我们关于自然现象的所有经验都是对这一给定性实在之再现的传统科学哲学观念，认为我们关于自然现象的所有经验都是人们在特定话语体系的引导和约束下建构出来的东西；面对相同的外部信息源，受到不同话语体系引导和约束的人会建构出不同的经验事实；而由于不同话语体系之间缺乏可通约性，难以从逻辑上对它们之间的是非对错作出绝对的判断，因此，对于在不同话语体系的引导和约束下建构出来的那些不同经验事实之间的是非对错，（在对信息源本身的接收均无误的情况下）我们同样难以作出绝对的判断，这些不同经验事实以及以它们为基础而建构起来的相关理论的多元并存将是不可避免的事情。后现代主义诠释理论家则质疑和挑战了作为诠释学研究对象的符号或文本意义是一种先于/外在于人们的话语体系（关于相关符号或文本的前见、前理解等）而独立存在的给定性实在，我们关于符号或文本意义的所有理解或诠释都是对这一给定性实在之再现的传统诠释学观念，认为我们关于符号或文本意义的所有理解或诠释也都是人们在特定话语体系的引导和约束下建构出来的东西；面对相同的符号或文本，受到不同话语体系引导和约束的人会理解或诠释出不同的意义；而同样由于不同话语体系之间缺乏可通约性，难以从逻辑上对它们之间的是非对错作出绝对的判断，因此，对于在不同话语体系的引导和约束下建构出来的那些不同符号或文本意义之间的是非对错，我们同样难以作出绝对的判断，这些不同理解或诠释以及以它们为基础而建构起来的相关理论的多元并存也将是不可避免的结果。后实证主义科学哲学家所质疑和挑战的那些传统科学哲学观念，也正是在西方社会学领域中的结构论社会学理论背后起支撑作用的那些基本观念，后现代主义诠释理论家所质疑和挑战的那些传统诠释学观念，也正是在西方社会学领域中的建构论社会学理论背后起支撑作用的那些基本观念，因此，后实证主义科学哲学家和后现代主义诠释理论家向传统科学哲学观念与传统诠释学观念所分别发起的挑战，实质上也就是向西方社会学领域中的结构论社会学与建构论社会学分别发起的挑战。后现代主义社会学理论则在分享后实证主义科学哲学和后现代主义诠释理论的基本观念的基础上，将它们综合起来并运用于对社会现象的考察和研究过程之中，从而形成了一类在基本理论预设方面与现代主义社会学完全不同的社会学理论。这类社会学理论虽然在研究的对象或主题方面与后实证主义科学哲学、后现代主义诠释理论完全不同，但在基本理论预设方面却完全相同，即都认为人们感受、思考和言说的对象（在这里即是社会现象）不是一种完全外在于人们的话语体系的独立自主的给定性实在，而是由人们在特定话语体系的引导和约束下建构出来的存在；所有认识活动（在这里即是对社会现象的认识活动）其实质或目标都不是也不应该是再现某种外在于/独立于人们话语体系的给定性实在，而应该是揭示人们在特定话语体系的引导和约束下将这种对象建构出来的过程；这一认识或者揭示过程同样也是在认识者自身所属特定话语体系的引导和约束下进行的，认识者所属的话语体系不同，认识的结果也就不同；由于不同话语体系之间缺乏可通约性，因此对于在不同话语体系的引导和约束下所形成的不同认识结果之间的是非对错，我们也就无法作出确定的判断，最终必然导致不同认识结果多元共存。正是基于后实证主义科学哲学、后现代主义诠释理论和后现代主义社会（学）理论三者之间在基本理论预设方面的这种一致性，我们才将它们视为哲学、社会科学领域中后现代主义思潮的三个基本组成部分。本卷所做的工作就是尝试通过对它们三者及它们之间相互关系的概要性梳理，使读者对西方社会学理论领域中的后现代主义理论类型能够有一个更为深入的了解和理解。

结束语

在本书中，我们以四卷次的形式对西方社会学理论的四种基本类型——结构论社会学理论、建构论社会学理论、互构论社会学理论和复构论社会学理论分别进行了概要性的梳理和分析，试图通过这样一种梳理，针对西方社会学理论的逻辑提供一种可供读者参考的理解、叙述和说明。

在本书中，所谓的结构论社会学理论，指的是建立在以下基本理论预设基础上的那些社会学理论：社会虽然是由个人构成的，但它一旦形成就成为一种不仅外在于个人、有着自己独立的结构和运行机制，而且反过来还对个人具有约束力的客观实体；因此，社会研究的主要内容就是去发现决定着各种社会现象及个人思想、行动的结构和运行机制，用后者去解释社会现象及个人的思想和行动。无论是从时间上看还是从逻辑上看，结构论社会学理论都可以被视为现代西方社会学的起点。其原因大概是，早期的社会学家为了将"社会学"作为一门与生物学、心理学等相区别的现代科学门类确定下来，不得不首先将"社会"现象相对于个体的生物属性、心理属性而言所具有的独特性、外在性加以强调，以从逻辑上论证"社会学"的独特性和必要性。结构论社会学理论明确地区分为两大理论阵营，即以孔德、涂尔干、帕森斯等人为代表的非马克思主义社会学，以马克思、恩格斯、列宁、布哈林、柯亨、阿尔都塞等人为代表的科学主义的马克思主义社会学。这两大理论阵营在社会现实本质上到底是物质性的还是精神性的这一问题上存在着明确的对立——可以说这是西方社会学理论中最早形成的理论对立，但在对上述结构论社会学基本理论预设的认同和接受方面它们之间却是完全一致的。我们在本书第一卷中对这两大阵营的代表性理论分别进行了概要性的梳理和分析。

本书所称建构论社会学理论，指的是建立在以下基本理论预设基础上的那些社会学理论流派："社会"不是一种独立于／外在于个人的、有着自己独立运行机制的客观实体，而只不过是一个我们用来指称无数个人行动之集合的名称而已。"社会"以及我们所称的所有"社会现象"（如家庭、村落、企业、阶级、国家等，以及封建制度、资本主义制度，还有人口流动、战争、革命等历史事件）都并非像个体行动或互动那样是一种真实的存在，真实存在的只是无数个体的行动或者互动而已，"社会"和所有"社会现象"都只是无数个体行动的集合，是诸多个人通过自己富有意义的行动建构出来的；因此，社会研究的主要内容就是将各种社会现象还原为将其建构出来的那些个人的行动及其意义，用后者去解释前者。和结构论社会学理论一样，建构论社会学理论也包括非马克思主义的建构论社会学理论和马克思主义的建构论社会学理论两大阵营。前者可以韦伯、舒茨、米德、布鲁默、加芬克尔、弗洛伊德和霍曼斯等人的社会理论为主要代表，后者则可以卢卡奇、葛兰西、霍克海默、阿多诺、马尔库塞、赖希、弗洛姆、埃尔斯特等人的社会理论为主要代表。我们在本书第二卷中对这两大阵营的代表性理论作了概要性的梳理和分析。

"结构论社会学理论"和"建构论社会学理论"的相继出现，在西方社会学理论领域导致围绕着"宏观／社会／结构"和"微观／个人／行动"之间的关系而产生一种新的二元对立。这种新的二元对立给非马克思主义和马克思主义两大阵营的西方社会学理论家都带来了极大的困惑。消除这种困惑便成为西方社会学理论家的一个重要目标。作为消除上述二元对立的主要思路，20 世纪中后期以来，在西方社会学理论领域先后产生了一批我们称之为"互构论"的社会学理论体系。之所以称它们为互构论社会学理论，是因为它们是一些建立在下述基本理论预设基础上的社会学理论：

"社会"既非像结构论社会学理论家说的那样是一种单纯外在于个人、只对个人行动形成约束的独立性实在,也非像建构论社会学理论家想象的那样只是一个虚名而已;无论是"社会"还是"个人",都既是一种真实的独立的存在,同时也相互影响、相互作用;"社会"和"个人"正是通过这种相互建构才得以被形塑成它们所是的样子;因此,社会研究的主要内容就是去考察社会和个人之间的相互作用,用后者去解释前两者的存在和变化状况。在本书第三卷中我们以彼得·伯格和卢克曼、亚历山大、科尔曼、吉登斯、布迪厄、哈贝马斯、乔纳森·特纳等人的社会理论为例,对"互构论"社会学理论进行了一个概要性的梳理和分析。在对这一类社会学理论进行考察的过程中我们还可以发现,在这些理论当中,它们的阐释者通过自己的努力试图消除的不仅是结构论和建构论两种理论立场之间的对立,而且还有非马克思主义和马克思主义两种理论立场之间的对立。

仔细考察我们在前三卷中所梳理的这三类社会学理论之间的关系,我们可以发现,尽管它们在宏观/社会/结构与微观/个人/行动两者之间的关系问题上存在着根本性差异,但它们之间归根结底还是存在着一些基本的共同点:它们都承认,作为社会学研究对象的那个"社会",不管它是像在结构论社会学家那里那样被视为一种外在于社会成员个人主观意识、有着自己独立的结构、机制和规律的存在也好,还是像在建构论社会学家那里那样被视为一种由无数个人有意识的行动(或实践)不断建构出来的存在也好,或者是像互构论社会学家那里那样被视为一种由宏观/社会/结构与微观/个人/行动两个相对独立的层次通过相互作用共同构成的存在也好,都无一例外地应该被看作一种外在于/独立于对其进行观察、理解或研究的人员所属符号/话语/理论体系的纯粹给定性的存在(给定实在论);因此,社会学研究的主要任务就是尽可能准确地把握或再现这样一种不以我们的意志为转移的纯粹给定的客观实在(表现论);只有准确地再现了这一实在的观察、理解或研究结果才能被认为是正确的、真实的、可以被接受的,反之则是错误的、虚假的、应该被拒斥的,且这种被认为正确的、真实的、可以被接受的观察、理解或研究结果只能有一个,不能同时有多个（相符真理论）。我们把由"给定实在论"、"表现论"和"相符真理论"这三个基本论断构成的这一整套基本理论预设称为"传统实在论"。这套被称为"传统实在论"的基本理论预设就是结构论社会学理论、建构论社会学理论和互构论社会学理论三种类型的社会学理论所共有、在它们背后起着支撑作用的基本理论预设。据此，我们将它们归并到一个更大的分类范畴，并赋予它们现代主义社会学理论这样一个名称。因此，我们在本书前三卷中所完成的梳理工作，实际上只是局限在西方现代主义社会学理论的范围之内。

然而，20世纪中后期，大致在各种互构论社会学理论形成的同时，在西方思想界出现了一股被后人称为"后现代主义"的思潮。这一思潮的基本特征就是对"传统实在论"这一贯穿包括现代主义社会学在内的整个西方现代哲学、科学和文化思潮的基本理论预设加以拒斥，否认我们的认识对象是一种完全外在于/独立于我们的理论、符号或话语体系的纯自然的客观实在，认为所有的认识对象都是我们在特定理论、符号或话语体系的引导和约束下建构出来的一种"话语性实在"，认识过程其实不过是我们在特定理论、符号或话语体系的引导和约束下对现实加以建构的过程，不同的理论、符号或话语体系将会引导和约束我们建构起不同的客观实在，因此认识结果或"真理"也必将呈现出多元性。在这股被称为"后现代主义"的思潮的影响下，西方社会学理论领域也出现了一些具有明显后现代主义倾向的理论立场，使得一种与我们在前三卷中梳理的现代主义社会学理论完全不同的社会或社会学理论类型逐渐形成和发展起来。基于它们与现代主义社会学理论之间的这种对立，我们把它称为"后现代主义社会学理论"，同时也依据其赖以存在的基本理论预设的核心要义，将其简称为复构论社会学理论。在本书第四卷中，我们以福柯、德勒兹和加塔利、利奥塔、鲍德里亚、拉克劳和墨菲以及塞德曼、布朗、勒梅特等人的社会理论为代表，对"后现代主义社会学理论"进行了概要性的梳理和分析。为了使读者能够更好地理解后现代主义社会学理论，在这一卷中，我们还以其挑战和拒斥的对象为依据，对一些虽然来自社会学理论领域之外但实际上对社会学理论领域中的相关现代主义理论具有高度针对性和挑战性的后现代主义理论进行了概括性的梳理和分析，并对它们与对应的现代主义社会学理论类型（结构论社会学理论和建构论社会学理论）之间的区别和联系，以及它们与后现代主义社会学理论之间的区别和联系进行了考察。

结构论社会学理论、建构论社会学理论、互构论社会学理论和复构论社会学理论构成了西方社会学理论的四种基本类型。如果我们将迄今为止形成和发展起来的西方社会学诸理论视为一个开放性的整体（并非一个最终的、不再变化发展的整体），那么，这四种基本理论类型就构成了这一开放性整体的基本组成部分。把握住了它们各自的特点和关系，也就把握住了迄今为止西方社会学理论的基本结构及其内在逻辑。西方社会学诸理论在我们面前就不再呈现为一副杂乱无章的样子，而是一幅有序的理论图景。

在本书中，我们是按照结构论社会学理论—建构论社会学理论—互构论社会学理论—复构论社会学理论的顺序来对西方社会学理论进行梳理和叙述的。这一顺序所体现的既是这四种理论类型之间的逻辑顺序，大体上也是这四种理论类型之间的时间顺序。正如我们在前面说过的那样，结构论社会学理论既是西方社会学理论形成和发展过程的逻辑起点，也是这一过程的时间起点。而如果我们将构成这些理论类型的各具体理论流派（如帕森斯的结构功能主义与韦伯的"理解社会学"）形成和发展的时间顺序忽略不看，只从这些由各种具体理论流派构成的理论类型层之间的关系来看的话，逻辑顺序和时间顺序之间的一致性在结构论社会学理论、建构论社会学理论和互构论社会学理论三者之间的关系中都是成立的，只是在互构论社会学理论和复构论社会学理论之间才有所出入：复构论社会学理论在逻辑上是作为对包括互构论社会学理论在内的整个现代主义社会学理论的反思和挑战而出现的，但在时间上却是在与互构论差不多相同的时期形成和发展起来的，在某种意义上说是西方思想家在对结构论和建构论两种社会理论进行反思时，作为一种与互构论并列但却不同的思路而提出来的。

此外，回顾本书对西方社会学理论逻辑所作的梳理，我们还可以发现，在从结构论社会学理论到建构论社会学理论，再到互构论社会学理论，然后又到复构论社会学理论的这一思想进程中，支配这一进程的逻辑似乎正是黑格尔所谓的正—反—合"三段论"或"否定之否定"法则：

首先，从现代主义社会学诸理论类型之间的逻辑关系来看，作为逻辑和历史之起点的结构论社会学理论构成了现代主义社会学理论演变的正题；建构论社会学理论则是作为结构论社会学理论的反题出现的；而互构论社会学理论是作为结构论社会学理论和建构论社会学理论两者的合题出现的。从结构论社会学理论到建构论社会学理论再到互构论社会学理论的演变，在形式上是一个否定之否定过程，在内容上则是一个越来越包容的过程。

其次，从迄今为止由上述四种基本理论类型构成的西方社会学理论整体来看，由结构论、建构论和互构论三种社会学理论类型构成的现代主义社会学似乎又构成了西方社会学理论演变的一个新的正题，被我们简称为复构论的后现代主义社会学理论则是作为现代主义社会学理论的反题出现的。如果这一理解可以被接受的话，那么，在这之后，我们似乎应该期待一种可以作为现代主义社会学理论和后现代主义社会学理论之合题的新社会学理论的出现。这似乎为社会学理论的研究提出了一项有待人们去加以推动的新议程。

不过，需要指出的是，与黑格尔对正—反—合"三段论"或"否定之否定"法则的理解和描述有所不同，本书的叙述和分析所呈现出来的这种正—反—合"三段论"或"否定之否定"过程，包含的并不是一种线性的演进逻辑。在黑格尔那里，正题、反题与合题三者之间的逻辑关系似乎是一种线性的逻辑演进关系：后一阶段的形成是以前一阶段的消失，或者说后一环节对前一环节的否定，是以后一环节对前一环节的完全替代为代价的。但在西方社会学理论的演变过程中，我们所看到的情况却并非如此：后一环节的形成并未导致前一环节的消失，而是两个环节并存，从而导致一种多元理论并存的局面。例如，虽然建构论社会学理论是作为结构论社会学理论的反题出现的,但建构论社会学理论并未成为结构论社会学理论的唯一替代品,它的产生并未导致结构论社会学理论的消失,而是导致了结构论和建构论两种理论类型并存的情形;互构论社会学理论是作为结构论和建构论社会学两种理论类型的合题出现的,但它也没有成为前两者的替代品,没有导致前两者的消失,而是形成了与这两者并存的局面;最后,复构论或者后现代主义社会学理论是作为现代主义社会学理论的反题出现的,但它所导致的也不是现代主义社会学理论的消失,而是与之并存的局面。如图 E-1 所示:

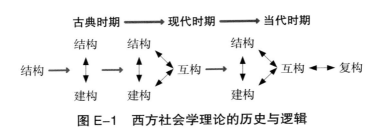

图 E-1 西方社会学理论的历史与逻辑

最后,需要再补充的一点是,本书所梳理和分析的只是西方社会学理论的逻辑。正如人们已经意识到的那样,西方社会学理论只是西方社会学家以西方人的社会历史经验为依据,在西方传统话语体系(古希腊话语体系、基督教话语体系、启蒙话语体系等)的引导和约束下完成的一些有关社会现象的理论建构,尽管这些理论包含着许多可能普遍适用于包括西方和非西方社会在内的不同人类社会的认识,但在经验基础、话语导向等方面也必然会有自己的局限性,因此只能是一家之言而非唯一真理。在西方社会学理论之外,必然存在许多非西方的社会学理论,或者对构建现代社会学理论具有潜在价值的思想遗产值得我们去考察和发掘。虽然这不是本书的任务,但笔者愿意和所有有志于社会学理论发展的同仁一道,在未来的时间里,在这方面尽自己的一份努力。谨以这一期许,作为本书的结语。

参考文献

同一作者的作品归于一处（括注人名为本书所用译名）

阿尔都塞:《保卫马克思》,顾良译,商务印书馆,2006年。
——《论再生产》,吴子枫译,西北大学出版社,2019年。
阿尔都塞、巴里巴尔:《读〈资本论〉》,李其庆、冯文光译,中央编译出版社,2001年。
阿隆:《社会学主要思潮》,葛智强等译,华夏出版社,2000年。
埃尔斯特:《理解马克思》,何怀远译,中国人民大学出版社,2008年。
艾利克森:《后现代主义的承诺与危险》,叶丽贤、苏欲晓译,北京大学出版社,2006年。
巴特:《S/Z》,屠友祥译,上海人民出版社,2000年。
——《流行体系——符号学与服饰符码》,敖军译,上海人民出版社,2000年。
——《神话修辞术》,屠友祥译,上海人民出版社,2016年。
巴尔特(巴特):《符号学原理》,李幼蒸译,中国人民大学出版社,2008年。
——《写作的零度》,李幼蒸译,中国人民大学出版社,2008年。
——《今日神话》,载巴尔特、鲍德里亚等:《形象的修辞》,吴琼、杜予编,中国人民大学出版社,2005年。
鲍德里亚:《生产之镜》,仰海峰译,中央编译出版社,2005年。
——《符号政治经济学批判》,夏莹译,南京大学出版社,2009年。
——《物体系》,林志明译,上海人民出版社,2019年。

波德里亚(鲍德里亚):《消费社会》,刘成富、全志刚译,南京大学出版社,2000年。

——《象征交换与死亡》,车槿山译,译林出版社,2006年。

——《论诱惑》,张新木译,南京大学出版社,2011年。

——《美国》,张生译,南京大学出版社,2011年。

——《致命的策略》,刘翔、戴阿宝译,南京大学出版社,2015年。

博德里亚尔(鲍德里亚):《完美的罪行》,王为民译,商务印书馆,2014年。

布希亚(鲍德里亚):《拟仿物与拟像》,洪凌译,台湾时报文化出版公司,1998年。

鲍曼:《后现代伦理学》,张成岗译,江苏人民出版社,2003年。

贝尔特:《二十世纪的社会理论》,瞿铁鹏译,上海译文出版社,2002年。

波洛玛:《当代社会学理论》,孙立平译,华夏出版社,1989年。

波普尔:《猜想与反驳》,傅季重等译,上海译文出版社,1986年。

——《客观的知识:一个进化论的研究》,舒炜光等译,中国美术学院出版社,2003年。

——《科学发现的逻辑》,查汝强等译,中国美术学院出版社,2008年。

——《开放社会及其敌人》,陆衡、郑一明等译,中国社会科学出版社,2019年。

波普(波普尔):《历史决定论的贫困》,杜汝楫、邱仁宗译,华夏出版社,1987年。

伯格、卢克曼:《现实的社会构建》,汪涌译,北京大学出版社,2009年。

贝格尔(伯格):《神圣的帷幕:宗教社会学理论之要素》,高师宁译,上海人民出版社,1991年。

柏拉图:《柏拉图文艺对话集》,朱光潜译,人民文学出版社,1963年。

布迪厄:《实践感》,蒋梓骅译,译林出版社,2003年。

布尔迪厄(布迪厄):《言语意味着什么——语言交换的经济》,褚思真、刘晖译,商务印书馆,2005年。

——《实践理性:关于行为理论》,谭立德译,生活·读书·新知三联书店,2007年。

——《区分:判断力的社会批判》,刘晖译,商务印书馆,2015年。

——《自我分析纲要》,刘晖译,中国人民大学出版社,2017年。

——《实践理论大纲》,高振华、李思宇译,中国人民大学出版社,2017年。

布迪厄、华康德:《反思社会学导引》,李猛、李康译,商务印书馆,2015年。

布哈林:《历史唯物主义理论:马克思主义社会学通俗教材》,李光谟等译,人民出版社,

1983年。

布鲁默:《论符号互动论的方法论》,霍桂桓译,载苏国勋、刘小枫主编:《二十世纪西方社会理论文选(Ⅱ):社会理论的诸理论》,上海三联书店、华东师范大学出版社,2005年。

蔡文辉:《行动理论的奠基者——派深思》,台湾允晨文化实业股份有限公司,1982年。(派深思即帕森斯)

常向群:《马克思主义社会学论稿》,东北师范大学出版社,2018年。

陈涛:《涂尔干的道德科学:基础及其内在展开》,上海三联书店,2019年。

成伯清:《走出现代性:当代西方社会学理论的重新定向》,社会科学文献出版社,2006年。

德里达:《德里达访谈录:一种疯狂守护着思想》,何佩群译,上海人民出版社,1997年。

——《论文字学》,汪堂家译,上海译文出版社,1999年。

——《声音与现象》,杜小真译,商务印书馆,1999年。

——《书写与差异》,张宁译,生活·读书·新知三联书店,2001年。

——《胡塞尔〈几何学的起源〉引论》,方向红译,南京大学出版社,2004年。

——《多重立场》,佘碧平译,生活·读书·新知三联书店,2004年。

狄尔泰:《人文科学导论》,赵稀方译,华夏出版社,2004年。

——《精神科学中历史世界的建构》,安延明译,中国人民大学出版社,2010年。

——《历史中的意义》,艾彦译,译林出版社,2011年。

——《精神科学引论》,艾彦译,译林出版社,2014年。

敦庸:《葛兰西是"西方马克思主义"的创始人吗?》,《复旦学报(社会科学版)》1986年第2期。

多斯:《从结构到解构:法国20世纪思想主潮》,季广茂译,中央编译出版社,2004年。

法伊尔阿本德(费耶阿本德):《自由社会中的科学》,兰征译,上海译文出版社,2005年。

——《反对方法:无政府主义知识论纲要》,周昌忠译,上海译文出版社,2007年。

方汉文:《后现代主义文化心理:拉康研究》,上海三联书店,2000年。

费奥里:《葛兰西传》,吴高译,人民出版社,1983年。

费瑟斯通:《消费文化与后现代主义》,刘精明译,译林出版社,2000年。

冯刚:《马克斯·韦伯——文明与精神》,杭州大学出版社,1999年。

弗洛姆:《在幻想锁链的彼岸——我所理解的马克思和弗洛伊德》,张燕译,湖南人民出版社,1986年。

——《健全的社会》,孙恺祥译,贵州人民出版社,1994年。

——《逃避自由》,刘林海译,国际文化出版公司,2007年。

——《人道主义精神分析学在马克思理论中的应用》,载弗洛姆:《人的呼唤——弗洛姆人道主义文集》,王泽应等译,上海三联书店,1991年。

弗洛伊德:《精神分析引论》,高觉敷译,商务印书馆,1984年。

——《日常生活的精神病理学》,彭丽新等译,国际文化出版公司,2000年。

——《论文明》,徐洋等译,国际文化出版公司,2000年。

——《精神分析导论讲演新篇》,程小平、王希勇译,国际文化出版公司,2000年。

——《弗洛伊德文集》(车文博主编,第1—12卷),九州出版社,2014年。

佛洛伊德(弗洛伊德):《梦的解析》,赖其万、符传孝译,中国民间文艺出版社,1986年。

福柯:《权力的眼睛——福柯访谈录》,严锋译,上海人民出版社,1997年。

——《知识考古学》,谢强、马月译,生活·读书·新知三联书店,1998年。

——《规训与惩罚:监狱的诞生》,刘北成、杨远婴译,生活·读书·新知三联书店,1999年。

——《疯癫与文明》,刘北成、杨远婴译,生活·读书·新知三联书店,1999年。

——《必须保卫社会》,钱翰译,上海人民出版社,1999年。

——《性经验史》,佘碧平译,上海人民出版社,2000年。

——《词与物——人文科学考古学》,莫伟民译,上海三联书店,2001年。

——《主体解释学》,佘碧平译,上海人民出版社,2005年。

——《福柯集》(杜小真编选),上海远东出版社,1998年。

——《声名狼藉者的生活:福柯文选Ⅰ》(汪民安编),北京大学出版社,2016年。

——《什么是批判:福柯文选Ⅱ》(汪民安编),北京大学出版社,2016年。

——《自我技术:福柯文选Ⅲ》(汪民安编),北京大学出版社,2016年。

傅柯(福柯):《临床医学的诞生》,刘絮恺译,台湾时报出版公司,1994年。

戈夫曼:《日常接触》,徐江敏等译,华夏出版社,1990年。

——《污名》,宋立宏译,商务印书馆,2009年。

——《公共场所的行为:聚会的社会组织》,何道宽译,北京大学出版社,2017年。

高夫曼(戈夫曼):《日常生活中的自我表演》,徐江敏、李姚军译,台湾桂冠图书股份有限公司,1992年。

葛兰西:《狱中札记》,葆煦译,人民出版社,1983年。

——《实践哲学》,徐崇温译,重庆出版社,1990年。

——《葛兰西文选(1916—1935)》,人民出版社,1992年。

——《狱中札记》,曹雷雨、姜丽、张跣译,河南大学出版社、重庆出版社,2016年。

宫敬才:《睿智圣殿的后裔:捷尔吉·卢卡奇》,河北大学出版社,1998年。

顾忠华:《韦伯学说》,广西师范大学出版社,2004年。

哈贝马斯:《交往与社会进化》,张博树译,重庆出版社,1989年。

——《交往行动理论》,洪佩郁、蔺青译,重庆出版社,1993年。

——《公共领域的结构转型》,曹卫东等译,学林出版社,1999年。

——《作为"意识形态"的技术与科学》,李黎、郭官义译,学林出版社,1999年。

——《认识与兴趣》,郭官义、李黎译,学林出版社,1999年。

——《重建历史唯物主义》,郭官义译,社会科学文献出版社,2000年。

——《后形而上学思想》,曹卫东、付德根译,译林出版社,2001年。

——《交往行为理论》第一卷,曹卫东译,上海人民出版社,2004年。

——《现代性的哲学话语》,曹卫东等译,译林出版社,2005年。

——《合法化危机》,刘北成、曹卫东译,上海人民出版社,2009年。

哈山:《后现代的转向:后现代理论与文化论文集》,刘象愚译,台湾时报文化出版有限公司,1993年。

海德格尔:《存在与时间》,陈嘉映、王庆节译,生活·读书·新知三联书店,2006年。

郝镇华编:《外国学者论亚细亚生产方式》,中国社会科学出版社,1981年。

荷曼斯(霍曼斯):《社会科学的本质》,杨念祖译,台湾桂冠图书出版有限公司,1991年。

黑格尔:《法哲学原理》,范扬、张企泰译,商务印书馆,1982年。

洪汉鼎主编:《理解与解释——诠释学经典文选》,东方出版社,2001年。

胡义成:《为葛兰西一辩——与徐崇温、陈志尚、李惠斌三先生商榷》,《人文杂志》1990

年第 3 期。

黄楠森、施德福、宋一秀主编:《马克思主义哲学史》,北京大学出版社,1987 年。

黄瑞祺主编:《后学新论:后现代/后结构/后殖民》,台湾左岸文化事业有限公司,2003 年。

——《再见福柯:福柯晚期思想研究》,浙江大学出版社,2008 年。

黄作:《不思之说——拉康主体理论研究》,人民出版社,2005 年。

霍克海默:《批判理论》,李小兵等译,重庆出版社,1989 年。

——《霍克海默集》,渠东、付德跟等译,上海远东出版社,2004 年。

霍克海默、阿多诺:《启蒙辩证法(哲学片断)》,洪佩郁、蔺月峰译,重庆出版社,1990 年。

霍兰德:《导读德勒兹与加塔利〈千高原〉》,周兮吟译,重庆大学出版社,2016 年。

霍默:《导读拉康》,李新雨译,重庆大学出版社,2014 年。

加达默尔:《真理与方法:哲学诠释学的基本特征》,洪汉鼎译,上海译文出版社,2004 年。

加里·古廷:《20 世纪法国哲学》,辛岩译,江苏人民出版社,2006 年。

吉登斯:《民族—国家与暴力》,胡宗泽、赵力涛译,生活·读书·新知三联书店,1998 年。

——《现代性与自我认同》,赵旭东、方文、王铭铭译,生活·读书·新知三联书店,1998 年。

——《现代性的后果》,田禾译,译林出版社,2000 年。

——《社会理论与现代社会学》,文军、赵勇译,社会科学文献出版社,2003 年。

——《社会学方法的新规则—— 一种对解释社会学的建设性批判》,田佑中、刘江涛译,社会科学文献出版社,2003 年。

——《历史唯物主义的当代批判:权力、财产与国家》,郭忠华译,上海译文出版社,2010 年。

——《社会理论的核心问题》,郭忠华、徐法寅译,上海译文出版社,2015 年。

——《社会的构成——结构化理论纲要》,李康、李猛译,中国人民大学出版社,2016 年。

纪登斯(吉登斯):《资本主义与现代社会理论:马克思、涂尔干、韦伯》,简惠美译,台湾远流出版事业股份有限公司,1994 年。

凯尔纳、贝斯特:《后现代理论:批判性的质疑》,张志斌译,中央编译出版社,2004年。

柯亨:《卡尔·马克思的历史理论:一个辩护》,岳长龄译,重庆出版社,1989年。

科尔曼:《社会理论的基础》,邓方译,社会科学文献出版社,1992年。

科瑟(科塞):《社会学思想名家》,石人译,中国社会科学出版社,1990年。

克斯勒:《马克斯·韦伯的生平、著述及影响》,郭锋译,法律出版社,2000年。

孔德:《论实证精神》,黄建华译,商务印书馆,1996年。

——《实证政治体系》,董果良译,载《圣西门选集》第二卷,商务印书馆,1985年。

孔明安:《物·象征·仿真——鲍德里亚哲学思想研究》,安徽师范大学出版社,2010年。

库恩:《科学革命的结构》,金吾伦、胡新和译,北京大学出版社,2004年。

——《必要的张力》,范岱年、纪树立等译,北京大学出版社,2004年。

——《结构之后的路》,邱慧译,北京大学出版社,2012年。

拉布里奥拉:《关于历史唯物主义》,杨启潾等译,人民出版社,1984年。

拉德克利夫-布朗:《社会人类学方法》,夏建中译,山东人民出版社,1988年。

拉卡托斯:《科学研究纲领方法论》,兰征译,上海译文出版社,1986年。

拉康:《拉康选集》,褚孝泉译,上海三联书店,2001年。

拉克劳、墨菲:《领导权与社会主义的策略——走向激进民主政治》,尹树广、鉴传今译,黑龙江人民出版社,2005年。

莱恩:《导读鲍德里亚》,柏愔、董晓蕾译,重庆大学出版社,2016年。

赖希:《法西斯主义大众心理学》,张峰译,上海三联书店,2017年。

李化斗:《加芬克尔本土方法学研究》,北京大学社会学系博士学位论文,2011年。

李凯尔特:《文化科学和自然科学》,涂纪亮译,商务印书馆,1986年。

——《李凯尔特的历史哲学》,涂纪亮译,北京大学出版社,2007年。

利奥塔尔(利奥塔):《后现代状态:关于知识的报告》,车槿山译,生活·读书·新知三联书店,1997年。

列宁:《列宁专题文集(论辩证唯物主义和历史唯物主义)》,人民出版社,2009年。

——《列宁专题文集(论资本主义)》,人民出版社,2009年。

——《列宁专题文集(论社会主义)》,人民出版社,2009年。

——《列宁专题文集(论无产阶级政党)》,人民出版社,2009年。

——《列宁选集》(第1—4卷),人民出版社,2012年。

——《俄国社会民主党中的倒退倾向》,《列宁全集》第4卷,人民出版社,2013年。

——《社会民主党在民主革命中的两种策略》,《列宁全集》第11卷,人民出版社,2017年。

——《社会民主党对农民运动的态度》,《列宁全集》第11卷,人民出版社,2017年。

——《小资产阶级社会主义和无产阶级社会主义》,《列宁全集》第12卷,人民出版社,2017年。

——《革命的阶段、方向和前途》,《列宁全集》第12卷,人民出版社,2017年。

——《立宪民主党人的胜利和工人政党的任务》,《列宁全集》第12卷,人民出版社,2017年。

——《给瑞士工人的告别信》,《列宁全集》第29卷,人民出版社,2017年。

——《全俄工农兵代表苏维埃第三次代表大会文献·人民委员会工作报告》,《列宁全集》第33卷,人民出版社,2017年。

——《俄共(布)第七次(紧急)代表大会文献》,《列宁全集》第34卷,人民出版社,2017年。

——《无产阶级革命和叛徒考茨基》,《列宁全集》第35卷,人民出版社,2017年。

——《第三国际及其在历史上的地位》,《列宁全集》第36卷,人民出版社,2017年。

——《〈关于用自由平等口号欺骗人民〉出版序言》,《列宁全集》第36卷,人民出版社,2017年。

——《关于专政问题的历史(评论)》,《列宁全集》第39卷,人民出版社,2017年。

——《全俄苏维埃第八次代表大会文献·全俄中央执行委员会和人民委员会关于对外对内政策的报告》,《列宁全集》第40卷,人民出版社,2017年。

——《在莫斯科省第七次党代表会议上关于新经济政策的报告》,《列宁全集》第42卷,人民出版社,2017年。

列维-斯特劳斯:《结构人类学》,张祖建译,中国人民大学出版社,2006年。

——《野性的思维》,李幼蒸译,中国人民大学出版社,2006年。

——《猞猁的故事》,庄晨燕、刘存孝译,中国人民大学出版社,2006年。

——《嫉妒的制陶女》,刘汉全译,中国人民大学出版社,2006年。

——《神话学》(一至四卷),周昌忠译,中国人民大学出版社,2007年。

——《图腾制度》,渠敬东译,商务印书馆,2012年。

林端:《韦伯论中国传统法律——韦伯比较社会学的批判》,台湾三民书局,2003年。

刘少杰:《后现代西方社会学理论》,社会科学文献出版社,2002年。

刘拥华:《布迪厄的终生问题》,上海三联书店,2009年。

卢卡奇:《历史与阶级意识》,杜章智等译,商务印书馆,1992年。

——《关于社会存在的本体论》,白锡堃等译,重庆出版社,1993年。

——《理性的毁灭》,王玖兴等译,山东人民出版社,1997年。

陆扬:《德里达——解构之维》,华中师范大学出版社,1996年。

——《后现代性的文本阐释:福柯与德里达》,上海三联书店,2000年。

罗蒂:《哲学和自然之镜》,李幼蒸译,生活·读书·新知三联书店,1987年。

——《后哲学文化》,黄勇编译,上海译文出版社,1992年。

罗斯诺:《后现代主义与社会科学》,张国清译,上海译文出版社,1998年。

马尔库塞:《爱欲与文明》,黄勇、薛民译,上海译文出版社,1987年。

——《单向度的人——发达工业社会意识形态研究》,张峰、吕世平译,重庆出版社,1988年。

——《马尔库塞文集·现代文明与人的困境》,李小兵译,上海三联书店,1989年。

——《理性和革命——黑格尔和社会理论的兴起》,程志民等译,重庆出版社,1993年。

马克思:《1844年经济学哲学手稿》,人民出版社,2018年。

马克思、恩格斯:《马克思恩格斯选集》(第1—4卷),人民出版社,2012年。

——《马克思恩格斯文集》(第1—10卷),人民出版社,2009年。

马元龙:《雅克·拉康:语言维度中的精神分析》,东方出版社,2006年。

麦永雄:《德勒兹与当代性——西方后结构主义思潮研究》,广西师范大学出版社,2007年。

孟德尔:《〈资本论〉新英译本导言》,仇启华、杜章智译,中共中央党校出版社,1991年。

米德:《心灵、自我与社会》,赵月瑟译,上海译文出版社,1992年。

米勒:《福柯的生死爱欲》,高毅译,上海人民出版社,2003年。

牟博:《戴维森》,载涂纪亮主编:《当代西方著名哲学家评传(语言哲学)》,山东人民出版社,1996年。

帕格尔:《拉康》,李朝晖译,中国人民大学出版社,2008年。

帕玛:《诠释学》,严平译,台湾桂冠图书股份有限公司,1992年。

帕森斯:《现代社会的结构与过程》,梁向阳译,光明日报出版社,1988年。

——《社会行动的结构》,张明德等译,译林出版社,2003年。

帕森斯、斯梅尔瑟:《经济与社会》,刘进等译,华夏出版社,1989年。

齐泽克:《斜目而视:透过通俗文化看拉康》,季广茂译,浙江大学出版社,2011年。

——《意识形态的崇高客体》,季广茂译,中央编译出版社,2017年。

渠敬东:《缺席与断裂:有关失范的社会学研究》,上海人民出版社,1998年。

——《现代社会中的人性及教育——以涂尔干社会理论为视角》,上海三联书店,2006年。

瞿铁鹏:《马克思主义社会理论》,上海社会科学院出版社,1995年。

阮新邦:《批判诠释与知识重建:哈贝马斯视野下的社会研究》,社会科学文献出版社,1999年。

——《迈向崭新的社会知识观》,北京大学出版社,2005年。

瑞泽尔:《后现代社会理论》,谢立中等译,华夏出版社,2003年。

施路赫特:《理性化与官僚化——对韦伯之研究与诠释》,顾忠华译,广西师范大学出版社,2004年。

——《现代理性主义的兴起:韦伯西方发展史之分析》,林端译,台湾台大出版中心,2014年。

石计生:《社会学理论——从古典到现代之后》,台湾三民书局,2006年。

史密斯:《拉克劳与墨菲:激进民主想象》,付琼译,江苏人民出版社,2011年。

舒茨:《社会世界的现象学》,卢岚兰译,台湾久大文化股份有限公司、桂冠图书有限公司,1991年。

许茨(舒茨):《社会实在问题》,霍桂桓、索昕译,华夏出版社,2001年。

——《社会理论研究》,霍桂桓译,浙江大学出版社,2011年。

——《现象学哲学研究》,霍桂桓译,浙江大学出版社,2012年。

苏国勋:《理性化及其限制:韦伯思想引论》,商务印书馆,2016年。

孙飞宇:《方法论与生活世界》,生活·读书·新知三联书店,2018年。

——《从灵魂到心理:关于经典精神分析的社会学研究》,生活·读书 新知三联书店,2022年。

孙中兴:《爱·秩序·进步:社会学之父——孔德》,台湾巨流图书公司,1993年。

孙周兴、孙善春编译:《德法之争:伽达默尔与德里达的对话》,同济大学出版社,2004年。

索绪尔:《普通语言学教程》,高名凯译,商务印书馆,1996年。

特纳:《社会学理论的结构》,吴曲辉等译,浙江人民出版社,1987年。

田时纲:《葛兰西是"西方马克思主义者"吗?》,《教学与研究》2008年第11期。

涂尔干:《宗教生活的基本形式》,渠东、汲喆译,上海人民出版社,1999年。

——《社会分工论》,渠东译,生活·读书·新知三联书店,2000年。

——《实用主义与社会学》,渠东译,上海人民出版社,2000年。

——《道德教育》,陈光金、沈杰、朱谐汉译,上海人民出版社,2001年。

——《职业伦理与公民道德》,渠东、付德根译,上海人民出版社,2001年。

——《社会学与哲学》,梁栋译,上海人民出版社,2002年。

——《孟德斯鸠与卢梭》,李鲁宁、赵立玮、付德根译,上海人民出版社,2003年。

——《乱伦禁忌及其起源》,汲喆、付德根、渠东译,上海人民出版社,2003年。

迪尔凯姆(涂尔干):《社会学研究方法论》,胡伟译,华夏出版社,1988年。

——《社会学方法的准则》,狄玉明译,商务印书馆,1995年。

杜尔凯姆(涂尔干):《自杀论》,钟旭辉等译,浙江人民出版社,1989年。

涂尔干、莫斯:《原始分类》,汲喆译,上海人民出版社,2000年。

涂纪亮:《分析哲学及其在美国的发展》,中国社会科学出版社,1987年。

汪德宁:《超真实的符号世界——鲍德里亚思想研究》,中国社会科学出版社,2016年。

汪民安:《罗兰·巴特》,湖南教育出版社,1999年。

——《福柯的界线》,中国社会科学出版社,2002年。

汪民安主编:《生产(第五辑):德勒兹机器》,广西师范大学出版社,2008年。

王晴锋:《欧文·戈夫曼:微观社会学的探索》,中央民族大学出版社,2018年。

——《欧文·戈夫曼与情境互动论》,社会科学文献出版社,2019年。

王养冲:《西方近代社会学思想的演进》,华东师范大学出版社,1996年。

王岳川:《后现代主义文化研究》,北京大学出版社,1992年。

王治河:《扑朔迷离的游戏——后现代哲学思潮研究》,社会科学文献出版社,1993年。

威尔汉斯、埃克:《现象学和拉康论精神分裂症》,胡冰霜、王颖译,四川大学出版社,2011年。

威廉姆斯:《利奥塔》,姚大志、赵雄峰译,黑龙江人民出版社,2002年。

韦伯:《社会科学方法论》,朱红文译,中国人民大学出版社,1992年。

——《社会学的基本概念》,顾忠华译,台湾远流出版事业股份有限公司,1993年。

——《民族国家与经济政策》,甘阳等译,生活·读书·新知三联书店,1997年。

——《经济与社会》,林荣远译,商务印书馆,1997年。

——《儒教与道教》,王蓉芬译,商务印书馆,2002年。

——《新教伦理与资本主义精神》,苏国勋等译,社会科学文献出版社,2010年。

——《古犹太教》,康乐、简惠美译,广西师范大学出版社,2010年。

——《社会科学方法论》,韩水法、莫茜译,商务印书馆,2013年。

——《经济与社会》,阎克文译,上海人民出版社,2019年。

——《关于理解社会学的一些范畴》,郑作彧译,《社会理论学报》2019年秋季号。

——《罗雪尔与克尼斯:历史经济学的逻辑问题》,李荣山译,上海人民出版社,2020年。

——《批判施塔姆勒》,李荣山译,上海人民出版社,2020年。

——《印度的宗教:印度教与佛教》,康乐、简惠美译,上海三联书店,2020年。

——《学术与政治》,阎克文译,上海人民出版社,2021年。

玛丽安妮·韦伯:《马克斯·韦伯传》,阎克文、王利平、姚中秋译,江苏人民出版社,2002年。

文德尔班:《文德尔班哲学导论》,施璇译,北京联合出版公司,2016年。

沃特斯:《现代社会学理论》,杨善华等译,华夏出版社,2000年。

吴琼:《雅克·拉康:阅读你的症状》,中国人民大学出版社,2011年。

夏光:《后结构主义思潮与后现代社会理论》,社会科学文献出版社,2003年。

谢里登:《求真意志:米歇尔·福柯的心路历程》,尚志英、许林译,上海人民出版社,

1997年。

谢立中:《走向多元话语分析——后现代思潮的社会学意涵》,中国人民大学出版社,2009年。

——《社会现实的话语建构——以"罗斯福新政"为例》,北京大学出版社,2012年。

——《多元话语分析:社会分析模式的新尝试》,北京大学出版社,2018年。

徐崇温:《"西方马克思主义"》,天津人民出版社,1982年。

亚历山大:《论新功能主义》,《国外社会学》1991年第3期。

——《迪尔凯姆社会学:文化研究》,戴聪腾译,辽宁教育出版社,2001年。

——《世纪末社会理论》,张旅平等译,上海人民出版社,2003年。

——《新功能主义及其后》,彭牧等译,译林出版社,2003年。

——《社会学的理论逻辑》第一卷,于晓等译,商务印书馆,2008年。

——《社会学的理论逻辑》第二卷,夏光、戴盛中译,商务印书馆,2008年。

——《社会学的理论逻辑》第三卷,何蓉译,商务印书馆,2012年。

——《社会学的理论逻辑》第四卷,赵立玮译,商务印书馆,2016年。

严泽胜:《穿越"我思"的幻象:拉康主体性理论及其当代效应》,东方出版社,2007年。

——《拉康与后马克思主义思潮》,人民出版社,2013年。

仰海峰:《符号之镜:早期鲍德里亚思想的文本学解读》,北京师范大学出版社,2018年。

姚大志:《现代之后——20世纪晚期西方哲学》,东方出版社,2000年。

叶启政:《进出"结构—行动"的困境——与当代西方社会学理论论述对话》,台湾三民书局,2000年。

伊格尔顿:《后现代主义的幻象》,华明译,商务印书馆,2000年。

约阿斯、克诺伯:《社会理论二十讲》,郑作彧译,上海人民出版社,2021年。

约翰·斯特罗克编:《结构主义以来:从列维-斯特劳斯到德里达》,渠东等译,辽宁教育出版社,1998年。

约翰逊:《社会学理论》,南开大学社会学系译,国际文化出版公司,1988年。

张天勇:《问题承接与范式转换:从鲍德里亚看西方后马克思主义》,社会科学文献出版社,2017年。

张一兵:《不可能的存在之真:拉康哲学映像》,商务印书馆,2006年。

——《反鲍德里亚:一个后现代学术神话的祛序》,商务印书馆,2009年。

章启群:《伽达默尔传》,河北人民出版社,1998年。

赵家祥:《东方社会发展道路与社会主义的理论和实践》,商务印书馆,2017年。

赵家祥、丰子义:《马克思东方社会理论历史考察和当代意义》,高等教育出版社,2002年。

赵立玮:《规范与自由:帕森斯社会理论研究》,商务印书馆,2018年。

周凡、李惠斌主编:《后马克思主义》,中央编译出版社,2007年。

周晓虹:《西方社会学历史与体系》,上海人民出版社,2002年。

Alexander, J., *Theoretical Logic in Sociology*, Vol.1-4, University of California Press, 1982.

—— *Action and Its Environments*, Columbia University Press, 1988.

—— (ed.), *Neofunctionalism (Key Issues in Sociological Theory)*, Sage, 1985.

Alexander, J., Giesen, B., Münch, R., and Smelser, N. (eds.), *The Micro-Macro Link*, University of California Press, 1987.

Alexander J., and Colomy, P., "Neofunctionalism Today: Reconstructing a Theoretical Tradition", in G. Ritzer (ed.), *Frontiers of Social Theory: The New Synthesis*, Columbia University Press, 1990.

Alexander, J., and Colomy, P. (eds), *Differentiation Theory and Social Change: Comparative and Historical Perspectives,* Columbia University Press, 1990.

Baudrillard, Jean, *The Mirror of Production*, trans. by M. Poster, Telos, 1975.

—— *For a Critique of the Political Economy of the Sign*, trans. by C. Levin, Telos, 1981.

—— *In the Shadow of the Silent Majorities: Or, the End of the Social and Other Essays*, trans. by P. Foss, J. Johnston, P. Patton, Semiotext(e), 1983.

—— *Seduction*, trans. by B. Singer, St. Martin's Press, 1990.

—— *Cool Memories: 1980-1985*, trans. by C. Turner, Verso, 1990.

—— *Symbolic Exchange and Death*, trans. by I. H. Grant, Sage, 1993.

—— *The Transparency of Evil: Essays on Extreme Phenomena*, trans. by J. Benedict, Verso, 1993.

—— *Simulacra and Simulation*, trans. by S. Farin, University of Michigan Press, 1994.

—— *The Illusion of the End*, trans. by C.Turner, Polity Press, 1994.

—— *Cool Memories II: 1987-1990*, trans. by C.Turner, Polity Press, 1996.

—— *The Systems of Objects*, trans. by J. Benedict, Verso, 1996.

—— *The Perfect Crime*, trans. by C.Turner, Verso, 1996.

—— *Fragments: Cool Memories III: 1991-1995*, trans. by E. Agar, Verso, 1997.

—— *The Consumer Society: Myths and Structures*, trans. by G. Ritzer, Sage, 1998.

—— *Fatal Strategies*, trans. by P. Beitchman and W. G.J. Niesluchowski, Semiotext(e), 2008.

Bauman, Z., *Legislators and Interpreters: On Modernity, Postmodernity and Intellectuals*, Polity Press, 1987.

—— "Is There a Postmodern Sociology?," *Theory, Culture & Society,* Vol. 5, 1988, pp. 217-237.

—— *Modernity and Ambivalence*, Polity Press, 1991.

—— *Intimations of Postmodernity*, Routledge, 1992.

—— *Postmodern Ethics*, Polity Press, 1993.

—— *Postmodernity and Its Discontents,* Polity press, 1997.

—— *Liquid Modernity*, Polity Press, 2000.

Berger, P., and Luckmann, T., *The Social Construction of Reality: A Treatise in the Sociology of Knowledge,* Penguin Books, 1991.

Best, S., and Kellner, D., *Postmodern Theory: Critical Interrogations*, Guilford Press, 1991.

Blumer, H., *Symbolic Interactionism: Perspective and Method*, University of California Press, 1969.

Bourdieu, P., *Outline of a Theory of Practice,* trans. by R. Nice, Cambridge University Press, 1977.

—— *Homo Academicus,* trans. by P. Collier, Polity Press, 1988.

—— *The Logic of Practice,* trans. by R. Nice, Stanford University Press, 1990.

Bourdieu, P., and Wacquant, L., *An Invitation to Reflexive Sociology,* University of Chicago Press, 1992.

Brown, R., "Rhetoric, Textuality, and the Postmodern Turn in Sociological Theory," in S. Seidman (ed.), *The Postmodern Turn: New Perspectives on Social Theory*, Cambridge University Press, 1994.

Cohen, G. A., *Marx's Theory of History: A Defence*, Princeton University Press, 2000.

Colomy, P. (ed.), *Neofunctionalist Sociology* (*Schools of Thought in Sociology*), Elgar Publishing, 1990.

Coleman, J., *The Introduction to Mathematical Sociology*, Free Press, 1964.

—— Equality of Educational Opportunity(Coleman Report), U.S. Government, 1966.

—— *Policy Research in the Social Science*, General Learning Press, 1972.

—— *Power and the Structure of Society*, Basic Books, 1974.

—— *Individual Interests and Collective Action*, Cambridge University Press, 1986.

—— *Foundation of Social Theory*, Belknap Press of Harvard University Press, 1990.

Comte, A., *The Positive Philosophy*, trans. by H. Martineau, AMS Press, 1974.

Deleuze, G., Guattari, F., *Anti-Oedipus: Capitalism and Schizophrenia*, trans. by R. Hurley, M. Seem, and H.R. Lane, University of Minnesota Press, 1984.

—— *A Thousand Plateaus: Capitalism and Schizophrenia*, trans. by B. Massumi, University of Minnesota Press, 1987.

Derrida, J., *Of Grammatology*, trans. by G.C.Spivak, Johns Hopkins University Press, 1976.

—— *Writing and Difference,* trans. by A. Bass, University of Chicago Press, 1978.

—— *Margings of Philosophy*, trans. by A. Bass, University of Chicago Press, 1982.

Drew, P., and Wootton, A. (eds.), *Erving Goffman: Exploring the Interaction Order*, Polity Press, 1988.

Durkheim, É., *Suicide*, trans. by J.A. Spaulding and G. Simpson, Free Press, 1951.

—— *Professional Ethics and Civic Morals*, trans. by C. Brookfield, Free Press, 1958.

—— *The Division of Labour in Society*, trans. by W.D. Halls, Free Press, 1984.

—— *The Rules of Sociological Methods and Selected Texts on Sociology and Its Methods*, trans. by W.D. Halls, Free Press, 1982.

—— *The Elementary Forms of Religions Life*, trans. by Carol Cosman, Oxford University

Press, 2008.

Elster, J., *Making Sense of Marx,* Cambridge University Press, 1985.

—— *An Introduction to Karl Marx*, Cambridge University Press, 1986.

Foucault, M., *The Archaeology of Knowledge,* trans. by A.M.Sheridan Smith, Pantheon, 1972.

—— *Madness and Civilization: A History of Insanity in the Age of Reason*, trans. by R. Howard, Tavistock, 1982.

—— *The Birth of the Clinic: An Archaeology of Medical Perception,* trans. by A.M.Sheridan Smith, Vintage Books, 1975.

—— *Discipline and Punishment: The Birth of the Prison,* trans. by Alan Sheridan, Vintage Books, 1995.

—— *The History of Sexuality Vol.1: An Introduction,* trans. by R.Hurley, Penguin, 1978.

—— *The History of Sexuality Vol.2: The Use of Pleasure,* trans. by R.Hurley, Penguin, 1985.

—— *The History of Sexuality Vol.3: The Care of Self,* trans. by R.Hurley, Penguin, 1986.

Freud, S., *A General Introduction to Psychoanalysis*, Wordsworth, 2012.

Garfinkel, H., *Studies in Ethnomethodology*, Polity Press, 1984.

Giddens, A., *Capitalism and Modern Social Theory: An Analysis of the Writings of Marx, Durkheim and Max Weber,* Cambridge University Press, 1971.

—— *New Rules of Sociological Method*, Basic Books, 1976.

—— *Central Problems in Social Theory: Action, Structure and Contradiction in Social Analysis,* Macmillan, 1979.

—— *The Constitution of Society: Outline of the Theory of Structuration,* University of California Press, 1984.

—— *Social Theory and Modern Sociology,* Polity Press, 1987.

—— *The Consequence of Modernity,* Polity Press, 1990.

—— *Modernity and Self-Identity: Self and Society in the Late Modernity,* Polity Press, 1991.

―― *Politics, Sociology and Social Theory: Encounters with Classical and Contemporary Social Thought,* Polity Press, 1995.

Goffman, E., *The Presentation of Self in Everyday Life*, Doubleday, 1959.

―― *Encounters: Two Studies in the Sociology of Interaction*, Bobbs-Merrill, 1961.

―― *Stigma: Note on the Management of Spoiled Identity*, Prentice-Hall, 1964.

―― *Behavior in Public Places: Notes on the Social Organization of Gatherings*, Free Press, 1963.

―― *Interaction Ritual: Essays on Face-to-Face Behavior*, Pantheon, 1967.

―― *Strategic Interaction,* University of Pennsylvania Press, 1969.

―― *Relations in Public: Microstudies of the Public Order*, Harper & Row, 1971.

―― *Frame Analysis: An Essay on the Organization of Experience*, Harper & Row, 1974.

―― *Forms of Talk,* Basil Blackwell, 1981.

―― "The Interaction Order," *American Sociological Review*, 1983, Vol.48, No.1, pp.1-17.

Grathoff, R. (ed.), *The Theory of Social Action: The Correspondence of Alfred Schutz and Talcott Parsons,* Indiana University Press, 1978.

Habermas, J., *Knowledge and Human Interests,* trans. by J.J. Shapiro, Beacon Press, 1972.

―― *Theory and Practice,* trans. by J. Viertel, Beacon Press, 1973.

―― *Legitimation Crisis,* trans. by T. McCarthy, Beacon Press, 1975.

―― *Communication and the Evolution of Society*, trans. by T. McCarthy, Polity Press, 1984.

―― *The Theory of Communicative Action, Volume 1,* trans. by T. McCarthy, Beacon Press, 1984.

―― *The Theory of communicative Action, Volume 2*, trans. by T. McCarthy, Beacon Press, 1987.

―― *The Philosophical Discourse of Modernity,* trans. by F. Lawrence, MIT Press, 1987.

―― *The Structural Transformation of the Public Sphere,* trans. by T.Burger, MIT Press, 1989.

―― *Moral Consciousness and Communicative Action*, trans. by Lenhardt and Nicholsen,

—— *On the Logic of the Social Sciences,* trans. by S. W. Nicholsen and J. A. Stark, MIT Press, 1990.

—— *Postmetaphysical Thinking*, trans. by W. M. Hohengarten, Polity Press, 1992.

—— *Between Facts and Norms,* trans. by W. Rehg, MIT Press, 1996.

Homans, G., *Social Behavior: Its Elementary Forms,* rev ed., Harcourt Brace Jovanovich, 1974.

—— "Bringing Men Back In," *American Sociological Review,* 1964, Vol. 29, No. 6, pp.809-818.

—— "Social Behavior as Exchange," *American Journal of Sociology,* 1958, Vol. 63, No.6, pp.597-606.

Lacan, Jacques, *Écrits: A Selection*, trans. by Alan Sheridan, Tavistock, 1977.

—— *Écrits: The First Complete Edition in English*, trans. by B. Fink, W. W. Norton & Company, 2006.

—— *The Four Fundamental Concepts of Psycho-Analysis*, trans. by Alan Sheridan, W.W. Norton & Company, 1977.

Lévi-Strauss, C., *Structural Anthropology* trans. by C. Jacobson, Penguin Books, 1972.

—— *The Elementary Structures of Kinship,* trans. by J.H. Bell, J.R.Von Sturmer, and R.Needham, Beacon Press, 1969.

Laclau, E., *New Reflections on The Revolution of Our Time,* Verso, 1990.

Laclau, E., and Mouffe, C., *Hegemony and Socialist Strategy: Towards a Radical Democratic Politics*, Verso, 2001.

Lyotard, J.-F., *The Postmodern Condition: A Report on Knowledge,* trans. by G. Bennington and B. Massumi, University of Minnesota Press, 1984.

—— *The Differend: Phrases in Dispute*, trans. by G.V.D. Abbeele, University of Minnesota Press, 1988.

Lyotard, J.-F., and Thébaud, J.-L., *Just Gaming*, trans. by W. Godzich, Manchester University Press, 1985.

O'Neill, J., *The Poverty of Postmodernism*, Routledge, 1995.

Parsons, T., *The Structure of Social Action,* Free Press, 1949.

—— *The Social System,* Free Press, 1951.

—— *Society: Evolutionary and Comparative Perspectives,* Prentice-Hall, 1966.

—— *The Evolution of Societies,* ed. by J. Toby, Prentice-Hall, 1977.

—— *Action Theory and the Human Condition*, Free Press, 1978.

—— *Towards a General Theory of Action,* Routledge, 2017.

—— "Evolutionary Universals in Society," in T. Parsons, *Sociological Theory and Modern Society*, Free Press, 1967.

Parsons T., and Platt, G. M., *The American University*, Harvard University Press, 1973.

Ritzer, G., *Sociological Theory*, McGraw-Hill, 1992.

Rorty, R., *Philosophy and the Mirror of Nature*, Princeton University Press, 1979.

—— *Consequences of Pragmatism*, University of Minnesota Press, 1982.

—— *Contingency, Irony, and Solidarity*, Cambridge University Press, 1989.

—— *Objectivity, Relativism, and Truth: Philosophical Papers Volume 1*, Cambridge University Press, 1989.

—— *Philosophy and Social Hope*, Penguin Books, 1999.

Seidman, S. (ed.), *The Postmodern Turn: New Perspectives on Social Theory*, Cambridge University Press, 1994.

Schutz, A., *Collected Papers 1: The Problem of Social Reality,* Martinus Nijhoff Publishers, 1962.

—— *Collected Papers 2: Studies in Social Theory,* Martinus Nijhoff Publishers, 1964.

—— *Collected Papers 3: Studies in Phenomenological Philosophy,* Martinus Nijhoff Publishers, 1966.

—— *The Phenomenology of Social World,* Northwestern University Press, 1967.

—— *Reflection on the Problem of Relevance,* Yale University Press, 1970.

Schutz, A., and Luckmann, T., *The Structures of the Life-World,* Northwestern University Press, 1973-1989.

Turner, J. H., *The Structure of Sociological Theory*, 5th ed., Wadsworth Publishing House, 1990.

—— *Theoretical Principles of Sociology*, Vol.1-3, Springer, 2010-2012.

Weber, M., *The Theory of Social and Economic Organization,* trans. by A.M. Henderson and T. Parsons, Free Press, 1947.

—— *The Methodology of the Social Sciences*, trans. by E. A.Shils and H.A.Finch, Free Press, 1949.

—— *The Protestant Ethic and the Spirit of Capitalism*, trans. by T. Parsons, Scribner's, 1958.

—— *The Religion of China, Confucianism and Taoism*, trans. and edit. by H. H. Gerth, Free Press, 1968.

—— *Economy and Society*, 2 vols, trans. and edit by G. Roth and C. Wittich, University of California Press, 1978.

—— *Economy and Society*, trans. by Keith Tribe, Harvard University Press, 2019.

—— *General Economic History*, trans. by F. H. Knight, Transaction Publishers, 1981.

主要人名译名对照表

阿德勒	Adler, A.	德里达	Derrida, J.
阿多诺	Adorno, T.	德勒兹	Deleuze, G.
阿尔都塞	Althusser, L.	笛卡尔	Descartes, R.
阿隆	Aron, R.	狄尔泰	Dilthey, W.
埃尔斯特	Elster, J.	恩格斯	Engels, F.
巴特	Barthes, R.	费尔巴哈	Feuerbach, L.
鲍曼	Bauman, Z.	费瑟斯通	Featherstone, M.
贝蒂	Betti, E.	费耶阿本德	Feyerabend, P. K.
贝斯特	Best, S.	弗洛姆	Fromm, E.
柏格森	Bergson, H.	弗洛伊德	Freud, S.
伯格	Berger, Peter	福柯	Foucault, M.
波普尔	Popper, Karl R.	葛兰西	Gramsci, A.
波洛玛	Poloma, M. M.	戈夫曼	Goffman, E.
布迪厄	Bourdieu, P.	哈贝马斯	Habermas, J.
布朗	Brown, Richard H.	海德格尔	Heidegger, M.
布鲁默	Blumer, H.	黑格尔	Hegel, A. W. F.
鲍德里亚	Baudrillard, J.	胡塞尔	Husserl, E.
柯亨	Cohen, G.A.	霍曼斯	Homans, G.

中文	英文	中文	英文
霍克海默	Horkheimer, M.	梅洛-庞蒂	Merleau-Ponty, M.
吉登斯	Giddens, A.	米德	Mead, G. H.
加芬克尔	Garfinkel, H.	米勒	Miller, J.-A.
加达默尔	Gadamer, H.-G.	默顿	Merton, R.
加塔利	Guattari, F.	墨菲	Mouffe, C.
凯尔纳	Kellner, D.	莫斯	Mauss, M.
康德	Kant, I.	尼采	Nietzsche, F.
科尔曼	Coleman, J. S.	帕累托	Pareto, V.
孔德	Comte, A.	帕森斯	Parsons, T.
库恩	Kuhn, T. S.	齐美尔	Simmel, G.
拉康	Lacan, J.	瑞泽尔	Ritzer, G.
拉卡托斯	Lakatos, I.	塞德曼	Seidman, S.
拉克劳	Laclau, E.	萨特	Sartre, J.-P.
赖希	Reich, W.	斯宾塞	Spencer, H.
列斐伏尔	Lefebvre, H.	索绪尔	Saussure, F. De
列宁	Lenin, V. I. U.	施莱尔马赫	Schleiermacher, F. D. E.
利奥塔	Lyotard, J.-F.	舒茨	Schutz, A.
李凯尔特	Rickert, H.	滕尼斯	Tönnies, F.
列维-斯特劳斯	Lévi-Strauss, C.	涂尔干	Durkheim, É.
卢卡奇	Lucács, G.	韦伯	Weber, M.
卢曼	Luhmann, N.	维特根斯坦	Wittgenstein, L.
卢克曼	Luckmann, T.	文德尔班	Windelband, W.
勒梅特	Lemert, C.C.	沃特斯	Waters, M.
罗蒂	Rorty, R.	肖	Shaw, William H.
马尔库塞	Marcuse, H.	亚里士多德	Aristotle
马克思	Marx, K.	亚历山大	Alexander, Jeffrey C.